Kerstin Schweighöfer
100 Jahre Leben

PIPER

Zu diesem Buch

Diejenigen, die heute hundert Jahre alt sind, haben als Kind den ersten Weltkrieg erlebt, waren erwachsen, als der Reichstag brannte. Sie wissen, wie Leben und Alltag vor der Erfindung von Fernsehen, Antibiotika oder Kugelschreiber aussahen. Als sich Computer verbreiteten und Deutschland Wiedervereinigung feierte, waren sie längst in Rente. Wer einen so immensen Wandel von Wertvorstellungen erlebt hat, hat einen unvergleichlichen Erfahrungsschatz und kann seine Erkenntnisse gelassen weitergeben.
Kerstin Schweighöfers Porträts von zehn Hundertjährigen lassen die Leser tief eintauchen in bewegende Lebensgeschichten und spiegeln all die großen Themen des Menschseins.

Kerstin Schweighöfer, Jahrgang 1960, besuchte nach ihrem Studium in München und Lyon (Romanistik, Politologie und Kunstgeschichte) die Henri-Nannen-Journalistenschule in Hamburg. Seit 1990 lebt sie als freie Autorin und Auslandskorrespondentin in den Niederlanden und arbeitet vorwiegend für die *ARD*-Hörfunkanstalten, den *Deutschlandfunk,* das Nachrichtenmagazin *Focus* und das Kunstmagazin *Art.*

Kerstin Schweighöfer

100 JAHRE LEBEN

Hundertjährige geben Antworten auf die großen Fragen

Mit 25 Farb- und Schwarzweißabbildungen

PIPER

Mehr über unsere Autorinnen, Autoren und Bücher:
www.piper.de

Von Kerstin Schweighöfer liegen im Piper Verlag vor:
100 Jahre Leben
Gebrauchsanweisung für die Niederlande

MIX
Papier | Fördert gute Waldnutzung
FSC® C083411

Ungekürzte Taschenbuchausgabe
ISBN 978-3-492-30959-2
1. Auflage Dezember 2017
9. Auflage August 2025

Für einen direkten Kontakt und Fragen zum Produkt wenden Sie sich bitte an:
info@piper.de

Umschlaggestaltung: Büro Jorge Schmidt, München
Umschlagabbildung: Kerstin Schweighöfer
Satz: Dörlemann Satz, Lemförde
Gesetzt aus der Albertina MT
Druck und Bindung: CPI books GmbH Leck
Printed in the EU

Vorwort

Gedanken an das Altern schrecken uns oft ab. Wir denken an Tod und Einsamkeit, Leid und Siechtum. Wenn es um Hundertjährige geht, ist das merkwürdigerweise ganz anders: Auf einmal bekommt das Alter einen Glanz, etwas Geheimnisvolles, geradezu Mythisches umrankt es. Die Hundertjährigen ziehen uns in ihren Bann. Weil ihre Erfahrungen sie gelehrt haben, welche Werte im Leben wirklich zählen. Weil sie wissen, was es für ein gutes Leben braucht.

»Die Menschen vergessen gerne, dass es im Leben nichts Vollkommenes gibt. Und kein Recht auf Glück«, pflegt Mathilde zu sagen, eine alte Bäuerin aus dem Schwarzwald. Mit ihr hat alles angefangen. Gut ein halbes Jahrhundert liegt zwischen uns, alt ist sie für mich schon immer gewesen, und eigentlich kenne ich sie, seit ich denken kann. Von Schulausflügen und Familienfeiern in ihrer gemütlichen Schwarzwälder Bauernwirtschaft hoch oben auf dem Berg. Wenn Mathilde die Gaststube betritt, verstummen die Leute, um sie dann herzlich zu begrüßen und ihr die mitgebrachten Geschenke zu überreichen. Die alte Wirtin belohnt sie mit einem Gläschen ihrer speziellen Medizin, wie sie es nennt: einem Obstler. Dann streicht sie sich die weißgrauen Haare zurück und ihre Kittelschürze glatt, um mit leuchtend hellblauen Augen hinter silberumrahmten Brillengläsern einen ihrer nicht ganz salonfähigen Witze zum Besten zu geben. Das ist die Mathilde, wie ich sie kannte.

Eine ganz andere Mathilde habe ich kennengelernt, als ich sie kurz vor ihrem 100. Geburtstag bat, mir aus ihrem Jahrhundertleben zu erzählen. Dabei entstand die Idee zu diesem Buch über Menschen, die hundert Jahre alt geworden sind. Jene Zentenare, wie man sie nennt, denen es gelungen ist, sich schon ein ganzes Jahrhundert auf diesem Planeten aufzuhalten. Die ihre Eltern oder Großeltern durch die spanische Grippe verloren, ihre Väter bei Verdun und ihre Brüder oder Männer bei Stalingrad. Sie haben noch mitbekommen, wie Kutschen durch Autos ersetzt wurden, sie haben die ersten Vitamine geschluckt und die ersten Telefone ausprobiert. Die Erfindung von Staubsauger, Reißverschluss, Nylonstrümpfen und Kugelschreiber hat ihnen das Leben erleichtert und die Entdeckung von Insulin und Penicillin das Leben gerettet. Die heutigen Zentenare haben die Einführung des Wahlrechtes für Frauen erlebt, Charles Lindberghs Flug über den Atlantik, den Reichstagsbrand und die Nürnberger Prozesse, Mauerbau und Wiedervereinigung. Sie standen an der Wiege eines Vereinten Europas, waren Zeitzeugen der Gründung des Staates Israel, der Geburtsstunde von UNO und BRD. Aber auch beeindruckende Karrieren, bewegende Liebesgeschichten mit persönlichen Hoch- und Tiefpunkten hat es für sie gegeben.

All das gilt auch für die zehn Zentenare, die ich nach Monaten der Recherche finden konnte und die bereit waren, mir für dieses Buch aus ihrem Leben zu erzählen: angefangen bei Hausfrauen und Bäuerinnen wie Mathilde über Ingenieure und Wissenschaftler bis hin zu Priestern und Künstlern. Aus Deutschland, Frankreich und England, den Niederlanden, Ungarn und der Schweiz. Die meisten von ihnen sind Frauen, was daran liegt, dass wir es mit einer Generation zu tun haben, in der Frauen nicht nur deshalb älter werden konnten, weil sie nicht auf den Schlachtfeldern Europas gefallen sind, sondern auch, weil ihnen männliche Laster wie Rauchen und Trinken noch fremd waren und sie sich auch in dieser Hinsicht noch nicht emanzipiert hatten.

Ihre Lebensgeschichten sind geprägt vom Mut, den es immer wieder braucht, um neue Wege einzuschlagen. Von Lebenslust und Weisheit. Von Reue, Einsichten, Aufbegehren und Akzeptanz. Von Tragödien und Trauer, etwa über den Verlust des Partners oder gar eines Kindes. Vom Hadern mit dem Schicksal und vom Zweifeln an Gott. Was würden sie heute anders machen – und warum? Was gerade nicht? Glauben sie an Zufall, an Vorbestimmung – oder nach wie vor an Gott? Und wie bereiten sie sich auf den Tod vor?

Zwei von ihnen wollten aus Rücksicht auf ihre Angehörigen nicht mit ihrem richtigen Namen genannt werden. Denn im Laufe unserer Gespräche haben sie mir so manches überraschende Geständnis gemacht, so manches Geheimnis preisgegeben. Von Mathilde, der Bäuerin, erfuhr ich, welch hohen Preis sie für ihre Untreue zahlen musste. Annemarie, eine inzwischen 105 Jahre alte Dame aus München, erklärte mir, wie sie ihre Ehe trotz eines Seitensprungs ihres Mannes retten konnte. Und Gerrit aus Rotterdam berichtete mir von seinem Doppelleben, das er bis ins hohe Alter führte, weil eine Scheidung für ihn nicht in Frage kam.

Was ist das Geheimnis einer stabilen Ehe? Nehmen wir Leidenschaft und Sex vielleicht heute zu wichtig? Wie fatal sind Seitensprünge? Sind enge Freunde für ein gutes Leben wichtiger als ein Partner? Braucht es für ein erfülltes Leben Kinder?

Für Jeanne aus Paris waren die Kinder das Wichtigste im Leben, aber sie konnte nicht verhindern, dass ihre Tochter in ihr Unglück lief. Die Schweizer Schreinerstochter Agnes musste akzeptieren, dass ihr Mann keine lebensfähigen Kinder zeugen konnte, führte aber dennoch ein von Liebe erfülltes und darüber hinaus filmreifes Leben, das sie aus der Schweizer Provinz erst in die besten Londoner Kreise und anschließend nach Dakar und Cannes führte. Abenteuerlich auch das Leben von Beatrice, einer englischen Lady wie aus dem Bilderbuch – die trotzdem mit dem Jeep durch Steppen und Wüstenlandschaften bretterte, nachts dem Heulen der Wölfe lauschte und tagsüber mit Steinen wilde Hunde vertrieb. Beatrice war mit Leib und Seele und bis ins hohe Alter hinein Archäologin, immer auf der Suche nach neuen Fundstätten. »Jeder Mensch braucht im Leben etwas, das ihn ganz besonders fasziniert – sonst lebt er nicht«, findet sie. Für sie war der Beruf Berufung, als Arbeit hat sie ihn nie empfunden. Denn, wie sagt es eine Lebensweisheit so treffend: »Wer das tut, was er will, braucht nie zu arbeiten.«

Aber auch Beatrice hatte nicht nur Glück im Leben und viele Widerstände zu überwinden. Der Lebensmut, den viele Zentenare aufgebracht haben, um ihr Leben dennoch selbst in die Hand zu nehmen, hat mich tief beeindruckt. Zumal ich mir wie nie zuvor in meinem Leben darüber bewusst wurde, wie ungeheuer privilegiert ich bin. Dass ich das Recht hatte und habe, lernen zu dürfen und eine Ausbildung zu machen. Dass ich zu einem hohen Grad selbst bestimmen konnte, wie mein Leben bisher aussah. Dass ich selbst entscheiden konnte, wie ich es finanziere und wo ich es mit wem verbringe.

Anno 2015 sind das Selbstverständlichkeiten, zumindest in unserer westlichen Welt. Für die Menschen in diesem Buch, vor allem für die Frauen, war das nicht so. Nicht immer waren die Widerstände überwindbar. Manchmal blieben Freiheit und Selbstbestimmung unerreichbare Ideale. Trotzdem betrachten die meisten ihr Leben nach wie vor als Geschenk.

In diesem Buch können Leserinnen und Leser zehn Hundertjährigen begegnen. Es sind Bekanntschaften, die beeindrucken und die sich lohnen: Ältere werden ihnen regelmäßig beipflichten und manches wiedererkennen können; Jüngere werden zumindest aufhorchen, wenn nicht staunen. Weil die Welt in hundert Jahren eine so völlig andere geworden ist. Und mit ihr unser aller Leben.

Aber ganz egal, in welcher Epoche wir leben und wie unterschiedlich unsere Leben verlaufen: Unsere Wünsche und Sehnsüchte sind dieselben geblieben. Egal, ob anno 1915 oder 2015 – immer noch verlangen wir Treue und Loyalität von den Menschen, die uns nahestehen, immer noch brauchen wir Anerkennung und Lob, nach wie vor streben wir nach Liebe und Glück als höchste Lebensziele.

Die Hundertjährigen in diesem Buch haben in Erfahrung gebracht, was wir vom Leben und unseren Mitmenschen erwarten dürfen und sollten – und was besser nicht. Sie wissen, welche Werte und Konstanten es als Rüstzeug braucht, um aus einem Dasein ein erfülltes zu machen. Ihr Erfahrungsschatz kann für uns zu einer immensen Stütze und Wissensquelle werden – sowohl für die großen Lebensziele, die wir uns stecken, als auch für die kleinen Momente des Alltags.

»Auch wenn einem Schlimmes widerfährt:
Das Leben bleibt ein Geschenk«

~

Mathilde

*18. Juni 1915 in Konstanz am Bodensee

Es riecht nach frischgemähtem Gras. Schwach klingt das Bimmeln der Kuhglocken herüber. Der Hang neben dem Hof ist noch unberührt, das Gras meterhoch und wie immer um diese Jahreszeit ein einziges wogendes Blumenmeer aus Butterblumen und Löwenzahn. Bruno, der schwarze Labrador von Mathilde, hat sich beim Durchspringen bestimmt wieder eine gelbe Nase geholt. Wo ist er eigentlich? Normalerweise liegt er auf der Terrasse der Bauernwirtschaft in der Sonne, gleich neben der schweren, knarzenden Eingangstür. Das Blumenbeet auf der anderen Seite der Tür ist wie immer picobello gepflegt. Vergissmeinnicht, Akeleien. Die ersten Margeriten. Mathilde ist bekannt für ihren grünen Daumen.

Es ist still an diesem Vormittag. Unter der großen Kastanie nimmt ein Stammgast gerade den letzten Schluck seines Frühschoppens und begibt sich zum Zahlen in die Gaststube. Ein Arbeiter aus dem Dorf unten im Tal. Ich stelle mich einen Moment lang an die hölzerne Balustrade der Terrasse und lasse den Blick über die sanft geschwungenen Kuppen und Hügel der Schwarzwaldlandschaft schweifen. Wie vertraut mir alles doch ist! Unzählige Male schon war ich hier oben bei Mathilde auf dem Hof. Als Kind auf Schulausflügen und an Wandertagen, am 1. Mai oder Christi Himmelfahrt. Dann bekamen wir immer eine Bluna und eine Wurst mit Senf. Auch heute noch zieht es mich regelmäßig hier hoch, an Ostern oder Weihnachten. Um im Kreise meiner Lieben hemmungslos über den Osterbrunch oder das Weihnachtsmenü herzufallen und anschließend einen Spaziergang zu machen.

Und egal ob Sommer oder Winter: Immer erscheint Mathilde irgendwann auf der Bildfläche. In einer ihrer unvermeidlichen Kittelschürzen, die grauen Haare zum Knoten gedreht und auf der Nase eine silberumrandete Brille, hinter der ihre hellblauen Augen erstaunlich klar und wach leuchten. Jahr um Jahr scheint sich nichts zu ändern. Für mich war sie schon immer alt – und ist es geblieben.

Die Sicht an diesem Tag ist grandios, man kann bis über den Rhein hinweg nach Frankreich gucken. In der Ferne zeichnet sich schwach die Silhouette der Vogesen ab. Noch ein paar hundert Kilometer weiter nordwestlich liegt Verdun. Dort ist Mathildes Vater gefallen. Im Ersten Weltkrieg. Vor ein paar Wochen hat sie mir das erst erzählt – und das, obwohl wir uns schon so lange kennen.

Wie immer hatte sie sich an einem Weihnachtstag in der Gaststube überschwänglich von den Gästen begrüßen lassen und dann den Zeitpunkt für gekommen erachtet, allen ein Gläschen ihrer ganz speziellen Medizin zu verordnen: Obstler, den uns ihre auch mittlerweile schon über 70-jährige Tochter Renate manchmal bringt. Wenn Renate dann die Flasche mit dem selbstgebrannten Schnaps auf den Tisch stellt, ist ihre Mutter in der Regel bereits dabei, einen ihrer nicht ganz salonfähigen Witze zum Besten zu geben.

Dieses Mal aber kam es nicht so weit. »Na, Mathilde, für nächstes Jahr solltest du dir aber einen ganz besonders großen Vorrat an Schnapsflaschen anlegen!«, meinte einer der Gäste am Nebentisch. Und seine Frau fügte hinzu: »Für diesen Fall könntest du ja vielleicht sogar ein paar Champagnerflaschen kalt stellen!« Die beiden waren eindeutig besser über die alte Bäuerin informiert als ich. Mir wurde klar, dass ich so gut wie nichts über sie wusste.

Champagner, da war ich mir trotzdem ziemlich sicher, hatte Mathilde noch nie in ihrem Leben getrunken. Und der würde auch gar nicht hierherpassen, auf den Schwarzwaldhof. Neugierig spitzte ich die Ohren.

»Hundert wird man schließlich nicht alle Tage!«, fuhr die Frau fort – laut genug, dass es die gesamte Wirtsstube hören konnte. Worauf es, wie zu erwarten, zu vielen »Ah« und »Oh« kam und alle durcheinanderzureden begannen: »Mathilde, ist das wirklich wahr?« – »Das ist ja allerhand!« – »Hundert Jahre!«

Auch ich konnte es zunächst kaum fassen. Auf einmal war Mathilde nicht mehr einfach nur alt. Nein, sie würde ein Jahrhundertmensch werden. Das schaffen bislang nur die wenigsten. Und das ist vielleicht auch der Grund dafür, dass Jahrhundertmenschen ein geradezu ehrfürchtiger Respekt entgegengebracht wird, ähnlich wie bei Spitzensportlern, die einen neuen Weltrekord aufgestellt haben und beim Weitsprung weiter gesprungen sind als alle anderen Menschen vor ihnen.

Wäre Mathildes Leben ein Weitsprung, würde er die Eckdaten 1915 und 2015 umfassen. Ein gewaltiger Sprung – in jeder Hinsicht: Beim Absprung 1915 gab es noch kaum Telefone. Autos waren eine Seltenheit, ebenso wie Strom und fließend Wasser in den Haushalten. Hundert Jahre später sind für ihre Enkel und Urenkel Smartphones und Laptops zur Selbstverständlichkeit geworden. Wobei die Landung erst noch stattfinden muss, denn noch hat Mathilde die Hacken ja nicht in den Sand gesetzt. Wer weiß, vielleicht wird sie 101, 102 oder auch 105 Jahre alt.

Die alte Bäuerin selbst winkte an diesem Weihnachtsfeiertag nur ganz nüchtern ab: »Ich weiß noch genau, wie meine Mutter achtzig wurde«, meinte sie, als sie sich bei den Leuten am Nebentisch niederließ. Nun habe sie die Mutter um fast zwanzig Jahre überlebt: »Nie hätte ich gedacht, dass ich so alt werde«, sagte sie und machte sich ans Austeilen der ersten Runde Schnaps. »Das muss man halt hinnehmen.«

Hinnehmen. Damit stellte Mathilde ebenso sachlich wie unmissverständlich klar, dass jedenfalls für sie das Erreichen eines bestimmten Alters kein Verdienst war, der sich in irgendeiner Form mit den Leistungen von Spitzensportlern vergleichen ließe. Sondern dass dies ganz ohne ihr Zutun passierte. Trotz oder gerade wegen ihres schweren Lebens hier oben auf dem Hof.

Inzwischen ist es Frühling geworden und dieses Weihnachtsfest gut vier Monate her. Gedankenverloren streiche ich über das Holz der Terrassenbalustrade. Das Bimmeln der Kuhglocken wird von einem Traktor übertönt. Eine schwarzweiße Katze schleicht über den Hof, von Labrador Bruno immer noch keine Spur.

Ob Mathilde jemals etwas anderes als eine Kittelschütze getragen hat? Ob sie sich wohl stattdessen einmal fein herausgeputzt hat, vielleicht sogar eine Spur Lippenstift auf den Lippen – für ein Rendezvous mit einem Kavalier, in den sie sich gerade unsterblich zu verlieben begann? Lag sie jemals träumend im hohen Gras, zwischen Butterblumen und Löwenzahn, und zählte die vorbeiziehenden Wolken am tiefblauen Himmel? Was genau wusste ich eigentlich von ihr? Dass sie seit 24 Jahren Witwe war. Drei Kinder bekommen hatte, sieben Enkel, zwanzig Urenkel. Mehr nicht. Abgesehen von dem Gerede unten im Dorf. Diesem Getuschel, dass sie damals vor achtzig Jahren nicht alleine ins Tal gekommen sei. Dass sie froh sein müsse, dass der Johannes sie zur Frau genommen habe. Weil sie eine mit einem unehelichen Kind gewesen sei.

Ich gucke der Katze nach, die in der Scheune verschwindet, und beschließe, in die Gaststube zu gehen. Sollte die Renate etwa dieses uneheliche Kind sein? Schließlich war sie Mathildes ältestes.

Als damals an Weihnachten schließlich die Obstlerflasche auf unserem Tisch gelandet war, bekam ich zwar auf diese Frage noch keine Antwort, dafür aber die Einladung in ihr ereignisreiches Leben: Mathilde sagte zu, mir ausführlich aus ihrem Jahrhundertleben zu erzählen.

So kam es, dass wir bald darauf einträchtig an ihrem Lieblingsort saßen: dem großen grünen Kachelofen ganz hinten in der Gaststube. Erstmals konnte ich ihr schmales, feines und von unzähligen Falten durchzogenes Gesicht ganz aus der Nähe betrachten. Draußen war es immer noch bitterkalt, an den Fenstern hingen Eiszapfen, auf der Terrasse lag eine dicke Schneeschicht. Es war ein Sonntag, Mathilde kam gerade aus der Kirche. Wenn jemand sie mitnehmen kann, geht sie noch jeden Sonntag: »Weil der Glaube dem Dasein Sinn gibt.«

Ich spürte, wie wichtig Gott in ihrem Leben ist. Hier oben auf dem Berg, weit entfernt von der Großstadt, ist der Alltag noch sehr traditionell und von der Kirche geprägt. »Wenn man im Garten etwas pflanzt, muss man auch warten, bis es wächst und gedeiht«, fuhr Mathilde fort. Genauso sei es mit dem Glauben: Ohne ihn nütze alles nichts, ohne ihren Glauben hätte sie es nicht geschafft. Ob jemand Jude oder Moslem ist, Atheist oder Christ so wie sie – das ist ihr egal. Jeder müsse versuchen, nach seiner Fasson glücklich zu werden. »Wer sagt, er glaubt nicht, lügt«, meinte Mathilde. Denn auch Atheisten glaubten. »An irgendetwas glaubt man immer, an irgendetwas muss man in seinem Leben glauben! Das gibt dem Leben Halt und Sinn.«

An etwas glaubt man immer, selbst der Atheist. An etwas muss man glauben.

Aber, so eröffnete sie mir und drückte den Rücken gegen den warmen Ofen: »Ich habe lange Zeit mit Gott gehadert. Und mit dem Schicksal, das er hier auf Erden für mich vorgesehen hat. Ich habe an ihm gezweifelt: Warum hatten andere ein so schönes Leben und ich nicht?« Er habe es nicht immer gut mit ihr gemeint, ihr Gott. Und die Pfarrer, die sie in jungen Jahren hatte, von denen fühlte sie sich auch oft im Stich gelassen.

1915 wurde sie geboren, am Bodensee im Kreis Konstanz. Da, wo ich auch selbst herkomme und aufgewachsen bin. Als ihr Vater bei Verdun den Soldatentod starb, war sie erst zwei Jahre alt. Ihre Mutter heiratete bald darauf einen Mann, der ihr den Hof machte, den sie aber eigentlich nicht mochte – »aus praktischen Gründen«.

Mathilde legte eine wirkungsvolle Pause ein, bevor sie diese drei Worte sagte. Dabei hob sie vielsagend die Hand und beugte sich nach vorne. Geradeso, als könnte sie einem Schüler, dem es einen komplizierten Sachverhalt zu erklären galt, in diesem Falle mir, damit auf die Sprünge helfen, ohne dass es weiterer Worte bedurfte.

»Ihr Frauen heutzutage, ihr habt es ja so viel leichter!«, fügte sie dann doch noch erklärend hinzu und begann einen für ihre Verhältnisse ellenlangen Satz: »Ihr seid ja heute finanziell unabhängig, ihr wisst ja gar nicht, was das für ein Gut ist. Wie oft habe ich mir in meinem Leben gewünscht, so unabhängig und so frei zu sein!«

Dass heute viele Frauen von diesen Freiheiten keinen Gebrauch machen, den Job an den Nagel hängen und es vorziehen, sich wieder abhängig zu machen, das konnte sie nicht nachvollziehen, die alte Bäuerin, das war ihr völlig unverständlich.

Mathilde musste tief Luft holen, denn normalerweise geht sie mit Worten spärlich um. Ihr Redefluss ist wie ein Strahl Wasser, der regelmäßig versiegt, dann aber plötzlich wieder strömt, kurz zwar nur, dafür aber umso stärker und kräftiger. Kompakt, prägnant, auf den Punkt gebracht: Aus praktischen Gründen.

Denn mit diesem zweiten Mann, einem Bauern aus der Umgebung, hatte ihre Mutter wieder finanzielle Sicherheit – und für sich und ihr Kind ein Dach über dem Kopf. Aber der neue Mann trank zu oft und zu viel, dann wurde er gewalttätig. Kamen Frau und Kind ihm in die Quere, verprügelte er sie. Nie habe sie es ihm recht machen können: »Wenn ein Tag verging, an dem ich nur eine Ohrfeige bekam, war das ein guter Tag.«

Erschüttert hörte ich zu. Heute würde dieser Mann zumindest riskieren, dass die Nachbarn das Jugendamt informieren. Doch das gab es damals ja noch nicht. Häusliche Gewalt war allgegenwärtig und noch ein völliges Tabu.

»Aber dann hatte der liebe Gott zum Glück ein Einsehen«, erzählte Mathilde weiter. Der Stiefvater, wieder einmal sturzbetrunken, kam bei einem Unfall ums Leben. Als er bestattet wurde, stand ihre Mutter hochschwanger an seinem Grab und weinte. Mathilde, die ihre Hand hielt, erinnert sich noch genau, wie sie verständnislos zu ihrer Mutter aufsah und sie fragte, warum sie denn weine: »Du brauchst doch jetzt nicht mehr zu weinen, Mama, er kann uns jetzt ja nicht mehr hauen!«

Mathildes Stiefschwester war noch nicht geboren, da heiratete die Mutter schon wieder, zum dritten Mal. Diesmal hatte die Familie mehr Glück: Mathildes zweiter Stiefvater, ebenfalls ein Bauer aus einem Nachbardorf, war gut zu Frau und Kindern. Und er hatte Geld. Anfangs jedenfalls. Bis 1923, als die Inflation explodierte. Mathilde war damals acht Jahre alt. »Da haben auch wir alles verloren. Alles war weg – alles!«

Trotzdem kannte ihre Kindheit auch sorglose Momente. Wenn sie mit den Tieren auf dem Hof spielte, den Hunden und Katzen. Oder mit den anderen Mädels aus der Schule zum Schwimmen an den Bodensee ging. Badeanzüge hatten sie damals nicht, alle zogen sich splitternackt aus, ließen die Kleider am Ufer liegen.

»Einmal haben die Jungs sich im Gebüsch versteckt und uns beobachtet.« Um dann die Kleider zu packen und wegzurennen. »Ich musste nackig nach Hause laufen, da habe ich mich vielleicht geschämt!« Mathilde lächelte verlegen, während sie das sagte. »Hajoh«, schnaubte sie, was im Alemannischen, jenem Dialekt, der zwischen Freiburg und Feldberg gesprochen wird, so viel wie »Jaja« oder »Ach ja« bedeutet. »Hajoh!« – ein Lausbubenstreich sei das eben gewesen.

Gab es mehr Momente in ihrem Leben, in denen sie sich geschämt hat?

Sie schwieg eine Weile und nippte an ihrem Tee. Dann seufzte sie abgrundtief und nickte. Wirklich geschämt, so sehr geschämt wie nie zuvor und auch später nicht in ihrem ganzen Leben, das habe sie sich ein paar Jahre später. Nachdem sie auf dem Schulweg vergewaltigt worden war. Von einem Mitschüler. Da war sie nicht älter als 13 oder 14 Jahre. Mit Händen und Füßen gewehrt habe sie sich, aber er sei viel stärker gewesen als sie. »Zum Glück ist er mit seiner Familie bald darauf weggezogen.«

Ich war erschüttert und gleichzeitig bewegt, dass sie sich mir anvertraute. Hat sie denn gar nichts unternommen, um den Täter zur Rechenschaft zu ziehen?

Die alte Frau schüttelte den Kopf. Mit niemandem, noch nicht einmal ihrer Mutter, habe sie darüber gesprochen. »Ich schämte mich zu sehr.« Noch heute werfe sie sich vor, sich nicht genug gewehrt zu haben, noch heute frage sie sich, was sie damals falsch gemacht habe. »So was vergisst man sein ganzes Leben nicht mehr. Hinterher brauchte ein Mann mich nur anzugucken, und ich hätte ihm eine butzen können.«

Irgendwann hielt sie es nicht mehr aus und beschloss, den Pfarrer ins Vertrauen zu ziehen. Sie wurde streng katholisch erzogen, ging mit ihren Eltern und Geschwistern nicht nur sonntags in die Kirche, sondern auch freitags zum Wallfahrtsgottesdienst. Auch wenn die Familie dann auf dem Heuwagen in den Nachbarort fahren musste. Der Pfarrer hörte sich die Beichte geduldig an. Dann sagte er: »Gott und ich, wir verzeihen dir.« Außerdem ermahnte er das junge Mädchen, in Zukunft dafür zu sorgen, dass es nicht mehr so weit kommen konnte.

Mir verschlug es die Sprache.

»Ich habe dann die Schule abgeschlossen und konnte in Konstanz bei einem Bäcker arbeiten«, fuhr Mathilde fort. »Aber nur bis 1932. Dann mussten alle Landmädchen die Stadt verlassen. Hitler fand, dass sie den Stadtmädchen nicht die Arbeit wegnehmen durften.« So landete sie wieder auf dem elterlichen Hof, pflückte Erbsen und Bohnen für zwei Pfennig pro Pfund. Pflückte sich ihre Aussteuer zusammen.

Auf dem Nachbarhof arbeitete ein Junge aus Gelsenkirchen, den sie gernhatte. Ihm gefiel das schmale junge Mädchen mit dem langen dunkelblonden Zopf auch, und so wurden die beiden ein Paar. »Er hat für mich immer Krisi geklaut.« Kirschen. »Die waren so süß und so gut! Ich hätte mich das nie getraut«, erinnerte sie sich, und ihr Gesichtsausdruck bekam zum ersten Mal etwas Liebliches. Kirschen gab es damals nicht so viele, auch nicht im Laden, die waren teuer. Und deshalb umso begehrter. »Sobald die Krisi reif waren, haben die jungen Burschen sie deshalb gestohlen. Das war damals so. Aber wir sind nie erwischt worden.«

Manchmal streichelte der Junge aus Gelsenkirchen ihren Arm. Dann war sie glücklich. »Das hat schon gereicht. Geküsst haben wir uns nie.« So weit sollte es auch nicht mehr kommen, denn Mathildes Mutter hatte etwas gegen den jungen Mann und verbot ihrer Tochter den Umgang. »Er ist dann nach Gelsenkirchen zurückgekehrt, aber vergessen habe ich ihn nie.«

Sie selbst fing wenig später an, auf dem Gutshof eines Grafen am Bodensee zu arbeiten, als Dienstmädchen. So viel Reichtum hatte sie noch nie zuvor in ihrem Leben gesehen. »Ich hatte zusammen mit zwei anderen Dienstmädchen ein eigenes Zimmer, und wir trugen alle schöne schwarze Kleider mit weißer Schürze«, schwärmte sie.

Ich musste unwillkürlich an die Dienstmädchen aus der englischen Erfolgsfernsehserie *Downton Abbey* denken und hätte gerne noch mehr aus dieser Zeit in Mathildes Leben erfahren. Aber ich musste mich gedulden, denn Renate wies auf die Uhr: »Zeit fürs Mittagessen!« Und anschließend für den Mittagsschlaf. Für diesen Tag mussten wir das Gespräch beenden.

Das war also unser erstes richtiges Gespräch vor gut drei Monaten. Nun ist es Ende April geworden, ein paar Tage vor dem 1. Mai. Ich stelle mir vor, wie voll es hier auf der Terrasse dann wohl wieder sein wird, als ein schwarzes Geschoss mit wedelndem Schwanz auf mich zurennt und mich vor Begeisterung fast umwirft. Bruno, Mathildes schwarzer Labrador. Es dauert eine Weile, dann erscheint auch Peter, einer ihrer jüngsten Urenkel. Er hat mit dem Hund gerade eine lange Wanderung gemacht. Peter studiert noch, in Freiburg, aber wie üblich vor solchen Feiertagen, wenn es hoch hergeht, ist auch er angerückt, um hinterm Tresen oder beim Bedienen zu helfen.

Geld und Besitz, auch das sind Götter – und für viele Leute leider wichtiger als der Glaube und Werte.

»Du kommst sicher wieder wegen der Mathilde«, meint er. »Komm rein, die sitzt wie immer am Kachelofen.«

Peter leert noch schnell den Briefkasten, bevor er für mich die knarzende Eingangstür aufmacht. Auf dem Stammtisch gleich rechts in der Gaststube steht ein großer Strauß frischer Blumen. Die kommen sicher aus dem Gemüsegarten hinter dem Haus, da hat Mathilde auch ein paar Blumenbeete angelegt. Mit Osterglocken, Tulpen, Nelken, Astern, Dahlien oder Gladiolen. Je nach Saison. Was im Laufe eines Jahres halt alles wächst und blüht.

Peter hat recht. Sie sitzt am Kachelofen. Seltsam, welch magische Anziehungskraft Öfen auf alte Menschen auszuüben scheinen – auch dann noch, wenn sie kalt sind. Freudig bellend läuft Bruno auf sie zu. Mathilde zuckt zusammen und richtet sich auf, sie war offensichtlich eingenickt. Lächelnd lässt sie sich von ihrem Urenkel einen Kuss geben und von Bruno den Handrücken ablecken.

»Ich habe immer in meinem Leben Hunde gehabt«, sagt sie dann und bedeutet mir mit einem Blick, mich neben sie zu setzen.

»Schau, Uromi, hier ist eine Karte von der Karin!«

»Ja, ist die denn heuer nicht da, um mitzuhelfen?« Karin ist Peters Schwester.

»Aber nein, die ist doch in Spanien, schau!« Peter hält uns die Ansichtskarte hin und verschwindet dann im Gang. Tossa de Mar. Da war ich auch schon mal.

»Hajoh«, seufzt Mathilde. »Wo die Leut' heut überall hinkommen!«

Sie selbst hat noch nie in ihrem Leben Urlaub gemacht. Weiter als bis zum Vierwaldstättersee ist Mathilde nie gekommen. Bei einem Schulausflug. Die Schweiz ist hier im Grenzgebiet ja ganz nahe.

»Ich habe auch das Meer noch nie gesehen.« Sie überlegt kurz. »Mein Urlaub war, wenn ich ins Krankenhaus musste«, erzählt sie. »Dort hab ich mich immer erholt.« Zwei ihrer Kinder sind im Krankenhaus geboren, und einmal musste sie wegen eines Bauchwandbruchs auch länger bleiben. Das kam vom vielen Heben. »Ich hab halt immer schwer schaffen müssen. Auch sonntags.« Da wurde morgens in die Kirche gegangen und nachmittags aufs Feld. Um die Ernte einzuholen. Ihr ganzes Leben lang sei das so gewesen. »Früher mussten wir vorher immer erst den Pfarrer fragen, der hat uns das dann erlaubt.« Die Bauernwirtschaft hingegen, die durfte sonntags immer offen sein, ohne ausdrückliche Erlaubnis des Pfarrers: »Das war das tägliche Brot«, erklärt Mathilde. »Wenn es um das tägliche Brot ging, durfte man auch sonntags arbeiten. Dann brauchte man dafür keine Erlaubnis.« Heute sei das ja alles ganz anders: »Heute haben die Leut' nicht nur den ganzen Sonntag frei, sondern auch den Samstag! Sie können auch andauernd Urlaub machen. Und wenn sie nicht essen und trinken, dann sind sie am Einkaufen …«

Ich schaue sie an. Die alte Bäuerin stellt das einfach nur fest. Erstaunt und nicht etwa missbilligend. Dann aber wird ihr Ton doch eine Spur vorwurfsvoll: »Ich weiß nicht, ob ich eine gute Christin bin«, beginnt sie, »aber ich bin wenigstens keine scheinheilige! Ich tue nicht so, als ob ich glaube. Ich glaube wirklich. Und ich habe nie andere Götter neben dem lieben Gott gehabt, auch das nicht!« Geld und Besitz, das seien solche anderen Götter – und für viele Leute wichtiger als Glaube oder Werte: »Geld, Autos, Kleider … Sie können nicht genug kriegen!«, sagt Mathilde. »Und sie wollen ewig jung bleiben! Wozu soll das denn gut sein?«

Ich denke unwillkürlich an die stattliche Schuhsammlung in meinem Schrank und den neuen Topf Anti-Aging-Creme, den ich mir vor ein paar Tagen geleistet habe. Mathilde hingegen hat, wie so viele ihrer Generation, aufgrund der schweren Zeiten in ihrem Leben erkannt, welche Dinge im Leben wirklich zählen und welche eigentlich bedeutungslos sind. In guten Zeiten vergisst man das schnell.

»Ich war froh, wenn ich eine neue Schürze bekam oder einen schönen Pullover, das war's«, fährt sie fort. Und natürlich habe sie im Laufe der Jahre Falten gekriegt, natürlich sind ihre Ohren schlechter geworden, dann auch ihre Augen: »Es wird Abend, und es wird Nacht. Dagegen kann man nichts tun.«

Da war er wieder, dieser kurze kräftige Wasserstrahl. Nur ein paar Worte, aber was für welche: »Es wird Abend, und es wird Nacht.« *One-liner* heißt das auf Neudeutsch: die Fähigkeit, einen komplizierten Sachverhalt mit einem Satz auf den Punkt zu bringen. Viele Politiker absolvieren teure Trainingskurse, um das zu erlernen. Mathilde kann es auch so.

Ich denke an den gräflichen Gutshof, auf dem sie als Dienstmädchen arbeitete – die schwelgten doch auch in Luxus, die hatten doch auch andere Götter neben sich? Mathilde pflichtet mir bei, wenngleich sie anmerkt, dass das damals im Gegensatz zu heute eine Ausnahme gewesen sei: Das hätten sich nur die wenigsten leisten können. Dann gibt sie ehrlich zu: »Gefallen hat es mir schon!« Wunderschön sei er gewesen, dieser Gutshof. Und der Graf und seine Frau steinreich: Sie hatten viele Kühe und Pferde. Und gleich drei Pferdepfleger im Dienst, die für sie sorgten. Alles war geschniegelt und gebügelt. Ihre Stimme ist voller Bewunderung, der Blick nach oben ins Nichts gerichtet. Dann legt sie die Hände in den Schoß und seufzt. »Aber leider konnte ich da nicht lange bleiben, leider musste ich da wieder weg!«

Wenn man von vornherein weiß, dass einem doch nicht geglaubt wird, sollte man besser schweigen.

Sie starrt eine Zeitlang vor sich ins Leere. »Der älteste Sohn ist mir damals nachgestiegen«, sagt sie dann. »Der wollte mich auch vergewaltigen.« Mehrmals habe er es versucht, sie probierte zunächst, ihm aus dem Weg zu gehen. »Aber dann habe ich beschlossen, ganz wegzugehen, das war das Beste so.«

Warum hat sie denn nicht den Mund aufgemacht? Warum hat sie auch dieses zweite Mal geschwiegen?

Mathilde guckt mich an und muss bitter auflachen, ganz leise nur, aber es entgeht mir nicht. »Ich wusste, dass mir niemand geglaubt hätte. Es war besser so, wirklich.« Seine Eltern, der Graf und seine Frau, die seien streng katholisch gewesen. »Sie hätten immer zu ihrem Sohn gehalten. Immer. Ich war ja nur ein einfaches Dienstmädchen! Eine Untergebene. Mit der konnte man das tun. Ein Untertan. Mit denen konnte man alles tun.«

Lügen sei schlimm. Aber genauso schlimm sei es, wenn man die Wahrheit sagt und keiner glaubt einem. Deshalb hat sie damals den Mund gehalten und ihn verlassen, diesen wunderschönen Gutshof am Bodensee mit den wunderschönen Pferden und der reichen Grafenfamilie. Deshalb ist sie im Schwarzwald gelandet. »Den Johannes, den hätt' ich sonst nie geheiratet.«

Wieder einmal weiß ich nicht, was ich entgegnen soll. Mir wird klar, in welchem See, nein, in welchem Meer an Freiheiten ich schon mein ganzes Leben lang baden darf. Ich kann und konnte selbst entscheiden, an wen und was ich glauben will. Als Frau muss ich zwar grundsätzlich immer noch fürchten, vergewaltigt zu werden, aber es gilt wenigstens nicht mehr als Kavaliersdelikt, das sich eine Frau selbst zuzuschreiben hat. Und ich bin von den Diskriminierungen und Zwängen der Ränge- und Ständegesellschaft befreit: Vor dem Gesetz immerhin sind wir alle gleich.

~

»Was wäre geschehen, wenn ...?« Streiche diese Worte aus deinem Vokabular, du wirst nie eine Antwort erhalten. Es ist, wie es ist.

~

Die Sonne scheint durch die kleinen Butzenscheiben des Bauernhofs. Ein Sonnenstrahl reicht, von Staubteilchen umnebelt, über die alten Holzplanken bis zu uns nach hinten an den Kachelofen. Auch Bruno, der friedlich zusammengerollt zu Mathildes Füßen liegt, hat ihn bemerkt und richtet sich auf.

»Im Nachhinein habe ich mich schon ein paarmal gefragt, wie mein Leben verlaufen wäre, wenn ich mich damals irgendjemandem anvertraut hätte. Wenn ich geblieben wäre.« Aber, so erzählt sie, nachdem sie einen tiefen Atemzug getan hat: Die Worte »Was wäre geschehen, wenn …«, die habe sie aus ihrem Vokabular gestrichen. »Du bekommst ja doch nie eine Antwort darauf!« Es ergebe keinen Sinn, im Nachhinein darüber nachzudenken, wie etwas anders hätte laufen können. »Es ist, wie es ist.«

Sie suchte sich damals eine neue Stelle und entdeckte ein Zeitungsinserat, das sie interessierte: Im Schwarzwald auf einem Bauernhof mit Wirtschaft gab es Arbeit. »Sonne« hieß die Wirtschaft. Mathilde fragte ein paar reisende Geschirrhändler, ob sie den Hof und den Ort kannten. Ja, antworteten die, aber da gebe es nur eine Krone, keine Sonne. Sonne oder Krone – Mathilde war das egal, sie wollte weg und beschloss, sich zu bewerben. Es dauerte damals einige Wochen, man war auf die Post angewiesen und das Telegraphenamt. Jeden Tag wartete Mathilde sehnsüchtig auf Nachricht, ob und wann sie das Gut endlich verlassen durfte. Hoffentlich noch rechtzeitig, bevor ein weiteres Unglück geschah. Aber dann bekam sie eine Zusage für die Stelle. »Da habe ich gleich meinen Koffer gepackt, viel hatte ich ja nicht, und bin hierhergefahren, mit dem Zug.«

Ich denke an das Getuschel im Dorf, dass sie damals angeblich mit Kind angereist sei. Nichts davon scheint zu stimmen.

Der Bahnhof lag unten im Tal. Der älteste Sohn, so hatte man ihr geschrieben, würde sie abholen. Doch niemand war da, als die junge Frau mit ihrem Koffer auf dem verlassenen Bahnsteig stand. »Da bin ich in die nächste Gastwirtschaft und hab hier oben bei der Krone angerufen«, erzählt sie. »Es gab ja damals die ersten Telefone.« Dann wartete sie.

Nach einer Stunde kam ein unrasierter Bursche in dreckigen Klamotten in die Gaststätte. Das war der Johannes. Er war mit Pferd und Wagen vorgefahren. Aber als Mathilde das Pferd und den Wagen sah, traute sie ihren Augen nicht, sie war inzwischen anderes gewohnt: »Das war kein richtiger Wagen, das war bloß ein wackliges Wägeli!«, entrüstet sie sich noch im Nachhinein. »Es hatte ja noch nicht einmal einen Sitz, nur ein Brett!« Auf dem habe sie gesessen wie »eine Katze auf dem Schleifstein«. Und das Ross, das habe eine ungekämmte Mähne gehabt und sei völlig verfilzt gewesen.

So kam sie zum ersten Mal hier oben an. Der Vater von Johannes lag krank im Bett, die Mutter war tot. Eine Frau aus dem Dorf sah manchmal nach dem Rechten. Es gab nur ein einziges Handtuch in der Küche, das war völlig schwarz und starrte vor Dreck, denn es wurde für alles gebraucht. Abends wurde es gewaschen und am nächsten Tag wieder benutzt. Mathilde packte als Erstes ihre Aussteuer aus, die Handtücher. Dann stellte sie sich in die Küche. Johannes und seine Brüder wollten zu Abend essen, sie hatten sich schon an den Tisch gesetzt.

»Ich hab ihnen gesagt, sie müssten sich erst die Hände waschen«, erzählt sie. »Da war mein neues weißes Handtuch schwarz.« Ich staune, dass sie auf einmal so viel Autorität ausstrahlen konnte. Aber es waren ja alles noch Burschen, und bis auf den Johannes waren alle jünger als sie. »Ich habe auch sofort versucht, ihnen Tischmanieren beizubringen, und verboten, beim Essen zu fluchen.«

Das war im März 1936. Drei Monate später war sie mit dem Johannes verheiratet. Dafür sorgte ihre Mutter, die kurz darauf anreiste, um nach dem Rechten zu schauen. »Sie fand, das sei das Beste für mich«, sagt Mathilde und schaut zu Boden.

War sie vielleicht doch schwanger? Sollte es dem Grafensohn doch gelungen sein, sie zu vergewaltigen? Ich spreche meine Gedanken nicht aus.

»Meine Mutter hat dann auch sofort mit dem Pfarrer unten im Dorf geredet, und auch der fand, es sei das Beste für mich.«

Das Beste war es jedenfalls für den Johannes und seine Brüder und den Hof, denke ich, aber auch das sage ich nicht laut. Stattdessen rechne ich nach. »Juni 1936 – waren Sie da nicht schon 21 Jahre alt und damit volljährig?«

Mathilde nickt. »Ich bin kurz vor meiner Hochzeit einundzwanzig geworden. Aber hätte ich etwa gegen den Pfarrer und die Mutter aufbegehren sollen? Wie denn?« Unvorstellbar sei das früher gewesen. »Ich hatte zu folgen. Ich musste gehorchen.« Sie weiß noch genau, wie sie in der Kirche vor dem Traualtar stand und der Pfarrer zu reden begann. »Ist es dein freier und ungezwungener Wille, diesen Mann hier zum Ehemann zu nehmen?« Etwas in ihr habe aufgeschrien: »Nein, das stimmt doch gar nicht!« Aber kein Wort kam ihr über die Lippen. »Sagget Sie ja!«, habe ihr der Trauzeuge, der hinter ihr stand, ins Ohr geraunt. »Sagget Sie ja!« Da habe sie ja gesagt. »Nein, gehaucht habe ich es, nur gehaucht!«, verbessert sich Mathilde mit einem tiefen Seufzer.

Sie hat sich gegen ihren Willen verheiraten lassen. Mir die ganze Tragweite zu vergegenwärtigen fällt schwer. Die Autorität von Eltern und Kirche muss damals wirklich noch unermesslich groß gewesen sein. Und Mathilde war eine unsichere junge Frau, die auf eine Kindheit und Jugend ohne viel Liebe, aber mit sehr viel Gewalt zurückblicken konnte.

Wenn der Mensch ein Schiff ist und das Leben ein Meer, so stelle ich es mir vor, dann liegen Menschen, die viel Liebe bekommen haben, viel sicherer auf dem Wasser als die, die ohne viel Liebe groß geworden sind. Sie können ihr Schiff auch viel sicherer durch die Wellen manövrieren, lassen sich nicht so schnell vom Kurs abbringen, sind besser gegen Stürme gewappnet. Mathilde hingegen, so wird mir immer klarer, hatte nur ein kleines Segelschiff, die Wellen und der Wind bestimmten den Kurs. Aber so unsicher es auch auf dem Wasser tanzte – es scheint einen Rumpf aus Stahl zu besitzen. Denn untergegangen ist es trotz allem nicht.

»Nach der Trauung hab ich mich dann in die Küche gestellt, um für die Hochzeitsgäste zu kochen«, erzählt sie weiter. Noch mehr Arbeit erwartete sie ein paar Tage später am Wochenende, da fand auf dem Hof die öffentliche Hochzeitsfeier für das ganze Dorf statt. Ihr Hochzeitskleid war schwarz. »Weiß, das war nur für die Reichen.«

In der Hochzeitsnacht und in den vielen anderen Nächten, die folgten, weinte sie. Und dachte an den Jungen aus Gelsenkirchen. »Es war schrecklich. Mit meinem Mann geschlafen habe ich nur, weil es als Ehefrau meine Pflicht war. Spaß hat es mir nie gemacht.«

Wieder herrscht einen Moment lang Schweigen. Still sitzen wir nebeneinander am Kachelofen.

»Mein freier und ungezwungener Wille … Ooooh!«, bricht es dann auf einmal überraschend heftig aus ihr heraus. Sie richtet sich auf. »Wenn meine Mutter und der Pfarrer nicht gewesen wären, hätte ich den Johannes nie geheiratet. Dann hätte ich mein Leben mit einem anderen verbracht. Oder ich hätte gar nicht geheiratet.«

Hätte, hätte, hätte. Sie scheint vergessen zu haben, dass sie diese Worte aus ihrem Vokabular verbannt hat. Sie will sich doch nicht mehr fragen, was geschehen wäre, wenn … Es muss an mir liegen, an unseren Gesprächen. Und an den Erinnerungen, die dadurch wieder wachwerden. Ich bin nicht nur erschüttert über das, was sie mir erzählt hat, sondern auch sehr erstaunt. Nie hätte ich gedacht, dass sie so offen sein kann. Nie hätte ich vermutet, dass sie so viel durchmachen musste. Mathilde, das war für mich die alte Bäuerin, die gerne einen Schnaps spendiert und immer einen Witz parat hat. Ich kann nicht verhindern, dass ich unsere Leben schon wieder vergleiche. Ich kann und konnte selbst entscheiden, wen ich liebe und mit wem ich zusammen sein will. Ich habe Spaß am Sex. Ich bin vom erstickenden Korsett, zu dem Autoritäten wie Eltern oder Pfarrer werden konnten, befreit.

Aus dem Sonnenstrahl ist ein breiter Kegel geworden, der fast die gesamte Gaststube erfasst. »Lass uns nach draußen gehen«, schlägt Mathilde vor. Ich muss ihr beim Aufstehen helfen und auch beim Rausgehen. »Nein, nicht so hoch!«, korrigiert sie mich, worauf ich meinen Ellenbogen etwas senke. Barsch und unwirsch hat sie es gesagt, aber das nehme ich ihr nicht übel. Der Umgangston hier oben ist rau, daran musste sie sich selbst vor achtzig Jahren nach ihrem Intermezzo auf dem gräflichen Hof gewöhnen. Und nicht nur daran. Auch die Wirtschaft war völlig neu für sie. »Anfangs fand ich das schrecklich, wegen der vielen Leut'«, erklärt sie. »Man kann es ja nicht allen recht machen. Und man muss trotzdem immer lächeln, immer nur lächeln …« Heute ist sie froh, dass sie die Wirtschaft hat. »Sie würde mir fehlen!« Gerade wegen der Leute. »Das macht mich glücklich.«

~

Ohne Liebe kein Eheglück.

~

Wir sitzen inzwischen unter der großen Kastanie im Hof, die in aller Heftigkeit zu blühen beginnt und wunderbar riecht. Sie ist voller zwitschernder Vögel. Bruno hat sich neben sein Frauchen gelegt und ist schon wieder eingeschlafen.

Mathilde deutet auf das Fenster rechts oben. Da liegt ihr Schlafzimmer, direkt über der Wirtsstube. »Ich höre alles da oben. Wenn die Wirtschaft voll ist, reden alle durcheinander, das ist etwas Herrliches«, sagt sie mit einem versonnenen Lächeln. »Dann kann ich gut einschlafen!«

Hat die Wirtschaft ihr etwa das gegeben, was sie von ihrem Ehemann nicht bekommen konnte? Halt und Zuneigung? Freude? Ein Lächeln und ein paar liebe Worte? Ich will es genauer wissen: Wie war ihre Ehe? Immerhin waren sie mehr als ein halbes Jahrhundert verheiratet. 54 Jahre. Hat sie ihren Mann nicht doch noch lieben gelernt?

Mathilde schüttelt den Kopf. »Ich war keine gute Ehefrau, ich konnte keine gute Ehefrau sein«, sagt sie ganz nüchtern. »Weil ich meinen Mann nicht geliebt habe.« Man könne schon ohne Liebe eine Ehe führen, aber »dann ist es bloß Pflichterfüllung. Auch der Beischlaf. Ich hab mich halt ergeben.« Sie guckt nach oben in die rosaweiße Blütenpracht der Kastanienkerzen. Manchmal hat sie sich schon gefragt, ob sie einem anderen Mann eine gute Ehefrau hätte sein können. Ob sie wirklich glücklich hätte werden können. »Aber ich habe ja schon gesagt, es hat keinen Sinn, sich im Nachhinein zu fragen, wie alles anders hätte laufen können!« Sie guckt mich an und muss auflachen: »Das kommt durch dich. Du bringst mich dazu!« Junge Frauen, so wie ich oder ihre Enkelinnen und Urenkelinnen, die hätten es heute ja viel einfacher: »Ihr könnt viel mehr selbst entscheiden, ihr lernt das, was euch Spaß macht, und habt Berufe, die ihr liebt.« Aber, so gibt sie dann zu bedenken: »Ihr habt auch eure Sorgen. Ihr macht es euch nicht leicht.« Weil heute jeder die große Liebe suche, das große Glück. Mit weniger würden sich die Leute nicht mehr zufriedengeben: »Sie vergessen, dass nichts im Leben vollkommen ist. Es gibt nichts Vollkommenes. Und kein Recht auf Glück.«

Die Menschen vergessen, dass es im Leben nichts Vollkommenes gibt. Und kein Recht auf Glück.

Mathilde nimmt einen großen Schluck Wasser. Sie ist es nicht gewohnt, so viel zu sprechen. Renate hat eine ganze Flasche Sprudel vor uns auf den Biertisch gestellt.

Die Ehe mit dem Johannes jedenfalls sei keine gute gewesen, fährt sie dann fort. Auch wenn er sie nie geschlagen habe. Daran hätten auch die Kinder nichts geändert. Renate, das erste, kam elf Monate nach der Hochzeit zur Welt, sie wurde zu Hause, hier auf dem Hof geboren. Mit Hilfe der Dorfhebamme. Es war eine schwere und eine furchtbar lange Geburt. Der Johannes habe draußen auf dem Gang gewartet. Als die Renate dann endlich da war, habe er als Erstes gesagt: »Jetzt ist das auch noch ein Mädchen!«

Ich bin nicht weiter erstaunt oder entsetzt. Der Johannes war ein einfacher Bauer, der noch knietief in heute überkommenen Traditionen steckte. Er wollte einen Stammhalter, Mädchen waren zweitklassig. Das Gerede aus dem Dorf aber, das beschließe ich endgültig zu vergessen. Mathilde ist damals weder mit Kind noch schwanger ins Tal gekommen. Was sich die Leute alles ausdenken!

Klaus, Mathildes zweites Kind, erblickte gut ein Jahr später im Krankenhaus das Licht der Welt. 1939, kurz vor Pfingsten. Die Familie hatte die Maler erwartet, da die Küche geweißelt werden sollte. Mathilde hatte deshalb bereits das ganze Geschirr in die Wirtschaft gestellt. Doch dann musste sie von ihrem Schwager erfahren, dass die Maler es nicht mehr schaffen und erst nach Pfingsten kommen würden. »Oh, was hat mich der Johannes da geschimpft«, seufzt sie. Der Pfingstumsatz stand auf dem Spiel, viele Leute hatten ja schon einen Tisch reserviert.

Hätte sie das Geschirr etwa alles wieder in die Küche räumen sollen? Das kam gar nicht in Frage. »Da bin ich hochschwanger bei meinem Schwager auf dem Motorrad hintendrauf zu den Malern gefahren und hab denen gesagt, dass das so nicht geht!« Die Küche wurde dann tatsächlich wie geplant noch vor Pfingsten geweißelt. Aber ohne Mathilde: Nach dem Ritt auf dem Motorrad setzten die Wehen ein, per Taxi wurde sie ins Krankenhaus gefahren, die Hebamme fuhr gleich mit. Am nächsten Morgen um halb sechs war Klaus dann auf der Welt.

Daraufhin beschloss sie, keine weiteren Kinder mehr zu bekommen. Eine Frau im Dorf schickte sie zu einem Arzt. »Der hat mir dann so eine Paste verschrieben. Zum Verhüten.«

Ich bin etwas verwirrt: Sagte sie nicht, dass sie zwei Kinder im Krankenhaus bekommen habe? Ich beschließe abzuwarten.

Pfingsten 1939. Ein paar Monate später, am 1. September, brach mit dem Überfall auf Polen der Zweite Weltkrieg aus. Mathilde nickt und trinkt noch einen Schluck Wasser. »Da war ich auf einmal alleine auf dem Hof – mit zwei kleinen Kindern. Und die ganze Ernte war zu dem Zeitpunkt auch noch draußen.« Johannes kämpfte wie so viele andere Männer an der Westfront. Einen Führerschein hatte sie zwar nicht, aber sie konnte Trecker fahren. Zum Glück. Mit und ohne Anhänger. Was sie auch tat. Während des Kriegs fuhr sie sogar Langholz und brachte es zum Sägewerk, ganz alleine. Eine schmale junge Frau, 25 Jahre alt, hoch oben auf dem Trecker, hinter ihr zwanzig Meter lange Baumstämme. Ich kann es mir kaum vorstellen.

Kurz vor Kriegsende 1945 musste sie zwanzig Mann für den Arbeitsdienst einquartieren. »Die schliefen oben in Stockbetten. Und die standen jeden Tag in meiner Küche, um zu kochen. Immer einen großen Topf voll, Tag für Tag.« Bis die Franzosen kamen, da wurden die Männer in aller Eile abgezogen. »Ein Bus holte sie ab, ein gelber Postbus, ich weiß es noch genau.« Weiter oben auf dem Berg betrieb der Ortsgruppenleiter damals eine Funkschule und bildete Spione aus, junge Burschen, 18 oder 20 Jahre alt. »Die wollten Deutschland retten, auch 1945 noch! Deshalb blieben sie.« Obwohl die Franzosen anrückten und sogar die hohen Offiziere längst das Weite gesucht hatten. So kam es, dass diese jungen Soldaten auf die eigenen Leute schossen: Sie hielten die Männer vom Arbeitsdienst, die in dem gelben Postbus saßen, versehentlich für den Feind. »Sie haben sie alle erschossen. Alle!«, sagt die alte Frau und hebt die Stimme: »Weil sie Deutschland noch retten wollten!«

Sie deutet runter ins Tal. Dort unten auf dem Friedhof liegen sie jetzt alle, in einem Heldengrab. Von den eigenen Leuten erschossen. Nie wieder in ihrem Leben habe sie so viele Tote gesehen wie in diesem Krieg. Wir schauen zusammen auf die Silhouette der

Vogesen in der Ferne, der höchste Berg ganz links, das muss der Grand Ballon sein, der Große Belchen. Über uns, im Kastanienbaum, zwitschern die Vögel.

»Aber das Allerschlimmste in meinem Leben, das war der Tod von Bernhard«, beginnt sie dann auf einmal zu erzählen, »meinem jüngsten Kind.« Sie beugt sich ein bisschen zur Seite, um den Hund zu streicheln, der immer noch neben ihr liegt. Das Weitersprechen fällt ihr ganz offensichtlich schwer. »In der Bibel steht: Du sollst nicht töten«, fährt sie fort. »Auch sich selbst darf man nicht töten. Aber genau das hat mein Junge getan.« Nur 15 Jahre alt sei er geworden: »Wir fanden ihn in der Scheune, er hat sich erhängt. Und weißt du, wann?« Sie sagt es mit gebrochener Stimme, es klingt fast wie ein Wimmern: »Am Heiligen Abend! Ausgerechnet am Heiligen Abend, stell dir das nur vor!«

Das Gezwitscher der Vögel scheint auf einmal leiser geworden zu sein.

»Das habe ich bis heute nicht überwunden. Jedes Jahr kommt es zurück. Jedes andere Datum kannst du überbrücken, aber den Heiligen Abend nicht. Niemals. Nie.«

Auf einmal sorge ich mich, dass sie zusammenbrechen könnte. Wie kann ich sie nur trösten? Ich nehme ihre Hand und halte sie fest.

»Sich selbst das Leben zu nehmen ist eine Todsünde. Ich bin froh, dass der Pfarrer ihn trotzdem begraben hat.« Mathilde wiederholt die Worte, die er am Grab gesagt hat, ganz mechanisch, wie eine Schallplatte, die abgespielt wird: »Wir stehen am Grabe eines Jugendlichen und fragen uns: Warum? Wir werden keine Antwort erhalten. Fragen wir uns doch lieber: Warum schickt Gott uns das?« Fragend guckt sie mich aus ihren klaren hellblauen Augen an: »Was nur habe ich falsch gemacht? Ich muss etwas falsch gemacht haben. Warum hat Gott mir das geschickt? Warum hat der Bernhard sich das angetan?«

Hat er denn keinen Abschiedsbrief hinterlassen?
»Nein, nichts. Er war so ein fröhliches Kind.«

Wir beobachten, wie ein Auto die kurvige Straße durch die Wiesenhänge nach oben kommt. Es ist eine Ente, hellblau und mit offenem Verdeck. Die alte Bäuerin legt die Hand über die Augen, weil die Sonne sie blendet. »Man muss halt weiterleben«, sagt sie. »So wie man einfach weiteratmet. Automatisch. Um zu überleben. Aber vorbei geht der Schmerz nicht, im Gegenteil: Es wird mit jedem Jahr schlimmer. Weil man so viel darüber nachdenkt. Und nach Antworten sucht.« Ein Glück, dass sie in den Jahren nach dem Tod von Bernhard einen neuen Pfarrer gefunden hat. Einen, der ihr Halt geben konnte. »Es hat lange gedauert, aber dann hat er dafür gesorgt, dass ich mich mit Gott versöhnen konnte.«

Manchmal muss man halt weiterleben. So wie man einfach weiteratmet. Automatisch.

Ich nicke. Was heute für viele Leute der Psychologe ist, und auch da findet man nicht immer sofort den richtigen, war früher der Geistliche. Wenn Mathilde diesen Lotsen nicht gefunden hätte, da bin ich mir ziemlich sicher, wäre ihr kleines Segelboot gesunken.

Die himmelblaue Ente hat den Hof erreicht und macht neben dem Auto von Urenkel Peter halt. Ein junges Pärchen steigt aus, ausgelassen und sichtlich verliebt. Hand in Hand laufen sie auf uns zu.

»Grüß Gott«, sagt der Mann und schiebt die Sonnenbrille hoch. Wir grüßen zurück. »Wir wollten uns mal erkundigen, ob man auf diesem Hof auch Hochzeit feiern kann«, meint er dann und guckt die junge Frau neben ihm ebenso zärtlich wie vielsagend an. »Wir wollen nämlich heiraten!«, verkünden sie dann beide fast gleichzeitig und müssen prustend auflachen.

»Hajoh«, sagt Mathilde. »Dann gehet Sie am besten rei und fragget Sie die Renate, die ist meine Tochter, die regelt das!«

Schmunzelnd schauen wir dem Pärchen nach, wie es hinter der schweren Eingangstür verschwindet. Ich bin erleichtert. Die beiden haben Mathilde ein bisschen auf andere Gedanken gebracht.

»Hajoh«, sagt die schon wieder und lacht in sich hinein. »Die zwei können auch aus Liebe heiraten. Dann wollen wir mal hoffen, dass es gutgeht.« Denn eine Garantie für Glück sei das ja nicht. »Viele trennen sich trotzdem ganz schnell wieder, das ist heute halt so.« Weil ihnen am anderen auf einmal etwas nicht mehr passe. Oder weil sie einen anderen gefunden haben, von dem sie glauben, dass er besser ist. Ob er es aber auch tatsächlich ist? Jedenfalls gingen »die Leut'« heute viel schneller auseinander und mit mehr als nur einem Partner ins Bett. Vor allem die Frauen, ist Mathildes Eindruck.

Auf diese Stichworte habe ich gewartet. Darauf wollte ich sie schon die ganze Zeit ansprechen, habe mich aber nicht getraut: Wie war das denn bei ihr selbst? Ist sie Johannes immer treu gewesen, obwohl sie ihn gar nicht liebte und unglücklich mit ihm war?

Wieder guckt sie mich kurz aus ihren hellen blauen Augen an. »Bist du etwa der Pfarrer?«, fragt sie dann zu meiner Überraschung zurück. »Soll ich jetzt etwa beichten? Es ist halt einfach passiert!«

Es gelingt nicht immer, seinen Prinzipien treu zu bleiben. Aber das heißt nicht, dass sie an Gültigkeit verlieren und wir sie über Bord werfen können.

Mit einer solchen Antwort habe ich nicht gerechnet. Mathilde hatte eine Affäre, einen Lover! Ich merke, dass ich mich für sie freue. Natürlich konnte und kann sie das nur schwer mit ihrem Glauben vereinbaren, mit dem sechsten Gebot: Du sollst nicht ehebrechen. Das ist mir schon klar. Aber trotzdem freue ich mich über alle Maßen für sie: Weil da endlich jemand gewesen sein muss, der Liebe und Zärtlichkeit in ihr schweres Dasein brachte. Jemand, der vielleicht ihr Herz höherschlagen ließ, für den sie sich schön machte. Der sie streichelte und zärtlich zu ihr war, ihr Selbstwertgefühl stärkte.

»Manchmal gelingt es uns nicht, das einzuhalten, woran wir glauben. Manchmal sündigen wir und brechen die Gebote«, sagt Mathilde. »Aber das heißt noch lange nicht, dass sie an Gültigkeit verlieren und dass wir es uns leichter machen könnten.« Man muss weiterhin an sie glauben: Du sollst nicht ehebrechen, das hat schon seine Richtigkeit, findet Mathilde und stellt klar, wie sehr sie es bereut, schwach geworden zu sein.

Ich würde nur allzu gerne Näheres über ihre Affäre erfahren: War es während des Kriegs? Als der Johannes noch an der Front war? War es jemand aus dem Dorf? Oder einer der zwanzig Männer, die während des Arbeitsdienstes bei ihr einquartiert worden waren? Die alte Frau wehrt ab. Sie will nichts über ihn verraten. Nur, dass auch er verheiratet war.

Aber dieser Mann hat doch dafür gesorgt, dass sie ein paar unbeschwerte Momente erlebte und glücklich war? Endlich konnte sie erfahren, was es bedeutete, verliebt zu sein! Dass es auch schön sein konnte, mit einem Mann zu schlafen!

»Das schon«, sagt sie. »Aber ich habe es bitter bereut. Der Preis, den ich dafür bezahlt habe, war hoch.«

Preis? Hat sie eine andere Ehe zerstört? Hat der Johannes ihr eine Szene gemacht, einen fürchterlichen Streit vom Zaun gebrochen, damit gedroht, sie zu verlassen? Musste sie im Dorf Spießruten laufen, als alles herauskam?

Sie schüttelt den Kopf, wiederholt stattdessen die Worte des Pfarrers am Grab ihres Kindes, das sich selbst das Leben nahm: »Wir stehen am Grabe eines Jugendlichen und fragen uns: Warum? Wir werden keine Antwort erhalten. Fragen wir uns doch lieber: Warum schickt Gott uns das?«

Alles sei ans Licht gekommen, alles, seufzt sie: »Ich habe so büßen müssen!«

Ich verstehe immer noch nicht.

»Ja, weil ich dann doch den Bernhard bekommen habe, mein drittes Kind!«, bricht es aus ihr heraus. »Das war ja nicht vom Johannes, das war von dem anderen Mann!«

Es fehlt nicht viel, beinahe schlage ich mir die Hand vor den Mund. Ich begreife ihn sofort, diesen Abgrund an Schuldgefühlen, der sich vor Mathilde aufgetan haben musste. Was muss diese Frau gelitten haben! Sie muss einen Kern aus Stahl haben, die kleine, schmächtige uralte Bäuerin. Jetzt weiß ich auch, wie es zu diesem Getuschel im Dorf kommen konnte. Das uneheliche Kind, das war Bernhard. Ein Kern von Wahrheit, der dann völlig aus seinem Zusammenhang gerissen wurde. Sein Freitod war in dieser streng katholischen Gemeinde ein Tabu und musste schnellstens aus dem kollektiven Gedächtnis gestrichen werden. Es war nicht so, dass Mathilde froh sein musste, dass der Johannes sie damals zur Frau genommen hatte, nein, sie musste froh sein, dass er sie nicht verstoßen hatte.

Mathilde ist ohne meine Hilfe aufgestanden und bückt sich über das Blumenbeet neben der Eingangstür, um ein paar verwelkte Vergissmeinnicht herauszurupfen. Langsam richtet sie sich wieder auf. Erst Jahre später sei er dahintergekommen, der Johannes. Nicht nur, dass sie diese Affäre gehabt hatte, auch dass der Bernhard nicht von ihm war. Wie und wann genau, das weiß sie nicht mehr. »Er hat mich damals dennoch nicht verlassen, das rechne ich ihm noch heute hoch an«, sagt sie, die verwelkten Blumen in der Hand. »Und ich brauchte endlich nicht mehr zu lügen. Endlich.«

Das Leben ist wie eine Lotterie, man weiß nie, wie viele Treffer oder Nieten man zieht.

Ein Lieferwagen hält auf dem Hof an, der Kies knirscht. Ein paar Arbeiter steigen aus, Stammgäste, die Mittag essen wollen. Fast gleichzeitig trifft eine Gruppe Wanderer ein, alles Rentner mit Rucksack und Wanderstock.

»Gehet Sie nur rei, gehet Sie nur rei«, sagt Mathilde. »Die Renate ist drinnen, i kom au gliech!«

Die neuen Gäste begeben sich zum Eingang und versperren dem Pärchen, das gerade herauskommen will, den Weg.

»Wir haben einen Termin gemacht!«, sagt die junge Frau strahlend, bevor sie mit ihrem zukünftigen Mann wieder in den himmelblauen 2 CV steigt. Winkend fahren die beiden ab.

Mathilde schaut ihnen nach, lange. »Ich bin oft neidisch und eifersüchtig gewesen«, gibt sie dann zu. »Auf andere Menschen. Und auf das Leben, das sie führen konnten.« Das neunte und das zehnte Gebot, die beiden hätte sie am meisten gebrochen. »Du sollst nicht begehren deines Nächsten Haus«, beginnt sie, ohne zu stocken, aufzusagen. »Du sollst nicht begehren deines Nächsten Weib, Knecht, Magd, Vieh noch alles, was dein Nächster hat.« Das sei ihre Hauptsünde gewesen: »der Neid«.

Weil manche Leute es ihr Leben lang leicht hätten, ohne es zu verdienen, und andersherum manche schwer, obwohl sie das ebenfalls nicht verdienten. Aber, so musste die alte Bäuerin erkennen: »Es gibt keine ausgleichende Gerechtigkeit, das Leben ist nicht gerecht. Es ist wie bei einer Lotterie, man weiß nie, wie viele Treffer oder Nieten man zieht.« Ich denke an den US-Film *Forrest Gump*, in dem die gleichnamige Hauptperson alias Tom Hanks das Leben mit einer Pralinenschachtel vergleicht, da wisse man nie, in was man beiße. Irgendwie finde ich diese Vorstellung versöhnlicher als die mit der Lotterie.

Mathilde sieht mich lächelnd an. »Die meisten Leute wollen das nicht hören, dass das Leben nicht gerecht ist, ich weiß«, sagt sie. »Aber je schneller man es erkennt, desto besser.«

Sie legt die verblühten Vergissmeinnicht auf die Fensterbank und setzt sich wieder neben mich, gefolgt von Bruno. Liebevoll tätschelt sie ihm den Kopf. Ihr Leben lang hat sie Hunde gehabt, sie kann sich gar nicht vorstellen, ohne zu sein. »Wenn sie alt und krank wurden, habe ich sie aus ihrem Leiden erlöst.« Bei Tieren dürfe man das ja. »Eigentlich müsste man auch Menschen erlösen dürfen«, findet sie. Aber das sei ausgeschlossen: »Du sollst nicht töten. Manchmal hat man als Mensch unerfüllbare Wünsche.« Auch damit müsse man sich abfinden. Zum Glück habe der Johannes einen guten Tod gehabt: Er ist mit Lungenproblemen aus dem Krieg zurückgekommen und daran auch gestorben, »aber erst 1990 und ganz sanft, im Schlaf«. Angst vor ihrem eigenen Tod hat sie nicht: »Wenn er kommt, ist er da. Wenn der liebe Gott mich holen will, holt er mich.« Was dann genau passieren wird, weiß sie nicht: »Es ist ja noch keiner zurückgekommen, um es zu erzählen.« Über ihr Begräbnis hat sie sich noch keine Gedanken gemacht, eigentlich ist ihr das auch egal: »Wenn ich die Augen zugemacht habe, können sie mit mir machen, was sie wollen.«

Auch wenn einem Schlimmes widerfährt – das Leben bleibt ein Geschenk.

Wenn es so weit ist, frage ich, wie blickt sie dann auf ihr Leben zurück?

Die Antwort ist kurz und bündig: »Ich hoffe, dass ich das Beste daraus gemacht habe.«

Sie sieht meinen Blick, merkt, dass ich protestieren will. Das Beste daraus machen – das klingt so abschätzig, so abwertend! Wie oft sagt man das ganz beiläufig: Ach ja, wir haben das Beste daraus gemacht. Aus einem verregneten Urlaub, aus einem Missgeschick, einer Fehlanschaffung …

»Ja, ich habe immer versucht, das Beste daraus zu machen«, sagt Mathilde. »Jeden Tag.«

Ich muss die Worte von der Negativkonnotation, die sie bekommen haben, befreien. Erst dann verstehe ich, was sie meint. Erkenne, wie anspruchsvoll das Lebensmotto, das sich dahinter verbirgt, eigentlich ist: das Beste daraus machen. Aus einem jeden Tag. Aus einem ganzen Leben.

Was wäre, wenn wir uns ganz bewusst vornehmen würden, das Beste aus unserem Leben zu machen? Jeden Tag aufs Neue? Anstatt einfach nur zu leben? Es macht einen Unterschied, stelle ich fest, einen gewaltigen Unterschied.

Ihr Leben sei nicht leicht gewesen, viel Schlimmes habe sie mitmachen müssen. »Aber trotzdem«, höre ich sie zu meiner Überraschung sagen, »ist es ein Geschenk, das Leben.« Aber man brauche Mut, es zu leben: »Ich bitte den lieben Gott immer noch jeden Tag um diesen Mut. Und bislang hat er mich erhört, es gibt mich ja noch.«

Aus dem offenen Fenster der Gaststube dringt das Gelächter der Wanderer zu uns nach draußen. Sie amüsieren sich ganz offensichtlich prächtig mit den Arbeitern, wir hören das Klirren von Biergläsern.

»Ich muss jetzt gleich reingehen«, kündigt Mathilde an. Ich nicke.

Sie legt die Hände in den Schoß. Es sei ja nicht so, dass sie nie zufrieden gewesen ist in ihrem Leben, meint sie dann. Manchmal war sie sogar glücklich: »Man darf das Glück nicht nur im Großen suchen«, erklärt sie. Oft finde es sich im Kleinen, dann müsse man aufpassen, dass man es nicht übersehe. »Wenn ich so wie jetzt mit dir unter der Kastanie hier in der Sonne sitzen kann, dann bin ich glücklich. Wenn es mir gelingt, mein Tagwerk ohne Schmerzen zu verrichten.« Glücklich machen sie auch die Enkel und Urenkel: »Vorausgesetzt, sie stellen

Pass auf, dass du das Glück nicht übersiehst – es liegt oft im Kleinen, nicht im Großen.

keine Dummheiten an. Ich hoffe, dass sie auf dem richtigen Weg sind. Dass sie es leichter im Leben haben als ich.« Und auch in ihrer Wirtschaft ist sie glücklich. Wenn sie sich der Aufmerksamkeit der Gäste sicher sein kann, weil sie sie mit ihrer »Medizin« verwöhnt und mit einem ihrer Witze zum Lachen bringt.

Mathilde steht auf. »Hilfst du mir über die Schwelle?«

Selbstverständlich helfe ich ihr.

»Ich bin auch immer glücklich, wenn ich hinten im Garten schaffen kann und die Blumen zum Blühen bringe«, erzählt sie, als wir auf den Eingang zusteuern. »Das sind immer schöne Momente in meinem Leben gewesen.«

Einer der Stammgäste lehnt sich aus dem Fenster. »Mathilde, wo bleibst du denn?«

Ich helfe ihr über die Schwelle, mache erst die knarzende Eingangstür auf, dann, am Ende des Ganges, die Tür zur Gaststube. Sie stützt sich auf meinen Arm, und dieses Mal mache ich es richtig, sie braucht mich nicht zu korrigieren.

Eine Frage habe ich noch: Hat sie eigentlich eine Lieblingsblume?

Mathilde muss nicht lange nachdenken: »Die Nelke. Weil sie in so vielen schönen Farben blüht. Und weil sie keine Dornen hat.«

~

Mathildes Geschichte hat mich sehr nachdenklich gemacht. Sie hat so viel erlitten und in den fast hundert Jahren, die sie nun schon lebt, so wenig Glück erfahren. Ihre Verwandten, Männer, sie alle haben sie enttäuscht und sie nicht eben mit Liebe überhäuft. Und trotzdem – ihren Lebensmut hat sie nie verloren. Was gab ihr diesen Halt?

Für viele sind es Familie, Beruf oder der Glaube an sich selbst. Manchmal aber ist es, so wie bei Mathilde, der Glaube an Gott: Sie hat an ihm gezweifelt, aber sie konnte ihn wiederfinden. Noch heute kann sie, ohne zu stocken, das Glaubensbekenntnis aufsagen, das Vaterunser und die Zehn Gebote. Ihr fester Glaube, so kommt es mir vor, ist in den vergangenen hundert Jahren Teil ihrer DNA geworden.

Als ich bei Mathilde saß und ihre Geschichte hörte, musste ich immer wieder denken, wie viele Gründe ich selbst doch habe, dankbar und zufrieden zu sein. Natürlich war ich mir auch schon vorher dessen bewusst, wie privilegiert ich bin. Ich wurde zufällig in einem der reichsten Teile dieses Erdballs geboren und habe liebevolle Eltern, die dafür sorgten, dass ich jede Chance ergreifen konnte. Mathilde machte mir klar, wie privilegiert auch die Zeit ist, in die ich hineingeboren wurde: Insbesondere als Frau habe und hatte ich sehr viel mehr Möglichkeiten und Freiheiten als sie.

Durch die alte Bäuerin wurde ich mir auch darüber bewusst, dass man ein Kind gar nicht genug mit Liebe vollpumpen kann. Damit es ein starker Erwachsener wird, der aufbegehren kann und, wenn nötig, auch mal gegen den Strom schwimmt, um sein Leben nicht von anderen bestimmen zu lassen.

Ich lebe in einer Zeit, in einer Region, in der wir in Wohlstand schwimmen und in Dingen ertrinken. Wir brauchen uns doch nur unsere überquellenden Kleiderschränke anzusehen und unsere vollbeladenen Badezimmeranrichten. Zufriedener hat uns das nicht gemacht. Im Gegenteil: Wie oft klagen wir maßlos über Lappalien, etwa über unsere Partner, weil sie einmal nicht aufmerksam genug sind oder in der Küche Unordnung hinterlassen haben. Weil der Chef mal wieder rumgemeckert hat oder unser Gehalt nicht erhöhen will. Weil die Kinder nicht mit den erhofften guten Noten nach Hause gekommen sind. Weil uns manchmal einfach alles über den Kopf wächst. Haushalt, Kinder, Job, Partner. Alles hat perfekt zu sein, mit weniger geben wir uns nicht zufrieden.

Doch verglichen mit Mathilde ist unser Leben leicht – geradezu unerträglich leicht. Sie hält uns einen Spiegel vor, denn sie hat wirkliche Schicksalsschläge hinnehmen müssen. Und diese überlebt. Der Mensch ist viel stärker und kann sehr viel mehr verkraften, als wir oft denken. Wir unterschätzen uns und das, was in uns steckt. Auch das hat sie mir gezeigt. Und dass man trotz aller Schicksalsschläge kein glückloses Dasein führen muss. Vorausgesetzt, man sucht das Glück nicht nur im Großen, sondern auch im Kleinen. Vorausgesetzt, man ist gewillt, trotz allem das Beste daraus zu machen.

Dabei sind wir auf die Ruder angewiesen, die uns zur Verfügung stehen. Es hat keinen Zweck, nach anderen zu schielen, die scheinbar mühelos übers Wasser gleiten, während man sich selbst unglaublich ins Zeug legt, aber nicht von der Stelle zu kommen scheint. Egal, ob Pralinenschachtel oder Lotterie – das Leben ist nicht gerecht, auch das hat Mathilde mir klargemacht. Und, für mich die vielleicht wichtigste Einsicht: dass es im Leben nichts Vollkommenes gibt, dass wir noch so sehr der Perfektion hinterherrennen können, aber immer Wünsche offenbleiben.

Mathildes Dasein wurde dadurch erst erträglich. Für mich und die meisten Menschen, die ich kenne, ist es das immer gewesen. Aber wir wünschen mehr Zeit und Zufriedenheit, weniger Hektik und Erwartungsdruck. Mathildes Einsichten könnten uns dabei helfen.

»Die große Liebe wird nicht immer zur Liebe des Lebens«

Mariska

*16. Dezember 1910 in Gödöllö (Ungarn)

Prall war sie, die Birne, prall und reif. Verführerisch hing sie im Birnbaum, ganz oben, und leuchtete gelb-orange auf Mariska herunter.

»Da, Papa, siehst du sie?«, fragte das kleine Mädchen mit weitausgestrecktem Zeigefinger, den dunklen Lockenkopf in den Nacken gelegt.

»Kein Problem, mein Schatz«, antwortete der Vater. »Die hol ich dir!«

Es war ein Sonntagnachmittag, den der 28-jährige Postbeamte wie immer nach dem Gottesdienst mit seiner Frau und den vier Kindern in den Weinbergen verbrachte, gleich außerhalb von Gödöllö, einem Dorf rund dreißig Kilometer nordöstlich von Budapest. Die Gaspars besaßen dort ein Stück Grund mit Weinreben und Obstbäumen. Sie bauten dort auch ein paar Gemüsesorten an. Dadurch waren sie einigermaßen gut durch den Ersten Weltkrieg gekommen und konnten auch die ersten Nachkriegsjahre überstehen – trotz der entsetzlichen Armut, die 1919 so wie in den beiden anderen Verliererstaaten Deutschland und Österreich auch in Ungarn herrschte. Vater Gaspar hatte außerdem das Glück gehabt, aufgrund einer leichten Behinderung – er konnte seinen rechten Arm nur schlecht bewegen – nicht eingezogen zu werden.

Lag es daran? Hat er sich einfach nicht gut festhalten können? Oder ist er leichtsinnig geworden? Leichtsinnig und stolz, weil er seiner ältesten Tochter mit der reifen Birne gleich eine große Freude bereiten würde?

Mariska Hofman-Gaspar weiß es nicht mehr. Aber das Bild, wie der Vater aus dem Birnbaum fiel, direkt auf eine Weinrebe – das hat sich auf der Netzhaut der damals Achtjährigen eingebrannt. Das sieht sie noch heute so deutlich vor sich, als wäre es erst gestern geschehen und nicht vor mehr als neunzig Jahren.

Das Holz des Rebstocks durchbohrte den Vater in der Leistengegend. Bauern aus der Umgebung eilten der Mutter zu Hilfe und trugen ihn zum Dorfdoktor. Der reinigte die Wunde. Ein großer Splitter Holz blieb in der Leiste stecken. Aber, so beruhigte der Doktor die junge Ehefrau, der würde schon rauseitern.

»Was für ein Dummkopf!«, ereifert sich Mariska Hofman-Gaspar und probiert, eines der drei großen Kissen in ihrem Rücken zurechtzurücken. »Natürlich ist er nicht rausgeeitert!« Stattdessen bekam der Vater eine Blutvergiftung. Drei Tage später war er tot. Und ihre Mutter Witwe. Im Alter von 28 Jahren und mit vier kleinen Kindern.

»Sie hat wirklich alles versucht, um auch ohne Mann durchzukommen«, seufzt Mariska. »Aber sie konnte es einfach nicht schaffen. Nicht unter diesen Umständen!«

In Erinnerungen versunken schüttelt die alte Frau ihren weißgrauen Bubikopf. Ich sitze ihr zum ersten Mal in ihrem Wohnzimmer in Amsterdam gegenüber. Sie hat es sich an ihrem Lieblingsplatz gemütlich gemacht, einem großen alten Sessel rechts neben dem Ofen. Ihr von unzähligen Falten durchzogenes und sonst so helles, aufgewecktes Gesicht ist ernst geworden.

Ich hätte sie auf fünfundachtzig geschätzt, vielleicht auch auf neunzig. Aber nicht auf hundertvier. Und sie ist klein. Sehr klein sogar, entdecke ich, als mein Blick auf ihre Füße fällt: Die schweben über dem Wohnzimmerteppich. Der ist ebenfalls in die Jahre gekommen und hier und da verschlissen. Faszinierend, wie ein Haus oder eine Wohnung im Laufe der Jahrzehnte immer mehr einem vertrauten warmen Mantel gleicht, der trotz einiger abgewetzter Stellen die Bewohner so fürsorglich umhüllt, dass sie sich darin sicher und geborgen fühlen.

Wie lange wohnt sie eigentlich schon hier? Mariska Hofman-Gaspar weiß es nicht mehr genau. Mit Zahlen oder Jahresangaben, das habe ich schon gemerkt, kann sie nicht mehr so viel anfangen. »Ist das denn wichtig?«, fragt sie mich. In jedem Falle mehr als sechzig Jahre, schätzt sie dann. Ihre Kinder waren bereits in der Pubertät, als sie hier einzog. Vier hat sie bekommen, so wie ihre Mutter. Es war eng geworden in der Mietwohnung im zweiten Stock ein paar Straßen weiter. Wie so viele Familien träumten auch Mariska und ihr Mann von einem eigenen Heim, doch das konnte sich das Paar nicht leisten. »Bis meine Schwiegermutter uns tausend Gulden schenkte, das war damals viel Geld!«

Da zog die Familie in das dreistöckige Reihenhaus hier am *Admiraal de Ruijterweg* um, ein für Amsterdam typischer Backsteinaltbau. Mit farbigen Bleiglasfenstern und einem Wohnzimmer, das von zwei gläsernen Schiebetüren in zwei Hälften geteilt werden kann, ansonsten aber die gesamte Tiefe des Hauses einnimmt. Wie immer in diesen alten Häusern staune ich über das Licht, das wie ein Wasserfall durch das große Fenster an der Straßenseite hereinfallen kann, durch den gesamten Raum schwappt und dann an der nicht weniger großzügig ausfallenden Fensterfront an der Gartenseite wieder herausströmt. Mein Blick gleitet über die Wände rechts und links, an denen etliche bunte, großformatige Gemälde hängen.

»Die sind alle von mir«, erzählt die alte Frau mit hörbarem Stolz in der Stimme.

»Ich weiß«, antworte ich. So bin ich schließlich auf sie aufmerksam geworden. Über einen Freund beim Rijksmuseum, der von dieser aus Ungarn stammenden Künstlerin wusste, die bis in hohe Alter gemalt hatte.

»Ich habe leidenschaftlich gerne gemalt!«, sagt Mariska. »Eigentlich war das die größte Leidenschaft in meinem Leben: die Kunst.«

Größer noch als die leidenschaftliche Liebe zu einem Mann? Hat es die in ihrem Leben denn nicht gegeben? Ich bin neugierig. Unter einem der Gemälde hängt ein Foto an der Wand, gleich über der Sofalehne. Ein Gruppenporträt, ganz bestimmt ein Familienfoto. Mariska sitzt in der Mitte.

»Liebe wird häufig mit Leidenschaft verwechselt, ohne die geht heute ja gar nichts mehr«, erklärt mir die alte Frau. Aber das sei eine Leidenschaft, die meistens vergehe. Sie hält einen Moment inne. »Vielleicht eignet sich Leidenschaft viel besser für andere Dinge im Leben«, meint sie dann. »Für Talente. Für Berufungen. Meine Leidenschaft für die Kunst jedenfalls, die ist nie vergangen, die ist mir immer treu geblieben.« Sie versucht, sich aus ihrem Sessel zu erheben. »Komm, *meisje* – hilf mir mal!«

So nennt sie mich die ganze Zeit: *meisje* – Mädchen. Sie tut sich schwer mit meinem Namen. Kirsten? Kersten? Oh, Kerstin. Aber aus ihrer Perspektive bin ich ja auch noch so etwas wie ein Mädchen. Ich könnte ihre Enkelin sein, mühelos. Mit etwas Beeilung beim Kinderkriegen sogar ihre Urenkelin.

Ich reiche ihr den Stock, der neben dem Ofen steht, und hake sie mit dem anderen Arm unter, dann macht sie sich mit vorsichtigen kleinen Schritten daran, eine Führung durch ihr museales Wohnzimmer zu geben. »Das ist eine Straße in Belgien, in den Ardennen«, erklärt sie, auf eine Dorfansicht deutend, die mich an Paul Cézanne denken lässt. »Und das sind blühende Blumenzwiebelfelder außerhalb von Amsterdam, bei Haarlem!« Nun weist sie auf ein riesiges, fast schon abstraktes Landschaftsgemälde über dem Sofa, das von großzügigen rosa- und lilafarbenen Bahnen durchzogen ist, darüber ein tiefer, mit dramatisch bewegten Wolken bedeckter typisch holländischer Himmel. Gegenüber hängt ein knallbuntes und völlig abstraktes Bild, es ist eines ihrer letzten, so erfahre ich. Im Laufe ihres Lebens hat sie sich immer mehr von der figurativen Malerei verabschiedet.

Leidenschaft ist nicht nur Liebesbeziehungen vorbehalten. Vielleicht eignet sie sich viel besser für andere Dinge im Leben – für Talente, für Berufungen.

»Hans muss dir mal den Keller zeigen, da stehen noch viel mehr Bilder!« erläutert sie, als wir wieder auf den Ofen zusteuern. Hans ist ihr jüngster Sohn, aber auch schon siebenundsechzig und gerade in der Küche verschwunden, um Tee für uns zu kochen.

Sie hat ihren Traum wirklich gelebt, denke ich beeindruckt. Vorsichtig helfe ich ihr dabei, sich wieder in den Sessel zu setzen, und stelle mich dann noch einmal vor die Blumenzwiebelfelder mit den breiten Bahnen in Pastelltönen. Mariska sitzt lächelnd in ihrem Sessel. »Jeder Mensch muss in seinem Leben etwas zu tun haben«, meint sie. Aktiv zu sein, sich nützlich zu machen, der eine mehr, der andere weniger, das sei ein menschliches Grundbedürfnis. »Dafür haben wir ja auch einen Körper«, findet sie. Um in Bewegung zu kommen. »Wer auf diese Welt kommt, ohne etwas zu wollen, der wird eigentlich tot geboren.« Sie selbst habe schon als Kind genau gewusst, was sie wollte: malen und zeichnen. »Bis zu meinem 98. Lebensjahr habe ich das getan – und auch ausgestellt!«, erzählt sie, und der Stolz in ihrer Stimme ist noch mehr angeschwollen.

»Ich habe allerdings das Glück, dass ich körperlich dazu auch fähig war«, räumt sie ein. Nicht jeder besitze eine so eiserne Gesundheit wie sie: »Ich war noch nie in meinem Leben wirklich krank, ich hatte ja noch nicht einmal eine Grippe!« Begeistert klatscht sie in die Hände und fügt hinzu: »Noch mit zweiundachtzig bin ich beim Skifahren jede Piste runtergekommen.« Auch alle schwarzen. »Nicht wahr, Hans?«, fragt sie ihren Sohn, der gerade mit einem vollen Tablett aus der Küche kommt.

Er nickt bestätigend und stellt die volle Teekanne samt Tassen und Zuckerdose auf dem runden Esstisch an der Straßenseite ab. Aber fürs Skifahren sei sie jetzt wirklich zu alt! Hans ist nach dem Tod des Vaters 1996 oben in den dritten Stock eingezogen und kümmert sich um seine Mutter. »Früher hat sie mich versorgt, jetzt bin ich dran«, sagt er. Bis vor kurzem habe seine Mutter alles noch ganz alleine geschafft, aber seit ein paar Wochen bereitet das Treppensteigen ihr etwas Mühe. Da läuft er jetzt vorsichtshalber immer mit.

Mariska nickt bestätigend: »Dass der Körper einen immer mehr im Stich lässt, ist das Schlimmste am Altwerden.« Vor allem aber beeinträchtigt sie das Nachlassen der Sehkraft, das ihr 2008 auch ihre größte Leidenschaft genommen hat, das Malen. »Jetzt werde ich langsam von der Dunkelheit eingeschlossen.« Sie sagt es ganz nüchtern. Sie klagt nicht, sie stellt einfach nur fest.

Von der Dunkelheit eingeschlossen – ich schaudere bei dem Gedanken daran, was auch Mariska nicht verborgen bleibt.

»Natürlich ist das entsetzlich, *meisje!*«, höre ich sie sagen. Es klingt fast so, als wolle sie mich trösten. »Aber was nutzt es denn, sich auf das zu konzentrieren, was man nicht mehr kann?«

Eine alte Bekannte von ihr, die ein paar Straßen weiter wohne, habe sich neulich bitter darüber beklagt, dass sie im Gegensatz zu ihrer Schwägerin nicht mehr die Treppe hochkomme, und das, obwohl die Schwägerin sogar etwas älter sei als sie.

Aber Neidgefühle, die kennen wir doch alle, werfe ich ein, auch wenn das keiner gerne zugibt.

Der alten Frau entschlüpft ein kleiner Seufzer. »Ich habe dieser Bekannten dann gesagt, dass es keinen Sinn hat, neidisch zu sein auf andere Menschen, weil die noch etwas können, was man selbst nicht mehr kann. Das macht einen nur unzufrieden.« Es gebe immer Gründe, weshalb einer etwas besitze, was man selbst nicht, noch nicht oder nicht mehr habe: »Ich jedenfalls freue mich für alle, denen es besser geht als mir: die noch besser sehen, hören, schmecken oder gehen können als ich. Ich bin nicht neidisch auf sie. Denn ich konzentriere mich auf das, was ich selbst noch kann!«

Konzentriere dich auf das, was du noch kannst und was dir bleibt – nicht auf das, was du loslassen musstest.

So könne sie zwar kaum noch etwas schmecken, aber Süßes schon – »dann esse ich halt mehr Zucker oder mehr Schokolade als früher!« Lange Spaziergänge könne sie auch keine mehr machen, das sei ebenfalls eine Tatsache. Aber nach draußen kommt sie dank ihres Sohnes immer noch. Und auch wenn sie seit fast zwanzig Jahren verwitwet ist: »Dafür habe ich viele Freunde und fürsorgliche Kinder!«

Hans, ihr Jüngster, ist rund um die Uhr für sie da. Ihre Tochter ruft dreimal täglich an, und jeden Freitag kommt Lex, mit seinen 73 Jahren ihr Ältester, aus dem dreißig Kilometer entfernten Naarden und besucht sie. »Nicht allen ist es vergönnt, auf diese Weise alt zu werden. Ich bin priviligiert.« Vorsichtig nippt die alte Frau an ihrem Tee. »Glaub mir, *meisje* – ich bin unendlich froh und dankbar für jeden neuen Tag! Ich bin ein glücklicher Mensch. Merkt man das nicht?«

»Das lässt sich nur schwer abstreiten!«, lache ich und stehe auf. Ich will mir endlich das Familienfoto näher anschauen, das links unter dem Gemälde mit den blühenden Blumenfeldern hängt, das Gruppenporträt: Mariska sitzt in der Mitte wie eine kleine, aber stolze Königin, umringt von vielen Kindern und Erwachsenen, die ebenfalls alle deutlich jünger sind als sie. Sie erzählt mir, dass das Foto 2010 gemacht wurde, an ihrem hundertsten Geburtstag.

»Sind das alles Ihre Kinder und Enkelkinder?«

»Ja«, ruft sie lachend. »Und die Urenkel, vergiss die Urenkel nicht!« Nur ihre Familie in Ungarn, die Eltern und Geschwister seien leider nicht auf den Bildern. Sie sind schon alle vor langer Zeit gestorben.

Aber hat sie von ihnen nicht auch ein paar Fotos? Die Fotografie war um 1915 ja schon erfunden. Ich würde so gerne wissen, wie sie in Ungarn gelebt hat, damals, vor rund hundert Jahren. Beim Reinkommen glaubte ich ein paar Bilder gesehen zu haben. Und tatsächlich: Gleich hinter der Haustür hängt eine Collage aus mehreren vergilbten Fotos. Hans weist auf das Porträt einer zarten, hübschen Frau mit dunklen Haaren: »Das war meine Oma«, sagt er. »Die habe ich nie gesehen.« Und der etwas unbeholfene junge Mann auf dem Foto darüber, in der altmodischen Postuniform, das ist sicher Mariskas Vater? »Stimmt. Den habe ich auch nicht mehr kennenlernen können. Und das hier ist das Haus meiner Großeltern in Gödöllö. In dem hat meine Mutter ihre ersten zwölf Lebensjahre verbracht.«

Neugierig trete ich näher. Das Foto ist klein und fast völlig verblasst. Aber ein großes weißes Haus ist darauf noch zu erkennen, mit einem Zaun drum herum. Die Häuser rechts und links lassen sich nur erahnen.

»Was für ein großer Garten!«, sage ich zu Mariska, als wir wieder ins Wohnzimmer zurückkehren.

»Oh ja!«, antwortet sie. »Das kann man mit den winzigen Gärten hier in der Stadt nicht vergleichen.« In Gedanken versunken sitzt sie da. Ein Lächeln gleitet über ihr Gesicht. Kann sie sich noch gut an ihre Eltern erinnern?

Sie hält einen Moment inne. »Vielleicht idealisiere ich sie«, antwortet sie dann. »Weil ich sie ja nur so kurz hatte.« So jung und voller Leben seien sie gewesen. »Wir Kinder waren alles für sie! So wie auch meine Kinder alles für mich sind.« Die Liebe von Eltern zu ihren Kindern sei einzigartig, »denn diese Liebe ist die einzige im Leben, die bedingungslos ist.« Freunde, der Partner, ja selbst auch die Kinder – sie alle stellten Bedingungen. »Aber eine Mutter hört normalerweise nie auf, ihr Kind zu lieben, ganz egal was es anstellt.«

Sie lehnt sich zurück in die großen, weichen Kissen, in denen sich ihr kleiner Körper fast verliert. Dann beginnt sie von früher zu erzählen, anschaulich und immer noch mit diesem versonnenen Lächeln auf dem Gesicht. Als ob ein Film vor ihrem inneren Auge abzulaufen beginnt.

Vom Vater erzählt sie, der jedes Jahr im Herbst nach der Traubenernte in einem großen Holzfass stand und die Trauben mit den Füßen zerstampfte, während die Kinder fröhlich um das Fass herumtanzten. Von den Ferkelchen, mit denen sie und ihre Geschwister Fangen spielten und die einmal im Jahr, wenn Schlachtfest war, am Spieß landeten. Die Kinder schauten zu, wenn der Vater sie mit dem Messer tötete. Am leckersten war das Gehirn, das backte Mariskas Mutter immer extra in einer Bratpfanne. »Dann bekam jeder ein großes Stück«, berichtet sie. »Heute wissen die Kinder ja noch nicht einmal mehr, dass das Stück Fleisch, das die Mutter für sie im Supermarkt gekauft hat, zu einem Tier gehört hat!«

Sie erzählt auch von dem großen Schloss in Gödöllö, das den Beinamen Sissi-Schloss bekommen hat, weil es die bevorzugte Residenz der österreichischen Kaiserin war. Das Personal war immer tadellos gekleidet, sie hatten wunderschöne Kutschen und die ersten Autos. Und sie beschreibt ihr eigenes Haus in Gödöllö, das mit dem großen Garten. Es lag an der Straße, die zum Friedhof führte. Wenn ein Trauerzug vorbeikam, liefen die Kinder immer mit und sahen die Toten in ihren Särgen liegen. »Aber das fanden wir nicht schlimm. Man ging damals viel selbstverständlicher mit toten Menschen um als heute.« Der Friedhof war ein beliebter Spielplatz für die Kinder im Dorf. »Wir spielten nicht nur zwischen, auch in den Gräbern.« Manchmal direkt neben einem Sarg, der freigegraben worden war, weil am nächsten Tag ein zweiter neben ihm herabgelassen werden würde. Ein Familiengrab. »Das machte uns nichts aus.« Der Tod war etwas Natürliches, er gehörte im Dorfleben dazu.

»Wir waren es nicht anders gewohnt«, sagt Mariska und erinnert an das Schicksal, das ihren Vater ereilte, der nach dem Fall aus dem Birnbaum an einer Blutvergiftung gestorben war. »Ich habe früh lernen müssen, dass dir alles im Leben genommen werden kann. Dass es im Leben keine Sicherheiten gibt.«

Kurz nach dem Vater starb auch die kleine Schwester. Sie war erst eineinhalb. Es herrschte damals eine Epidemie. »Ich weiß nicht mehr genau, was«, sagt sie. »Es war eine Art Spanische Grippe. Jedenfalls starben fast alle kleinen Kinder daran, auch bei uns im Dorf.« Die Mutter legte das tote Schwesterchen auf ein kleines Bett am Fußende ihres Ehebettes. Da lag es dann ein paar Tage, bis zum Begräbnis. Mariska streichelte es oft, obwohl der kleine Körper schon ganz kalt und steif war. »Wach auf, Gizella«, habe sie dann geflüstert. »Wach auf!«

Es gibt keine Sicherheiten im Leben, alles kann dir genommen werden.

Eine schwere Zeit war angebrochen, auch wenn die Mutter nach dem Tod des Schwesterchens nur noch drei statt vier hungrige Münder stopfen musste. Mariska weiß noch genau, wie sorgenvoll der Vater gewesen war, als ihre Mutter ihn mit den Kindern kurz vor seinem Tod im Krankenhaus in Budapest noch einmal besuchte: »Ein Jahr könnt ihr es schaffen«, schätzte er. Auf dem Speicher und im Keller gab es genug Vorräte: Sauerkraut und Paprika, Kartoffeln, Äpfel, Wein. Und Kohlen. »Aber dann? Was macht ihr dann?«

Mit dem Gemüsegarten und dem Obstgarten in den Weinbergen gelang es Mariskas Mutter zunächst, sich und die Kinder über Wasser zu halten. Außerdem konnte sie gut nähen, das brachte ebenfalls ab und zu etwas Geld ein. »Und gut backen!«, erinnert sich Mariska. Morgens, wenn die Kinder zur Schule gingen, gab die Mutter ihnen den Teig in einer mit einem Küchentuch bedeckten Schüssel mit. »Die mussten wir dann zum Backen beim Bäcker abgeben und das fertige Brot nach der Schule wieder abholen.«

Die Geschwister standen in Gödöllö auch regelmäßig auf dem Markt, mit einem großen Korb voller Rosensträuße aus dem Garten. Wenn sie zehn verkauft hatten, durften sie sich zur Belohnung etwas zum Naschen kaufen. Aber das alles war nicht genug, es reichte an allen Ecken und Enden nicht. Und Mariskas Mutter wusste: Bald würden ihre Kräfte nicht mehr ausreichen. Denn da war dieses Bauchweh, das nicht weggehen wollte. Und immer wieder Blut im Urin.

Dann hörte die junge Witwe von den Zügen, die Kinder aus Ungarn nach Holland brachten, in ein Land, das weit weg war und das sie nicht kannte. Niederländische Kirchenorganisationen hatten zusammen mit dem Internationalen Roten Kreuz für diese Kinderzüge gesorgt. Zehntausende von ungarischen Kindern konnten dadurch der schrecklichen Hungersnot und Armut im Ungarn der Nachkriegsjahre entgehen. In den Niederlanden sollten sie drei Monate lang bei Pflegeeltern wieder zu Kräften kommen. Manche mussten als Gegenleistung im Haushalt mithelfen. »Tausende von uns sind für immer geblieben«, erzählt Mariska. So wie sie. Eigentlich sei es ja unvorstellbar, dass eine Mutter sich von ihrem eigenen Fleisch und Blut trennt. Es wegschickt in ein völlig unbekanntes Land, weggibt an völlig unbekannte Leute. Aber was, wenn die Kinder vor Hunger und Armut zu sterben drohen? Es war ja nur für drei Monate, redete sich die Mutter ein, dann würde Mariska gestärkt und aufgepäppelt wieder bei ihr und den Geschwistern sein. Und dann würde es auch ihr selbst wieder besser gehen. Eine Bekannte brachte das Mädchen nach Budapest zum Bahnhof. Die Mutter war dazu nicht imstande. Es brach ihr das Herz, ihre Älteste weggeben zu müssen, aber die junge Witwe sah keinen anderen Ausweg. »Die Bekannte musste mich auf dem Bahnsteig buchstäblich aus ihren Armen reißen, so klammerte ich mich an sie. Ich wollte nicht weg! Ich wollte bei meiner Mutter und meinen Geschwistern bleiben.«

Aber es war ein Abschied, der Mariska vermutlich das Leben gerettet hat. Denn auch wenn sie zwölf Jahre alt sein mochte: Sie sah aus wie eine Siebenjährige – und sie wog auch nicht mehr als eine Siebenjährige. Die Zugreise dauerte drei Tage. Die Pflegeeltern, die am Amsterdamer Hauptbahnhof auf sie warteten, waren entsetzt – und weigerten sich dann, das Mädchen aufzunehmen. Sie wollten eine Zwölfjährige, die auch wie eine Zwölfjährige aussah und der man zumuten konnte, im Haushalt mit anzupacken.

»Im Nachhinein war es ein Glück, dass die mich nicht haben wollten«, sagt die alte kleine Frau und lässt das für sie so typische kurze, helle Lachen erklingen. »Es musste eine neue Familie für mich gesucht werden, und da ist es mir dann, denke ich, viel besser ergangen.«

Zwar musste sie, so schmächtig sie auch war, dort ebenfalls im Haushalt mithelfen, beim Kochen oder Einkaufen. Aber sie wurde wie eine Tochter aufgenommen, sie war die »kleine Sonne« in ihrem Haus, wie die Pflegemutter sie zu nennen pflegte. Auch die beiden Söhne, die sie hatte, freuten sich, mit Mariska eine kleine Schwester bekommen zu haben.

»Ich weiß noch, ich aß zum ersten Mal in meinem Leben eine Banane! Ich wurde in die Badewanne gesteckt, in herrlich warmes Wasser, und mit einem Schwamm gewaschen.« Die Pflegemutter ging auch sofort mit ihr einkaufen, um sie neu einzukleiden. Mariska wurde in ein schwarzweiß kariertes Jäckchen gesteckt, man setzte ihr ein dazu passendes Hütchen auf. »Das hat mir weniger gefallen.« Doch sie traute sich nichts zu sagen, denn die neue Mutter war streng. Streng und eine sehr gläubige Calvinistin. Jeden Tag bei Tisch wurde gebetet. Es gab nur einen Gott, und das war ein strenger Gott. Einer, der strafte. »Das war für meine Pflegeeltern so sicher wie das Amen in der Kirche.« Der Sonntag war der Tag des Herrn, und den durfte man nicht mit profanen irdischen Dingen entweihen. Draußen spielen war strengsten verboten, Eis essen auch. Das Haus wurde nur verlassen, um in die Kirche zu gehen. Zu Fuß, die Tram war tabu: Sonntags ließ man auch seine Mitmenschen nicht arbeiten. Manchmal ging die Familie zweimal zum Gottesdienst, einmal morgens und am späten Nachmittag noch mal. »Sogar drinnen spielen war sonntags nicht erlaubt. Radio hören ebenfalls nicht«, erinnert sich Mariska. Fernsehen gab es damals ja noch nicht. »Das Einzige, was meine beiden Stiefbrüder und ich sonntags tun durften, war drinnen lesen. Und natürlich mussten wir unsere Sonntagskleidung anziehen. Ich hätte viel lieber gezeichnet und gemalt!«

Aber auch das war unvorstellbar – nicht nur sonntags. Dabei wurde das Talent des kleinen Mädchens schnell erkannt, in der Schule und auch von einem bekannten Maler, der ein paar Straßen weiter wohnte. Er hätte sie gerne unterrichtet, doch die Pflegemutter verbot es: Mit dem Künstlermilieu wollte die Familie nichts zu tun haben. »Und meine Pflegemutter duldete keinen Widerspruch.« Ihr Mann habe es sich leicht gemacht, der ließ seine Frau alles regeln. Sehr dominant sei sie gewesen, hatte an allem und jedem etwas auszusetzen. »Man konnte es ihr nicht so leicht recht machen. Dennoch liebte ich sie. Weil sie mich so behütete und beschützte. Weil sie das Beste mit mir vorhatte.«

Doch die Pflegemutter in Amsterdam war nicht nur streng, sie war auch eifersüchtig. Mariska hatte ihrer Mutter in Ungarn versprochen, jeden Tag zu schreiben. Die neue Mutter fand das übertrieben. Das kleine Mädchen durfte erst dann wieder schreiben, wenn es selbst Post aus Ungarn bekommen hatte, das reichte in ihren Augen vollkommen. »Und weil sich die Lage in Ungarn nach drei Monaten nicht wesentlich verbessert hatte, wurde mein Aufenthalt einfach verlängert.«

Hat sie nicht furchtbares Heimweh gehabt? Schließlich war sie als junges Mädchen in einer vollkommen neuen Welt gelandet, in der sie keinen einzigen Menschen kannte!

Mariska nickt. »Sicher, ich habe sogar oft geweint vor Heimweh.« Aber sie sei auch neugierig gewesen auf das neue Leben, das ihr in Amsterdam beschert wurde. Schnell fand sie sich in der neuen Heimat zurecht, ging zur Schule, sprach nach sechs Monaten fließend *Nederlands.* Und dann gab es da noch Wim, den jüngsten ihrer beiden Stiefbrüder, fünf Jahre älter, mit weißblonden Haaren und verschmitzten blauen Augen. Wim war immer für sie da und immer zu einem Scherz aufgelegt. Seine gute Laune wirkte ansteckend, er tröstete die kleine Schwester, vertrieb düstere Gedanken. Bald waren die beiden unzertrennlich.

Die Zeit verflog, schnell waren aus den drei Monaten zwölf geworden. Da musste Mariska erfahren, dass ihre Mutter in Ungarn schwer krank geworden war. Die Pflegemutter erlaubte ihr, nach Gödöllö zu fahren, ließ sie aber nicht ohne Rückfahrkarte ziehen: Sie hatte Angst, das Mädchen könnte wieder ganz in Ungarn bleiben wollen, bei ihrer Mutter. Doch vor diese Wahl wurde Mariska nicht mehr gestellt, stattdessen mussten in aller Eile auch für ihre beiden Geschwister Pflegeeltern in Holland gesucht werden. Denn die Mutter, so stellte sich heraus, lag im Sterben. Die älteste Tochter kehrte gerade noch rechtzeitig heim, um Abschied nehmen zu können.

Auch dieses Bild hat sich auf Mariskas Netzhaut eingebrannt, auch das sieht sie noch heute so deutlich vor sich, als wäre es erst gestern geschehen: die sterbende Mutter, die das 13-jährige Mädchen in ihrem Bett zurücklassen musste – hilflos und in Armut, todkrank und mit Schmerzen. Vorsichtig drückte Mariska die sterbende Mutter an sich, ganz vorsichtig, wegen der Schmerzen. Sie weinten alle beide. Denn sie wussten: Es war das letzte, das allerletzte Mal, dass sie sich sahen, es war ein Abschied für immer. »Sie winkte mir zu, als ich das Zimmer verließ, auch das zum allerletzten Mal«, erzählt die alte Frau. Weh habe es getan, entsetzlich weh. Und es tue noch immer weh, noch heute, neunzig Jahre später. »Aber ich war ja noch ein Kind, ich hatte nicht viel zu melden, ich wurde wieder in den Zug zurück nach Holland gesetzt, ob ich wollte oder nicht.« Obwohl alle wussten, dass ihre Mutter ganz alleine zurückblieb, dass sie ganz alleine sterben würde. Es gab im Dorf nur eine Bekannte, die ab und zu bei ihr nach dem Rechten schaute: die Mutter einer ehemaligen Schulkameradin von Mariska. »Es gab damals ja noch kein richtiges Gesundheitssystem, keine Krankenpflege, keine Versorgung, nichts! Meine Mutter wurde einfach ihrem Tod überlassen.«

Glück ist kein Dauerzustand.

Ich versuche mir vorzustellen, wie traumatisch diese Erfahrung für so ein junges Mädchen gewesen sein muss, aber es gelingt mir nicht.

Immerhin habe sie ein richtiges Grab bekommen, fährt die alte Frau fort. »Für unseren Vater fehlte uns dazu das Geld, der bekam ein Armenmassengrab in Budapest.« Die Mutter hingegen liegt auf dem Friedhof von Gödöllö, neben der kleinen Schwester. Beim Begräbnis war Mariska nicht dabei, sie weiß auch nicht, wie ihre Mutter gestorben ist. Jahre später hörte sie, dass ihre ehemalige Mitschülerin an ihrem Todestag noch einmal bei ihr vorbeigeschickt worden war. »Schnell, hol deine Mutter, ich sterbe!«, habe Mariskas Mutter zu dem Mädchen gesagt. Doch als die Mutter der Schulkameradin eintraf, war es bereits zu spät. Sie war schon tot.

Zusammengesunken sitzt die alte Frau in ihrem Sessel am Ofen. »Ich hätte bei ihr bleiben sollen«, murmelt sie. »Ich hätte bei ihr bleiben sollen.« Auf einmal wirkt sie noch kleiner, als sie ohnehin schon ist.

»Das ist auch so eine Sonderbarkeit des hohen Alters«, sagt sie dann. »Die Erinnerungen an einschneidende Erlebnisse kommen in aller Heftigkeit zurück.« Wenn man jung sei, werde man abgelenkt: »Aber mit dem Alter bekommt man mehr Zeit zum Nachdenken. Das ist auch nicht immer gut.«

Sie schüttelt den Kopf, ihr Blick ist ins Leere gerichtet. Schlimm sei das damals gewesen, das Abschiednehmen von der sterbenden Mutter, wirklich schlimm. Das Schlimmste in ihrem Leben. »Das Zweitschlimmste«, verbessert sie sich sofort und kommt auf den Tod von Jaap, Hans' Zwillingsbruder, zu sprechen. Er starb 1976 im Alter von 30 Jahren völlig unerwartet nach einem leichten Verkehrsunfall. Es war ein Samstagabend, alles schien glimpflich abgelaufen zu sein. »Er klagte bloß über starke Kopfschmerzen und legte sich hin«, erinnert sich Mariska. Sie saß an jenem Abend am Bett ihres Sohnes, zusammen mit dessen Freundin. »Auf einmal war er tot, ganz plötzlich.« Später stellte sich heraus, dass er einen Hirntumor hatte, der durch den erhöhten Druck beim Aufprall eine Hirnblutung verursachte, an der er schließlich starb.

Erst der Vater und die Schwester, dann die Mutter und schließlich auch noch ein Kind. Ich atme tief ein und suche nach Worten. Die Nachmittagssonne fällt durch die farbigen Bleiglasfenster in das alte Amsterdamer Wohnzimmer und wirft bunte Flecken auf den Boden. Auf einmal ist es ganz still. Nur das Ticken der Wanduhr ist zu hören. Wie wird man mit solchen Schicksalsschlägen fertig? Wie bringt man es fertig, sie zu verarbeiten und weiterzuleben?

Mariska Hofman-Gaspar muss eine ganze Weile nachdenken. »Egal, ob 30 Jahre oder drei – über den Verlust eines Kindes kommt man als Mutter nicht hinweg«, stellt sie klar. Wieder ist es eine Weile still.

Irgendwann habe sie verstanden, dass der Mensch nicht geboren wird, um glücklich zu sein. »Diese Erkenntnis hat mir enorm geholfen: Ohne Unglück kein Glück.« Es gebe allerhöchstens Momente des Glücks im Leben. Wie seltene Perlen, die sich auf eine Perlenschnur aufreihen lassen. Je mehr Perlen, desto glücklicher könne man sich preisen. Was ihr auch geholfen habe: »Ich glaube, ich besitze die Fähigkeit, loszulassen und nach vorne zu schauen. Es hat keinen Sinn zu hadern, wenn etwas unabänderlich ist.« Außerdem waren da noch ihre anderen drei Kinder, die sie in ihrer Trauer immer wieder ermahnten: »Ma, wir sind auch noch da, wir leben – und wir brauchen dich!« Und was ebenfalls nicht vergessen werden dürfe: »Ich hatte einen Ehemann, der mir mit Rat und Tat zur Seite stand, der mich auf Händen trug.« Fünfzig Jahre lang. Jaap hieß er, so wie ihr verstorbener Sohn.

Die große Liebe ist nicht immer die Liebe des Lebens.

Jaap war nicht ihre große Liebe. Aber die Liebe ihres Lebens. »Aus der einen wird nicht immer unbedingt die andere, *meisje*«, erklärt sie. »Und wer sagt, dass man mit seiner großen Liebe unbedingt glücklich wird?« Sie glaube sowieso nicht, dass es nur eine einzige große, leidenschaftliche Liebe im Leben gibt, erklärt sie mir. Es sei völlig falsch, davon auszugehen, dass auf dem großen Erdball nur ein einziger Mensch herumlaufe, der wirklich zu einem passe, der für einen geschaffen sei. »Das wäre doch eine ziemliche Vergeudung, oder?«, zwinkert sie mir zu.

Wenn Jaap die Liebe ihres Lebens war, aber nicht ihre große – wer war es dann? Sicher dieser Wim, ihr großer Bruder in der Pflegefamilie, vermute ich.

»Stimmt!« Auf einmal ist Mariskas Blick wieder ganz nach innen gekehrt. »Ich war hübsch«, sagt sie, »ich hätte viele haben können.« Doch die zierliche junge Frau mit den schwarzen Locken – eine exotische Erscheinung unter den hochgewachsenen, blonden Niederländerinnen – hatte nur Augen für Wim. Beide waren unzertrennlich und, wann immer es ging, zusammen. Hand in Hand. Zu mehr kam es nicht, noch nicht einmal zu einem Kuss. Dennoch stand für die beiden fest, dass sie den Rest ihres Lebens zusammenbleiben würden.

Warum auch nicht? Eine Freundin ihrer Pflegemutter hatte ebenfalls ein ungarisches Mädchen aufgenommen. »Bei einem Treffen erzählte sie uns freudestrahlend, einer ihrer Söhne hätte sich in die junge Ungarin verliebt, in Kürze würden die beiden heiraten. Das war unser Vorbild! Dasselbe wünschten wir uns!« Aber Mariskas Stiefmutter sah das ganz anders: »Ausgeschlossen«, sagte sie. »Das überlebe ich nicht!« Für sie waren Wim und die kleine Ungarin Bruder und Schwester. Und Brüder und Schwestern heirateten sich nicht.

Man kann seine Eltern nicht für den Verlauf seines ganzen Lebens verantwortlich machen.

Die jungen Leute trauten sich nicht, dagegen aufzubegehren. Die Autorität der Eltern war damals noch groß und wurde nicht angefochten. Was lange blieb, war der Groll und das Gefühl, dass den beiden Unrecht geschehen war. Eigentlich habe sie ihr das nie richtig verziehen, sagt Mariska. Doch man könne seine Eltern nicht für alles, was einem im Leben widerfährt, verantwortlich machen. Dann mache man es sich zu einfach und stehle sich selbst aus der Verantwortung: »Jeder von uns muss sein Leben selbst in die Hand nehmen!«

Vier Jahre noch hat sie auf Wim gewartet. Bis sie achtzehn war. Und Wim längst über einundzwanzig und damit volljährig. Trotzdem wagte er nicht, sich gegen die Mutter und für Mariska zu entscheiden. Damit hat er die junge Frau tief verletzt. Dann hatte sie das Warten schließlich satt. Man könne nicht sein Leben lang darauf warten, dass der andere das tue, was man von ihm erwarte. »Irgendwann muss man hart sein, auch gegen sich selbst, und die Konsequenzen ziehen.« Was für sie selbst bedeutete, die Weichen ihres Lebens neu zu stellen. »Das war wieder einer jener Momente in meinem Leben, in denen ich losgelassen habe«, sagt sie. Um nach vorne zu schauen und ihr Herz einem anderen zu schenken.

Man kann nicht sein Leben lang darauf warten, dass der andere das tut, was man von ihm erwartet.

»Jaap?«

»Jaap.«

In der Sonntagsschule hatte sie ihn kennengelernt, den lang aufgeschossenen jungen Mann – ernst, aber mit freundlichen sanften Augen hinter runden Brillengläsern. Lehrer wollte er werden. Er sei mehr verliebt in sie gewesen als sie in ihn. Bei der Erinnerung daran muss sie kurz auflachen. Unverdrossen und unbeirrbar hatte er ihr den Hof gemacht. Als sie erkannte, dass sie Wim loslassen musste, ließ sie sich von ihm erobern. Das junge Paar ging oft nach Zandvoort an den Strand, dann breitete er für sie seinen Mantel auf dem Sand aus, damit sie sich draufsetzen konnte und ihr Kostüm nicht schmutzig wurde. »Er war so lieb, so zuvorkommend. Ich fühlte mich bei ihm geborgen und sicher.« Ein guter Ehemann sei er ihr gewesen, zuverlässig, immer zärtlich. »Er hat mir alle Wünsche von den Augen abgelesen.«

Das klingt ja alles fast zu schön, um wahr zu sein.

»Aber«, hebt die alte Frau wieder an. »Er war sehr still und ruhig. So ernst und introvertiert. Ganz anders als ich.«

Sie waren also doch nicht, wie man es heute nennen würde, der *perfect match*, nach dem alle suchen. Singt Mariska etwa gerade ein Loblied auf die Vernunftsehe? An das Ideal aus der Traumfabrik Hollywood, in der die romantische Liebe zum Nonplusultra erhoben wird und zwei perfekt passende Projektionsflächen einander finden, scheint sie ganz offensichtlich nicht zu glauben.

»Vom Charakter her hätte mein Stiefbruder Wim vielleicht viel besser zu mir gepasst«, räumt sie ein. »Er war wie ich: offen und fröhlich, immer gut aufgelegt und zu einem Scherz bereit. Unternehmungslustig.« Mit ihm hätte sie in ihrer Ehe vielleicht mehr Spaß haben können, mehr Leichtigkeit. Wäre mehr ausgegangen, hätte das Leben mehr genossen. Noch mehr genossen.

Hat sie also doch einen Fehler gemacht?

Es gab schon Momente in ihrem Leben, gesteht sie, in denen sie sich fragte, ob sie damals wirklich lange genug gewartet habe. »Wenn man glaubt, die Liebe seines Lebens gefunden zu haben, muss man alles tun, um sie am Leben zu erhalten, man darf nicht zu früh aufgeben«, glaubt Mariska heute. Vielleicht hätte sie mehr um Wim kämpfen müssen. Und sei es nur, um sich hinterher nichts vorwerfen zu müssen. Aber andererseits: Wer sagt, dass Wim gut für sie gewesen, dass sie mit ihm glücklich geworden wäre? Glücklicher als mit Jaap? »Vielleicht hat Jaap, eben weil er viel stiller war, viel besser zu mir gepasst.« Er gab ihr Ruhe,

Wenn man glaubt, die Liebe seines Lebens gefunden zu haben, muss man alles tun, um sie am Leben zu erhalten, man darf nicht zu früh aufgeben.

wenn sie mal wieder zu rastlos war: »Wir haben uns gut ergänzt. Wir brauchten uns nicht groß zusammenzuraufen. Das ist ein großer Vorteil, wenn man eine gute Ehe führen will.« Was nützt einem denn die große Liebe, fragt sie, wenn man sich viel zu ähnlich ist, anstatt sich zu ergänzen? Und, noch wichtiger: Wenn der Mensch, den man zu lieben glaubt und mit dem man den Rest seines Lebens verbringen will, kein Rückgrat hat? Wenn er nicht für dich kämpft und sich für dich entscheidet? Da könne die Liebe noch so groß sein: Zur Liebe des Lebens sollte und dürfte sie dann besser nicht werden.

Das sei damals das Ausschlaggebende gewesen, stellt sie klar. Und das habe mit Vernunftehe nichts zu tun: Wim hat nicht um sie gekämpft. »Er war ein Weichei!« Das hat sie ihm Jahre später bei einer Geburtstagsfeier auch gesagt. Die beiden sind immer in Kontakt geblieben, Mariska hat auch seine Frau gut gekannt. »Wim, du warst meiner nicht wert!«, sagte sie ihm damals ins Gesicht, in Anwesenheit von ihrem Mann Jaap und Sohn Hans.

Jaap hingegen, der hat für sie gekämpft. Denn auch hier stieß das junge Paar auf Widerstand. In diesem Fall war es Jaaps Vater, der sich querstellte: ein strenggläubiger Mann, der von einem kleinen Dorf in die Amsterdamer Innenstadt gezogen war. Er leitete dort eine Versicherungsgesellschaft für Schiffe, hätte seine Kinder aber viel lieber in einer sicheren Dorfumgebung aufgezogen. Sein Sohn sollte ein anständiges, solides Mädchen aus seinem Geburtsdorf heiraten, kein verdorbenes Großstadtmädchen – und eine Immigrantin aus Ungarn schon gar nicht. Trotzdem bekannte sich der Mann ihres Herzens zu ihr. Ein Vorfall beim sonntäglichen Gottesdienst gab den Ausschlag. Die Familien von Jaap und Mariska gingen in dieselbe Kirche. Jaaps Mutter wollte

Wenn die angeblich so große Liebe nicht für dich kämpft – vergiss sie!

einlenken, ging auf Mariska zu und reichte ihrer Pflegemutter die Hand. Das jedoch machte Jaaps Vater so wütend, dass er mit dem Spazierstock dazwischenging. In der Kirche! Für Jaap war mit diesem väterlichen Fehltritt das Maß voll: Er zog aus dem elterlichen Haus aus und mietete sich ein Zimmer. Sie wurden offiziell ein Paar. »Geheiratet allerdings haben wir erst sieben Jahre später. Als Jaap endlich eine feste Anstellung als Lehrer gefunden hatte.« Ihr erstes Kind hat Mariska für damalige Verhältnisse deshalb relativ spät bekommen, erst 1940, mit 29 Jahren. Die neutralen Niederlande waren gerade von Nazideutschland überfallen und besetzt worden.

Hans hat ein Fotoalbum auf den Tisch gelegt, sie klappt es auf und zeigt mir ein Bild.

Jaap und Mariska sitzen als junges Paar etwas steif nebeneinander und gucken in die Kamera, umringt von einem Meer aus weißen Blumen. »Das ist unser Hochzeitsfoto!«, ruft Mariska lachend. Jaap sieht etwas tollpatschig aus, schlaksig. Unsicher guckt er durch seine runden Brillengläser. Mariska hingegen wirkt viel selbstbewusster, mit einer großen Perlenkette im Ausschnitt ihres Sommerkleides. »Für ein richtiges Brautkleid fehlte uns das Geld. Immerhin haben unsere Freunde für ein Blumenmeer in Weiß gesorgt.«

Ob sie wohl alle beide noch Jungfrau waren? Erst traue ich mich nicht zu fragen, dann tue ich es aber doch.

Mariska scheint nicht weiter überrascht über diese Frage, sie nickt. »Wir haben es alle beide zum ersten Mal in der Hochzeitsnacht getan.«

Es – für ihre Generation war das Wort Sex noch nicht gängiger Bestandteil ihres Vokabulars. Ich beschließe, es dennoch auszusprechen. Wie wichtig war der Sex in ihrer Ehe?

Erneut überrascht sie mich mit ihrer Offenheit, denn sie antwortet: »Das war nicht das Wichtigste in unserer Ehe, *meisje*. Sex wird überschätzt.« Die alte Frau streicht liebevoll über die beiden goldenen Ringe, die sie an ihrer rechten Hand trägt. Ihren eigenen Ehering und den von Jaap. Ein halbes Jahrhundert haben sie zusammen verbracht. Bis er 1994 an Parkinson starb und sie mit 84 Jahren zur Witwe machte.

Hat sie in all den Jahren nicht ein Mal daran gedacht, ihn zu verlassen?

Sie schüttelt sofort den Kopf. »Nein, niemals.« Auch das sei heute ganz anders: »Die Leute bleiben fünf Jahre zusammen und bekommen zwei Kinder, dann haben sie genug voneinander und trennen sich wieder.« Mit der allergrößten Selbstverständlichkeit. Anstatt durchzuhalten, wenn es schwierig wird, wählten sie den Weg des geringsten Widerstands. Schrecklich findet Mariska das. Ein Gefühl wie das der Liebe sei doch etwas ganz Kostbares, damit müsse man dementsprechend behutsam umgehen!

Treue ist eine innere Haltung, die nichts mit der Tagesform einer Beziehung zu tun hat.

Früher gehörte man zusammen, und das blieb man auch – bis zum Tod. »Natürlich ist das auch nicht immer gut«, räumt sie ein. Das sei das andere Extrem, es gebe viele unglückliche Ehen, die besser geschieden werden sollten. Doch heutzutage geschehe das viel zu leicht und zu schnell. Sie seufzt. »Es gibt so vieles, worüber ich anders denke!«

Auch über die Treue? Wie wichtig war die für ihre Ehe?

Treue ist die Voraussetzung für eine gute Ehe, stellt Mariska ohne Zögern klar. »Das ist doch eine Selbstverständlichkeit! Ich bin meinem Mann immer treu geblieben. Er mir auch, da bin ich mir hundertprozentig sicher.« Man könne ruhig flirten und mit anderen reden, aber wenn man jemanden liebe, dann liege einem diese eine Person mehr am Herzen als alle anderen auf der Welt, findet Mariska. Treue ist für sie etwas Grundsätzliches, das nichts mit der Tagesform einer Beziehung zu tun hat. Ganz egal, wie heftig man sich streitet – eine Entschuldigung für Untreue ist das alles nicht! »Treue ist eine bewusste Entscheidung, die jeder für sich trifft, wenn man zusammenleben will.«

Sie richtet sich in ihrem Sessel auf und deutet auf die Gemälde an ihren Wohnzimmerwänden. »Freiraum«, sagt sie dann, »ist mindestens genauso wichtig wie Treue.« Wer jemanden liebe, grenze ihn nicht ein, sondern gestatte ihm, das zu tun, was ihn ausfüllt und glücklich macht: »Liebe muss einem Flügel geben, nicht flügellahm machen!« Und ihr Mann gab ihr diesen Freiraum: Endlich konnte sie sich ihrer Kunst widmen. Denn Jaap hatte im Gegensatz zu ihrer Pflegemutter nichts dagegen, dass sie Malunterricht nahm. Mariska wurde sogar selbst zur Kunsterzieherin: Zwanzig Jahre hat sie an Amsterdamer Schulen unterrichtet. Als die Kinder größer waren, reiste sie zum Malen oft ins Ausland. Mit vierundvierzig wurde sie Mitglied der *Onafhankelijken*, der Unabhängigen, einer Künstlervereinigung in Amsterdam. Mit ihnen zusammen stellte sie regelmäßig aus, einmal pro Jahr sogar im renommierten Stedelijk Museum. Mit sechsundvierzig Jahren bekam sie ein Stipendium für eine Studienreise nach Frankreich, und mit einundfünfzig gewann sie mit einem Porträt ihrer Tochter einen Kunstpreis. Als sie achtundachtzig wurde, ehrte das ungarische Fernsehen sie mit einem Dokumentarfilm. Und kurz vor ihrem hundertsten Geburtstag bekam sie ihre erste Solo-Ausstellung.

Liebe braucht Freiraum.

»Das hat mein Jaap leider nicht mehr miterleben können, da war er schon seit sechzehn Jahren tot.« Dabei wäre das alles nicht möglich gewesen, wenn er ihr diesen Freiraum nicht gegönnt hätte: Er habe eben gewusst, wie er sie glücklich machen konnte, und ihr ermöglicht, Berufung und Familie zu vereinbaren. Sie guckt mich an. »Gehört das nicht auch zur Liebe? Ist das nicht vielleicht sogar das Allerwichtigste im Leben? Einander glücklich machen?«

Dieses Mal ist sie es, die fragt. Ich nicke.

Nach Jaaps Tod standen die Verehrer Schlange, obwohl Mariska fast Mitte achtzig war. »Auf einen Kaffee könnt ihr reinkommen, aber mehr läuft nicht«, machte sie ihnen klar. Sie wollte sich nicht mehr binden. »Ich brauchte keinen Mann mehr.« Ihr Leben war erfüllt: Sie hatte ihre Kunst, Freunde und Kollegen, ihre Kinder und die ersten Enkelkinder.

Und was wäre gewesen, wenn sie keine bekommen hätte? Wäre sie auch ohne Kinder glücklich geworden?

Es ist eine jener Fragen, zu deren Beantwortung Mariska Zeit braucht. »Kinder sind nicht alles im Leben. Ich hätte das meine einfach anders eingerichtet, mich mehr meinen Freunden gewidmet, noch mehr meiner Kunst.« Auch ohne Kinder könne ein Dasein erfüllt sein. Kinder seien weder eine Garantie für Glück noch ein Schutz gegen Einsamkeit. »Ich kenne Paare, die ohne Kinder sehr glücklich geworden sind. Und umgekehrt Ehepaare, die todunglücklich sind – trotz der Kinder und manchmal auch gerade wegen der Kinder, weil die nicht gut geraten sind.« Aber, stellt sie mit einem liebevollen Blick auf ihren jüngsten Sohn Hans klar: »Ich bin unglaublich reich, ich habe alles – auch Kinder, die mich lieben und gut geraten sind!« Wobei man eines nicht vergessen dürfe: »Früher hat man sie einfach bekommen.« Und wenn etwas nicht stimmte und sie eben nicht einfach kamen, dann hatte man das zu akzeptieren. Heute nähme man sich Kinder, man kriege sie nicht mehr einfach, man entscheide sich ganz bewusst dafür oder dagegen. Sie erinnert sich an ein lesbisches Paar, das ihren Sohn gebeten hatte, sein

Auch ohne Kinder kann man glücklich sein.

Sperma für eine künstliche Befruchtung zur Verfügung zu stellen. Ein Glück, dass Hans abgelehnt habe! Mariska macht eine unwirsche Handbewegung: »Es wäre doch nicht irgendein Kind geworden, sondern mein Enkelkind!« Es könnten doch nicht einfach Enkelkinder von ihr gemacht werden, mit denen sie dann keinen Kontakt hat! Manchmal habe sie das Gefühl, in einem merkwürdigen Film gelandet zu sein: Frauen, die mit wildfremden Männern ins Bett wollen, um schwanger zu werden, oder sich von ihnen eine Portion Sperma geben lassen. Frauen, die Leihmütter engagieren, wenn es an ihnen selbst liegt, oder, wenn sie das Kind selbst austragen wollen, nach Spanien reisen, um sich dort die Eizelle einer anderen zu kaufen und einpflanzen zu lassen.

Ich versuche mir vorzustellen, wie das für jemanden sein muss, der in einer Zeit aufgewachsen ist, als es noch nicht einmal die Pille gab und Kinderkriegen ausschließlich Sache der Natur war, die sich nicht ins Handwerk pfuschen ließ. Mariska muss sich tatsächlich vorkommen wie auf einem anderen Planeten. Erst recht in einer so liberalen und tabuarmen Gesellschaft wie der niederländischen.

»Es gibt natürlich schon auch ein paar gute Sachen, die der Fortschritt mit sich gebracht hat«, räumt sie ein. Dass man einfach in ein Auto steigen könne, um zu reisen und sich fortzubewegen. Oder sogar in ein Flugzeug. Dass die Mädchen und Frauen heutzutage die Freiheit hätten, das auch zu tun! Und dann das Telefon! »Ich kann jeden Tag meine Tochter anrufen und höre ihre Stimme. Früher mussten wir uns mit Briefen zufriedengeben, das dauerte Tage, wenn nicht Wochen!«

Auch das Verschwinden der Klassengesellschaft kann sie nur begrüßen. »Das führte dazu, dass sich manche Leute für etwas Besseres hielten.« So wie das Personal auf dem großen Sissi-Schloss in Gödöllö: »Die Menschen, die dort arbeiteten, haben uns Dorfbewohner immer herablassend behandelt«, erinnert sich Mariska. Heute seien die Menschen vor dem Gesetz alle gleich, und jeder dürfe sagen, was er wolle. Aber, stellt sie klar: Wenn es ums Geld gehe, höre diese Gleichberechtigung oft wieder auf. »Es sind nicht mehr die Ränge und Stände, es ist das Geld, das die Menschen trennt. Menschen mit Geld halten sich für etwas Besseres.« Und wer es nicht habe, der tue so, als ob. »Wenn wir früher unbedingt etwas haben wollten, aber kein Geld dafür da war, dann bekamen wir es nicht. Basta. Das wurde akzeptiert.« Heute sei Geldmangel kein Grund mehr, sich etwas nicht anzuschaffen. Heute leihe man sich einfach das Geld. Früher war man arm, wenn man nichts zu essen hatte. Nicht, wenn man kein Geld hatte. »Und in dieser Hinsicht bin ich immer reich gewesen.« Bis auf die Zeit nach dem Tod des Vaters natürlich. Und im Zweiten Weltkrieg, während der deutschen Besatzungszeit: »Da bin ich mit anderen Frauen aus der Straße immer frühmorgens rausgeradelt aufs Land, um bei den Bauern um Essen zu betteln.«

Wirkliche Armut ist Einsamkeit.

Ihre Enkel und Urenkel könnten sich das alles nicht mehr vorstellen. Und die hätten es auch schwer, wenn sie von heute auf morgen plötzlich alles verlieren würden, wenn sie kein Geld und keinen Besitz mehr hätten: »Ich hingegen würde das problemlos überleben. Weil ich weiß, wie das ist.«

»Weißt du, was wirkliche Armut ist, *meisje*?«, fragt sie dann. »Wenn man einsam ist. Dann ist man arm, wirklich arm!« Weil zum Glücklichsein im Leben neben einer eisernen Gesundheit vor allem eines zähle: »Man muss unter die Leute kommen!«

Aber auch in dieser Hinsicht ist Mariska mit Reichtum gesegnet. Sie hat in ihrem Leben unzählige Menschen um sich geschart, die ihr Freunde, Ratgeber und Inspiration waren. Natürlich hat auch sie im Laufe der Jahre viele an den Tod verloren. »Erst vor kurzem noch eine gute Freundin, wir haben fünfzig Jahre lang zusammen Bridge gespielt. Sie war neunundneunzig.« Das sei ein Nachteil, wenn man so alt werde wie sie: »Man muss aufpassen, dass man nicht übrig bleibt, denn sonst wird man einsam. Und das ist wie gesagt das Schlimmste, was einem im Leben passieren kann.«

Noch kann sie aber mit ihrem einnehmenden Wesen immer wieder für Nachschub sorgen. Ihr Rezept ist ein ganz einfaches: Sei freundlich zu deinen Mitmenschen, warte nicht darauf, dass sie freundlich zu dir sind! Ein Lächeln, ein paar nette Worte sind so entwaffnend und nehmen auch dem größten Griesgram die schlechte Laune aus den Segeln. »Der Ton macht die Musik! Das habe ich auch meinen Kindern und den Enkeln immer wieder eingeschärft. Es ist doch ganz einfach: Wer böse Worte sät, wird böse Worte ernten.« Und dabei lässt die alte Frau keine sozialen Unterschiede gelten: »Mensch ist Mensch, und Lump ist Lump.« Mariska schenkt einem Müllmann das gleiche bezaubernde Lächeln und die gleichen freundlichen Worte wie einem Hochschulprofessor. »Wieso nur glauben manche Menschen, sie könnten einen Müllmann herablassend behandeln, bloß weil er ein Müllmann ist und nicht studiert hat?«, meint sie kopfschüttelnd, als es an der Tür klingelt.

Kurz darauf ertönen im Gang zwei helle Mädchenstimmen. Mit wippendem blondem Pferdeschwanz und ein bisschen verlegen stehen die beiden Töchter der Nachbarsfamilie vor der alten Frau und überreichen ihr eine Blechdose mit Keksen. »Die haben wir für Sie gebacken!«, sagen sie voller Stolz. Sie müssen acht oder zehn Jahre alt sein.

»Oh, *meisjes* – wie lieb!«, antwortet Mariska gerührt. »Stell dir nur vor, ich bin mehr als zehnmal so alt wie die zwei!«, sagt sie zu mir, als die Kinder sich wieder verabschieden. Immer noch lächelnd lehnt sie sich in den Sessel zurück. »Was werde ich doch verwöhnt!«, meint sie. Es käme recht oft vor, dass Menschen bei ihr vorbeischauen, einfach so – um ihr etwas zu schenken oder mitzubringen. Neulich auf dem Markt, da habe ihr ein wildfremder Mann die Blumen in den Arm gedrückt, die er gerade für sich selbst gekauft hatte, als er hörte, wie alt sie ist. »Wir Hundertjährigen scheinen etwas Magisches an uns zu haben«, lacht sie. »Wir wecken ganz offensichtlich das Bedürfnis, uns zu beschenken!«

Sie ist froh, dass sie noch so oft rauskommt. »Bis vor kurzem bin ich sonntags vor dem Mittagessen auch immer noch in die Kirche gegangen.« Aber jetzt brauche sie morgens zu lange zum Aufstehen und Anziehen. Der Pfarrer verstehe das. Sie ist nicht die Einzige, der es so geht. Deshalb hat ihr die Kirchengemeinde angeboten, zusammen mit ein paar anderen Menschen privat einen Gottesdienst abzuhalten, zu Hause, in den Wohnzimmern. Mariska war zunächst sehr angetan, hat dann aber doch dankend abgelehnt.

Sie schweigt einen Moment. Sie sei heute nicht mehr einverstanden mit allen Entscheidungen der Kirche; was sie hört, gefällt ihr nicht immer. Trotzdem gibt der Glaube ihr Trost. Bis heute betet Mariska jeden Abend vor dem Einschlafen. Für die vier Kinder, die vier Enkelkinder und die drei Urenkel. »Ich bete auch für meine Mitmenschen, wenn sie es nötig haben.« Aber je älter sie geworden sei, desto öfter habe sie sich gefragt, wer oder was Gott eigentlich ist. »Ganz bestimmt kein strenger und strafender Gott, an den meine Pflegeeltern glaubten. Meiner ist ein gütiger. Und keiner, der die einen in den Himmel schickt und die anderen in die Hölle.« Mariska ist sich auch nicht mehr so sicher, ob es nur einen Gott gibt. »Ich glaube sowieso eher an einen Geist, an einen unfassbar großen Geist, eine Energie, die da draußen im Weltall die Erde umhüllt. Zu diesem Geist bete ich täglich, ich nenne ihn Gott.«

Hat sie je an ihm gezweifelt?

»Oh ja!«, ruft sie und erinnert an den Tod ihres jüngsten Sohnes. »Das war einer der furchtbarsten Momente in meinem Leben.

Aber was hat Gott damit zu tun?« Für diesen Verlust, so habe sie letztendlich festgestellt, könne sie Gott nicht verantwortlich machen. Genauso sei es mit all den Kriegen, der Gewalt und dem Elend hier auf Erden: »Das alles tun wir Menschen uns selbst an.«

Viele Menschen suchten ihr Leben lang nach dem Sinn des Lebens. Die machten es sich viel zu kompliziert. Dabei sei es doch ganz einfach. »Gott oder dieser Geist, den ich Gott nenne, der ist viel zu groß und wir Menschen viel zu klein, um ihn erfassen und begreifen zu können.« Das sollten wir auch gar nicht erst versuchen, findet sie. Sondern stattdessen – wenn es denn möglich ist und wir so privilegiert sind – das Dasein genießen. »Ich jedenfalls bin dankbar, dass es mir geschenkt wurde. Mein Sinn des Lebens besteht darin, dass ich sein darf. Mehr nicht. Dass ich als Teil des unermesslich großen Weltalls geboren wurde. Und jeden Morgen, wenn ich wach werde, danke ich Gott dafür, dass ich noch sein darf.«

Und wenn es dann einmal vorbei sei, habe sie für ihr eigenes Begräbnis schon seit langem alles geregelt. »Dann werfe ich meinen Körper wie eine Hülle ab, um wieder Teil des Weltalls zu werden.« Das Leben hier auf Erden ist für sie nur ein Zwischenstopp. »Wie können manche Menschen bloß glauben, dass es nach dem Tod nichts mehr gibt? Dass wir uns in nichts auflösen? Das kann ich nicht nachvollziehen.« Das Leben, das wir in uns haben, da ist sich Mariska ganz sicher, gehe nicht verloren. »Dieser Geist, den ich Gott nenne, wird uns nie verlassen.« Deshalb habe sie auch keine Angst vor dem Tod. »Ich glaube, ich werde einfach nicht mehr wach. Oder sitze hier am Tisch und bin auf einmal weg.«

Der Sinn des Lebens ist, dass ich sein darf. Nicht mehr und nicht weniger.

Bei der guten Freundin, mit der sie fünfzig Jahre Bridge gespielt hat und die vor kurzem gestorben ist, sei das leider ganz anders gewesen: »Die hat sich für Sterbehilfe entschieden, denn sie konnte nichts mehr, außer wie ein Pflänzchen im Bett liegen. Und das mit neunundneunzig Jahren!« In den Niederlanden ist Sterbehilfe unter bestimmten Bedingungen erlaubt. Kurz vor ihrem Tod rief sie an, um sich von Mariska zu verabschieden. Sie wollte unter diesen Umständen nicht weiterleben, und Mariska pflichtete ihr bei. Sie würde genauso handeln. »Aber ich denke, dass ich keine Sterbehilfe brauchen werde«, meint sie und muss beim Gedanken daran kurz auflachen: »Ich glaube, ich schaffe das alleine!«

Einen Moment lang ist in ihrem Wohnzimmer wieder nur das Ticken der Wanduhr zu hören. Ich muss an das bekannte Chanson von Jacques Brel denken, *Les vieux*, die Alten. In deren Wohnzimmer, singt Brel, sei das Pendel einer silbernen Wanduhr zu hören. »Ich warte auf euch!«, scheint es unheildrohend zu sagen. – *Qui ronronne au salon, qui dit oui qui dit non, qui dit: »Je t'attends!«*

Wenn man so selbstsicher und selbstbestimmt alt geworden ist wie Mariska, dann ist es sicher schwer, das Leben loszulassen?

Die alte Frau nickt bedächtig – und findet ein Bild: Mit einhundertvier sei der Tod wie ein Bus mit Verspätung. »Du weißt, er kann jeden Moment um die Ecke kommen.« Aber anders als bei richtigen Bussen sei sie weder ungeduldig noch verstimmt, sondern hoffe, dass er sich Zeit lasse. Alle Zeit der Welt.

Aber irgendwann trifft er doch ein. Dann muss sie einsteigen. Und was ist dann? Kann sie bei der Abfahrt in den Rückspiegel gucken?

Mariska muss lachen. »Ich habe alles aus dem Leben rausgeholt, was es mir zu bieten hatte. Alles, was ich gerne tun wollte, habe ich getan. Ich brauche mir nicht vorwerfen, eine Chance versäumt und ungenutzt gelassen zu haben.«

Sie habe auch immer den Mut gefunden, ihren Freunden gegenüber aufrichtig zu bleiben. »Wenn einem etwas gegen den Strich geht, dann muss man das sagen.« Lügen hätten in einer Freundschaft nichts verloren, Ehrlichkeit sei ganz wichtig – allerdings nicht immer und auch nicht um jeden Preis, stellt Mariska klar: »Manchmal sind Notlügen angebrachter als die Wahrheit.« Zum Beispiel, wenn sich die Freundin einen Mantel gekauft habe oder ein Sofa, das man selbst ganz schrecklich findet: »Wieso sollte ich ihr die Freude über die Anschaffung verderben? Hätte sie mich vor dem Kauf gefragt, wäre ich ehrlich gewesen.« Die Menschen, die einem am Herzen liegen und die man liebe, müsse man mitunter auch schonen. Mit der Ehrlichkeit, warnt Mariska, sei das so eine Sache: »Die kann man auch als Waffe einsetzen, um anderen wehzutun.«

Ich weiß, was sie meint. Eine Freundin von mir hat gerade eine Scheidung hinter sich, ihr Mann hat sie wegen einer anderen verlassen – und ihr bis ins kleinste Detail geschildert, wie er die andere kennenlernte. So viel Ehrlichkeit wäre nicht nötig gewesen. So hat er zwar sein eigenes Gewissen erleichtert und reinen Tisch gemacht, sie aber getroffen und verletzt. Ein weiteres Beispiel dafür, dass man es sich mit der Ehrlichkeit auch zu leicht machen kann: Ein Seitensprung, den man aufrichtig und zutiefst bereut – muss man den Partner damit wirklich belasten? Darüber habe ich auch mit meinen Freundinnen schon mehrmals diskutiert. Sollte man in einem solchen Fall nicht besser schweigen – was durchaus schwieriger sein kann und zuweilen weitaus mehr Kraft kostet, als alles zu beichten?

Zu wenig Ehrlichkeit ist feige, zu viel kann verletzend sein.

»Mit der Ehrlichkeit muss man verantwortungsvoll umgehen«, bestätigt Mariska meine Gedankengänge. Nicht umsonst heiße es: Reden ist Silber, Schweigen ist Gold. »Zu viel Ehrlichkeit kann egoistisch und verletzend sein – und zu wenig Ehrlichkeit feige.« Warum verschweigen Menschen die Wahrheit oder fangen sogar an zu lügen? »In den meisten Fällen doch deshalb, weil sie nicht für ihr Handeln geradestehen wollen. Oder weil sie für die Wahrheit zu feige sind«, glaubt Mariska.

Nachdenklich lehne ich mich in meinen Stuhl zurück. Feigheit. Das ist auch so eine Eigenschaft, die wir am liebsten ganz weit von uns weisen. Obwohl wir alle solche Momente in unserem Leben kennen. Momente, auf die wir alles andere als stolz sind und für die wir uns schämen. Und Mariska? Ist sie jemals in ihrem Leben feige gewesen?

Die alte Frau muss einen Moment nachdenken, dann nickt sie. Zum Beispiel, als Wim und sie sich nicht trauten, gegen seine Mutter aufzubegehren und für ihre Liebe zu kämpfen. Aber dafür wäre angesichts der Autorität, die Eltern damals hatten, unglaublich viel Mut nötig gewesen. Und in erster Linie hätte Wim den aufbringen müssen. Das zweite Mal war im Zweiten Weltkrieg, während der deutschen Besatzungszeit. Damals mussten unzählige jüdische Familien untertauchen, auch in Amsterdam. So wie Anne Frank. Auch die Hofmans wurden gefragt, ob sie bei sich in der Wohnung jüdische Kinder verstecken wollten. Obwohl sie die Kinder kannte, entschied sich Mariska dagegen. »Wir wohnten damals ein paar Straßen weiter im zweiten Stock. Ich hatte selbst bereits zwei kleine Kinder, und über die beschwerte sich der Mieter unter uns immer, er fand sie zu laut.« Dann habe er wütend mit dem Besenstiel an die Decke geklopft. Es wäre ihm bestimmt aufgefallen, wenn über ihm auf einmal noch mehr trappelnde Kinderfüße zu hören gewesen wären, und dann wäre die ganze Familie verraten worden. So wie Anne Frank. »Deshalb habe ich nein gesagt. Aber ich bedaure es unendlich. Und dafür schäme ich mich noch heute.« Denn die jüdischen Kinder, die hat sie nie wie-

Zu viel Mut ist Leichtsinn,
zu wenig Mut ist Feigheit.

dergesehen. »Zu wenig Mut ist Feigheit«, sagt sie. »Aber zu viel kann Leichtsinn sein. Manchmal ist das ein unlösbares Dilemma.«

Es gibt noch einen dritten Moment in Mariskas Leben, den sie bereut: als ihre Mutter starb. »Ich hätte damals bei ihr bleiben sollen, ich hätte sie nicht alleine sterben lassen dürfen. Das macht mir noch heute zu schaffen.« Auch noch mit 104 Jahren. Nachdenklich lehnt sie sich in ihrem Sessel zurück und lässt den Blick ins Leere schweifen. Es ist spät geworden.

»Doch ansonsten glaube ich, dass ich mir nichts vorwerfen muss«, meint sie dann. »Ich kann in den Rückspiegel gucken, *meisje!*« Worauf sie völlig unerwartet in die Hände klatscht und mich lachend anschaut: »Aber noch ist er ja nicht eingetroffen, der Bus!«

~

Mariska Hofman ist für mich der personifizierte Optimismus. Hätte sie jemals ein Künstler porträtiert, dann sicher als Allegorie der Zuversicht. Von nichts und niemandem hat sie sich beirren lassen, hat alle Chancen ergriffen, alle Möglichkeiten ausgeschöpft, die das Leben ihr bot.

Ihre Entschiedenheit beeindruckt mich ebenso wie ihre Warmherzigkeit. Schon als Kind durfte sie viel Liebe empfangen und hat auch immer viel Liebe gegeben. So wie sie Freundlichkeit gesät und deshalb auch geerntet hat. Sie gehört zu den Menschen, die eine unerschöpfliche Quelle von Zuneigung und Kraft zu besitzen scheinen und deshalb ein Leben lang auf geradezu magische Weise zahllose andere Menschen in ihren Bann ziehen.

Als wandelnder Widerspruch ist sie durch ihr Leben gegangen: konservativ und fortschrittlich zugleich, Mutter und Künstlerin, selbstbestimmt und dennoch dem traditionellen Frauenbild des frühen 20. Jahrhunderts nahe. Sie leistete sich die Freiheit, ihrer Leidenschaft, der Kunst, nachzugehen, als es noch nicht selbstverständlich war und sicher nicht von jedem gerne gesehen wurde.

Natürlich sind Entschiedenheit und Warmherzigkeit auch Charaktersache, der eine ist mehr damit gesegnet als der andere. Aber zum Teil, das zeigt mir Mariska, ist es auch Einstellungssache. Mit anderen Worten: Daran lässt sich arbeiten. Und eigentlich gibt es keine Entschuldigung, diese Haltung nicht zumindest immer wieder zu üben.

Und noch etwas möchte ich mir von Mariska abgucken: Handeln! Sie beweist, wie wichtig es ist, an sich selbst zu glauben und sich auf sich selbst zu konzentrieren: Tue das, was du wirklich tun will – anstatt zu viel Zeit an das Tun und Lassen anderer zu verschwenden! Lass im richtigen Moment los und orientiere dich neu – anstatt zu akzeptieren, fremdbestimmt zu leben!

Es gibt Menschen, die um des Träumens willens träumen. Aber die meisten Menschen, die ich kenne, mich selbst eingeschlossen, würden ihre Träume gerne auch leben. Doch anstatt zur Tat zu schreiten, grübeln wir viel zu viel nach über das Leben: über die richtige Partnerwahl, den besten Wohnort, den idealen Zeitpunkt zum Kinderkriegen. Wir wägen tausend Optionen ab, und weil wir keine verlieren, keine loslassen wollen, zögern wir Entscheidungen hinaus. Und mit ihnen unsere Träume. Wir können aber nicht alles haben. Und auch nicht in allem perfekt sein. Und während wir zweifeln oder uns mit den Worten »Vielleicht später!« selbst etwas vormachen, unsere Träume sozusagen vertrösten, werden wir plötzlich fünfzig.

Mariska ist das nicht passiert. Ihr Rezept war ein ganz einfaches: Zweifeln ist gut, aber nicht zu lange. Streif die Ängste ab, krempel die Ärmel hoch – und mach es!

»Viel wichtiger als Treue sind für eine Beziehung Achtung und Respekt.«

~

Annemarie

* 24. Juli 1910 in Wolmirstedt

Es war ein Tag wie jeder andere. Er begann mit dem gemeinsamen Frühstück. Danach wollten sie im Schwimmbad ihre Bahnen ziehen. Nacheinander, ihr Mann zuerst. Auch das wie immer. Sie vertiefte sich derweil in den Zeitungsteil, den er bereits gelesen hatte. Bis sie auf einmal auf die Uhr guckte und sich wunderte: »Der schwimmt heute aber lange, der kommt ja gar nicht zurück!«

Das war vor 38 Jahren, kurz nach ihrem 67. Geburtstag.

»Ich dachte damals: Jetzt dauert es nicht mehr lange, und du bist die Nächste!«, erzählt mir Annemarie Schulze und schmunzelt. Denn sie war nicht die Nächste. »Man wundert sich, dass man so alt wird!«, sagt sie und steht auf. »So, jetzt wird der Kaffee ja wohl durchgelaufen sein!«

Ich sehe zu, wie sie sich in ihrem ebenso eleganten wie gemütlichen kleinen Seniorenapartment im Norden Münchens zur Schrankküche begibt. Bei meinem ersten Besuch bin ich noch aufgesprungen, um ihr zu helfen. Inzwischen weiß ich, dass sie auf Hilfe dieser Art keinen Wert legt. Sie will alles alleine machen.

Auch wenn es dann ein bisschen länger dauert. Sie lässt es sich auch nicht nehmen, mich jedes Mal zum Abschied hinaus auf den Gang bis zum Lift zu begleiten. Ohne Gehhilfe. »Ist doch nicht nötig!«, sage ich jedes Mal. »Ich tue es aber trotzdem«, antwortet sie lächelnd.

Vielleicht braucht man diese Portion Eigenwilligkeit, um so alt zu werden. Um weitgehend eigenständig so alt zu werden. Eigenwilligkeit, die fast schon an Eigensinnigkeit grenzt. Annemarie Schulze ist die Älteste unter meinen Zentenaren. Bei meinem Besuch steht sie wenige Monate vor ihren 105. Geburtstag.

Als ich der vornehmen, schlanken Erscheinung erstmals gegenüberstand, konnte ich es kaum glauben. Schmaler dunkler Rock, gemusterte Seidenbluse, flotter grauer Kurzhaarschnitt. Keine Bezeichnung für sie scheint mir angebrachter als »ältere Dame«. Eigenwillige ältere Dame, wohlgemerkt.

Mit vorsichtigen kleinen Schritten kommt sie von der Schrankküche zum Tisch zurück, in der Hand die volle Kaffeekanne. Filterkaffee, von Hand aufgebrüht. Ob sie wohl weiß, dass Filterkaffee unter jungen Leuten gerade wieder anfängt hip zu werden, nach etlichen Jahren Hype um Kaffeevollautomaten, Kapseln und Pads?

»Man darf es sich im Leben nie zu bequem machen«, sagt sie. »Man muss sich immer ein bisschen mehr vornehmen, als man sich zutraut. Nur so entdeckt man, dass man immer mehr kann, als man sich zutraut.«

Vorsichtig stellt sie die Kanne auf der gestärkten weißen Spitzentischdecke ab, mit der sie den runden Kaffeetisch gedeckt hat. Auch das schlichte Porzellan ist weiß. Auf unseren Tellern thronen in grün schillerndes Papier eingepackte Marzipanpralinen, dazwischen steht ein Teller mit Keksen und den verschiedensten Tortenstücken, mit denen sie sich unten in der hauseigenen Konditorei der Münchner Seniorenresidenz eingedeckt hat. »Der Mohnkuchen, der soll sehr gut sein. Kosten Sie mal!«

Seit drei Jahren lebt sie nun schon hier, ein Leben auf 30 Quadratmetern, geschmackvoll eingerichtet mit Perserteppich, Bücherregal und einem roten Sofa, das abends zum Bett umfunktioniert wird. An den Wänden hängen Aquarelle und Radierungen, und auf dem wunderschönen alten Sekretär stehen unzählige Bilderrahmen mit Fotos. Von den Freundinnen, Töchtern und Enkelkindern, den Männern und den Hunden in ihrem Leben.

Ich deute auf das wuschelige braune Wesen, das es sich auf dem Foto ganz links auf einem Sessel bequem macht: »Das war einer meiner letzten«, klärt sie mich lächelnd auf. Insgesamt zwölf Hunde hat sie im Laufe ihres Lebens gehabt, »und sie sind immer kleiner geworden. Die letzten waren zwei Chihuahuas.«

Als ich frage, ob ich den Kaffee einschenken soll, wehrt sie wie erwartet ab, sie gibt die Regie nicht aus der Hand. »Mit dem Alter schrumpfen nicht nur die Haustiere, sondern auch der Lebensraum«, erzählt sie weiter. »Ich weiß noch genau, wie ich nach dem Tod meines Mannes in ein Terrassenhaus in Kirchseeon zog, 180 Quadratmeter groß. Das fand ich damals klein.« Suchend lässt sie den Blick über die Kaffeetafel gleiten, dann steht sie wieder auf: »Die Sahne, ich habe die Sahne vergessen!«

Trau dich mehr, als du dir zutraust. Dann entdeckst du, dass du immer mehr kannst, als du dir zutraust.

Die darf nie fehlen, weiß ich inzwischen, sie kommt in einem Kristallschüsselchen auf den Tisch. Bei Annemarie Schulze habe ich gelernt, nicht an Kalorien zu denken und selbst den Keks in Sahne zu tunken. Selbstgeschlagene Sahne, versteht sich. Etwas anderes kommt für sie nicht in Frage, Sahne aus der Sprühdose – undenkbar!

Schließlich stand fast ihr gesamtes berufstätiges Leben im Zeichen von Sahne, genauer gesagt: von Butter, Käse, Quark, Milch und Sahne. Denn ihr Mann war nicht nur Diplomkaufmann, sondern auch Nahrungsmittelchemiker und Molkereimeister. »Er hat dafür gesorgt, dass Sahne nicht mehr nach Kuhstall riecht und der Fettgehalt nur noch 30 statt 40 Prozent beträgt, das war eines seiner Patente«, erklärt sie mit hörbarem Stolz in der Stimme. »Nach 1945 haben wir ganz Westberlin mit Sahne versorgt.«

Denn mit einem Großhandel für Molkereiprodukte hatten sich Annemarie Schulze und ihr Mann nach dem Zweiten Weltkrieg eine neue Existenz aufgebaut; jahrzehntelang stand sie als Geschäftsfrau an seiner Seite ihren Mann. Vermutlich kommt es daher, dass die alte Dame nicht nur sehr eigenwillig ist, sondern auch ziemlich nüchtern. Schnörkellos und frei von Sentimentalitäten spricht sie von den Höhen und Tiefen in ihrem Leben, ihren Lieben, Verlusten, den Kindern und Eltern. Nichts wird beschönigt.

»Ich weiß nicht, ob meine Mutter mit meinem Vater glücklich war«, sagt sie ganz sachlich. »Aber eine gute Mutter, das war sie.«

Annemarie wuchs in Erfurt auf, wo ihr Vater eine Generalagentur für Versicherungen innehatte. Sie war das einzige Kind und für eine Höhere-Töchter-Laufbahn vorgesehen. Ihre Mutter saß oft am Klavier, sie hatte eine gute Stimme und konnte gut spielen, dann sang sie der kleinen Tochter etwas vor, am liebsten Balladen.

Geboren wurde Annemarie bei ihrer Oma in Wolmirstedt, einem Provinzstädtchen nahe Magdeburg. Bei der Geburt des ersten Kindes wollte ihre Mutter die eigene Mutter an ihrer Seite wissen. Die kleine Annemarie liebte diese »schöne Oma«, wie sie sie nennt, abgöttisch. »Sie führte in Wolmirstedt ein Landkaufhaus«, erinnert sie sich. »Unten rechts waren die Lebensmittel, links die Stoffe und oben die Kleider.«

Auch den Ersten Weltkrieg verbrachte Annemarie bei der Oma. »Für mich waren das sonderbarerweise wunderschöne Jahre.

Vom Krieg habe ich nicht viel mitbekommen.« Ihr Vater kämpfte irgendwo an der Somme, erst bei Kriegsende 1918 kehrte er zurück. »Ich weiß nicht mehr, wie er heimgekommen ist, ich weiß nur noch, wie er eingezogen wurde.« So wie viele andere Kinder stand auch sie mit ihrer Mutter im Erfurter Güterbahnhof auf einem brechend vollen Bahnsteig und winkte Soldaten in brechend vollen Waggons zu, die jubelnd und Blumen schwenkend zurückwinkten, während der Zug langsam abfuhr.

Gebannt habe ich ihr zugehört. Solche Bilder der Kriegseuphorie im Kaiserreich kannte ich bislang nur aus dem Geschichtsunterricht oder historischen Fernsehdokumentationen – unbeholfene, holprige Schwarzweißaufnahmen. Durch Annemarie haben sie auf einmal Farbe bekommen, sie war ein Teil dieser Bilder, mittendrin, und baut eine Brücke in eine Vergangenheit, die auf einmal gar nicht mehr so fern scheint.

Die Kinderjahre bei der Oma waren unbeschwert, Annemarie lernte ein Nachbarsmädchen kennen – Emmi, die bis zu ihrem Tod eine ihrer besten Freundinnen geblieben ist. So wie Emmi wollte auch Annemarie unbedingt in den Kindergarten, gegen den Willen von Oma und Mutter. Aber sie bettelte so lange, bis diese nachgaben. »Doch nach drei Tagen hatte ich Läuse, da war es wieder vorbei mit dem Kindergarten.«

Nach Kriegsende 1918 kehrten Mutter und Tochter nach Erfurt zurück, Annemarie wurde eingeschult. »Da habe ich wunderbarerweise Emmi wiedergetroffen, die war mit ihrer Familie auch nach Erfurt umgezogen.« Schon ein paar Tage später musste die Schule zum Lazarett umfunktioniert werden, für all die Verwundeten unter den heimkehrenden Soldaten. »Da bekam ich ein Jahr lang Privatunterricht von meinen Eltern. Und bei denen habe ich vermutlich mehr gelernt als auf der Schule.«

Annemarie war eine gute Schülerin, sie schaffte es spielend bis aufs Lyzeum. »Die Jungs gingen aufs Gymnasium, die Mädchen aufs Lyzeum.« Sie war die Jüngste in ihrer Klasse, im Gegensatz zu ihren Mitschülerinnen durfte sie nicht zum Tanzkurs, die Eltern fanden sie dafür noch zu jung. Auch das Abitur durfte sie nicht machen, ihr Vater hielt das bei einem Mädchen für nicht nötig. Das Abitur galt nicht als unerlässlicher Bestandteil einer Höheren-Töchter-Laufbahn. Der Lehrer versuchte noch, die Eltern umzustimmen. Vergeblich. Stattdessen wurde sie, wie damals üblich, auf die Haushaltsschule geschickt. »Eigentlich war das eine ganz lustige Zeit«, erzählt sie. Denn es gab da einen riesigen Speisesaal, in dem sie endlich das Tanzen lernte. »Nach dem Unterricht haben wir da immer geübt, wir Mädchen untereinander. Jungs standen uns ja nicht zur Verfügung.«

Besonders der Foxtrott hatte es ihr angetan. Sie konnte es kaum erwarten, endlich ihr schönstes Kleid aus dem Schrank zu holen und einen der vielen *bals dansants* und Tanztees zu besuchen, die es damals gab – »in den besseren Hotels«, klärt sie mich auf. »Da gab es auch die besseren Männer.« So wie die meisten anderen Mädchen auch musste sie sich von der Frau Mama begleiten lassen. »Die saß zusammen mit den anderen Müttern immer an einem eigenen Tisch, für die jungen Männer war das der Drachenfelsen«, erinnert sie sich und muss herzlich auflachen.

Besonders beliebt war der Tanztee im Haus Kossenhaschen am Bahnhofsplatz. Es gehörte zum Erfurter Hof, zählte zu den feinsten Adressen Europas und war nach dem renommierten Hotelier Georg Kossenhaschen benannt. Rund vierzig Jahre später, 1970, sollte das Haus als DDR-Interhotel weltweit Bekanntheit erreichen, und zwar durch das erste deutsch-deutsche Gipfeltreffen mit Willi Stoph und Willy Brandt. Tausende begeisterte Erfurter riefen Brandt ans Fenster und durchbrachen dabei die Polizeiabsperrungen. »Für mich war Brandt ein alter Bekannter, in den 1950er Jahren wohnten wir in Berlin im selben Viertel«, erzählt Annemarie. »Ich habe seine erste Frau damals ein paarmal beim

Metzger getroffen, die war ganz reizend. Und sehr bescheiden, sie hat sich nie vorgedrängt.«

Aber all das wusste die junge Annemarie damals noch nicht, es war die Zeit zwischen den Weltkriegen, das Interbellum. 1930 stürmt Siegfried Arno mit *Wenn die Elisabeth nicht so schöne Beine hätt'* die Schlagerparaden, Heinz Rühmann bricht die Herzen der stolzesten Frauen, und Marlene Dietrich ist von Kopf bis Fuß auf Liebe eingestellt. Während sie die fesche Lola besingt, freuen sich die Comedian Harmonists auf *Wochenend' und Sonnenschein*.

Auch im Ballsaal bei Kossenhaschen wurde zu diesen Melodien getanzt, und Annemarie tanzte ausgelassen mit. Regelmäßig auch ohne die Mama. Die dachte dann, dass ihre Tochter mit einer Freundin im Kino sitze. Bis Annemaries Vater sie sich eines Tages vorknöpfte: »Du, der Doktor Erhard, der hat dich gestern bei Kossenhaschen gesehen, hör auf, uns etwas vorzuschwindeln!«

Die Verehrer standen Schlange, sie war hübsch mit ihren langen blonden Haaren, ein bisschen mollig zwar, aber mit einer schmalen Taille. »Die war aber auch schon alles, was ich hatte«, stellt sie lachend klar. »Ich wollte immer schlanker sein, als ich war, die Rundungen hatte ich an den verkehrten Stellen!« Auf den Gedanken, sich deswegen zu grämen oder unter Komplexen zu leiden, kam sie nicht. Und sie kann nur schwer nachvollziehen, wie gut viele Mädchen und Frauen heute darin sind, sich deswegen das ganze Leben schwer zu machen. »Ich wurde doch trotzdem gemocht, auch wenn die Pfunde nicht an den richtigen Stellen saßen«, stellt sie klar. »Eine gute Ausstrahlung ist viel wichtiger als eine gute Figur.«

Sorg für eine gute Ausstrahlung – das ist wichtiger als eine gute Figur!

Bald hatte sie einen festen Freund, Ernst hieß er, war sieben Jahre älter und Jurist. Sehr zum Leidwesen von Hänschen, einem ihrer Verehrer, der sich unsterblich in sie verliebt hatte und nicht von ihrer Seite wich. Annemarie war die Liebe seines Lebens, daran änderte auch Ernst nichts. Hänschen ließ sich nicht abschütteln, ging mit zum Tanzen, Spazierengehen, Wandern und Skifahren in den Thüringer Wald. Annemarie war irritiert, die Mutter amüsiert. »Ich brauch jetzt ja nicht mehr mitzugehen«, sagte sie und spielte nicht länger den Wachhund: »Hänschen geht ja mit!« Mit Ernst an ihrer Seite und Hänschen im Schlepptau schloss Annemarie die Haushaltsschule ab. Sie half dem Vater ab und zu in der Versicherungsagentur mit dem Tippen eines Briefes und beschloss, noch eine Ausbildung zur Sekretärin dranzuhängen. Dabei lernte sie nicht nur Schreibmaschineschreiben, sondern konnte auch ihre Tanzkenntnisse perfektionieren, denn die Leiterin der Sekretärinnenschule tanzte ebenfalls leidenschaftlich gerne und organisierte viele Bälle.

Wer zweifelt, ob er sich binden soll, eignet sich nicht als Partner: Dann ist die Liebe nicht groß genug.

Um teilzunehmen, brauchte Annemarie bald nicht mehr die Zustimmung ihrer Eltern: Im Juli 1931 wurde sie einundzwanzig und damit volljährig. Fast genau ein Jahr später konnte sie zum ersten Mal wählen, bei den Reichstagswahlen im Juli 1932. Für Frauen war das damals noch keine Selbstverständlichkeit, das aktive und passive Wahlrecht hatten sie in Deutschland erst dreizehn Jahre zuvor, 1919, bekommen. Annemarie erinnert sich noch gut daran, wem sie ihre Stimme gab: der Deutschen Volkspartei, der DVP. »Ich komme zwar aus einer konservativen Familie, aber dem Hitler haben wir nicht in den Sattel geholfen.« Damals wurde noch getrennt gewählt, die Männer rechts, die Frauen links. »In einer Turnhalle. Anschließend bestieg ich mit Ernst den Kickelhahn.«

Das ist der Hausberg der Stadt Ilmenau im Thüringer Wald, 861 Meter hoch und deshalb einigermaßen berühmt, so erfahre ich, weil er schon von Goethe erklommen worden ist. Nun taten es ihm Ernst und Annemarie gleich, wunderbarerweise ohne Hänschen, den sie irgendwie abhängen konnten, und über beide Ohren verliebt. An diesem Sommertag 1932 auf dem Kickelhahn lag der jungen Frau der Thüringer Wald zu Füßen, und sie sah ihre Zukunft vor sich: ein Leben mit Ernst. Den würde sie heiraten, mit dem würde sie Kinder bekommen.

»Er war der erste und einzige Mann in meinem Leben, der älter war als ich«, erinnert sie sich schmunzelnd und reicht mir den Teller mit den Keksen. »Die anderen waren immer alle ein bisschen jünger.«

Doch Ernst machte keine Anstalten, ihr einen Antrag zu machen. Zunächst übte sich die junge Frau in Geduld und wartete. Dann beschloss sie, den Kurs ihres Lebens radikal zu ändern: »Ich ging nach Frankfurt, auf die Schwesternschule.« Die Eltern waren alles andere als erbaut, dieser Orts- und Berufswechsel wollte so gar nicht zu einer Höheren-Töchter-Laufbahn passen. Doch Annemarie musste sich nichts mehr vorschreiben lassen, sie war ja volljährig. »Es war ohnehin höchste Zeit, mich endlich abzunabeln«, seufzt sie. »Als Einzelkind tut man sich damit schwerer als andere.« So konnte sie zwei Fliegen mit einer Klappe schlagen: erwachsen werden und über ihren ersten Liebeskummer hinwegkommen.

Warum hat sie denn nicht versucht, Ernst auf die Sprünge zu helfen, anstatt die Flinte ins Korn zu werfen? Ich kenne einige Freundinnen, die das getan haben …

Die alte Dame guckt mich nur an und schüttelt den Kopf: »Das hätte keinen Sinn gehabt, Kerstin. Er hat mich geliebt, das schon. Aber nicht genug. Es hätte nicht gereicht.«

Ich muss an Mariska denken, die ebenfalls beschlossen hatte, unter ihre erste Liebe einen Strich zu ziehen, als diese sich nicht zu ihr bekannte. Und ich muss an einen Artikel in der Frauenzeitschrift *Brigitte* denken, in dem eine amerikanische Soziologin behauptet, Beziehungen würden nur dann halten, wenn der Mann in der Eroberungsphase sein Bestes gegeben und das Gefühl bekommen hat, mit viel Mühe etwas wirklich Kostbares erbeutet zu haben. Weshalb eine Frau nie den Fehler begehen dürfe, den ersten Schritt zu machen und dabei nachzuhelfen. Eine ziemlich altmodische Einstellung – oder vielleicht doch nicht?

»Sie werden den Keks doch nicht ohne Sahne essen!«, höre ich Annemarie tadelnd sagen. Sie muss mich schon eine ganze Weile lächelnd gemustert haben. »Ich habe den Ernst dann noch einmal wiedergesehen, Jahre später«, fährt sie fort und schiebt mir das Sahneschüsselchen zu. Sie lacht kurz auf: »Er hat den Eifersüchtigen markiert, wie albern!«

Denn zu diesem Zeitpunkt gab es längst einen anderen in ihrem Leben: Alfred, ihren Mann. In Frankfurt hat sie ihn kennengelernt, beim – wie könnte es auch anders sein – Tanzen. Genauer gesagt beim Frankfurter Stadtwaldfest, dem sogenannten Wäldchestag. Am Dienstag nach Pfingsten wird er gefeiert, dem dritten Pfingsttag. Mit Buden, Musik und Tanz. »Am Oberforsthaus wird eine Tanzfläche aufgebaut und drum herum Tische und Stühle.«

Annemarie hat sich an diesem Pfingstdienstag 1934 mit Martha zum Forsthaus begeben, ihrer Herzensfreundin. Auf der Schwesternschule hatten sie sich kennengelernt, Martha war ein halbes Jahr jünger als Annemarie. Bald waren sie unzertrennlich, teilten sich ein Paddelboot auf dem Main. Auch diese Freundschaft sollte ein Leben lang halten, bis zu Marthas Tod 2000. »Meine jeweiligen Männer haben sie immer anerkannt«, sagt Annemarie und lächelt. »Martha wurde mitgeliebt.«

Die beiden jungen Frauen ergatterten einen freien Tisch, lauschten vergnügt der Musik und sahen den Tanzenden zu. Es war das Jahr, in dem die Comedian Harmonists mit *Mein kleiner grüner*

Kaktus gigantische Erfolge feierten und Brigitte Horney mit *So oder so ist das Leben.* Da fiel Annemarie ein recht gutaussehender junger Mann auf, der immer wieder wie zufällig an ihrem Tisch vorbeikam und dann verstohlen guckte. »Schau mal, der ist aber ulkig!«, sagte sie zu Martha. Schließlich traute er sich, die beiden Frauen anzusprechen, und durfte sich zu ihnen setzen. »Wir haben uns dann ganz gut unterhalten und viel getanzt«, erinnert sich Annemarie. »Er hatte auch ein Paddelboot, sogar im selben Bootshaus wie wir. Aber gesehen hatten wir uns noch nie.«

Sie erfuhr, dass er als Diplom-Kaufmann in der Milchwirtschaft angestellt war. Seine Eltern besaßen in Thüringen eine Molkerei. Beim Abschiednehmen meinte er artig: »Ich kann euch leider nicht nach Hause begleiten, ich bin mit dem Motorrad da.« Annemarie wartete, bis er sich entfernt hatte. »Der war doch jetzt nett!«, meinte sie dann. Besonders Alfreds blaue Augen hatten es ihr angetan. Martha war das nicht entgangen: »Annemarie, du denkst doch nicht etwa daran, dich auf ein Motorrad zu setzen?« – »Och«, entgegnete die, »warum nicht?«

Die alte Dame muss lachen, als sie diese Episode erzählt. »Der Alfred hat mir halt gleich gefallen«, sagt sie und schenkt uns noch eine Tasse Kaffee ein. »Aber nicht so übertrieben, mit Schmetterlingen im Bauch oder so.«

Glaubt sie denn nicht, dass es den berühmten Deckel gibt, jenen einen Menschen, der zu einem passt, jenen Seelenverwandten, mit dem man verschmelzen kann?

»Tja, schön wär das schon«, meint sie mit einem überraschend träumerischen Klang in der Stimme. »Aber so habe ich das nie erlebt, eigentlich bedauerlich.« Sie richtet sich ein wenig in ihrem Sessel auf: »Aber glauben Sie wirklich, dass es das gibt? Ich halte das eher für eine Erfindung der Romantik. Das haben die sich damals so zusammengezimmert. Und jetzt glauben wir alle daran.«

Nun ja, fast alle. Annemarie Schulze gehört offensichtlich nicht dazu, dafür ist sie halt zu nüchtern. Tatsache bleibt, dass sie Alfred bei diesem ersten Treffen im Frankfurter Stadtwäldchen auch gut gefallen hat. Beim Rudern hielt er fortan nach ihr Ausschau. Und sie nach ihm. So trafen sie sich wieder, ganz zufällig. Auf dem Main. Und saßen bald in einem Boot.

Alfred pendelte für seine Arbeit zwischen Kiel und dem bayerischen Wasserburg hin und her, oft trafen sie sich in der Mitte und nahmen ein Hotel. »Natürlich mit zwei Zimmern! Noch nach der Hochzeit mussten wir manchmal nachweisen, dass wir verheiratet waren, bevor wir ein Doppelzimmer bekamen.«

Es war eine idyllische Zeit, und eine spannende. Mit Hotelnächten, in denen einer der beiden über den Gang schlich, um beim anderen anzuklopfen. »Wenn etwas verboten ist, heißt es ja noch lange nicht, dass man es nicht macht.« Heute sei das alles ganz anders, »man tauscht die Sexpartner, wie man Erfahrungen austauscht«. Völlig tabulos – und damit auch ziemlich langweilig: »Ich glaube, bei uns ging es spannender zu.« Über Sex wurden nicht allzu viele Worte verloren, man hat es getan. Heute werde Sex furchtbar wichtig genommen – »so wichtig, dass er eigentlich wieder völlig unwichtig wird«. Weil viel zu oft über ihn geredet werde. »So oft, dass man meinen könnte, die Leute tun es nicht mehr. Jedenfalls nicht gut«, meint sie und nimmt sich noch einen Löffel Sahne. »Wer seine Sache gut macht, braucht doch nicht darüber zu reden, oder?« Fragend guckt sie mich an. »Noch ein Stück Mohnkuchen?«

> *Heutzutage wird über Sex viel zu viel geredet. Wer seine Sache gut macht, braucht doch nicht darüber zu reden, oder?*

Ich reiche ihr meinen Teller. Aber, wende ich dann ein: Mag ja sein, dass heute zu viel über Sex geredet wird, aber damals definitiv zu wenig. Schließlich wussten die wenigsten, was sie, wenn sie sich denn darauf einließen, taten! Oder gehörte bei ihr die Aufklärung zur Vorbereitung auf eine Höhere-Töchter-Laufbahn etwa dazu?

»Ach, i wo!« Annemarie schüttelt ihren grauen Bubikopf. Natürlich ist auch sie nicht aufgeklärt worden, weder von Eltern noch von Lehrern. »Aber es gab immer Mädchen, die mehr wussten. Es gab auch immer Mädchen, die nachts aus dem Fenster kletterten.«

Sie wusste also, was sie erwartete und was sie tat, wenn sie nachts über Hotelflure huschte. Außerdem: Die beiden waren längst verlobt, Alfred hatte ihr einen Antrag gemacht. Zwar musste auch diesem Bräutigam auf die Sprünge geholfen werden, aber das tat nicht Annemarie, sondern ein alter Bekannter ihres zukünftigen Mannes, eine Art Vaterfigur, auf einem Fest der Milchwirtschaft. Dieser alte Mann guckte erst sie an, dann Alfred und meinte: »Pass auf, mein Junge, eine so nette Schwester wie die ist weg wie nichts!«

Erneut muss die alte Dame in Erinnerung daran auflachen. »Da hat er mich dann gefragt, ob ich seine Frau werden will.«

Wie denn? So richtig klassisch, inklusive Kniefall und Ring?

»Ach, das weiß ich nicht mehr. Ist das denn so wichtig?«

Ganz offensichtlich nicht mehr, wenn seitdem ein ganzes Leben vergangen ist. Annemarie ist nach Mariska schon die Zweite, die sich an diesen *moment suprême* nicht mehr erinnern kann. Vielleicht nehmen wir solche Dinge heutzutage viel zu wichtig? Weil wir so wahnsinnig gerne einem Idealbild entsprechen wollen? Antrag, Ring, weißes Brautkleid, das volle Programm. Reine Äußerlichkeiten, die vom Gedächtnis entsprechend schlecht aufbewahrt werden. Es sei denn, der Mann stellt beim Antragmachen so unvergessliche Dinge an, wie mit dem Fallschirm abzuspringen. Das hat Alfred wohl nicht getan.

»Geheiratet haben wir 1937 in Erfurt bei meinen Eltern«, erzählt Annemarie weiter. Ich zögere, frage sie dann aber doch nach dem Brautkleid. Auch hier muss sie lange nachdenken. »Oh ja, jetzt fällt es mir wieder ein: ein blaues Samtkostüm mit weißer Bluse, wir haben ja nicht kirchlich geheiratet.« Das wurde von den Nationalsozialisten, die damals schon an der Macht waren, nicht gerne gesehen.

Es war eine Hochzeit in kleinem Kreise, ruhig und schlicht, jedenfalls der offizielle Teil. »Nach dem Abendessen um sieben haben wir uns aus dem Staub gemacht und von Freunden abholen lassen.« Um nach Gotha zu fahren, zu einer großen Tanzerei ins Hotel, und die ganze Nacht durchzutanzen. »Eigentlich fällt mir das erst jetzt richtig auf, welch große Rolle das Tanzen in meiner Jugend gespielt hat.«

Die Frischvermählten wohnten zunächst in Reitmehring bei Wasserburg, zusammen mit Butz, ihrem ersten Hund, einem schottischen Terrier. »Eigentlich hieß er Fritz – wie mein Vater. Deshalb haben wir ihn umgetauft.« Annemaries Mann Alfred ist ein genauso großer Hundenarr wie sie. Dann erhält Alfred ein Angebot von der Hauptvereinigung der deutschen Milch- und Fettwirtschaft, nach Berlin zu kommen. »Die wollten ihn haben, er war ja in der Milchwirtschaft kein Unbekannter.«

Ich staune darüber, dass es eine solche Vereinigung gab, während Annemarie anfängt, ihr neues Leben in Berlin zu schildern. Anfang 1939 seien sie umgezogen, nach Zehlendorf, schon damals ein exklusiver Berliner Bezirk im Südwesten, unweit vom Wannsee. Zunächst mussten sie mit einer Mietwohnung vorliebnehmen. Dort wohnten sie auch noch, als die Kinder geboren wurden, im dritten Stock, ohne Aufzug. »Zum Glück durfte ich den Kinderwagen unten stehen lassen.«

Doch noch war es nicht so weit. Das junge Paar ging oft in die Oper, in Konzerte. Es waren die letzten Monate vor Ausbruch des

Zweiten Weltkriegs, am 1. September sollte Deutschland Polen überfallen. Annemarie versuchte, das Großstadtleben zu genießen. Trotz der Angst, die sich wie eine Glocke über das Leben der Menschen gestülpt hatte. »Aber eigentlich war es schon seit Jahren so, dass man ständig auf der Hut sein musste«, erinnert sie sich. Schon in ihrer Frankfurter Schwesternzeit habe das angefangen. Da hatte sie noch eine ganze Reihe jüdischer Freunde und Bekannter. Eine von ihnen war Liesl, eine ehemalige Patientin von Annemarie und Tochter eines jüdischen Bankiers aus Mainz, Liesl Lebrecht. »Die Familie wohnte in einem schönen Haus im Taunus, ich habe sie oft besucht.« Einmal kam sie unerwartet reingeschneit, in eine Gesellschaft: »Das war lustig, ich als einzige Blonde unter all den dunklen Lockenköpfen.« Als die Lebrechts bald darauf nach Berlin umzogen, hatten die beiden jungen Frauen zunächst noch Briefkontakt. »Ich bin eine nichtarische Christin«, schrieb Liesl in einem ihrem Briefe. »Mir kommt es auf den Menschen an«, schrieb Annemarie zurück.

Nachdenklich schaut die alte Frau aus dem Fenster. »Was habe ich den Mund damals doch voll genommen!« Sie weiß nicht, ob Liesl den Krieg überlebt hat. Den letzten Brief von ihr erhielt sie kurz vor ihrem eigenen Umzug nach Berlin. Doch Annemarie hatte nicht mehr den Mut, zurückzuschreiben. Sie brach den Kontakt ab. »Ich war feige!«, sagt sie und blickt immer noch aus dem Fenster. »Ich hatte Angst.«

Furchtbar sei das, meint sie dann. Ganz, ganz furchtbar, wenn man immer aufpassen müsse, was man sage und tue, und niemandem trauen könne: »Das können sich viele junge Leute gar nicht vorstellen, jedenfalls nicht die, die im westlichen Teil der Welt aufgewachsen sind.« Trotz der Angst aber, das weiß sie noch genau, habe man damals unglaublich viele Witze über Hitler und die NSDAP gemacht. Auch Annemarie, direkt, wie sie ist, nahm manchmal kein Blatt vor den Mund, sehr zum Entsetzen ihres

Ehemanns, der sehr viel vorsichtiger war. Zum Beispiel, als die NS-Frauenschaft, die Frauenorganisation der NSDAP, sie als Mitglied gewinnen wollte. Schon in Reitmering haben sie angeklopft, »doch dann sind wir ja nach Berlin umgezogen«. Annemarie glaubte, aus dem Schneider zu sein. Aber auch in Berlin standen sie eines Tages vor der Tür: Ob Frau Schulze nicht bereit wäre, Kreisleiterin zu werden? »Du lieber Gott«, antwortete sie ganz spontan. »Ich dachte, aus diesem Kreis bin ich raus!« Alfred, der hinter der Tür mithörte, konnte es nicht fassen: »Aber was sagst du denn, was sagst du denn!«

»Aber dann bin ich zum Glück schwanger geworden und brauchte das Amt nicht zu übernehmen!«, erzählt die alte Dame und schaut auf den Sekretär, auf dem auch ein paar Fotos ihrer Töchter stehen – in den verschiedensten Lebensphasen, als kleine Mädchen, Teenager und junge Frauen. Einen Moment lang gleitet ihr Blick ins Leere, dann meint sie: »Die Geburt der Kinder war doch das Schönste in meinem Leben.« Dieses Wunder, einem neuen kleinen Wesen das Leben zu schenken. »Man guckt sofort, ob alles dran ist, ist von einem immensen Gefühl der Dankbarkeit erfüllt und vergisst die Schmerzen.« Aber beim zweiten Kind, fügt sie dann mit der für sie so typischen Nüchternheit hinzu, »ist das Wunder schon wieder etwas kleiner«.

Fast einunddreißig war sie, als sie zum ersten Mal schwanger wurde. Sie hatte sich Kinder gewünscht. Aber man konnte der Natur noch kaum medizinisch auf die Sprünge helfen, man musste warten und sich in Geduld üben. »Heute ist das ja alles nicht mehr nötig, man kann sehr viel mehr selbst bestimmen. Auch ob man Kinder kriegt, wie viele und wann.« Aber, gibt sie zu bedenken: »Ich weiß nicht, ob es so gut ist, wenn man alles selbst in der Hand hat. Ich glaube nicht, dass das die Leute glücklicher gemacht hat.«

Selbst jedenfalls war sie überglücklich, als das erste Kind endlich unterwegs war. Trotz der Bedenken ihres Mannes. Vor der Heirat hatten sie von den Behörden zu hören bekommen, dass sie besser keine Kinder bekommen und deshalb vielleicht gar nicht erst heiraten sollten. Wie alle Paare mussten sie den Ariernachweis erbringen und ein Gesundheitszeugnis vorlegen. Darin stand auch etwas von einer Urinprobe mit zu hohem Eiweißwert aus Annemaries Frankfurter Schwesternzeit. »Weil wir damals sehr viel Stress hatten und zu wenig Schlaf, deswegen.« Dennoch hieß es, sie würde sich nicht als Mutter eignen, wegen dieser alten Urinprobe. Und Alfred wegen der Taubheit seines Vaters nicht als Vater: Dieses Schicksal würde auch ihm drohen und allen seinen Nachfahren.

Alles steuern zu können macht nicht unbedingt glücklicher.

»Was für ein Unsinn!«, schnaubt Annemarie. »Der Alfred, der ist dann tatsächlich noch schwerhörig geworden. Aber das lag nicht an seinen Genen, sondern an einer Panzerfaust, die nach hinten losging!« Kurz vor Kriegsende sei das gewesen, bei einer Übung. »Er hat einfach Pech gehabt.«

Ansonsten aber überstanden die Schulzes den Krieg gut. Alfred als Reserveoffizier, der die ganze Zeit in Deutschland bleiben konnte, zunächst in Berlin, dann in Stade bei Hamburg. Annemarie folgte ihm samt Töchtern und Hund und wohnte bis Kriegsende in einer leerstehenden Schule in Stade. Eines Tages, es war schon 1945, rief ein junger Arzt an: »Bitte bekommen Sie keinen Schreck, aber Sie müssen ins Krankenhaus. Ihr Mann hat sich bei einer Übung verletzt.« Natürlich bekam sie doch einen Schreck, denn Alfred sah furchtbar aus, sie konnte ihn kaum erkennen, sein Kopf war verbunden, aus seinem Mund lief Blut.

Fortan war sie es, die für ihn hören musste und ihn auf dem Laufenden halten: Auf einem Ohr war er völlig taub, mit dem anderen hörte er nur noch ein bisschen. »Auch im Theater oder bei Konzerten mussten wir immer in der ersten Reihe sitzen, dann hat er zumindest noch ein bisschen was mitbekommen.«

Sie blieben zunächst in Stade, bauten sich mit einem Molkereigroßhandel ein neues Leben auf. Bald versorgte das Ehepaar nicht nur Hamburg und Umgebung mit Quark und Butter, sondern auch ganz Berlin. »Westberlin«, korrigiert sie sich. Jede Woche fuhren sie in die nun geteilte Stadt, abwechselnd – mal sie, dann wieder ihr Mann, 350 Kilometer hin, 350 Kilometer zurück. Mit einem Lkw voller Butter und Quark. Und Sahne, die sie in Quarkfässern versteckt hatten, denn der Handel mit Sahne war verboten. Sie hatten es mit den Engländern zu tun, in der englisch besetzten Zone. »Spannend war das, auch die Rückfahrt. Wir konnten das Geld ja nicht von Berlin aus überweisen, es ging um große Beträge. Die mussten wir jedes Mal wieder im Lkw mit rausschmuggeln.«

1951 zogen sie wieder ganz nach Berlin, erneut in den Bezirk Steglitz-Zehlendorf. Zunächst lebte die Familie in einem Mietshaus in Schlachtensee, drei Jahre später in einer stattlichen Villa in Zehlendorf mit großem Garten drum herum. »Oben wohnten wir, unten waren die Geschäftsräume. Warten Sie, irgendwo muss ich noch ein Foto haben.« Sie begibt sich zum Bücherregal und zieht ein paar Alben heraus. Natürlich darf ich ihr auch dabei nicht helfen. »Sehen Sie«, sagt sie, als sie wieder sitzt, mit einem Stapel Alben auf dem Schoß: »Das war unser Haus.« Ich sehe eine wunderschöne Villa, umgeben von hohen Kiefern, mit Terrasse, roten Dachziegeln und vornehmen graublauen Fensterläden. »Unten hatten wir Personal, das sich um den Garten und die Büroräume kümmerte, und für oben eine Zugehfrau.«

Die Geschäfte liefen gut, vielleicht zu gut. Denn das Ehepaar hatte kaum noch Zeit für sich selbst, die Firma stand über allem.

Alfred war oft auf Reisen, hatte mehrere Projekte gleichzeitig laufen. So wie in Hannover, wo es eine alte Molkerei auf Vordermann zu bringen galt.

Aber es ist den beiden ganz offensichtlich gelungen, rechtzeitig auf die Bremse zu treten – denn, so erzählt Annemarie: »Anfang der sechziger Jahre haben wir die Firma dann zum Glück verkauft und wieder wirklich Dinge zusammen gemacht, viele gemeinsame Reisen zum Beispiel.« Sie blättert weiter durch das Album. »Hier habe ich noch ein paar Ansichtskarten. Das ist Lugano, und das hier war in Parma.«

Beeindruckt höre ich zu. Ist es nicht erstaunlich, wie manche Paare unbeschadet durch dick und dünn gehen, sicher an sämtlichen Klippen und Untiefen des Lebens vorbeisegeln? Mein eigenes Schiff ist bereits einmal leckgeschlagen, ich habe eine Scheidung hinter mir. Wie haben Alfred und Annemarie das geschafft? Was war das Geheimnis ihrer Ehe?

»Wir waren immer gute Kameraden«, antwortet sie. »Von vorneherein. Natürlich waren wir auch verliebt, aber wie gesagt nicht so übertrieben. Verliebtheit vergeht.«

Da hat sie selbstverständlich recht, manche Menschen beenden ja regelmäßig die Beziehung, sobald die Phase der Verliebtheit vorbei ist, und fangen eine neue an, weil sie vorzugsweise in diesem Zustand verbleiben wollen.

Die alte Dame schweigt einen Moment und betrachtet die Bilder auf ihrem Schoß. »Einmal sagte Alfred zu mir: ›Du bist doch die Beste!‹ Da habe ich gefragt: ›Und wer ist dann die Gute?‹ Da war er ganz pikiert. Es hat ja mal eine gegeben.«

Ich lasse die volle Kuchengabel, die ich gerade zum Mund führen wollte, wieder sinken. Heißt das etwa, Alfred hatte eine Affäre?

»Oh ja!«, offenbart mir die alte Dame frei von der Leber weg. »In den fünfziger Jahren, da waren wir beide schon über vierzig. Eine Witwe mit zwei Söhnen, ihr Mann war im Krieg gefallen.« Alfred hatte sie bei einer seiner Fahrten nach Hannover kennengelernt, sie stand am Kontrollpunkt und wollte in den Westen, er nahm sie mit. »Mein Gott, was war ich damals dämlich!«, höre ich Annemarie sagen, und zum ersten Mal verliert sie ein kleines bisschen von ihrer Contenance. »In dieser Zeit war er dauernd übellaunig, das war natürlich sein schlechtes Gewissen!« Sie aber führte seine Laune auf einen Sturz im Badezimmer zurück. Er war mit dem Hinterkopf gegen die Heizung geknallt, klagte seitdem über Kopfweh. »Dabei hätte ich es ahnen können, ich hätte es sogar wissen müssen!« Denn einmal hatte sie die Rivalin gesehen, in einem Lokal, in dem sie mit Alfred oft verkehrte. Die Art und Weise, wie er sie grüßte, die Art und Weise, wie die Frau zurückgrüßte … »Das war weibliche Intuition!«, seufzt sie.

Wie hat sie denn ausgesehen?

»Ach, sie war noch nicht einmal sonderlich attraktiv.«

Und wie ist sie dann dahintergekommen, dass Alfred sie mit dieser Frau betrog?

»Als sie ihn heiraten wollte. Er sollte sich von mir scheiden lassen. Da hat er reinen Tisch gemacht und mir alles gebeichtet.« Vorsichtshalber an einem neutralen Ort, im Restaurant. Nicht zu Hause. »Lass uns irgendwohin gehen!«, habe er gesagt.

Und wie lief das ab?

»Wir haben uns ausgesprochen, und dann war das Thema vom Tisch. Ich habe nicht eingesehen, weshalb ich deshalb meine Ehe beenden sollte.«

Ich kann nur staunen. So einfach ging das? So schnell?

»Man sollte natürlich schon das Warum klären. Dann kann eine Beziehung durchaus einen Seitensprung verkraften.«

Und was war bei ihnen das Warum?

»Bei uns war es öde. Wir lebten nicht miteinander, sondern nebeneinander.«

Der klassische Fall, denke ich.

»Einmal hat die andere Frau dann sogar noch bei mir angerufen«, erzählt Annemarie weiter. »Sie wollte sich mit mir verabreden, in einem Café.« Die Töchter waren entsetzt: »Mama, da wirst du doch nicht hingehen!« Auch die Freundinnen rieten ihr davon ab. Sie ging dennoch in das Café. Aber nur, um der anderen zu sagen, dass sie es nicht fertigbringe, mit ihr zu reden. Dann ging sie wieder raus. Um den Fall endgültig ad acta zu legen.

»Von da an habe ich mich immer toll herausgeputzt und viel mehr Wert auf meine Garderobe gelegt. Das hat ihm gut gefallen«, erinnert sie sich. Es war die Zeit der Cocktailkleider, und es gab in einer Seitenstraße vom Ku'damm ein Geschäft mit tollen Stoffen, da hat sie sich immer mal ein neues Kleid schneidern lassen. Wieder muss sie über sich selbst den Kopf schütteln: »Es war nicht so, dass ich mich vorher vernachlässigt hätte, aber ich dachte immer, das Geld kannst du besser für anderes aufheben. Mein Gott, wie dumm ich doch gewesen bin!«

Viel wichtiger als Treue sind Achtung und Respekt für eine Beziehung.

Ist es ihr denn nicht schwergefallen, ihrem Mann alles zu verzeihen und nicht mehr dauernd an die andere zu denken?

Sie schüttelt den Kopf. »Nein. Treue ist wichtig. Aber noch wichtiger sind Respekt und Achtung. Und wir haben nie den Respekt voreinander verloren, wir haben uns immer geachtet.« Erst wenn das auf der Strecke bleibe, sei eine Beziehung wirklich am Ende. »Außerdem«, betont Annemarie und klappt das Fotoalbum zu, »wenn man sich für einen Neustart entscheidet, darf man nicht immer wieder die Vergangenheit aufwärmen. Und auch nicht die alten Vorwürfe. Wir haben konsequent nach vorne geschaut und dann in Berlin sogar noch einmal geheiratet!«

Wieder bin ich erstaunt. Und gerührt.

»Ja, und dieses Mal in der Kirche, einer entzückenden kleinen Kirche, draußen bei der Pfaueninsel!« Ganz romantisch, nur zu zweit, mit dem Küster als Trauzeuge. »Was habe ich eigentlich angehabt? Ich denke, es war wieder ein Kostüm«, erzählt sie, bevor ich dazu komme, danach zu fragen. »Und der Pfarrer, das war ein ganz Goldiger, er durfte aus der Zone rüberkommen, das ging damals noch.« Auf einmal vergisst sie ihre Nüchternheit: »Es war alles sehr ergreifend, mir kamen die Tränen. Und zu Hause warteten die Kinder mit dem Hochzeitsessen, das sie für uns zubereitet hatten.«

Sie hat dieses zweite Jawort nie bereut, die nächsten fünfzehn Jahre seien die schönsten ihres Ehelebens gewesen, sagt sie, mit vielen gemeinsamen Reisen in die Schweiz und nach Italien. »Das ging ja früher alles nicht, wegen der Firma.« Beide liebten die Berge, waren gerne in den Alpen. Und sie gingen oft aus, hatten viele Freunde. Auch mit Emmi aus Erfurt stand sie längst wieder in Kontakt, und mit Martha, ihrer Herzensfreundin aus der Frankfurter Schwesternzeit: »Die war während des Krieges als Oberin einer Schwesternschaft in einem Krankenhaus in Posen.« Und hat es gerade noch geschafft, mit dem letzten Zug rauszukommen, bevor die Stadt am 23. Februar 1945 von den Russen eingenommen wurde.

»Und wissen Sie, wer noch aufgetaucht ist?«, fragt sie mich. »Hänschen!« Ihr Verehrer aus ihrer Erfurter Backfischzeit, der sich nicht hatte abschütteln lassen? »Ja, stellen Sie sich nur vor!«

Hänschen war inzwischen ebenfalls verheiratet, aber in der Ehe kriselte es, und er war Biochemie-Professor geworden, an der Universität Saarbrücken. »Er hat uns immer zu seinen Vorträgen eingeladen, Alfred war ja auch Chemiker.« Die beiden Männer verstanden sich gut, Hänschen fand bei Alfred und Annemarie immer ein offenes Ohr. Das konnte er gut gebrauchen, als seine Ehe tatsächlich in die Brüche ging. Der Kontakt zu den Schulzes brach nicht mehr ab, auch nicht als das Ehepaar 1971 ins oberbayerische Ebersberg umzog: »Wir wollten einfach wieder in Alpennähe wohnen.«

Auch dort hatten sie ein großes Haus mit einem großen Grundstück. Alfred pflanzte jedes Jahr dreihundert Astern an. Sie hatten zwei Hunde und bauten sich ein großes Schwimmbad an, in dem sie alle beide jeden Tag ihre Bahnen zogen.

In diesem Pool fand das Eheglück 1977 ein abruptes Ende – an jenem Sommermorgen, als Alfred nach dem Frühstück nicht mehr vom Schwimmen zurückkehrte und Annemarie mit 67 Jahren zur Witwe machte.

Seine Frau fand ihn auf dem Schwimmbadboden, Herzinfarkt. Sie versuchte noch, ihn zu reanimieren, nachdem es ihr gelungen war, ihn aus dem Wasser zu ziehen. Dabei verrenkte sie sich so sehr, dass sie bis heute Rückenschmerzen hat. »Das war der schlimmste Moment meines Lebens«, erzählt sie. »Er machte ein so entsetztes Gesicht, furchtbar war das, ganz, ganz furchtbar.« Diesen Ausdruck auf dem Gesicht ihres toten Mannes hat sie nie vergessen. »In meiner Schwesternzeit in Frankfurt habe ich viele Tote gesehen, aber verglichen mit Alfred sahen die alle friedlich aus.« Einen Moment lang schließt die alte Frau die Augen und macht eine abwehrende Handbewegung: »Ich darf nicht daran denken, an dieses Gesicht. Es gibt Dinge im Leben, die verarbeitet man nie. Man kann nur versuchen, die Erinnerung daran nicht mehr zuzulasssen.«

Manche Dinge im Leben verarbeitet man nie, man kann allerhöchstens die Erinnerung daran verbannen.

Ihre Ehe war zu Ende, nicht aber ihr Leben. Sie zog nach Kirchseeon um, in eine 180 Quadratmeter große Terrassenwohnung im fünften Stock. Einsam war sie nicht, eine der Töchter wohnte in der Nähe, und, vielleicht noch wichtiger, sie hatte viele Freunde, die sie trösteten und ihr halfen, weiterzuleben. Einer war besonders fürsorglich. Jede Woche rief er an, »dann jeden Tag, dann viermal täglich«. Es war Hänschen.

Sie ließ es zu, dass er sich um sie kümmerte. Sechs Monate nach Alfreds Tod trafen sie sich zum ersten Mal wieder, bald darauf wurden sie ein Paar. Zum Entsetzen von Annemaries Töchtern: »Die fanden das *shocking*«, erinnert sie sich und schüttelt mal wieder ihren grauen Bubikopf: »Mit welchem Recht? Es ging doch um *mein* Leben! Wieso sollte ich mich dafür rechtfertigen müssen?« Auch Kinder hätten das Leben, das ihre Eltern führen, zu akzeptieren, selbst wenn sie sich noch so schwer damit tun: »So wie es umgekehrt von uns Eltern auch erwartet wird.«

Nicht nur die Eltern haben das Leben zu akzeptieren, das ihre Kinder führen wollen, die Kinder auch das ihrer Eltern.

Ich kann ihr nur beipflichten und denke an Hänschen, dem es nach fast fünfzig Jahren, nach fast einem ganzen gelebten Leben, doch noch gelungen ist, die Liebe seines Lebens zu erobern. Auch das berührt mich. Sehr sogar. Erst recht, als ich höre, wie Annemarie sagt: »Er hat nie aufgehört, mich zu lieben, das hat er mir gesagt.« Aber, fügt sie dann mit der für sie so typischen Nüchternheit hinzu: »Es war natürlich ganz anders als mit Alfred, das lässt sich nicht vergleichen, bei Alfred war der Funke da.«

Heißt das, Hänschen musste sich mit einer zweitrangigen Beziehung zufriedengeben? Mit dem, was übrig geblieben war?

Wieder schüttelt die alte Dame den Kopf, diesmal amüsiert. So könne man das nicht sehen: »Der Sex war zweitrangig, wir waren ja beide schon um die siebzig.« Ihre Beziehung zu Hans lasse sich nicht mit den Maßstäben von Beziehungen messen, wie man sie mit zwanzig, dreißig oder vierzig führe. Jede Lebensphase kenne ihre eigene Liebesbeziehung. Frühling, Sommer, Herbst und Winter. Annemarie mochte Hänschens Liebe des Lebens sein, aber er bekam von diesem Leben nur einen Teil ab, und das war der Herbst.

Hätte sie denn alleine bleiben sollen, nur weil der Funke fehlte? Obwohl sie sich ansonsten gut verstanden und noch fast zehn schöne Jahre miteinander verbrachten?

»Nur seine ewige Telefoniererei störte mich«, erinnert sie sich seufzend. »Er hat wie wahnsinnig telefoniert, für vierhundert Mark pro Monat! Die Rechnungen wollte er mit mir teilen. ›Nö‹, hab ich dann immer gesagt. ›Ich denke gar nicht dran, ich telefoniere nicht so viel wie du!‹«

Sie lebten abwechselnd in Kirchseeon, Saarbrücken und Neapel, wo er mit italienischen Kollegen ein neues Blutgerinnungsprodukt entwickeln wollte. Freunde stellten ihnen dort eine Wohnung zur Verfügung, im Erdgeschoss. »Zum Essen sind wir immer hochgegangen. Die neapolitanischen Freunde waren unglaublich gastfreundlich und hatten einen langen schmalen Tisch, da konnte kommen, wer wollte, und immer mitessen.«

Auch Hänschen starb an einem Herzinfarkt, 1987 in Neapel. Auf dieser letzten Reise hatte sie ihn nicht begleitet, sondern war in Kirchseeon geblieben. »Als ob ich es geahnt habe!«

Eines Abends ruft er an: »Ich komm schon morgen zurück, ich fühl mich nicht so gut.« Am nächsten Tag klingelte das Telefon erneut: Sie erfuhr, dass er in der Nacht gestorben war, im Schlaf.

77 Jahre war sie alt, als Hänschen starb. Seitdem ist sie alleine geblieben. Männerbekanntschaften hat sie immer noch viele, »aber mit denen wird höchstens gescrabbelt«. Oder zu Abend gegessen: Sie hat einen Kavalier, fast dreißig Jahre jünger, mit dem geht sie jede Woche mindestens einmal zum Italiener um die

Ecke: »Die Pasta da – mmh!« In letzter Zeit bestelle sie immer Pasta mit Steinpilzen und Emmentaler. »Wunderbar!«

Sie guckt auf ihre Armbanduhr, wir dürfen die Zeit nicht vergessen, denn gleich wird sie unten in der Seniorenresidenz zur Blauen Stunde erwartet, die findet an jedem zweiten Donnerstag im Monat statt. Dann trifft sie sich mit Freunden und Bekannten – fast ausschließlich Frauen –, um über Gott und die Welt zu reden, manchmal bis Mitternacht. Eine Landgerichtsrätin ist dabei, die Witwe eines französischen Weingutbesitzers und eine Sängerin: »Die ist ganz neu mit dabei und mit ihren 66 Jahren die Jüngste«, erzählt Annemarie. »Wir müssen aufpassen, dass unser Kreis nicht schrumpft, und deshalb immer wieder für Nachschub sorgen.« Denn der Tod sitzt in diesem Alter immer mit am Tisch.

Von Emmi und auch von ihrer Herzensfreundin Martha hat sie sich schon vor mehr als zehn Jahren verabschieden müssen. Und erst vor kurzem verlor sie, schlagartig und fast gleichzeitig, zwei weitere langjährige Freundinnen. »Wir telefonierten regelmäßig, die eine rief sogar täglich an.« Doch dann musste sie das Haus, in dem sie lebte, verlassen und wurde von den Kindern in ein Heim gebracht: »Seitdem hat sie total abgebaut, jetzt kann sie auf einmal nicht mehr reden.« Die andere Freundin ist dement geworden, ganz plötzlich, ganz schnell: »Als ich das letzte Mal anrief, erkannte sie mich nicht mehr.« Traurige Momente seien das, die ihr sehr zusetzten.

Aber, betont sie: »In meinem Alter hilft nur eines: positiv denken!« Das Wort »klagen« hat sie deshalb aus ihrem Wortschatz verbannt. Es gebe hier im Heim viele Frauen, die klagen, aber um die macht sie einen großen Bogen: »Wozu klagen? Du lieber Himmel! Das ist bei mir nicht drin!«

Sie reicht mir die Fotoalben. »Wenn ich Lust habe, kann ich die mal neu ordnen«, sagt sie, während ich den Stapel auf dem Hocker neben meinem Sessel ablege. »Könnte aber auch sein, dass ich dazu nie mehr Lust habe.«

Ich nicke amüsiert. Ich kann mir gut vorstellen, dass man mit über hundert andere Prioritäten hat, als Fotos zu sortieren.

»Was auch noch ganz wichtig ist: Man darf sich nicht gehenlassen«, fährt Annemarie fort. Sie richtet sich jeden Morgen her, bevor sie für ihren täglichen Morgenspaziergang aus dem Haus geht. Zwei Stunden brauche sie dazu inzwischen, »mindestens!«, lacht sie. »Ich gehe erst aus dem Haus, wenn alles stimmt.« Die Frisur, das Rouge. »Aber es stimmt nie ganz!«, lacht sie. »Ich bin eitel – auch noch mit hundertfünf!«

War es für sie dann nicht besonders schlimm, als der Alterungsprozess begann, als die Falten kamen?

Anfangs schon, gibt sie zu. Sie hat auch alles getan, um das Kommen der Falten hinauszuzögern. »Klopfen statt reiben. Und viel kaltes Wasser. Diese Tipps hat mir eine Freundin mal gegeben. Ich glaube, das hat geholfen: Klopfen und Kaltwasser!«

Ich beschließe, mir das zu merken.

»Und was machen Sie nach Ihrem Morgenspaziergang?«, will ich wissen.

»Dann ist es Zeit für das Mittagessen, das nehme ich unten im Restaurant zu mir. Anschließend lese ich unten noch die Zeitung, und dann gehe ich nach oben für den Mittagsschlaf.« Ein fester Rhythmus sei wichtig im Leben – nicht nur im Alter.

Liebesbeziehungen, wie man sie zwischen zwanzig und fünfzig führt, sind nicht das Maß aller Dinge.

Gibt es etwas in ihrem Leben, das sie bereut, das sie anders machen würde?

Annemarie muss seinen Moment nachdenken. »Nicht viel«, meint sie dann. Das mit der Liesl vielleicht, dem jüdischen Mädchen, dem sie nicht mehr geschrieben hat, das sie fallenließ. Weil sie, wie so viele andere, Angst hatte. Dafür schämt sie sich noch heute. »Und manchmal wünschte ich, ich hätte meinem Mann mehr vertraut.« Vor allem, wenn es um die Kinder ging, da hat sie ihm viel verschwiegen, manchmal für die Kinder gelogen. Zum Beispiel, wenn sie die Schule geschwänzt hatten. »Es gibt Sachen, da war es nicht richtig, dass ich es ihm nicht gesagt habe.«

Aber er sei ja auch nicht immer ehrlich gewesen, schmunzelt sie und erinnert noch einmal an die Affäre, die er ihr vor fünfzig Jahren beichtete: »Ach, was war der damals froh, dass er nicht mehr schwindeln musste!«

Ansonsten ist sie mit allen und allem im Reinen und hat ihren Abschied vom Leben seit langem geregelt. Die Beerdigung ist schon bezahlt, sie will eingeäschert werden. »Beerdigungen sind für die Angehörigen ja doch immer eine eher lästige Sache«, stellt sie lakonisch fest.

Vor dem Tod hat sie keine Angst, aber vor dem Sterben: »Ich lasse es auf mich zukommen, ich hoffe, dass ich einfach einschlafen darf.« Sie hebt die Stimme: »Lieber Gott, hörst du, was ich sage?«

Glaubt sie denn noch an Gott?

»Mit Jesus habe ich so meine Schwierigkeiten«, bekennt sie. Für ihre eine Tochter ist sie deshalb ein halber Heide. »Aber an Gott glaube ich, irgendwas muss da sein.«

Sie guckt auf die Uhr, nun ist es wirklich Zeit für mich zu gehen: Annemarie muss sich für die Blaue Stunde zurechtmachen. Soll ich ihr noch helfen, die Alben wieder im Bücherregal zu verstauen? Sie winkt ab – natürlich nicht. Ebenso wenig kann ich sie davon abhalten, mich nach draußen zu begleiten, bis zum Lift.

»Ist doch nicht nötig«, sage ich.

»Ich tu's aber trotzdem!«, entgegnet sie lächelnd.

Als die Lifttür aufgeht, blicken wir einen Moment lang in den Spiegel. Zwei Frauengesichter, zwischen denen ein halbes Jahrhundert liegt. »Denken Sie daran«, sagt Annemarie immer noch lächelnd. »Klopfen und Kaltwasser!« Sie winkt mir zu, als sich die Lifttür langsam wieder schließt. »Auf Wiedersehen!«, höre ich sie noch sagen.

Das hoffe ich von ganzem Herzen.

~

Besonders beeindruckt haben mich Annemaries Nüchternheit und Sachlichkeit. Sie lässt sich nicht so schnell etwas vormachen, und – mindestens genauso wichtig – sie macht auch sich selbst nicht so schnell etwas vor.

Dadurch landete sie nicht ganz so häufig in der Falle der Idealbilder, in die so viele Menschen tappen, weil sie das erreichen wollen, was in diesem Moment als gesellschaftlich anerkanntes Ziel von höchstem Wert gilt – von scheinbar *höchstem Wert, denn in diesem Fall geht es nicht um eine Konstante, sondern um Äußerlichkeiten, um die Momentaufnahme einer Gesellschaft, in der sich schon zehn Jahre später ganz andere Idealbilder durchsetzen können. Bestes Beispiel ist das Schönheitsideal: Marilyn Monroe durfte noch Rundungen haben, kurz darauf war der Anorexia-Typ Twiggy in.*

Dennoch wollen viele Menschen dem aktuellen gesellschaftlichen Ideal entsprechen. Um dem Rest der Welt zu zeigen, wie weit sie es gebracht haben. Und das ist anno 2015 eine ganze Menge: Das Familienleben muss perfekt sein, die Ehe auch, ganz zu schweigen vom Sex. Die Hochzeit hat traumhaft und unvergesslich auszufallen und das Hochzeitskleid die Freundinnen an den Rand der Ohnmacht zu bringen. Aber mal ehrlich, wie oft erhalten wir nur krampfhaft den Schein aufrecht?

Annemarie und Alfred hätten mühelos jenen Reklame-Spot nachspielen können, in dem ein Mann seinem Freund das, was er im Leben erreicht hat, anhand von Fotos so auf den Tisch knallt wie ein Kartenspieler, der seine Trümpfe ausspielt: »Mein Haus, mein Auto, mein Boot.« Denn auch die Schulzes entsprachen dem Idealbild eines erfolg-

reichen Unternehmerehepaars mit gutgeratenen Kindern, bei dem einfach alles zu stimmen schien. Nach außen hin jedenfalls. Hinter der Fassade sah es irgendwann weniger gut aus, in der Ehe begann es kriseln. Gerade noch rechtzeitig haben sie erkannt, dass sie dabei waren, über den Äußerlichkeiten den Inhalt zu vergessen.

Der zweite Punkt, den mir Annemarie klargemacht hat: Zu solchen reinen Äußerlichkeiten können auch bestimmte Werte werden. Treue zum Beispiel. Sie ist keine Garantie für eine gute Beziehung. Was nützt es, treu zu sein, wenn hinter der Fassade der Treue gähnende Leere herrscht, wenn Respekt und Achtung auf der Strecke geblieben sind?

Annemaries Mann ging fremd, aber sie sah nicht ein, dass sie deshalb ihre Ehe beenden sollte. Weil sie das Warum klären konnten. Und weil sich die beiden trotz allem noch achteten und respektierten. Treue kann zu einem hohlen Begriff werden. Achtung und Respekt können das nicht. Sie sind da oder nicht. Dass es so lange dauert, bis man sie sich verdient hat, kommt nicht von ungefähr. Und dass man sie auch ganz schnell wieder verlieren kann.

Es gibt noch einen dritten Punkt, den Annemarie mir mit ihrem Leben vor Augen geführt hat: Wer Beziehungen an den Kriterien von Zwanzig-, Dreißig- oder Vierzigjährigen misst, verpasst eine Menge im Leben. Ich selbst habe viele Freunde und Bekannte, die bereits über fünfzig oder auch sechzig sind, alleinstehend und sich sehnlichst (wieder) einen Partner wünschen. Aber was machen sie, wenn sie jemanden gefunden haben, der vielleicht in ihr Leben passen könnte? Sie geben der potenziellen Beziehung von vornherein keine Chance. Sie bleiben lieber alleine. Weil der berühmte Funke fehlt.

Natürlich ist es wunderschön, wenn man ihm immer wieder, bis ins hohe Alter hinein, begegnet, diesem Funken. Aber warum machen wir Beziehungen, wie wir sie im Frühling und Sommer unseres Lebens führen, zum Maß aller Dinge? Wieso sollten für die Beziehungen von Herbst und Winter dieselben Kriterien zutreffen? Womöglich gehört der Funke zu den Kriterien, die im Laufe eines Lebens einen anderen

Stellenwert bekommen. Die nicht mehr ausschlaggebend dafür sind, ob der Daumen nach oben oder nach unten weist.

An diesen Gedanken sollten wir uns vielleicht gewöhnen, anstatt umgehend zu beschließen, lieber alleine zu bleiben. Obwohl alles andere stimmt. Obwohl man vielleicht einen Seelenverwandten gefunden haben könnte, jemanden mit gleichen Vorlieben und Abneigungen.

Wie gesagt, man könnte eine Menge verpassen im Leben.

»Freiheit heißt nicht, alles tun zu können, was man will. Sondern nicht tun zu müssen, was man nicht will.«

~

Fritz

* 9. Juni 1914 in Naumburg an der Saale

Ein Mann! Endlich bekomme ich Kontakt zu einem Mann, der die hundert geschafft hat! Ich bin überglücklich, als er am Telefon zusagt – auch wenn ich mehr als 600 Autokilometer fahren muss, um ihn kennenzulernen: von Den Haag über Dortmund, Kassel und Erfurt, wo Annemarie aufgewachsen ist, und dann noch weiter bis nach Jena, der alten Thüringer Universitätsstadt an der Saale.

Ich bin noch niemals in Jena gewesen. Auch Erfurt ist ein blinder Fleck auf meiner persönlichen Landkarte. Ich beschließe, dort einen kleinen Zwischenstopp einzulegen, um auf den Spuren von Annemarie zu wandeln. Wer weiß, wann es mich wieder einmal in diese Ecke Deutschlands verschlägt!

Die historische Altstadt von Erfurt mit dem Dom begeistert mich. Aber vom Haus Kossenhaschen am Bahnhofsplatz, das mich besonders interessiert hat, weil Annemarie da in ihrer Jugend so oft und gerne getanzt hat, ist zu meiner großen Enttäuschung nichts übrig geblieben. Das Gebäude steht zwar noch, mustergültig renoviert, das schon. Aber im ehemaligen Ballsaal, wo Annemarie sich in ihren schönsten Kleidern einst im Foxtrott und Cha-Cha-Cha geübt hat, wird heute Pizza gegessen. Nach ihrem Elternhaus brauche ich gar nicht erst zu suchen, das wurde irgendwann abgerissen.

Etwas melancholisch gestimmt fahre ich weiter. Wie mag das Elternhaus von Fritz Tuche wohl aussehen, meinem Mann in Jena? Es steht noch, das hat er mir am Telefon erzählt. Zusammen mit seiner Mutter, Großmutter und unzähligen Tanten und Onkeln ist er dort aufgewachsen. »Ein großes Haus mit einem großen Garten«, hat er gesagt. Auch seine eigenen Kinder sind darin groß geworden. Als Bauingenieur ist es ihm zu DDR-Zeiten immer wieder gelungen, die nötigen Baumaterialien aufzutreiben, um das Haus instand zu halten. Es liegt im Stadtteil Ziegenhain, in einem östlichen Seitental der Saale.

Dort stehen viele schöne Villen, stelle ich gleich nach meiner Ankunft in Jena fest. Und die von Fritz Tuche – ich kann sie problemlos finden – gehört zu den schönsten: groß und stattlich, vier Stockwerke hoch, mit Erker und Balkon, sehr gepflegt, in dezenten Ocker- und Gelbtönen gehalten.

»Kein Wunder«, sagt Fritz Tuche und rückt sich die Brille auf der Nase zurecht. »Nach der Wende haben wir sie gründlich renoviert und modernisiert.«

Ich sitze ihm inzwischen gegenüber, er hat sich auf seinem weinroten Stoffsofa niedergelassen, ziemlich genau unter einem alten Schwarzweißfoto des Hauses aus den 1930er Jahren. »Heute wohnt einer meiner beiden Söhne darin«, erzählt er. Tuche selbst wohnt seit dem Tod seiner zweiten Frau Irmgard 2009 in einer geräumigen Seniorenwohnung im Norden von Jena. »Fast fünfzig Jahre waren wir verheiratet«, sagt er und deutet auf ein weiteres Foto über dem Schreibtisch: Es zeigt eine fröhlich lachende Irmgard mit braunen Locken unter einem großen Sombrero. »Das war bei einem Spanienurlaub, nach der Wende sind wir viel gereist. Da haben wir versucht, alles nachzuholen, was zu DDR-Zeiten nicht möglich war.«

Meine Begegnungen mit den Hundertjährigen machen mir ganz nebenbei deutlich, welch wichtige, ja revolutionäre Rolle die Erfindung der Fotografie im Leben der Menschheit gespielt hat. Früher war man auf Maler angewiesen, die mit ihren Porträts oder Landschaftsgemälden dafür sorgten, dass Erinnerungen an bestimmte Menschen, Bauten oder Lebensabschnitte nicht verlorengingen. Heute dokumentieren wir unser Leben viel weniger aufwendig mit Fotos. Auch die jungen Leute, die ich kenne, tun das noch: Fotoalben mögen für Zwanzigjährige Relikte aus grauer Vorzeit sein, aber auch sie pflastern Kühlschranktüren und Pinnwände über Schreibtischen nach wie vor mit Schnappschüssen und Momentaufnahmen, die nicht im Strom der Zeit verlorengehen sollen und an die sie sich täglich erinnern wollen. Ich habe mich inzwischen zu einem besonders dankbaren Betrachter entwickelt. Wie faszinierend ist es doch zu sehen, wie ein hundert Jahre altes Gesicht vor fünfzig, siebzig oder neunzig Jahren aussah! Es ist ein bisschen so wie mit einer Zwiebel, bei der man eine Lage nach der anderen entfernt. Bis das Gesicht des jungen Menschen zum Vorschein gekommen ist. Ohne Falten, glatt und straff, aber unverkennbar mit derselben Nase, demselben Lachen, demselben Blitzen in den Augen.

Fritz Tuche macht es mir besonders leicht: Die Wände in seinem Seniorenapartment sind nicht nur regelrecht tapeziert mit Familienfotos aus den letzten hundert Jahren, er hat auch eine Collage mit acht Porträts von sich selbst aus acht Jahrzehnten angefertigt und wie auf dem Zifferblatt einer großen Uhr angeordnet: Um 18 Uhr ist er als 90-jähriger Rentner zu sehen, zwischen 12 und 15 Uhr in seinen besten Jahren als Bauingenieur und Berufs- und Hochschuldozent, um 9 Uhr mit dreißig als Soldat und um 7 Uhr in der Frühe als Student mit zwanzig und dicker Zigarre im Korbstuhl im Garten der Villa. Da hatte er noch keinen Bart und sieht mit seinem reizenden Grübchen im Kinn aus wie Hollywood-Charmeur Cary Grant in jungen Jahren. Der ist nur zweiundachtzig geworden, Fritz Tuche zählt inzwischen stolze hunderteins.

»Sie sollten sich den Bart abrasieren, damit man das Grübchen wieder sieht«, sage ich.

»Ach was«, wehrt er lachend ab und wird ein bisschen verlegen. »In meinem Alter!«

Er ist ein aufgeweckter, jovialer Mann, lang gewachsen und schlank und immer zu einem Scherz aufgelegt. Einer, mit dem man gerne ein Bier trinkt. Einer, der gerne und anschaulich erzählt und über ein phänomenales Gedächtnis verfügt.

»Es ist seltsam, manchmal kann ich's selbst kaum glauben«, sagt er. »Aber ich habe Erinnerungen, die sind ganz klar und ganz deutlich, obwohl ich da gerade mal zwei Jahre alt war!«

Wie ihn die Nachbarin in seinem Geburtsort Naumburg an der Saale zum Blumenpflücken mit auf die Wiese nahm und ihm zeigte, wie man Klatschmohnpuppen macht. »Das muss im Sommer 1916 gewesen sein.« Oder wie er auf dem Balkon seiner Eltern den Soldaten in der Kaserne gegenüber beim Reitunterricht zusah. »Ich setzte mich dann immer auf mein Schaukelpferd.«

Sein Vater, ein Kunstverlagsbuchhändler, kämpfte zu diesem Zeitpunkt bereits irgendwo in Frankreich. »Er wollte mich Tasso nennen, nach dem italienischen Dichter. Aber meine Mutter bestand auf Fritz. Weil ihr Vater so hieß, den hat sie früh verloren, mit zwölf oder dreizehn. Sie haben sich dann auf Fritz Tasso geeinigt.«

Der alte Mann deutet auf eines der Fotos, das seinen Vater in Uniform zeigt, auf dem Schoß den Sohn, eineinhalb oder zwei Jahre alt. Nur wenige Monate nach der Geburt von Fritz ist er eingezogen worden, gleich zu Kriegsbeginn Ende Juli 1914. »Ein schöner Mann, finden Sie nicht?« Die Mutter blieb mit dem Kind zunächst zwei Jahre alleine in Naumburg zurück, Ende 1916 zog sie zur Schwiegermutter nach Madgeburg. Dort hatte sie eine Stelle als Kontokorrentbuchhalterin gefunden, bei Siemens.

Der Vater bekam manchmal Fronturlaub, dann schaute er vorbei. Eines Tages, es muss im Herbst 1917 gewesen sein, kam er unerwartet. »Ich spielte auf der Straße, als er in seiner Uniform auf mich zukam«, erinnert sich Fritz. Sein Vater nahm ihn bei der Hand, sie gingen rein. Bevor er auf die Klingel drückte, sagte er »Psst!« und legte den Finger auf die Lippen. »Er wollte meine Mutter und die Oma überraschen.« Fritz weiß nicht mehr, wer von beiden aufgemacht hat. Ein paar Wochen später, im Dezember 1917, fiel der Vater an der Front, 31 Jahre alt, irgendwo in Nordfrankreich, bei Saint-Quentin. »Da war meine Mutter auf sich alleine gestellt und musste sehen, wie sie uns beide durchbrachte.« Gerade einmal Mitte zwanzig war sie. Erst hatte sie früh den Vater verloren, nun war sie wie die eigene Mutter früh zur Witwe geworden.

Eine gute Mutter braucht nicht immer präsent zu sein.

Die Weimarer Republik war ausgerufen worden, der letzte deutsche Kaiser ins niederländische Exil nach Doorn geflüchtet. Erstmals bestand in Deutschland eine parlamentarische Demokratie. Fritz' Mutter arbeitete weiterhin in Madgeburg und wohnte bei der Schwiegermutter, den kleinen Sohn aber hatte sie in die Obhut ihrer eigenen Mutter gegeben: Die lebte in Jena in der Villa, zusammen mit ihren anderen Kindern, drei Töchtern und drei Söhnen: »Die sind alle drei heil aus dem Krieg zurückgekommen. Meine Mutter war die Älteste.«

Der Garten rund um die Villa war 6000 Quadratmeter groß, mit Gemüsebeeten und Obstbäumen, Hühnern, Enten, Gänsen,

Kaninchen und einer Ziege: »Da gab es keinen Hunger, da fehlte es an nichts!« Geschwister und Freunde hatte der kleine Fritz zwar nicht, aber die vermisste er auch nicht: »Ich spielte mit den Tieren im Garten, das waren meine Freunde.« Immer wenn eine Gans oder ein Kaninchen geschlachtet wurde, war er untröstlich in seiner Trauer: »Ich habe mein ganzes Leben lang nie mehr Kaninchen oder Geflügel gegessen!«

1919 zog auch die Mutter nach Jena um, sie hatte dort eine Stelle als Privatsekretärin bei einem Professor gefunden. Zuvor war sie zwischen Magdeburg und Jena hin- und hergependelt und hatte ihren kleinen Sohn nur wenig gesehen. »Einmal habe ich sie nicht erkannt und mit ›Tante‹ angesprochen.« Das sei ihr sehr zu Herzen gegangen.

Aber, betont Fritz Tuche und deutet ein weiteres Mal auf die vielen Fotos an seinen Wohnzimmerwänden, dieses Mal auf seine Mutter – eine hübsche brünette Frau mit einem milden Gesichtsausdruck: »Präsenz ist nicht unbedingt nötig, um eine gute Mutter zu sein!« Seine eigene habe immer voll und ganz zu ihm gestanden, auch wenn sie nicht immer da sein konnte: »Ich habe ihr alles zu verdanken.« Seiner Stimme ist anzuhören, wie sehr er seine Mutter geliebt, wie sehr er sie geachtet hat: »Sie hat auf mich aufgepasst, sie hat mich immer gelenkt, fast mein ganzes Leben lang.«

Die Kinderjahre in der Villa seien die schönste und unbeschwerteste Zeit seines Lebens gewesen: »Anschließend musste ich immer kämpfen.« Er fühlte sich geborgen im Schoß der Großfamilie, inmitten der vielen Onkel und Tanten. »Wir gehörten alle zusammen, es war ein ideales Familienleben – bis auf den Vater, der fehlte.« Abends wurde viel musiziert und gesungen, der eine spielte Geige, der andere Klavier oder Mandoline. »Es war ein lustiges Leben.« Im Obstgarten, bei der Ernte, mussten alle mit anpacken und Äpfel, Birnen und Pflaumen pflücken. Damit belieferte die Oma die Feinkostläden von Jena. Der kleine Enkel wurde immer in die Stadt geschickt, um zu fragen, ob Bedarf bestehe. »Woher kommst du?«, fragten ihn die Geschäftsleute als Erstes. »Von der Oma Seidel!«, antwortete er. Und bekam immer eine Zusage. Ihr Name bürgte für Qualität.

Eine weitere Einnahmequelle waren Häkelarbeiten: »Wann immer es ging, saßen meine Oma und meine Mutter mit den Tanten zusammen und häkelten, vor allem Babysachen – Häubchen und Jäckchen.« Immer mehr Frauen in Jena schlossen sich an, Fritz' Mutter gelang es, mit mehreren Firmen Verträge abzuschließen, Sammelstelle für alle Häkelarbeiten ist die Villa. Ein- oder zweimal im Monat landeten sie in einem Handwagen und wurden zum Verkauf ins 13 Kilometer entfernte Apolda gebracht. »Zu Fuß natürlich, wie sonst?« Fritz begleitete seine Mutter und die Tanten oft auf diesem Fußmarsch. »Als die Inflation begann, kamen wir immer mit einem Wäschekorb voller Geld zurück.«

Einer dieser Märsche ist ihm besonders in Erinnerung geblieben. Es war 1923, die Inflation erreichte ihren Höhepunkt, da drängte die Mutter auf dem Rückweg zur Eile: »Schnell, schnell, sonst ist das Geld nichts mehr wert, wenn wir in Jena ankommen!« Das könne heute kaum noch jemand nachvollziehen, aber das Geld habe von Stunde zu Stunde an Wert verloren: »Wenn wir in Jena ankamen, mussten wir es immer sofort ausgeben, damit wir noch etwas dafür bekamen.« Auch die Brötchen beim Bäcker, für die man zu normalen Zeiten fünf Pfennig zahlte, seien von Tag zu Tag teurer geworden: »Zuletzt kostete ein Brötchen eine Million Mark. Das können Sie sich nicht vorstellen!«

Gebannt höre ich zu. Was kann dieser Mann mit seinen 101 Jahren mitreißend erzählen!

Nach der Zeit der großen Inflation beendete der kleine Fritz die Volksschule und wechselte auf die Oberrealschule, er sollte das Abitur machen. Doch in der Obertertia, kurz vor der mittleren

Reife, brach er die Schule ab, um Zimmermann zu werden: »Damals wurde in Jena viel gebaut. Nach der Schule habe ich mit meinen Schulkameraden oft auf einer der vielen Baustellen gespielt.« Er sieht den Zimmerleuten zu, die in schwindelerregender Höhe auf Balken herumturnen, und ist davon fasziniert. Alle anderen wollten zu Zeiss, dem inzwischen legendären Optikunternehmen, das in Jena groß geworden ist. »Ich aber wollte an der frischen Luft bleiben, ich wollte nicht ins Büro oder in die Werkstatt, ich wollte auf den Bau. Und Schule, darauf hatte ich keine Lust mehr.«

Seine Mutter versuchte, ihn eines Besseren zu belehren – vergeblich: 1929, mit 15 Jahren, begann Fritz Tuche eine dreijährige Zimmermannslehre. Er bereute diesen Schritt schnell, denn es war die Zeit der großen Arbeitslosigkeit: »Ich hätte besser auf der Schule bleiben sollen. Da hat mir halt schon die Autorität eines Vaters gefehlt. Junge Bäumchen muss man anbinden!«

Einer hat von der Misere auf dem Arbeitsmarkt profitiert: Adolf Hitler. Bei den Wahlen 1930 konnte die NSDAP die Zahl ihrer Stimmen von 810 000 auf 6,4 Millionen erhöhen. Fast genauso hoch stieg zwei Jahre später die Arbeitslosigkeit: Mit fast sechs Millionen erreichte sie 1932 ihren Höhepunkt. »Da war auch auf dem Bau nichts mehr los und die Lage mies.« Schon während der Lehre versuchte Tuche deshalb an der Abendschule die mittlere Reife nachzuholen. Die Mutter riet ihm, in jedem Falle die Lehre abzuschließen und dann nach Gotha zu gehen, an die Höhere Technische Staatslehranstalt für Hoch- und Tiefbau. Dort machte er 1935 seine Abschlussprüfung im Hochbau und durfte sich Bauingenieur nennen.

Freiheit heißt nicht, alles tun zu können, was man will. Sondern das nicht tun zu müssen, was man nicht will.

Eine Konstruktion hatte es ihm besonders angetan: die Treppe.

Wohin er auch kam, als Erstes schaute er sich die Treppe an. »Das ist mein Spezialgebiet. Treppen sind im Haus das wichtigste Bauglied. Möglichst bequem haben sie zu sein. Und sicher!«, erklärt er und beginnt zu dozieren: »Abstand und Höhe der Stufen sind sehr wichtig. Die Stufen dürfen auch nicht zu schmal ausfallen, zehn Zentimeter sind das Mindestmaß. Sonst finden die Fußballen darauf keinen festen Halt, dann taugt die Treppe nichts.«

Dass er sich anhört wie ein Lehrer, kommt nicht von ungefähr: Als er mit seinem Studium in Gotha fertig war, wurden an den Thüringer Gewerbeschulen händeringend Nachwuchslehrer gesucht. Wieder war es die Mutter, die ihn darauf aufmerksam machte: »Sie hatte es irgendwo gelesen und sich nach der Erfahrung mit der Arbeitslosigkeit gedacht: Das ist was für meinen Fritz! Als Lehrer würde ich ja zum Beamten werden und hätte mehr Sicherheit.« Außerdem konnte der Sohn auf diese Weise dem drohenden Wehrdienst entgehen, der wie ein Damoklesschwert über ihm hing: »Da hab ich mir gedacht: Das machste! So bekam ich 1937 dann auch noch mein Diplom als Gewerbelehrer.«

Während dieses letzten Studiums konnte Fritz Tuche nebenbei in einem Architekturbüro jobben und verdiente sich sein erstes Geld: »Wunderbar! Endlich brauchte ich der Mutter nicht mehr auf der Tasche zu liegen. Die hat ja alles von ihrem Sekretärinnengehalt und ihrer kleinen Witwenrente für mich finanziert.« Mit 23 Jahren fand er eine erste Stelle als Diplomgewerbelehrer. »Da war der Adolf schon da.« Die Nationalsozialisten waren längst an der Macht. Bereits am 30. Januar 1933 hatte Reichspräsident Paul von Hindenburg Hitler zum Reichskanzler ernannt. Der sicherte sich in den darauffolgenden Monaten mit seinem Ermächtigungsgesetz und dem Verbot linker Parteien die Macht. Seine Mutter sei total apolitisch gewesen, erinnert sich Tuche. Aber die Oma habe immer vor diesem Hitler und der NSDAP gewarnt: »Die kosten uns die Freiheit!«

Die Großmutter sollte recht behalten. »Damals fing sie an: die Zeit, in der man nicht mehr frei und sorgenfrei leben konnte«, sagt Tuche mit einem großen Seufzer. »Die Zeit des Denunzierens, in der man sich immer furchtbar in Acht nehmen musste.« Und eigentlich habe diese Zeit für ihn erst gut siebzig Jahre später wieder aufgehört: 1989, mit der Wende: »Zu DDR-Zeiten musste man ja auch immer Vorsicht walten lassen und wusste nicht, wem man vertrauen konnte und wem nicht.« Den weitaus größten Teil seiner fast 102 Jahre habe er also in Unfreiheit gelebt und immer auf der Hut sein müssen, was er sagte und tat, wem er etwas anvertrauen konnte und wem nicht. »Die meisten meines Jahrgangs sind nicht so alt geworden wie ich, für die war es ein ganzes Leben in Unfreiheit.«

Sagen zu können, was man wolle, glauben zu können, an wen man wolle: So definiert er Freiheit. Für seine elf Enkel und zehn Urenkel sei dies eine Selbstverständlichkeit und ganz normal. Dabei höre diese Freiheit nur wenige Kilometer jenseits der Grenzen Deutschlands schon wieder auf, dazu brauche man gar nicht allzu weit in die Ferne zu schweifen: »Wir sind privilegiert!« Aber, sagt er, mit der Freiheit sei es wie mit der Gesundheit. »Wie wertvoll und kostbar sie ist, merkt man erst, wenn man sie verloren hat.« Freiheit impliziert für Fritz Tuche auch, das nicht tun zu müssen, was man nicht wolle. Was Freiheit keinesfalls sei, obwohl das viele Leute irrtümlicherweise glaubten: »Dass man tun und lassen kann, was man will!« An der Art und Weise, wie er dies klarstellt, merkt man, dass er das auch seinen Schülern gerne eingeschärft hat: »Deine Freiheit hört da auf, wo du die Freiheit anderer einschränkst.«

Du kannst alles machen im Leben – aber du darfst nicht übertreiben!

Kluge Menschen würden auch dafür sorgen, ihre eigene Freiheit nicht zu beschneiden und sich abhängig zu machen. Zum Beispiel durch Drogen wie Nikotin oder Alkohol: »Wer süchtig ist, ist nicht mehr frei.« Seine Oma habe ihm immer wieder eingeschärft: »Merk dir eines, Fritz: Wenn's am besten schmeckt, musst du aufhören, sonst wirst du süchtig. Du kannst alles machen im Leben, aber bloß nicht übertreiben.«

Den Rat, Maß zu halten, hat er sich zu Herzen genommen. Und sein ganzes Leben lang aufgepasst: »Ich rauche, seit ich zwanzig bin, meistens Zigarren. Aber immer nur eine Kiste pro Woche, zwanzig Stück, nicht mehr. Das habe ich konsequent eingehalten. Und wenn die Kiste schon am Freitag leer war, dann hatte ich Pech. Dann musste ich bis Montag warten, um mir Nachschub zu kaufen.« So schwer ihm das auch gefallen sei: »Ohne Disziplin geht es nicht im Leben, da muss man sich zusammenreißen.« Heute raucht er nur noch Pfeife, ab und zu, am Abend. »Damit die Finger etwas zu tun haben.« Manchmal gönnt er sich auch ein Bier, aber nur noch ein Glas, »für eine Flasche brauche ich inzwischen drei Tage. Ich habe festgestellt, dass mir der Alkohol gar nicht mehr so schmeckt.«

Ohne Disziplin geht es nicht.

Zu seinen Studentenzeiten war das anders, da sei ganz schön gesoffen worden, mindestens einmal die Woche. In Gotha war er Mitglied einer Studentenverbindung, aber keiner schlagenden. »Jeder hatte einen Biernamen. Meiner lautete Bodo.« Doch auch hier legte er Disziplin an den Tag, dachte an die Warnung der Oma und kippte so manches Glas in die Pflanze hinter ihm. »Mitmachen und nach hinten wegschütten, das war mein Motto. Nur zweimal in meinem Leben war ich so besoffen, dass ich einen Filmriss hatte. Sonst wusste ich immer im richtigen Moment aufzuhören.«

Das tat er auch in der Liebe. Unter seinen Kommilitonen galt er als Frauenheld: »Der Bodo, der liebet die Vielweiberei und fühlt sich immer recht glücklich dabei!«, gröhlten sie, denn Fritz schaffte es, bei jedem Fest mit einem anderen Mädchen zu erscheinen. Aber diese Bekanntschaften hätten immer nur so lange gehalten, bis es gefährlich wurde. Und gefährlich hieß: mehr als küssen oder streicheln. In diesem Fall war es nicht die Oma, sondern seine Patentante, die ihm einschärfte: »Merk dir eines, Fritz: Für alles, was ein Mädchen bereit ist zu tun, trägst du die Verantwortung!«

Deshalb hütete er sich davor, einem Mädchen »zu nahe zu kommen«, wie er es nennt: So weit konnte, so weit durfte er es nicht kommen lassen, denn: »Ich war ja noch nichts!« Wenn er mit einem Mädchen ins Bett gegangen wäre, hätte er sich gebunden, dann wäre er eine Verpflichtung eingegangen: »Diese Verantwortung konnte ich erst dann tragen, wenn ich genug verdiente.«

Auf einmal verstehe ich besser, weshalb Frauen damals vergeblich auf einen Heiratsantrag gewartet haben. Es war nicht immer so, dass die Liebe nicht groß genug war – so wie bei Annemarie, die sich beim ersten Mal in einen gutverdienenden Juristen verliebt hatte. Oder dass es an Mut fehlte, wie bei Mariska, die vergeblich darauf wartete, dass ihr Liebster sich für sie und gegen die Mutter entschied. Nein, manchmal sah sich ein Mann damals trotz aller Liebe außerstande, sich fest zu binden, weil er der Ernährerrolle finanziell nicht gewachsen war.

Heute dürfte diese Verantwortung um einiges leichter zu tragen sein: Erstens bindet man sich nicht mehr sofort, wenn man miteinander ins Bett geht. Der Sex ist buchstäblich unverbindlich geworden. Zweitens verdienen viele Frauen heute ihr eigenes Geld und sind finanziell nicht mehr von ihren Männern abhängig. Jedenfalls nicht mehr alle.

Ich nehme mir vor, die Männer in meinem Bekanntenkreis mal zu fragen, wie das ist, wenn sie beschließen, sich zu binden und Kinder zu kriegen – wie schwer diese Verantwortung heutzutage wiegt. Spielt das Einkommen des Mannes immer noch eine große Rolle, wenn geheiratet wird? Mal ganz abgesehen davon, dass viele Frauen trotz aller romantischen Vorstellungen von der einzigen großen Liebe ganz schnell nüchtern werden, wenn es um Geld geht, und einen finanziell schwachen Mann nicht unbedingt als idealen Ehemann betrachten dürften: Inwieweit hält das heute noch den Mann selbst davon ab, einer Frau einen Antrag zu machen?

»Die Mädchen haben damals wohl mehr von mir erwartet«, höre ich Fritz sagen, der versunken in Erinnerungen an seine Jugendlieben auf seinem roten Sofa sitzt. »Manche haben es mir übelgenommen und den Kontakt abgebrochen.«

Aber aus einer dieser kurzen Jugendlieben sei eine Freundschaft fürs Leben entstanden: »Ellie hieß sie«, erzählt der alte Mann, und auf einmal wird seine Stimme weich, fast schon träumerisch. »Ellie war blond.« Auf ganz komische Art und Weise habe er sie kennengelernt: »Sie werden lachen!« Lebhaft gestikulierend richtet er sich auf: »Unter Wasser!« 1934 sei das gewesen, im Freibad in Jena, er war gerade 20 Jahre alt geworden. Jeden Sonntagvormittag ging er mit einem seiner Freunde dorthin zum Schwimmen. »Ich hatte gerade einen Kopfsprung vom Dreimeterbrett gemacht, da bin ich beim Auftauchen gegen einen menschlichen Körper gestoßen.« Es war der von Ellie. »Wir waren beide total verdutzt.« Er entschuldigte sich mehrfach, sie kamen ins Gespräch und verabredeten sich für den Nachmittag. In einem Tanzlokal. »Da haben wir ein paar Runden gedreht und Adressen ausgetauscht.« Aber, stellt er klar: »Ich habe nie etwas mit ihr gehabt!« Weil er es nicht so weit kommen ließ. Weil er ja noch nichts war.

Zur Liebe gehört Verantwortung.

»Aber gute Freunde sind wir geblieben, bis zu ihrem Tod.« Seine beiden Ehefrauen hätten das immer akzeptiert: »Ellie war nie ein Problem für sie.«

Ich beschließe, in meinem Freundeskreis auch über dieses Thema zu diskutieren: inwieweit echte tiefe Freundschaft zwischen Männern und Frauen möglich ist, ohne dass Begehren und Sex eine Rolle spielen. Ohne dass der Partner Grund hat, eifersüchtig zu werden. Einige meiner Freunde halten das nämlich für ausgeschlossen. Während der alte Fritz hier auf seinem Sofa das Gegenteil behauptet.

Der ist inzwischen aufgestanden, um in seiner offenen Wohnküche eine Flasche Sprudel für uns zu holen. Als er zurückkommt, merke ich, dass er leicht humpelt.

»Ach ja, mein linkes Bein ist etwas dick«, bestätigt er. Gestern beim Einkaufen in der Stadt, da sei er gestolpert. »Ich bin eine für mich unbekannte Treppe runtergegangen, bei der letzten Stufe ging es schief.« Die sei eindeutig verkehrt konstruiert, die Höhe der Stufen verkehrt bemessen: »Wenn ich die entworfen hätte, wär das nicht passiert!« Jedenfalls ist er hingefallen, konnte sich aber wieder aufrappeln und hat versucht, die zwei Kilometer nach Hause zu laufen. »Ich gehe immer zu Fuß in die Stadt.« Aber das letzte Stück, das hat er dann doch nicht mehr geschafft: »Da habe ich die Tram genommen.«

Ich beobachte, wie er sich wieder setzt, dieses Mal auf einen der beiden Sessel. Ganz langsam. Das Bein tut weh, so viel steht fest.

»Sie müssen zum Arzt!«

»Ach, i wo! Das geht von selbst wieder weg!«

Eines wird mir immer klarer: Wer hundert werden will, darf kein Weichei sein.

Er schenkt mir ein Glas Wasser ein, und als er weitererzählt, dämmert mir auch, dass dieser Mann äußerst schlechte Aussichten hatte, ein Weichei zu werden: Dafür sorgten sein Dasein als Soldat im Zweiten Weltkrieg und die Monate, die er nach Kriegsende in amerikanischer Kriegsgefangenschaft verbrachte. Beides hätte er als Weichei vermutlich nicht überlebt.

Diese Zeiten begannen kurz nach Abschluss seiner Ausbildung. Ein paar Monate noch konnte er als Lehrer an einer Gewerbeschule arbeiten. Durch sein Studium hatte er den Wehrdienst mit einem Rückstellungsantrag immer wieder hinausschieben können, aber nun gab es keinen Aufschub mehr: Er wurde 1938 einberufen und landete beim Pionier-Bataillon 29 in der Kurhessen-Kaserne der Garnisonsstadt Hannoversch Münden, zwischen Göttingen und Kassel. Seine Aufgaben als Pionier waren es, Minen zu räumen und zu legen sowie Brücken zu bauen. Alles, um den eigenen Truppen den Weg zu bereiten und dem Feind den Weg zu blockieren. »Erst sind wir in die Tschechoslowakei und ins Sudetenland gezogen, um da als Besatzer rumzufahren«, erzählt er. »Das war alles noch vor Kriegsausbruch. Aber dann wurde es ernst.«

Am 1. September 1939 begann mit dem Überfall auf Polen der Zweite Weltkrieg. Gut zehn Monate später, während der Schlacht von Dünkirchen im Frühsommer 1940, gelang es der deutschen Wehrmacht, die britische Armee einzuschließen und zurückzudrängen. Am 14. Juni 1940 marschierten die deutschen Truppen in Paris ein, Frankreich kapitulierte. Und egal ob Polen, Dünkirchen oder Paris: Fritz Tuche war mit seinem Pionier-Bataillon 29 jedes Mal mit dabei: »Den Frankreichfeldzug 1940, den habe ich von A bis Z mitgemacht!«, sagt er. Über Luxemburg und Belgien landete er an der französischen Ärmelkanalküste, von dort aus ging es über Paris an den Atlantik und dann rüber in den Südosten an die Schweizer Grenze bis nach Pontarlier, einem französischen Grenzstädtchen im Jura, an dem Fluss Doubs. Dort baute Tuche zusammen mit den anderen Pionieren eine Brücke für Fahrzeuge bis zu acht Tonnen. Die Brücke war kaum fertig, da traf der General der Panzerwaffe Heinz Guderian ein, Hitlers »Marschall Vorwärts«, dem man im Polenfeldzug den Beinamen »Schneller Heinz« gegeben hatte.

»Mit dem hatte ich dann einen unangenehmen Zusammenstoß.« Tuche hatte an diesem Tag Brückendienst, und der General wollte unbedingt mit einem Panzer über die neugebaute Brücke fahren, obwohl der mit seinen zwölf Tonnen für die Brücke viel zu schwer war. »Ausgeschlossen, Sie können hier nicht rüber«, bekam er von Tuche zu hören. »Die Brücke kann sonst absaufen!« Etwas weiter gebe es auch noch eine Fähre, die könne Fahrzeuge bis zu 16 Tonnen ans andere Ufer bringen. »Nehmen Sie die!« Doch Guderian ließ sich nicht aufhalten. Von einem einfachen Pionier schon gar nicht. Der Panzer sollte und musste über die Brücke. »Ich habe dann die Kameraden gewarnt, die auf den Brückenpontons saßen. Für Notfälle hatte jeder von ihnen ein Beil bei sich. Damit konnten sie die Taue kappen und ihr Leben retten.« Das Beil im Anschlag saßen die Soldaten auf ihren Pontons, als sich Guderians Panzer der Brücke näherte. Alle hielten den Atem an. »Aber er hat es geschafft! Ganz, ganz vorsichtig ist der Panzer drübergefahren!« Die Brücke hielt, obwohl sie für ein solches Gewicht gar nicht geeignet war. Unglaublich riskant sei das von Guderian gewesen, leichtsinnig und fahrlässig: »Was für ein Glück, dass alles glimpflich ablief!« Völlig unnötig und unverantwortlich habe der General das Leben der Kameraden aufs Spiel gesetzt! Noch im Nachhinein muss Fritz den Kopf schütteln. »Wir waren so was von erleichtert, als der Panzer das andere Ufer erreicht hatte!«

Das kann ich mir vorstellen. »Sie haben als Soldat sicher oft Angst gehabt?«

Tuche muss etwas nachdenken. »Angst ist in diesem Fall vielleicht das falsche Wort«, meint er dann. »Bei Angst rastet man aus.« Im Trommelfeuer könne einem das passieren. Das hat er von anderen Soldaten immer wieder gehört. »Aber wir selbst waren nur ein Mal so massiv unter Beschuss – und da war ich wegen einer Magenverstimmung nicht mit dabei. Als die Kameraden zurückkamen, haben sie eine große Flasche Cognac aufgemacht. Um sich zu betäuben und zu vergessen, was sie mitgemacht haben.« Ich merke, wie er sich in Gedanken immer mehr in diese Zeit versetzt und Emotionen, die ihm damals zu schaffen machten, wieder wachwerden. Als Pionier habe er ja nicht in der vordersten Linie gekämpft, erzählt er weiter. So richtig mit der Angst zu tun bekommen hat er es eigentlich nur ein Mal, an der Ärmelkanalküste, als in der Ferne die Geschütze der Briten zu sehen waren. »Warum greifen unsere Leute sie nicht an?«, fragten er und seine Kameraden ihren General. »Weil sie zu weit auf See sind«, antwortete der General. »Wir können sie nicht erreichen – sie uns hingegen schon.« Das sei Angst gewesen, richtige Angst, erinnert sich Tuche: »Da hatte ich so richtig Schiss, da haben wir uns alle verkrochen.« Aber wenn man aktiv etwas tun könne, wenn man sich wehren könne, dann halte sich die Angst in Grenzen.

Viel schlimmer fand er es, die vielen Toten zu sehen – nein, verbessert er sich sofort: »Die vielen Sterbenden!« Wenn ein Kamerad bereits tot war, sei das weniger schrecklich gewesen, dann konnte man sagen: »Armes Schwein, Pech gehabt.« Viele Soldaten aber, egal ob Feind oder Freund, wurden getroffen und lebten noch. »Hilf mir doch«, so hätten sie ihn angefleht. »So hilf mir doch!« Furchtbar sei das gewesen. »Du bist machtlos, du kannst ja nicht helfen, nichts kannst du tun, nichts.« Für langes Trauern blieb keine Zeit: Tuche und sein Bataillon waren ständig unterwegs, wurden kreuz und quer durch Europa geschickt. Die Logik schien manchmal auf der Strecke zu bleiben. So wie kurz vor dem Start des Vernichtungskriegs gegen die Sowjetunion, der am 22. Juni

1941 begann: »Da wurden wir noch nach Wien und Budapest verlagert. Aber nur ganz kurz, dann ging es wieder zurück nach Frankreich.«

Im Nachhinein könne er sich nur an die Stirn fassen. »Dieser Größenwahnsinn, ganz Europa beherrschen zu wollen!« So wie Jahrhunderte zuvor Karl der Große. »Ich kann nur hoffen, dass wir es jetzt endlich auf friedlichem Wege schaffen – ein vereintes Europa!« Neu sei die Idee ja nicht, schon in seiner Jugend habe er oft davon gehört, prominente Männer wie Thomas Mann, Albert Einstein, Konrad Adenauer oder Aristide Briand hätten sich dafür eingesetzt.

Ich weiß, was er meint: die 1922 entstandene Paneuropa-Bewegung, die nach den Schrecken des Ersten Weltkriegs die Vision eines in Freiheit, Recht und Frieden geeinten Paneuropa Wirklichkeit werden lassen wollte und 1933 von den Nationalsozialisten verboten wurde. »Dieser Hitler hat das alles durchbrochen«, sagt Fritz Tuche.

Dabei, so klagt er, sei doch jeder Krieg Wahnsinn! Aber was hätte er als einfacher Soldat denn machen sollen? »Wir wurden pflichtgemäß eingezogen. Als Soldat hast du nichts mehr zu melden. Du wirst dahin geschickt, dorthin und dann wieder dahin. Du wirst nicht gefragt.« Selbst habe er von Hitler und dessen Ideen nichts wissen wollen, und gegen Juden habe er weder etwas gehabt noch sich etwas einreden lassen. »Das waren früher meine Spielkameraden.« Aber als einfacher Soldat sei man sich über die großen Zusammenhänge, über die großen Abläufe nicht bewusst gewesen.

Nachdenklich habe ich zugehört: Wie so viele war auch Fritz Tuche in diesem Krieg ein Mitläufer, er gehörte zu der großen grauen Masse, die sich weder bewusst für das Böse entschied noch den Mut fand, es zu bekämpfen, sprich: sich dem Widerstand anzuschließen. Jene große graue Masse, die es in jedem Krieg gibt und die nur eines will: überleben. Weil nur die wenigsten von uns Helden sind. Und die meisten sich selbst am nächsten.

»Ich habe in diesem Krieg viel Glück gehabt«, meint Fritz. »Gewissenskonflikte sind mir erspart geblieben.« Nie habe er jemanden verraten müssen, nie habe er einem feindlichen Soldaten Auge und Auge gegenübergestanden – wohl wissend, dass er, wenn er nicht selbst als Erster schießen, selbst erschossen würde.

Die ruhigsten Monate in diesem Krieg hat er bei Paris verbracht, in Versailles. Dort ist er mit den Besatzungstruppen am längsten stationiert gewesen. Er besichtigte das berühmte Schloss des Sonnenkönigs, Notre-Dame und Sacré-Cœur. Vom Pariser Nachtleben bekam er nicht viel mit. »Ich hatte nachts oft Streifendienst«, erinnert er sich und schenkt mir noch ein Glas Sprudel nach. »Immerhin habe ich es geschafft, in irgendeinem Laden einen wunderschönen Stoff für das Brautkleid meiner Frau aufzutreiben – grüner Samt!«

Ich lasse das Sprudelglas sinken. Wie bitte? Welche Frau?

»Na, die Susanne, die war ein paar Jahre jünger als ich. Das hätte ich ja fast vergessen zu erzählen!« Er muss ein bisschen nachdenken, bis ihm wieder einfällt, wann genau sie in sein Leben getreten ist. »Sechs Jahre jünger als ich war sie. Und gewohnt hat sie mit ihren Eltern im Erzgebirge – in Zschopau«, erzählt er dann.

Wie hat es ihn denn ins Erzgebirge verschlagen?

»Das war noch vor dem Krieg, aber ich war schon Soldat. Gleich zu Beginn, als unser Bataillon aus der Tschechei zurückkam. Da machten wir in Zschopau Quartier.« Acht Tage blieb sein Bataillon. Und in diesen acht Tagen ging er jeden Abend zum Tanzen in eine Gaststätte. Dort lernte er sie kennen, gleich beim ersten Mal. Und dort trafen sie sich nun jeden Tag. Ein schönes Mädchen sei sie gewesen, brünett mit schulterlangem Haar und braunen Augen, nicht zu dünn und nicht zu dick. »Ich war fünfundzwanzig, sie achtzehn oder neunzehn. Wir haben rumgealbert und uns geküsst, mehr nicht.« Trotzdem war er dieses Mal bereit, sich zu binden. Die Susanne, das spürte er sofort, die war mehr als nur eine Bekanntschaft.

Eigentlich wollte er das ja erst tun, wenn er »etwas war«. Reichte es ihm, ein Soldat geworden zu sein?

Als Fritz Tuche antwortet, klingt er sehr melancholisch: »Ich fragte mich damals, ob ich überhaupt jemals mehr erreichen würde, als Soldat zu sein.« Auf einmal sei alles anders gewesen. »Der Krieg konnte jeden Moment ausbrechen, da geht einem vieles durch den Kopf. Da kann man denken: Nein, jetzt binde ich mich erst recht nicht, jetzt ist doch alles egal – wer weiß, wie das endet. Man kann aber auch sagen: Jetzt binde ich mich erst recht!« Er jedenfalls hat es mit Luther gehalten, der auch dann noch ein Apfelbäumchen pflanzen würde, wenn die Welt unterginge. »Und kurz darauf ist für uns die Welt untergegangen – jedenfalls unsere alte, vertraute Welt.«

Nachdem sein Bataillon weitergezogen war, um den Frankreichfeldzug mitzumachen, war es die Feldpost, die dafür sorgte, dass der Kontakt zwischen den beiden Verliebten nicht mehr abbrach: Egal ob Dünkirchen, Calais, Paris, die Atlantikküste oder Pontarlier – überall erreichten ihn die Briefe von Susanne. »Das hat mir Halt gegeben, verstehen Sie?«

Jeder neue Brief, den er von Susanne bekam, hielt ihn aufrecht, gab ihm Zuversicht und Mut, machte ihm das Soldatenleben leichter, erträglicher. So wie alles erträglicher wird, wenn du verliebt bist, wenn du weißt, dass es da jemanden gibt, der sich um dich sorgt, der dich für einen ganz besonderen Menschen hält und sich wünscht, dass du weiterlebst und für ihn da bist. Jemanden, der dir Hoffnung auf eine gemeinsame Zukunft gibt, Hoffnung auf ein neues Dasein mit neuem jungem Leben, mit Lachen und Zärtlichkeiten – nach einem Dasein voller Tod, Leid, Schmerzen und Gewalt als Soldat.

Mit Susanne wollte er sich diese gemeinsame Zukunft aufbauen – und dass es ihm gelungen ist, hat er erneut seiner Mutter zu verdanken: »Ich habe Ihnen doch schon gesagt, sie hat mich immer gelenkt und beschützt!« In diesem Fall wurde die Mutter von ihrem Professor, für den sie immer noch arbeitete, auf die sogenannte »Blutsträgerregelung« hingewiesen: Als letzter »Blutsträger« der Familie, wie es die Nationalsozialisten mit ihrer Rassenpolitik pathetisch bezeichneten, konnte Fritz die Zurückversetzung in den rückwärtigen Dienst, weg von der Front, beantragen: »Ich war der einzige Sohn, als Letzter meines Geschlechts würde mit meinem Tod auch mein Geschlecht aussterben.«

Es klappte, der Antrag wurde genehmigt: 1941 landete Tuche wieder in der Kaserne in Deutschland, zunächst erneut in Hannoversch Münden, dann 250 Kilometer weiter östlich in Dessau-Rosslau. Nun war er selbst kein Pionier mehr, sondern bildete Pioniere aus, er lehrte sie, Minen zusammenzutragen und unschädlich zu machen. In dieser Zeit konnte er oft nach Hause zu seiner Mutter nach Jena. Und zu Susanne, die inzwischen seine Verlobte war und ihn häufig in der Kaserne besuchen durfte. Irgendwann, er weiß es nicht mehr genau, hat er ihr einen Antrag gemacht. 1942, mitten im Krieg, heirateten sie. 1943 wurde ihr erster Sohn geboren. »Ohne meine Mutter wäre es nicht mehr so weit gekommen!«, sagt er. Denn die ist gerade noch rechtzeitig als Schutzengel aufgetreten: Während ihr Sohn 1941 in den rückwärtigen Dienst, weg von der Front, versetzt wurde, zog sein Pionier-Bataillon 29 weiter und verließ Frankreich, um am Russlandfeldzug teilzunehmen. Zwei Jahre später, 1943, ging es mit der 6. Armee in Stalingrad unter – in der blutigsten Schlacht des Zweiten Weltkriegs, mit der die Wende in diesem Krieg eingeläutet wurde und bei der auf beiden Seiten Hunderttausende Menschen ihr Leben ließen. Auch von den Pionieren gelang es nur ganz wenigen, der

Einkesselung und Vernichtung in der »Hölle von Stalingrad« zu entgehen. »Wenn ich dabei gewesen wäre, würde ich heute hier nicht sitzen«, sagt Fritz Tuche. Einen Kameraden, der lebend rausgekommen ist, hat er noch mal getroffen: »Was der mir erzählt hat … ich sag's Ihnen lieber nicht! Unvorstellbar schrecklich muss das gewesen sein!«

Der Russlandfeldzug mochte ohne ihn stattgefunden haben – aber auch ihm stehen noch schwere Zeiten bevor: Ein Jahr vor Kriegsende nützte es ihm nichts mehr, Blutsträger zu sein, er musste wieder an die Front, dieses Mal als Kompanieführer von hundert Mann. »Die Briten, Amis und Franzosen waren da schon übern Rhein.« Auf einem Eisenbahnzug Richtung Nordwesten wurde seine Kompanie in Marsch gesetzt, aber weit kam sie nicht mehr: »In Braunschweig war Fliegeralarm, da sind wir alle in die Bunker. Als wir wieder rauskamen, war von unserem Eisenbahnzug praktisch nichts mehr übrig.« Er rief seinen Bataillonskommandanten an, doch der war eingekesselt bei Mainz: »Bleiben Sie draußen, Tuche! Sehen Sie zu, dass Sie weiterkommen!«

Weiter, schön und gut – aber in welche Richtung?

Tuche beschloss, sich mit seinen Leuten nach Osten zurückzuziehen, Richtung Dessau, zu Fuß. Aber sie kamen nur 130 Kilometer weit, bis Stendal: Die Brücke über die Elbe war gesperrt. Tuche verständigte sich mit dem Kommandanten auf der anderen Seite. Doch der sagte nur an: »Machen Sie, was Sie wollen, hier kommen Sie nicht mehr rüber!«

Da schleuste er seine Leute 300 Kilometer nach Süden, bis Arlesberg, unterhalb von Erfurt. Dort kamen sie mit einer Eisenbahnflak-Kompanie zusammen, die um Schutz fragte: »Wir sollten sie einigeln. Das haben wir auch getan. Doch am nächsten Morgen mussten wir feststellen, dass der Flak-Kommandant mit der ganzen Truppe abgehauen war.«

Damit war für Fritz Tuche der Krieg vorbei: »Ich wollte keine weiteren Risiken eingehen.« Mit weißer Fahne lief seine Kompanie über und ergab sich. »Das waren die Amis.« So landete er mit seinen hundert Mann in amerikanischer Kriegsgefangenschaft. Sie wurden an den Niederrhein transportiert, bei Köln, in eines der berüchtigten Rheinwiesenlager, die auf der linken Seite des Rheins von Mai bis September 1945 entstanden: verschlammte Wiesen, von Wachtürmen und Stacheldraht umzäunt, auf denen bis zu zwei Millionen Gefangene unter katastrophalen Verhältnissen in offenen Erdlöchern leben. Die US-Army war nicht darauf vorbereitet gewesen, dass sich so viele Wehrmachtssoldaten – insgesamt 3,4 Millionen – ergeben würden.

»Wir wurden auf einem frischen Saatfeld abgeladen«, erinnert sich Tuche. In der Nacht regnete es. Am nächsten Morgen war das Saatfeld ein einziger großer Morast. »Bleibt so eng wie möglich zusammen!«, ordnete er seinen Leuten an. »Lasst euch nicht trennen, sonst seid ihr verloren.« In kleinen Gruppen gruben sie sich ein, bauten sich aus Brettern und Pappe ein notdürftiges Dach über dem Kopf, kauerten sich dicht zusammen. »Nach sechs Wochen bekamen wir erstmals einen Laib Brot. Für hundert Mann! Einen Laib!« Auch das Wasser war rationiert. Kaffeebohnen hingegen gab es in rauen Mengen. »Damit wurden wir gefüttert.« Rund um das Lager, am Zaun entlang, gab es keinen einzigen Grashalm mehr, so weit die Finger reichten: »Das wurde alles abgegrast und als Spinat gegessen.« Zubereitet wurde dieser Spinat in einer alten Konservendose, aus der sich die Gefangenen einen Ofen gebastelt hatten.

Tuche besaß noch eine ganze Schachtel Kautabak, den er von einem Leutnant in der Kaserne in Hannoversch Münden bekommen hatte. Den teilte er nun aus, sobald jemand einen Koller zu bekommen drohte. »Die Amis auf den Wachtürmen warfen Kippen runter, auf die haben sich dann immer fünfzig Mann auf einmal gestürzt.«

Wie die Fliegen seien sie gestorben, die Gefangenen. An Typhus, an Durchfallkrankheiten. Medikamente wurden nicht ausgeteilt, stattdessen Schaufeln, um die Toten zu begraben. Im Lager gab es Arbeitskommandos. Tuche entdeckte, dass direkt neben einem Verpflegungslager, also einem Zelt mit Brot, Mehl und anderen Vorräten, eine vier mal vier Meter große Abfallgrube abgedeckt werden musste. Es gelang ihm, den Job zu bekommen. Ein paar Tage lang konnte er direkt neben dem Zelt Bretter zusammennageln. »Damit habe ich mir natürlich unglaublich viel Zeit gelassen und bin so oft, wie ich nur konnte, in dieses Zelt geschlichen. Um einzuheimsen, was es einzuheimsen gab!«

Er hatte Hosen an, die unten geschlossen waren. Egal ob Bohnen, Erbsen oder Getreide: Sobald es ging, schüttete er davon so viel wie möglich oben in seinen Hosenbund. Dann stellte er sich über das Erdloch, worin seine Kameraden saßen, öffnete die Hosenbeine und schüttete alles rein. »Zumindest in diesen Tagen«, sagt er, »konnten wir uns den Tod vom Leibe halten.«

Er schweigt einen Moment, guckt erst aus dem Fenster und dann auf seine im Schoß zusammengefalteten Hände. »Als wir gefangen genommen wurden, habe ich mir noch gedacht: Jetzt ist der Krieg vorbei, jetzt kann ich wieder Mensch sein«, sagt er dann.

Wieder schweigt er, und dieses Mal zieht sich das Schweigen lange hin. Natürlich wisse er, was die Deutschen angerichtet haben, hebt er dann an. »Natürlich sind wir der Aggressor gewesen.« Noch immer suche die Dimension des Grauens und der Kriegsverbrechen, die Deutschland damals verübt hat, ihresgleichen. »Aber der höchste Preis«, sagt Fritz Tuche, »den bezahlt immer der kleine Mann.« Nach dem Krieg traf er in Jena einen Russen, der ebenfalls an der Front gekämpft hatte. Seine Worte hat er nie vergessen: »Ich Kamerad, du Kamerad«, sagte der Russe. »Hitler befiehlt: ›Schießen!‹ Du schießt. Stalin befiehlt: ›Schießen!‹ Ich schieße. Ich Kamerad, du Kamerad.« Er wusste sofort, was der

Russe meinte: »Die Oberen zetteln den Krieg an, und das Volk muss leiden. Sie reden uns ein, Ruhe und Frieden seien nicht erstrebenswert – und wir nehmen es ihnen ab.«

Nichts daran habe sich geändert, dazu reiche ein Blick in die Ukraine, wo Putin Gewalt, Leid und Schrecken ausgelöst habe. »Der spielt ein scheußliches Spiel! Diesem Mann traue ich alles zu, alles!« Ein anderes Beispiel sei der IS-Terror: »Das sind Fanatiker, die hetzen und verblenden. Und es gibt Leute, die fallen darauf herein. Nach wie vor.«

Fritz Tuche atmet tief durch und lehnt sich in seinen Sessel zurück. Vor Machthabern habe man sich zu hüten, denen dürfe man nicht alles abnehmen – auch nicht in einer Demokratie: »Den Mächtigen muss man auf die Finger schauen. Immer. Grundsätzlich.« Denn er habe zu oft miterleben müssen, wie Machthaber ihre Macht missbrauchen, viel zu lange habe er in Unfreiheit gelebt.

Schaut den Mächtigen auf die Finger, nehmt ihnen nicht alles ab!

Als das Rheinwiesenlager bei Köln nach einem Vierteljahr aufgelöst wurde und die Gefangenen freigelassen wurden, landete er in einer anderen Unfreiheit: der des DDR-Regimes. Als Erstes suchte er seine Frau Susanne auf und den zwei Jahre alten Sohn, den er bis dato kaum gesehen hatte. Sie wohnten mit seinen Schwiegereltern inzwischen im Thüringer Wald, in Zella-Mehlis, zwischen Erfurt und Schweinfurt. Dann zog er weiter nach Jena, um zu sehen, wie es seiner Mutter ging, der Großmutter und den Tanten. Sie hatten den Krieg überlebt, auch die Villa stand noch. Er brachte das Grundstück in Ordnung, und als die Bahn wieder fuhr, holte er Frau und Kind nach Jena. Er wollte weiterhin sein Ideal der Großfamilie leben, in der mehrere Generationen unter einem Dach vereint sind.

Sie hatten Glück, so wie dreißig Jahre zuvor, nach dem Ersten

Weltkrieg, denn sie hatten ja nach wie vor den Garten, sie hatten Obst und Gemüse und Hühner. Wieder waren die Zeiten schwer. »Für alle – egal ob man im Westen oder Osten lebte. Das machte in den ersten Nachkriegsjahren noch keinen gravierenden Unterschied.« Dass Deutschland jemals geteilt werden würde, hätte er damals nie gedacht. »Eigentlich habe ich damals überhaupt nicht viel über staatliche Angelegenheiten nachgedacht – ich war so unglaublich froh, dass ich zu Hause war und alle lebten. Das war mir in diesem Moment wichtiger als alles andere!«

Im Herbst 1945 wurde in Jena die Schule wieder eröffnet, es mangelte an allem, an Büchern, Stühlen, Tischen und Lehrkräften. Tuche wurde als Grundschullehrer eingesetzt. Singen, Turnen, Rechnen – er unterrichtete in allen Fächern und vor allen Altersklassen, auch den ganz Kleinen. Anfangs wusste er nicht, was er mit ihnen anfangen sollte, da sagte ihm der Schuldirektor: »Wenn Sie nicht werden wie die Kleinen, können Sie nicht ins Himmelreich kommen!« Was so viel heißen sollte wie: »Dann werden Sie als Lehrer nie das Licht sehen.« Diese Worte merkte er sich für den Rest seiner Laufbahn als Lehrer und Dozent, sie wurden zum Motto seines gesamten Berufslebens: »Ohne ein tiefgreifendes Verständnis für die Kinder geht es nicht.«

Einer seiner Schüler hatte eine Kuh und einen Wagen, damit klapperten sie andere bombardierte Schulen ab und sammelten Mobiliar. Ein einfaches Brett zwischen zwei Stühlen wurde zum Tisch oder zur Bank: »So primitiv ging das los. Es war eine beschissene Zeit, aber so beschissen es auch war: Irgendwie hat es Spaß gemacht. Alle packten mit an, alle rollten die Ärmel hoch – endlich ging das Leben weiter!« Ich lausche immer noch gebannt, er kann wirklich gut erzählen, der alte Mann.

Im Frühjahr 1946 ging auch der Betrieb an den Berufsschulen wieder los. So wie alle ehemaligen Gewerbelehrer konnte auch Tuche dort wieder einsteigen, aber sie wurden nur geduldet, bis sie neuen Lehrernachwuchs herangezogen hatten: »Es gab eine neue Kurzausbildung, die sollte für politisch auf Linie gebrachte DDR-Lehrkräfte sorgen. Wir wurden nur eingespannt, um unsere eigene Konkurrenz zu schaffen. Dann waren wir überflüssig. Denn wir in unserer Generation galten ja alle als Kriegsverbrecher.«

Es war die Zeit der Entnazifizierung, in der er selbst sechsmal entlassen und siebenmal wieder eingestellt wurde. »Ich hatte Glück«, sagte er. »In der Kommission saßen alte Lehrer von mir, die früher stramme Sozialdemokraten waren und damit unverdächtig. Einer von ihnen hat meine Akte verschwinden lassen, da hatte ich Ruhe.«

Er konnte an der Berufsschule in Jena bleiben. Dort war ein großer Umschulungsprozess im Gange. Ganze Herrscharen von Lehrern, Rechtsanwälten, Oberlandesgerichtsräten und anderen ehemaligen NSDAP-Mitgliedern suchten einen neuen Beruf. Das waren nun seine Schüler, die schulte er zu Ingenieuren um. »Mein früherer Deutsch- und mein Bio-Lehrer, die waren auch darunter.«

Die Teilung Deutschlands in zwei selbständige Staaten hing in der Luft. Tuche hatte Verwandte in Hamburg, Stuttgart und Würzburg. »Dass es im Westen besser war, ist uns schnell klar geworden.« Zwischen dem Auftreten der Sowjets einerseits und der Franzosen, Briten und Amerikaner andererseits habe es große Unterschiede gegeben: »Natürlich mussten die politischen Säuberungen durchgeführt werden«, sagt er. »Aber so rigoros und radikal wie bei uns im Osten, bis runter zum kleinsten Mann, der am wenigsten für alles etwas konnte, war es im Westen sicher nicht!«

Einsicht in die Notwendigkeit sorgt für innere Freiheit.

Zweimal wurde er angeschwärzt und musste vor dem russischen Kommandanten erscheinen. »Aber ich hatte immer das

Glück, dass der Kommandant einsah, dass der kleine Mann nichts für die großen Dinge konnte.« Einmal habe sich einer der russischen Kommandanten sogar bei ihm entschuldigt: »Tut mir leid, nicht ich habe Sie hierherbestellt, sondern Ihre eigenen Genossen.«

Wieso hat er nicht beschlossen, rechtzeitig in den Westen zu gehen?

Wieder muss er einen Moment überlegen. Darüber nachgedacht habe er, ja. Und er habe sie auch verspürt, die Sehnsucht nach dem Westen: »Aber meine Wurzeln sind hier«, betont er. »Hier, wo meine Mutter und meine Großmutter lebten.« Nie hätte er die verlassen können, nie. Außerdem, wie er bereits sagte: Nie hätte er gedacht, dass es tatsächlich zu einer solch strikten Teilung der beiden deutschen Staaten kommen würde.

Doch genau das wurde 1949 Realität: Aus den drei Besatzungszonen von Frankreich, Großbritannien und den USA entsteht die von den Westmächten gegründete Bundesrepublik Deutschland; aus der vierten Besatzungszone im Osten machen die Sowjets die Deutsche Demokratische Republik. »Wir hatten uns damit abzufinden«, sagt Tuche. »Einsicht in die Notwendigkeit«, nennt er das, frei nach dem Philosophen Georg Wilhelm Friedrich Hegel. Diese Einsicht sorge für innere Freiheit und Frieden. Mit ihrer Hilfe könne man das erreichen, was in seinen Augen zu den wichtigsten Ingredienzen fürs Glücklichsein gehört: »Zufrieden sein mit dem Moment, in dem man lebt.«

Dann benutzt er jene Worte, die ich auch schon von Mathilde, der alten Schwarzwaldbäuerin, mehrfach gehört habe: »Wir versuchten, das Beste daraus zu machen.« Ein hoher Anspruch, ich weiß. Überlebenskünstler werden ihm gerecht.

Fritz und Susanne hatten inzwischen ihr zweites Kind bekommen, eine Tochter. 1957 wurde noch ein zweiter Sohn geboren, dann war die Familie komplett. Tuche pendelte zunächst zwischen Gotha und der Villa in Jena hin und her, wo er an der Ingenieursschule arbeitete. Anschließend baute er für den Berufsschuldienst ein Abend- und Fernstudium auf, erst in Jena, dann in Wismar und Neustrelitz. Auf diese Weise sollte der große Mangel an Ingenieuren behoben werden. Auch samstags wurde gearbeitet, von acht Uhr morgens bis in den Nachmittag hinein, die 48-Stunden-Woche war damals noch ganz normal.

Liebe allein ist nicht genug.

Auch das Familienleben in der Villa schien ganz normal zu sein. Vier Generationen lebten dort inzwischen unter einem Dach vereint. Doch in Tuches Ehe kriselte es. Nicht etwa wegen eines anderen Mannes oder einer anderen Frau – nein, das sei alles ganz in Ordnung gewesen, an der Liebe habe es nicht gelegen: »Aber Liebe ist manchmal nicht genug«, sagt der alte Mann. Einen Moment lang hält er inne, dann offenbart er: »Meine Frau konnte einfach nicht wirtschaften.« Überall habe sie Schulden gemacht und sich Geld geborgt, um sich unnütze Dinge zu kaufen – Bonbons, Konfekt. »Immer wieder habe ich versucht, sie zur Vernunft zu bringen, ich habe sogar die Schwiegereltern eingeschaltet.« Aber es habe alles nichts geholfen. Jahrelang habe sich das hingezogen, bis es nicht mehr zum Aushalten gewesen sei. »Ich verlor die Achtung vor ihr. Irgendwann war Schluss, ich reichte die Scheidung ein.« Zu diesem Zeitpunkt war er bereits nach Wismar umgezogen und fuhr nur noch an den Wochenenden nach Jena. Um die Oma, die Mutter und seine Kinder zu sehen, die mit Susanne weiterhin in der Villa wohnten.

Die Scheidung zog sich über mehr als sechs Jahre hin. Erst 1964 war alles »juristisch bereinigt«, wie Tuche es nennt, und seine Ehe nach zweiundzwanzig Jahren zu Ende. 50 Jahre war er alt. Er hat um seine Kinder kämpfen müssen. Aber es gelang ihm: Das Verhältnis blieb herzlich, mit ihnen kam es nicht zum Bruch. Jahre später konnte er sich auch mit seiner Exfrau aussöhnen: Sie sah ein, was sie alles falsch gemacht hatte, trat auf die Bremse, lernte endlich, mit Geld umzugehen. »Susanne hat auch meine zweite Frau kennengelernt und sich gut mit ihr vertragen.«

Irmgard hieß die und arbeitete als Sekretärin im Schulamt von Stralsund. »Eine lustige Person, nicht nur eine schöne, sondern auch eine, die immer gut gelaunt war.«

Als er eines Vormittags länger auf einen Termin mit dem Schuldirektor warten musste, kamen sie ins Gespräch. Er erfuhr, dass sie von ihrem Mann verlassen worden war: »Der ist ab in den Westen. Er hat nie mehr etwas von sich hören lassen und ließ sich auch nicht mehr auffinden.« Obwohl er nicht nur eine Frau in Stralsund zurückgelassen hatte, sondern mit ihr zwei kleine Kinder. Fritz Tuche lud Irmgard zum Abendessen ein. »Man unterhielt sich – ich hatte Pech gehabt, sie hatte Pech gehabt. Auch das schweißt zusammen.« Es blieb nicht bei dem einen Essen. »So entstand meine Achtung vor dieser Frau.«

Achtung ist für ihn der wichtigste Bestandteil einer Beziehung. Das Wort »Liebe« nimmt er nicht so gerne in den Mund, merke ich. Und frage ihn, warum. »Der Begriff ist mir zu überstrapaziert.« Aus Achtung könne Vertrauen erwachsen. »Erst dann, wenn beides vorhanden ist, kann von Liebe die Rede sein.« Aber darüber werde man sich erst mit dem Alter bewusst, dann betrachte man sich in einer Beziehung viel sorgfältiger: »Mit zwanzig denkt man oft nur ans Vergnügen.«

~

Achtung und Vertrauen sind die Basis der Liebe.

~

Fritz und Irmgard heirateten 1965, zur Hochzeit erschienen alle fünf Kinder, seine drei und ihre zwei. Der erste gemeinsame Urlaub führte sie nach Böhmen: »Da kam Irmgard her, sie gehörte zu den Heimatvertriebenen. Die Tschechoslowakei war für uns in der DDR ja so ziemlich das einzige Urlaubsland.« Die weitaus meisten Ferien fanden deshalb zu Hause statt, genauer gesagt an der Ostsee, in Greifswald. Dort standen in den Sommermonaten die Internate leer. Als Dozent hatte Tuche das Privileg, sie als Ferienwohnung nutzen zu dürfen. Das ließ er sich nicht zweimal sagen – und nahm immer seine gesamte Großfamilie mit: Oma, Mutter, sämtliche Kinder, die Ehefrau und die Ex: Sie alle bezogen Internatsräume und verbrachten über Jahre hinweg herrliche Sommer am Ostseestrand. »Dadurch haben sich nicht nur die fünf Kinder, sondern auch Susanne und Irmgard gut kennen und mögen gelernt«, betont Tuche. »Nachtragend war keiner von uns, das hat sich mit dem Alter abgeschliffen.« Mit Irmgard und ihren Kindern war Tuche auch oft in der Villa in Jena zu Besuch. Er lebte das vor, was ein halbes Jahrhundert später als »Patchwork-Familie« zum Begriff werden sollte. »Ich habe es fertiggebracht, dass zwischen meiner alten und meiner neuen Familie ein gutes Verhältnis herrschte«, sagt er mit hörbarem Stolz in der Stimme. Eine Herausforderung sei das gewesen und für die damalige Zeit alles andere als selbstverständlich.

Mit der neuen Familie wohnte er bis zu seiner Pensionierung 1979 in Neustrelitz, wo er sich ein zweites Zuhause gebaut hatte und für die Ingenieur-Fernstudiengänge in ganz Mecklenburg verantwortlich war. Auf seinen vielen Dienstreisen hatte er immer einen Begleiter bei sich, »der musste politisch auf mich aufpassen und Bericht erstatten«. Aber auch mit dem habe er sich gut vertragen. So sei das damals in der DDR halt gewesen, jeder wurde beobachtet und bespitzelt. Auch seine Studenten. Wenn die am Wochenende etwas ausgefressen hatten, wusste er es am Montag als Erster – selbst wenn nur ein Bierglas zu Bruch gegangen ist: »Dann standen am Montag Kripo und Stasi vor den Uni-Türen.«

Bei vielen sogenannten Kollegen spürte er, dass es keine echten

Kollegen waren, sondern dass sie auf ihn angesetzt wurden. So auch der Nachbar, der ihn grundlos denunzierte, nachdem Irmgard selbst ein Fernstudium begonnen und sich eine Schreibmaschine angeschafft hatte. »Unser Haus war hellhörig, durch das Tippen kam ich in den Verdacht, für eine Funkverbindung zu üben.« Sein Haus wurde daraufhin mit Wanzen versehen, seine Post abgefangen. Das alles erfuhr er erst nach der Wende 1989, als er Einsicht in seine Stasi-Akte bekam. Das Ende des Arbeiter- und Bauernstaats kam, anders als Teilung und Mauerbau, nicht überraschend für ihn: »Überall hat es gegärt, das konnte nicht mehr gutgehen«, erinnert er sich. »Wir waren pleite, alles war veraltet – bei uns gab es doch nichts!« 75 Jahre alt war er, als er seine Freiheit zurückbekam – und zusammen mit Irmgard tat er das, was so viele DDR-Bürger damals taten: reisen, reisen, reisen und die für sie so ungewohnte Grenzenlosigkeit auskosten. Nach Spanien und Finnland, Venedig, Marokko oder Griechenland.

Die achtzehn gemeinsamen Jahre, die er mit Irmgard nach der Wende noch verbringen konnte, zählt er zu den schönsten seines Lebens. Doch dann wurde sie krank, bekam Blasenkrebs. Zwei Jahre lang pflegte er sie aufopfernd, bis sie im Januar 2009 kurz nach ihrem 82. Geburtstag an einem Blutsturz starb. »Fünfundvierzig Jahre waren wir zusammen, und wenn sie noch leben würde, wären wir das noch heute«, sagt er mit einem Anflug von Wehmut und schaut auf das Foto, das Irmgard mit Sombrero während eines Spanienurlaubs zeigt. »Wir haben uns einfach gut ergänzt«, meint er. »Und wo wir uns nicht ergänzten, da vertrauten wir einander – und ließen einander los, damit jeder den eigenen Interessen folgen konnte.« Bei Städtereisen zum Beispiel, wenn Irmgard einen Einkaufsbummel machen wollte. »Das hasse ich, ich will immer so schnell wie möglich wieder aus einem

Wer sich vertraut, ist sich treu.

Laden raus.« Deshalb hat er sie dann immer alleine ziehen lassen und etwas anderes gemacht, dann trafen sie sich später wieder. »Weil wir uns vertrauen konnten. In den großen und den kleinen Dingen. Deshalb sind wir uns auch immer treu geblieben.«

Sex war für ihn ein ganz normaler Bestandteil seiner Ehe, der gehörte dazu: »Ohne Sex funktioniert eine Ehe nicht.« Aber, betont er: »Wir haben um Sex nie so viel Aufhebens gemacht.« Die total sexualisierte Gesellschaft, in der wir heute leben, kann Tuche nicht gutheißen. Da müsse man sich nicht wundern, wenn es zu Exzessen komme: Kindesmissbrauch, Zwangsprostitution – alles im Namen der Lust, die um jeden Preis ausgelebt werden müsse.

Aber, wende ich ein: Zu solchen Missständen ist es doch auch schon gekommen, als Sex noch tabuisiert wurde!

»Mag ja sein«, räumt der alte Mann ein. »Aber dass sich alles nur noch um die Lust und ihre Befriedigung dreht, dass man sich kaum noch einen Film ansehen kann, in dem die Lust keine Rolle spielt, das war früher nicht so. Als gäbe es nichts Wichtigeres im Leben als das Ausleben unserer sexuellen Triebe!« Angesichts dieser Scham- und Tabulosigkeit kann er sich nur darüber wundern, dass andererseits das Ideal der einzigen großen und wahren, alles verzehrenden Liebe so hoch wie nie gehalten wird. »Also, damit kann ich überhaupt nichts anfangen«, sagt er verständnislos. Das sei ihm viel zu kitschig, und er halte es darüber hinaus für völlig realitätsfremd. »Auf einen Topf passen viele Deckel – aber manche Deckel passen halt besser.« So wie die Irmgard besser zu ihm gepasst habe als die Susanne. »Da hat alles gestimmt.« Wenn er auf die hunderteins Jahre seines Lebens zurückblickt, kommt er nicht umhin, Irmgard als die Liebe seines Lebens zu bezeichnen: »Weil wir den größten Teil unseres Lebens zusammen verbracht haben.« Aber ansonsten sagt ihm das nicht so viel – Begriffe wie

Liebe, große Liebe oder Liebe des Lebens … wie gesagt, zu überstrapaziert.

Ich würde trotzdem gerne wissen, ob es eine große Liebe in seinem Leben gab.

»Das war die Ellie«, antwortet er überraschenderweise, ohne zu zögern – das Mädchen, mit dem er als junger Mann im Schwimmbad unter Wasser zusammengestoßen ist. Er sieht den erstaunten Blick in meinen Augen. »Meine große ungelebte Liebe!«, differenziert er dann. Denn im Alltag hat sich diese Liebe ja nicht bewähren müssen. Die Freundschaft mit Ellie aber, die sei alltagserprobt gewesen und habe über Jahrzehnte hinweg gehalten. »Bis zu Ellies Tod.« So etwas könne man nur als groß bezeichnen. Ihre Kinder würden ihn noch heute anrufen, sagt er und erzählt: »Ellie war dreimal verheiratet. Sie hat zwei Männer im Krieg verloren. Ich kannte auch ihren dritten Mann, das war der Sohn eines meiner ehemaligen Lehrer.«

Um Sex wird zu viel Aufhebens gemacht.

Sind seine beiden Ehefrauen denn nie eifersüchtig geworden?

»Nein, wieso denn? Sie hatten doch überhaupt keinen Grund! Meine Frauen wussten, dass die Familie mir alles bedeutete. Ellie war niemals eine Bedrohung für sie. Zwischen ihr und mir lief nie etwas. Ich wäre nie fremdgegangen – nie!«

Das nehme ich ihm ab. Dazu war Tuche ein viel zu loyaler Ehemann, diesen Eindruck habe ich jedenfalls gewonnen, ein Partner, auf den man bauen konnte, ein Fels in der Brandung, der das Tragen von Verantwortung nicht scheute. »Ideales Beziehungsmaterial«, wie meine Stieftochter Daphne und ihre Freundinnen, junge Frauen um die dreißig, solche Männer zu bezeichnen pflegen. Ich kann mir auch gut vorstellen, dass er sich noch nicht einmal den Gedanken erlaubt hat, eine Affäre mit Ellie zu beginnen. Einfach weil sich das nicht gehörte. Und diese so besondere Freundschaft aufs Spiel gesetzt hätte. Etwas schwerer tue ich mich mit der Vorstellung, mein eigener Partner hätte eine Ellie in seinem Leben. Und ich müsste den Platz in seinem Herzen mit ihr teilen. Tun wir uns damit nicht alle schwer? Eben weil wir an das Hollywood-Ideal der einzigen großen, wahren und jeden Millimeter eines Herzens einnehmenden Liebe glauben? Sollte es an diesem Ideal liegen, dass wir Alleinansprüche auf Plätze in Herzen erheben?

Ganz schön egoistisch gedacht, führt mir der alte Fritz hier gerade vor Augen.

»Wenn der Partner in eine solche Freundschaft einbezogen wird, wenn alles offen und ohne Heimlichkeiten geschieht – dann ist das doch kein Problem«, fährt er fort. Dann könne ein Mann oder eine Frau durchaus eine Freundin oder einen Freund haben, ohne dass eine solche platonische Freundschaft die Ehe bedrohe.

Trotzdem schade, finde ich, dass ich Susanne und Irmgard nicht mehr selbst dazu befragen kann. Das hätte ich gern getan.

Fritz ist aufgestanden und durchwühlt einen Stapel auf seinem Schreibtisch. »Ich dachte, dass ich noch irgendwo ein Foto von Ellie habe«, murmelt er. »Aber ich kann es nicht finden.« Zwei Wochen vor ihrem Tod hat er zum letzten Mal mit ihr telefoniert. »Das ist das Schlimmste am Altwerden«, sagt er, als er sich wieder setzt. »Dass man nach und nach alle Freunde verliert.«

Tiefe Freundschaften mit einem anderen Mann oder einer anderen Frau brauchen für eine Beziehung keine Bedrohung zu sein.

An ein Leben nach dem Tod glaubt er nicht. »Wenn in der Natur etwas kaputtgeht, ist es auch aus und vorbei.« Von der Existenz einer höheren Macht hingegen, die die Natur einrichtet, davon ist er schon überzeugt. Diese Macht sorge dafür, dass wir sein dürfen. Um uns fortzupflanzen. Manche könnten es nicht, andere wollten es nicht. Aber das ist für ihn Sinn und Zweck unseres Aufenthalts auf diesem Planeten: »Jedes Lebewesen, jede Pflanze sorgt für einen

Ableger. Das ist ein Naturgesetz, das ist der Sinn des Lebens.« Ein Leben nach dem Tod, das gibt es für ihn allerhöchstens im Gedächtnis von Nachfahren und Freunden. »Wenn sich jemand an uns erinnert, dann leben wir weiter.« So wie seine Mutter durch ihn weiterlebt. Weil er oft und gerne an sie denkt und sich regelmäßig fragt, wie sie in einer bestimmten Situation gehandelt hätte.

»Ihr Tod war für mich einer der schwersten Momente meines Lebens«, gibt er zu. Weil er so unerwartet kam. Und weil sie so wichtig in seinem Leben gewesen ist, stets präsent: »Sie wollte immer mein Bestes, das ging ihr über alles.« 1982, im Alter von 92 Jahren, ist sie gestorben, in der Villa. »Und wissen Sie, wie?« Eine Ironie des Schicksals sei das gewesen: »Sie ist die Treppe runtergefallen.« Die Wendeltreppe aus Stein, die in den Keller führt. Schädelbruch. »Acht Tage später ist sie an ihren Verletzungen gestorben.« Aber was seien schon acht Tage, gemessen an einem 92 Jahre langen gesunden Leben: »Sie hat nicht lange leiden müssen.«

Noch besser sei es seiner Oma ergangen: »Die hat sich eines Abends kurz vor Mitternacht fröhlich von allen verabschiedet – und war am nächsten Morgen tot.« Auch seine erste Frau Susanne hatte einen guten Tod: »Eines Tages, ganz plötzlich, fiel sie um.« Zehn Jahre vor seiner Irmgard: »Die hatte es nicht leicht, die musste zwei Jahre leiden. Für sie war der Tod wirklich eine Erlösung.«

95 Jahre war er alt, als er Witwer wurde und noch mal ein neues Leben anfangen musste. Er zog nach Jena zurück, in die Seniorenwohnung, in der er seitdem wohnt. »Das Leben geht weiter, das Leben *muss* weitergehen«, sagt er. »Man muss immer neuen Mut schaffen.«

»Manche Leute schaffen das aber nicht«, wende ich ein.

Fritz Tuche schüttelt entschieden den Kopf. »Dazu eigne ich mich nicht!«, antwortet er. »Man muss immer aus der Not eine Tugend machen, man darf nie aufgeben. Wer sich selbst aufgibt, ist verloren!«

Wieso ist er nach dem Tod von Irmgard eigentlich nicht in die Villa zurückgekehrt? Wollte er sein Ideal der Großfamilie nicht weiterleben?

Wieder schüttelt er entschieden den Kopf. »Die Großfamilie gibt es nicht mehr.« Für die Generationen nach ihm sei dies nicht unbedingt mehr ein Ideal. Ich ahne, dass ich da möglicherweise an einen wunden Punkt rühre – denn weiter will er sich dazu nicht äußern. »Ich bin zufrieden mit meinem Leben hier. Ich wache über meine Unabhängigkeit. Und damit über meine Freiheit.« Arztbesuche zögert er deshalb möglichst lange hinaus. »Die Leute rennen heute viel zu schnell zum Doktor.« Das hält er für ungesund: »Wenn man den Ärzten den kleinen Finger gibt, lassen sie die Hand nicht mehr los!«

Die Augen lässt er schon regelmäßig kontrollieren und beim Ohrenarzt seine, wie er es nennt, »Antennen putzen«. Wer frei sein will, müsse sehen und hören können. Und weil er eine Prostata-Operation hinter sich hat, geht er alle sechs Monate zum Urologen. »Aber ansonsten habe ich das Glück, dass alle meine Organe gehalten haben.« Er brauche kein einziges Medikament zu schlucken.

Seinen 100. Geburtstag 2014 hat er mit einer Schiffsreise ins Polarmeer gefeiert, von Bergen über Narvik bis hin zum Nordkap. Unvergesslich auch der Angelurlaub in Norwegen ein Jahr zuvor, mit neunundneunzig: »Da hab ich einen fünfzehn Kilogramm schweren Fisch gefangen – einen Meter lang war der!« Bis vor kurzem hat er sich auch noch fast jeden Berg hochgetraut. »Aber jetzt bleibe ich lieber unten, wo's flach ist.«

Derzeit trägt er alles zusammen, was er im Laufe seines Lebens an Informationen und Einsichten über Treppen gewonnen hat. Langeweile ist für ihn ein Fremdwort, »Leere ensteht nur durch Nichtstun.« Er singt in einem Chor, die Urenkel, Enkel und Kinder schauen regelmäßig vorbei, und es ist noch gar nicht so lange her, da klopften auch regelmäßig ratlose Erstsemester an. Seine ehemaligen Schüler schickten sie vorbei. »Frag mal den alten Tuche, der hilft dir sicher!« Das hat ihn sehr glücklich gemacht. Denn das bewies, dass er seine Sache als Lehrer gut gemacht hat. »Ich war gerne Lehrer«, sagt er. Mit Leib und Seele, daran gibt es keinen Zweifel.

Es sprudelt denn auch regelrecht aus ihm heraus, als ich ihn nach Tipps frage, die er jungen Leuten für ein gutes Leben mit auf den Weg geben würde: »Fallt nicht auf Reklame rein, lernt, mit Geld umzugehen und zu wirtschaften!« Selbst hat er sich nie etwas auf Pump gekauft.

»Steckt euch hohe Ziele!« Wenn man hundert Prozent erreichen wolle, müsse man sich hundertfünfzig Prozent abverlangen. »Und sorgt dafür, dass ihr in keiner Weise süchtig werdet!« Wieder zitiert er die Oma, die ihm als jungen Mann eingeschärft hat: »Du kannst alles machen im Leben, aber du darfst nie übertreiben. Übertreibung ist immer schädlich.«

Und dann ein letzter Ratschlag, der ihm ganz besonders am Herzen liegt: »Bewegt euch so viel wie möglich, geht raus an die frische Luft!« Die Erfindungen der letzten hundert Jahre hätten es der Menschheit immer bequemer gemacht. Angefangen beim Auto über Fernbedienung und Lift bis hin zur Zentralheizung. »Früher war eine Zimmertemperatur von achtzehn Grad normal, heute sind es zwanzig – und manchmal sogar noch mehr!« Völlig unnötig und ungesund, findet der alte Fritz kopfschüttelnd. Das alles habe die Menschen bloß schwächer und anfälliger gemacht statt stärker und stabiler.

Je bequemer es sich ein Mensch macht, desto unnatürlicher lebt er.

»Merk dir eins«, sagt er, und das kommt nun nicht von seiner Oma oder einer seiner Tanten, sondern von ihm selbst: »Je bequemer es sich der Mensch macht, desto unnatürlicher lebt er!«

Nun sieht auch er ein bisschen müde aus, zumindest ein kleines bisschen. Immerhin. Mich jedenfalls hat dieser alte Mann mit seinen 101 Jahren an die Grenzen meiner Aufnahmefähigkeit gebracht. Ich komme mir vor wie ein Schwamm, der keinen einzigen Tropfen mehr aufnehmen kann. Dabei sind wir noch lange nicht am Ende!

»Ich habe ja ganz vergessen zu erwähnen, dass ich an der Ärmelkanalküste als Soldat verletzt worden bin, bei Calais!«, ruft er. Und dann muss er mir unbedingt noch mehr über seinen 100. Geburtstag in Norwegen erzählen: »Wie ich da empfangen worden bin, als wir in Bergen von Bord gingen! Sie werden es nicht glauben!«

Aber gut, das verschieben wir besser auf morgen. Was kann dieser Mann erzählen!

Fritz Tuche zuckt mit den Schultern, fast schon entschuldigend. Dann schaut er mich mit einem strahlenden Lächeln an: »Hundert Jahre sind halt auch eine verdammt lange Zeit!«

~

Das Leben von Fritz Tuche ist die Geschichte eines Wehrmachtssoldaten, der im Zweiten Weltkrieg kreuz und quer durch Europa geschickt wurde. Der 101-Jährige kann mit Fug und Recht als wandelndes Geschichtsbuch bezeichnet werden: Egal ob Aufstieg der Nationalsozialisten, Krieg, Teilung Deutschlands, Wende und Ende des DDR-Regimes – alle Hoch- und Tiefpunkte der deutschen und auch der europäischen Geschichte hat er mitgemacht.

Ich kannte sie auch alle – aber nur aus dem Geschichtsunterricht. Um mir wirklich darüber bewusst zu werden, was Begriffe wie Krieg und Frieden, Demokratie und Freiheit wirklich bedeuten, brauchte es die Begegnung mit diesem mehr als hundert Jahre alten ehemaligen Lehrer, der den größten Teil seines Lebens in Unfreiheit verbracht hat.

Bei ihm habe ich auf ebenso angenehme wie anschauliche Weise noch einmal die Schulbank gedrückt.

Bald schon – darüber sollten wir uns im Klaren sein – wird niemand aus seiner Generation mehr in der Lage sein, von diesen Zeiten zu erzählen. Umso wichtiger, dass wir unseren Kindern und Enkelkindern vermitteln, dass Freiheit keine Selbstverständlichkeit ist, sondern eines der kostbarsten Güter unserer Gesellschaft, das wir zu hüten und über das wir zu wachen haben. Keine leichte Aufgabe – aber unsere Pflicht! Ihr nicht nachzukommen – und das ist mir durch meine Gespräche mit Fritz Tuche so klar wie nie zuvor geworden –, können wir uns schlicht und ergreifend nicht leisten.

Das Leben dieses Mannes ist auch die Geschichte einer wunderbaren Mutter-Sohn-Beziehung: Immer hat sie ihn gelenkt und über ihn gewacht, ihn zum Schluss sogar vor der »Hölle von Stalingrad« bewahrt. Sie war für ihn da, ohne da sein zu müssen. Ohne sich zu sehr in das Leben ihres Sohnes einzumischen – eine Grenze, die für viele Mütter schwer einzuhalten ist. Sie hat sogar mit ihrer Ex-Schwiegertochter weiterhin unter einem Dach in einer Villa gelebt, weil sie es für alle für das Beste hielt.

Ihrem Sohn ist es trotz einer hässlichen Scheidung gelungen, die Großfamilie zusammenzuhalten. Nur für seinen letzten Lebensabschnitt konnte er das Ideal von mehreren Generationen, die unter einem Dach vereint zusammenleben, nicht mehr verwirklichen. Denn seinen Lebensabend verbringt Fritz Tuche in einer Seniorenwohnung. Das Konzept der Großfamilie, das hat er also am eigenen Leib erleben müssen, ist nicht mehr zeitgemäß. Die Nachkriegsgenerationen ziehen es vor, getrennt zu leben. Das hat durchaus seine Vor-, aber auch seine Nachteile. Wer alt und gebrechlich wird, ist heutzutage in der Regel auf fremde Hilfe angewiesen und muss dafür zahlen.

Fritz Tuche konnte seine Autarkie und Unabhängigkeit bisher wahren, trotz seiner 101 Jahre. Er hat nicht einfach nur Glück gehabt, er hat durch seine Lebensweise selbst maßgeblich dazu beigetragen. Seine

Zauberworte lauten Disziplin und Mäßigung. Wir verziehen bei diesen Begriffen gerne das Gesicht, als ob wir in eine Zitrone gebissen hätten. Spätestens seit den 1960er Jahren, die uns Studentenrevolte und Hippiebewegung beschert haben, gelten sie als moralinsauer. Aber vielleicht ist es an der Zeit, sie zu entstauben? Weil Freiheit nicht bedeutet, alles tun zu können, was man will.

Wie man das nennt? Auch auf diese Frage kann ich nach dem Crashkurs über Glück, Zufriedenheit und (Über-)Leben beim alten Fritz den Finger heben. Ganz einfach: Einsicht in die Notwendigkeit.

»Neugierde gehört zu den wichtigsten Triebfedern des Lebens«

~

Beatrice

* 9. Juni 1914 in London

Kensington ist elegant und *very british*. In diesem Stadtteil von London gibt es keine ordinären Reihenhäuser, sondern aneinandergebaute schmale Tempel. Die Säulen rechts und links vor den Eingängen stehen so stramm wie das Wachpersonal vor dem Buckingham-Palace – mit dem Unterschied, dass sie nicht rotschwarz sind, sondern schneeweiß. Aus den Vorgärten quellen Hortensien, Palmen und ganze Wolken von leuchtend blauem Kanadischen Flieder, der dank des milden Klimas hier das Ausmaß von Bäumen annehmen kann. Selbst die für London so typischen Kellergeschosswohnungen bestechen in Kensington durch Grandeur: Ganze Erdreichmassen wurden weggeschafft, um die Fenster sogar hier unten noch großzügig ausfallen zu lassen.

In einer solchen Souterrainwohnung, zwischen Kensington Palace, wo Prinzessin Diana einst residierte, und Victoria and Albert Museum, lebt Beatrice de Cardi. Vor mehr als sechzig Jahren, 1952, ist sie hier eingezogen, um sich im Laufe der Jahre immer weiter einzugraben zwischen ihren Büchern und Fotos, Erinnerungen und wissenschaftlichen Abhandlungen. Einzugraben, nicht ver- oder begraben.

»Ich komme noch oft genug nach draußen«, betont die hundertjährige Britin. Über die verschiedenen Bedeutungen des Wortes »graben« braucht niemand sie aufzuklären: Beatrice de Cardi gilt als *Grand Old Lady* der britischen Archäologie, als lebende Legende in ihrem Fach. Als sie im Juni 2014 hundert Jahre alt wurde, ließ es sich auch Queen Elizabeth nicht nehmen, ihr zur Gratulation persönlich ein paar Zeilen zu schicken. Die Karte hat einen prominenten Platz auf dem Kensingtoner Kaminsims von Beatrice bekommen. »Ob sie mir wohl wieder schreibt, wenn ich hunderteins werde?«, fragt sich die alte Dame und nippt an ihrem Tee – nicht irgendeinem Tee, nein, *Grand Lapsang Souchong,* wie ich erfahre, der zartesten und feinsten Sorte unter den Rauchtees. Man lernt nie aus. In Sachen Tee bin ich eine Banausin, ich stehe mehr auf Kaffee. Beatrices Landsmann, der britische Rockmusiker Sting lässt grüßen: »I don't drink coffee, I take tea, my dear.«

Dass die Queen Geburtstagsgrüße schickte, kam nicht von ungefähr: Die Wege der beiden Damen haben sich schon mehrmals gekreuzt – meistens dann, wenn irgendein Scheich oder ein anderes arabisches Staatsoberhaupt aus den Emiraten, Katar oder Oman anrückte und beim Staatsbankett im Buckingham Palace mit einer anspruchsvollen Tischnachbarin beglückt werden musste. Denn im Auftrag von Scheichs hat Beatrice häufig in ihrem Leben gegraben und mit den Fundstücken vor Ort ganze Museen gefüllt.

»Ich weiß noch, bei meiner ersten Expedition in den Oman, da gab es noch kaum Straßen«, beginnt sie vergnügt zu erzählen und stellt ihre Teetasse ab. »Wir haben das Gelände mit dem offenen Jeep erkundet, als es zu regnen begann. Da war ich bei der Ankunft im Hotel so mit Schlamm bespritzt, dass das Personal mich bat, doch bitte den Hintereingang zu nehmen.«

Ich tue mich etwas schwer damit, mir das vorzustellen, denn mir gegenüber sitzt eine vollendete Lady: Seidenschal, tadellos sitzendes silbergraues Haar. Die Haut ist gepflegt und überraschend glatt – keineswegs von Sonne und Wind gegerbt, wie ich es erwartet hatte, schließlich ist sie ihr halbes Leben lang durch unwegsames Gelände, durch Steppen und Wüstenlandschaften gefahren! Über den blauen Augen eine Spur von Lidschatten, ganz dezent. Auch der Lippenstift fehlt nicht und schimmert blassrosa. »Den hatte ich immer mit dabei«, betont sie. »Immer!« Genauso griffbereit waren stets ein paar Steine in ihrer Hosentasche: »Um die wilden Hunde zu vertreiben.« Vor denen habe man sich mehr hüten müssen als vor den Wölfen: »Die haben nur geheult, die blieben unter sich.«

Mit Wölfen und wilden Hunden hatte sie vor allem in Afghanistan zu tun und in Pakistan – »in Belutschistan«, präzisiert sie. Da war sie am liebsten. Ich nicke, denn ich habe zur Vorbereitung auf dieses Treffen ein paar Zeitungsartikel über Beatrice de Cardi und ihre Arbeit gelesen. Seitdem weiß ich, dass der größte Teil Belutschistans eine Provinz im Südwesten Pakistans formt, aber auch Gebiete im Iran und in Afghanistan umfasst. Ich beginne auch immer mehr zu begreifen, weshalb eine britische Tageszeitung dieser Frau vor ein paar Jahren den Beinamen »weiblicher Indiana Jones« verpasste und die BBC sie sogar als den »besseren Indiana Jones« bezeichnete. Ihr selbst allerdings hat das gar nicht gefallen, auch jetzt weist sie diesen Vergleich weit von sich: »Ich bin doch keine Abenteurerin«, stellt sie mit deutlicher Entrüstung in der Stimme klar. »Ich bin Wissenschaftlerin!«

Erhalte dir deine Neugierde! Sie ist eine der wichtigsten Triebfedern des Lebens.

Spuren von jahrtausendealten, längst vergangenen Kulturen zu entdecken, unter Sandschichten auf Reste von Siedlungen zu stoßen und anhand von Tonscherben und anderen Fundstücken neue, unbekannte Handelsrouten zu offenbaren – darum ist es ihr immer gegangen. Nicht ums Abenteuer. Stets und ständig getrieben von einer unstillbaren wissenschaftlichen Neugierde.

»Neugierde ist eine der wichtigsten Triebfedern im Leben«, sagt die alte Dame. Der Mensch sollte deshalb nie aufhören, neugierig zu sein: »Ich wollte immer wissen, was sich hinter der nächsten Kurve befindet und wie es eine Ecke weiter aussieht«, sagt sie, als sie uns noch eine Tasse Tee einschenkt. »Und ich will es noch heute wissen! Ich habe mir meine Neugierde erhalten.«

Bei Beatrice de Cardi liegt diese Eigenschaft offenbar in der Familie. Auch ihre Vorfahren pflegten um die Ecke zu schauen – um sehr viele Ecken sogar: Ihr Vater Edwin de Cardi stammte aus einem alten korsischen Adelsgeschlecht, das 1828, nach Waterloo und Wiener Kongress, Korsika verließ, um sich in London niederzulassen. Beatrices Mutter Christine war eine geborene Würfflein und wuchs an der amerikanischen Ostküste auf, bei Philadelphia. »Ursprünglich stammten die Würffleins aus Baden-Baden«, weiß Beatrice. »Aber deutsch hat meine Mutter nie mit mir gesprochen. Wenn meine Eltern wollten, dass ich etwas nicht verstand, sprachen sie französisch miteinander.« Kennengelernt hatten sich die beiden um 1900 in Paris. Dort absolvierte ihr Vater, Graf Edwin de Cardi, seinen Militärdienst, als auch Christine Würfflein in der französischen Hauptstadt weilte: Sie wollte Opernsängerin werden und ließ sich deshalb wie alle vielversprechenden Talente damals auf der berühmtesten Gesangsschule der Epoche ausbilden – auch wenn sie dafür ins ferne Europa reisen musste –, bei Salvatore und Mathilde Marquese in Paris. Salvatore Marquese war ein berühmter italienischer Bariton und seine Frau Mathilde, die aus Frankfurt am Main stammte, eine nicht weniger berühmte Mezzosopranistin und Gesangspädagogin. Zu den Schülern der Marqueses zählten unter anderem Opernstars wie Nellie Melba,

Selma Kurz und Emma Eames. Auch Christine Würfflein hätte gute Aussichten auf eine Karriere als Primadonna gehabt – wenn damals in Paris nicht der berühmte Funke übergesprungen wäre: Die bildhübsche Amerikanerin mit den deutschen Wurzeln und der korsische Brite wurden ein Paar – ein Traumpaar, wie ich finde, nachdem mir Beatrice ein paar Fotos ihrer gutaussehenden Eltern gezeigt hat.

Nach der Hochzeit, die standesgemäß im großen Stil in London gefeiert wurde, hatte sich Beatrices Mutter nicht nur von Philadelphia und Paris zu verabschieden, sondern auch vom Gesang, jedenfalls vom professionellen: Als Vertreterin der britischen *upper class* durfte sie fortan nur noch auf Wohltätigkeitsveranstaltungen trällern. Mit Singen Geld zu verdienen wurde für Gattinnen und Mütter ihres Standes als nicht angemessen betrachtet – als *»inappropriate«*, wie es Beatrice in ihrem perfekt akzentuiertem *Oxford English* bezeichnet.

An das London vor hundert Jahren, in dem sie aufgewachsen ist, kann sie sich leider kaum noch erinnern – nur noch an die vielen Pferde, die damals statt der Autos das Straßenbild beherrschten und mit Kutschen und Bierfässern durch die Stadt zogen. Auf der Straße gespielt hat sie nie, auch das war für ein Mädchen ihrer sozialen Klasse *inappropriate*: »Wir spielten immer in unserem Garten. Oder unser Kindermädchen nahm uns mit in einen Park.« Sie ist in Ealing aufgewachsen, im Westen von London, in einem stattlichen freistehenden Haus, umgeben von einem riesigen Garten. Der war so groß, dass darin nicht nur Treibhäuser, Gemüsebeete und Geflügelställe Platz fanden, sondern auch ein Tennisplatz: »Dort hat meine Mutter bei schönem Wetter immer ihre Gäste empfangen und zu imposanten *garden parties* geladen.«

Die Eltern wurden selbst auch oft eingeladen und waren in der Londoner High Society gerngesehene Gäste. Sie gingen oft aus, ins Theater oder in die Oper. Beatrices Mutter war dann immer wunderschön gekleidet und hüllte sich in edle Stoffe und Pelze. Als Beinahe-Primadonna hatte sie ein Faible für ausgefallene Kleider. »Ich weiß noch genau, während des Ersten Weltkriegs, da gab es einmal am frühen Abend Bombenalarm«, erinnert sich ihre Tochter. »Da mussten wir alles stehen und liegen lassen und runter in den Kohlenkeller. Meine Mutter hatte sich bereits für die Oper gekleidet, sie wollte mit Vater gerade das Haus verlassen.« Beatrice war damals zwei oder drei Jahre alt. Angst hatte das kleine Mädchen nicht, als die Sirenen aufzuheulen begannen. Sie fand es nur höchst verwunderlich, dass ihre Mutter in ihrem kostbaren, mit Zobel besetzten Samtkleid hinunter in den Kohlenkeller stieg.

Sie hatte noch eine Schwester, Amelia, doch der ging sie möglichst aus dem Weg. Denn Amelia war elf Jahre älter als Beatrice und nicht erbaut über die Nachzüglerin, mit der sie sich die Liebe und Aufmerksamkeit der Eltern auf einmal teilen musste. »Sie war furchtbar eifersüchtig«, seufzt Beatrice. »Das ist einerseits verständlich, schließlich hat sie elf Jahre lang die Eltern für sich alleine gehabt.« Aber irgendwann hätte sie aufhören müssen, die kleine Schwester zu schikanieren und zu drangsalieren: »Sie hat mir viel Kummer und Elend beschert, das habe ich nie vergessen.« Der Kontakt zu Amelia sei deshalb für den Rest ihres Lebens oberflächlich geblieben. Zwischen den beiden Schwestern hatte es noch einen Bruder gegeben, doch dieses Kind war tot geboren worden – »*still born*«, wie Beatrice es nennt: »Nach meiner Geburt haben die Eltern die Hoffnung auf einen Stammhalter aufgegeben.«

Das Geschlecht der de Cardis, darüber waren sie sich im Klaren, würde aussterben. Was aber nicht hieß, dass sie ihren beiden Töchtern keine standesgemäße Erziehung und Ausbildung mit auf den Lebensweg gaben. Damit sie eine gute Partie machen und zumindest ein anderes respektables Geschlecht mit einem männlichen Erben beglücken könnten. »Bei meiner Schwester ist ihnen das auch gelungen – zumindest hatte es am Anfang den Anschein«, schmunzelt Beatrice.

Ich muss an Annemarie aus Erfurt denken, für die die Eltern auch eine Höhere-Töchter-Laufbahn ins Auge gefasst hatten. So ähnlich muss es bei Beatrice ebenfalls gewesen sein, bloß in der etwas opulenteren britischen Variante.

Ihre Schwester Amelia wurde deshalb zunächst für ein paar Jahre nach Brüssel ins Internat geschickt, wo sie fließend Französisch sprechen lernte, und anschließend auf die *Royal Academy of Music* – »obwohl sie dafür keinerlei Talent hatte«, so Beatrice. »Sie konnte nicht singen, aber das spielte keine Rolle.« Die Schwester habe eher einen grünen Daumen gehabt: »Gartenbau, das wäre etwas für sie gewesen.« Stattdessen aber wurde sie Musiklehrerin. Und blieb ihr Leben lang ledig. Denn die gute Partie, die ließ sich trotz der hervorragenden Französischkenntnisse und der *Royal Academy* nicht auftreiben.

»Als ich neun war, hat meine Mutter noch versucht, sie zu verkuppeln«, erinnert sich Beatrice. Da durfte sie die Mutter auf einer Schiffsreise nach Philadelphia begleiten, der Großmutter in den USA ging es nicht so gut. »Amerika hat mir gleich sehr gut gefallen«, erzählt sie. »Ich spürte sofort, dass dort alles viel freier war.« Auf dem Schiff lernte die Mutter eine Frau mit ihrem Sohn kennen, der auch noch unter die richtige Haube gebracht werden musste und vom Alter und auch von der sozialen Klasse her ausgezeichnet zu Amelia gepasst hätte. Die beiden Mütter sprachen ab, die jungen Leute zusammenzubringen, ganz unauffällig, bei einem Londonbesuch. »Unser Haus war ja groß genug«, erzählt Beatrice. In einem der vielen Zimmer habe man das Paar dann scheinbar völlig unabsichtlich alleine gelassen. In der Hoffnung auf *love at first sight*, die Liebe auf den ersten Blick. Furchtbar *embarrassing* sei das gewesen, total peinlich: »Natürlich ist das nichts geworden. Amelia und dieser fremde junge Mann wären am liebsten im Erdboden versunken, das weiß ich noch genau.« Jahre später sei dann noch ein Australier auf der Bildfläche erschienen, in den sie sich verliebt habe: »Aber das wurde auch nichts. Meine Schwester blieb allein und kinderlos.«

Und sie selbst? Ich habe gelesen, dass es zwei Männer in ihrem Leben gegeben hat, die sie beide verlor – den ersten im Zweiten Weltkrieg, den zweiten nach einem Reitunfall. Auf einem Beistelltisch neben dem Kaminsims mit der Karte von Queen Elizabeth steht das Schwarzweißfoto eines gutaussehenden Mannes um die vierzig. Wie aus einem alten Hollywood-Film. Ob das einer der beiden Männer ist? Und ob Beatrice wohl bereit ist, mir mehr über ihn zu erzählen? Vielleicht ist sie ja, was private Dinge betrifft, ebenfalls *very british* und behält sie lieber für sich?

Ich beschließe, erst einmal abzuwarten, denn Beatrice ist schon dabei, weiterzuerzählen. Über ihre Karriere als Balletttänzerin, die sie eigentlich hatte einschlagen wollen. »Ich hatte durchaus Talent«, sagt sie. »Und die dafür nötigen Beine.« Lang, stark und kerzengerade seien sie damals, vor neunzig Jahren, noch gewesen. Aber Talent allein reiche ja bekanntlich nicht aus: Es musste auch der Wille vorhanden sein, aus diesem Talent etwas zu machen.

Dass Beatrice diesen Willen auf einem ganz anderen Gebiet entwickelte, daran war ihr Vater nicht ganz unbeteiligt: Er hatte ein Faible für Ausgrabungen und machte oft Ausflüge zu Ausgrabungsstätten, dann nahm er die kleine Tochter mit. Nach Wales zum Beispiel, nach Maiden Castle in Dorset oder nach St. Albans, gut 35 Kilometer nördlich von London, wo es schon zur Zeit des Römischen Reiches eine Ansiedlung gab.

Edwin de Cardi hatte längst gemerkt, dass seine Jüngste ein bisschen anders war als andere Mädchen, ein Wildfang, immer neugierig und am liebsten draußen. Im Garten oder im Park. Später, als sie älter wurde, war sie ständig auf dem Fahrrad unterwegs:

»Radfahren war für Mädchen damals durchaus üblich«, klärt Beatrice mich auf. Die Vorstellung, dass die Menschen anno 1925 noch auf unbequemen hölzernen Rädern mit schmerzverzerrten Gesichtern übers Straßenpflaster hoppeln mussten, verweist sie ins Reich der Fabeln: »Wir hatten damals schon richtige Reifen, die Räder sahen nicht sehr viel anders aus als heute.« Am liebsten radelte sie Richtung Croydon Aerodrome, dem ersten offiziellen Flugplatz Londons, der 1920 eröffnet worden war. Dort begann 1929 der Postluftservice, zuerst nach Indien, dann nach Ost- und Südafrika, Australien und 1936 auch nach Hongkong. Auf Croydon schreiben viele Pioniere der Luftfahrt Geschichte: Alan Cobham flog von hier aus 1925 nach Kapstadt und zurück. Und auch Charles Lindbergh landete hier nach seinem legendären Alleinflug über den Atlantik 1927.

»Ich fand es unglaublich spannend, die Flugzeuge beim Landen und Starten zu beobachten«, erzählt die alte Dame. »Ich bin später ja auch selbst oft geflogen, manchmal nur in kleinen Propellermaschinen.«

Wer hätte das gedacht: Beatrice de Cardi – eine der ersten Flugzeugspotter! Ich denke mir insgeheim, dass sie mehr mit Indiana Jones gemein hat, als ihr selbst lieb ist. Angesichts dieser für ein Mädchen eher außergewöhnlichen Vorlieben dürfte es die Eltern nicht weiter verwundert haben, dass die jüngste Tochter nach ihrem Abschluss an der *St. Paul's Girls' School* die Ballettschuhe an den Nagel hängte und sich an der Londoner Universität für Archäologie immatrikulierte.

War ein solcher Studiengang denn damals nicht höchst ungewöhnlich für ein Mädchen?, will ich wissen. Hatte sie überhaupt Kommilitoninnen, oder war sie als Frau die Einzige auf weiter Flur?

Beatrice zuckt nur mit den Schultern. Natürlich seien die Frauen nicht in der Mehrheit gewesen. »Aber es gab schon ein paar Kommilitoninnen, ich war nicht die einzige.« Selbst scheint sie es nicht weiter außergewöhnlich zu finden, dass sie sich als Frau damals für Archäologie immatrikulierte. Und gleich im ersten Semester hatte sie das Glück, auf einen Lehrer zu treffen, der Studentinnen nicht ablehnte und das tat, was eigentlich alle Lehrer tun sollten: Er brachte die kleine Flamme, die in Beatrice zu brennen begonnen hatte, zum Lodern. Sir Mortimer Wheeler hieß ihr Professor, er galt als Nestor der britischen Archäologie und war damals auch der Direktor vom Museum of London, das sich der Stadtgeschichte widmete. Mortimer Wheeler sorgte dafür, dass die Archäologie auch im Leben von Beatrice de Cardi zur großen Leidenschaft wurde.

»Jeder Mensch braucht im Leben etwas, wofür er sich ganz besonders interessiert«, findet sie. Ein *special interest*, wie sie es nennt. Dieses besondere Interesse müsse man hegen und pflegen. Denn darin besteht für sie der Sinn des Lebens: »Ohne ein spezielles Interesse lebt man nicht richtig.« Viele Leute würden denken, der Sinn des Lebens bestehe darin, glücklich zu sein. Das hält sie für einen Irrtum: »Wir sind nicht auf diese Welt gekommen, um dem Glück nachzujagen.« Wie so viele Hundertjährige hat sie erkannt, dass Glück kein Dauerzustand ist. Vielmehr gehe es darum, Erfüllung zu finden und *satisfied* zu sein, wie sie es nennt: zufrieden. »Dafür sollte man sorgen!« Deshalb sei es so wichtig, dieses spezielle Interesse zu entwickeln. Es könne groß oder klein ausfallen, ein Hobby oder eine Berufung sein, der Partner oder auch die Kinder – Hauptsache, es gibt etwas oder jemanden im Leben, in dem man aufgehen kann, dem man sich hingeben kann, das und der dafür sorgt, dass man Erfüllung findet.

Jeder Mensch braucht in seinem Leben ein spezielles Interesse, sonst lebt er nicht.

Für sie ist das die Archäologie gewesen. So wie ihr Lehrer begann sie sich schnell für die Indus-Kultur zu interessieren, die zu den drei frühesten Zivilisationen der Welt gehört. Während der Bronzezeit, zwischen 2800 und 1800 vor Christus, hat sich diese Kultur auf dem Staatsgebiet des heutigen Pakistan entwickelt, entlang des Indus, des längsten Flusses auf dem indischen Subkontinent. Ein Gebiet, weit entfernt von Europa, aber den Briten aufgrund ihrer Kolonialpolitik immer sehr nahe: Damals gehörte Pakistan noch zu Indien, und Indien war englische Kolonie. Es dauerte nicht lange, und die Indus-Kultur wurde auch das Spezialgebiet von Beatrice – und sie selbst Wheelers Assistentin: »Weil ich so effizient arbeitete«, stellt sie sachlich und ohne vorgetäuschte Bescheidenheit klar.

Ihre Eltern nahmen die Entwicklungen zur Kenntnis. Noch hatten sie die Hoffnung nicht ganz aufgegeben, dass Beatrice doch noch die Laufbahn ihrer Mutter einschlagen könnte. Die hatte schließlich zunächst auch ganz andere Pläne gehabt, war dann aber doch noch eine respektable Gattin und Mutter geworden, weil sie sich in den richtigen Mann verliebt hatte. Denn auch Beatrice verliebte sich, und zwar in einen Architekturstudenten aus gutem Hause. Kennengelernt hat sie ihn – wie könnte es auch anders sein! – beim Tanzen. »Bei uns an der Uni wurde damals schon beim Mittagessen getanzt«, erzählt sie. »Es gab sogenannte *lunchtime dances*. Auf diese Weise sollten sich die Studenten besser kennenlernen. Mir hat das immer sehr viel Spaß gemacht.« Denn wie es sich für ein Mädchen ihres Standes gehörte, beherrschte sie als ehemalige Balletttänzerin nicht nur den klassischen Tanz, sondern hatte auch Unterricht in *Ballroom Dancing* bekommen.

Ich werde immer mehr in meiner Überzeugung bestärkt, dass sich der gute alte Tanzboden weitaus besser für die Partnersuche eignet als die zahllosen Internetforen, die es heutzutage gibt. Und ich stelle erleichtert fest, dass Beatrice in privaten Sachen nicht ganz so zugeknöpft ist, wie ich befürchtet habe. Denn sie erzählt mir, ohne dass ich nachfragen muss: »Er war ein sehr netter und gutaussehender junger Mann. Wir waren sehr verliebt. Ich hätte ihn beinahe geheiratet – auch wenn wir zuvor noch einiges hätten klären müssen.«

Denn erstens kommt der gutaussehende junge Architekt aus einer strenggläubigen römisch-katholischen Familie. Wenn Beatrice bei ihm zu Hause war, erschien immer auch ein Priester: »Der sollte mich darauf vorbereiten, dass ich vor der Heirat zum Katholizismus konvertieren musste.« Doch dazu verspürte die junge Frau wenig Lust. Beatrice gehört der Kirche von England an, sie ist anglikanisch erzogen worden, aber nicht besonders gläubig. Sie glaubt auch heute nicht an ein Leben nach dem Tod. »Religion mag ich nicht«, stellt sie dezidiert klar. »Man muss sich doch nur anschauen, was die Religon in der Welt alles anrichtet!« Früher meist im Namen Gottes, jetzt im Namen Allahs – so wie derzeit die Dschihadistenmiliz IS, der sogenannte Islamische Staat. Das geht ihr persönlich besonders nahe: mit anschauen zu müssen, wie die Islamisten in ihren Lieblingsregionen im Mittleren Osten, durch die sie früher so oft gereist ist, für Tod und Terror sorgen und mit der Vernichtung von jahrtausendealtem Kulturerbe auch die kulturelle Identität eines Volkes auszuradieren versuchen. »Warum in aller Welt akzeptieren wir nicht, dass jeder von uns an einen Gott seiner Wahl oder auch an nichts glauben darf?« Beatrice schüttelt den Kopf. »Das wäre weitaus vernünftiger.«

Nicht nur wegen des Glaubens hat sie damals vor achtzig Jahren Bedenken gehabt, ihrem jungen Architekten das Jawort zu geben: »Ich wusste, dass man von mir dann auch erwarten würde, Kinder zu bekommen.« Und auch dazu verspürte sie wenig Lust: »Ich kann und konnte mit Kindern erst etwas anfangen, wenn sie fünf oder sechs sind. Ich mag es auch nicht, wenn mir jemand einen Säugling in den Arm drückt.« *Very embarrassing* findet sie das, schrecklich peinlich: »Mit Säuglingen kann ich nichts anfangen. Ich finde sie auch nicht süß. Säuglinge haben Runzeln, und sie laufen aus.«

Unwillkürlich muss ich an eine heftige Diskussion zurückdenken, die ich vor kurzem mit meiner besten Freundin Ina geführt habe: Sie behauptete, dass jede Frau schon aus rein biologischen Gründen einen Kinderwunsch habe, ihn deswegen allerhöchstens unterdrücke und – wenn sie kinderlos bliebe – dies irgendwann in ihrem Leben in irgendeiner Form bereuen würde. Ich bezweifelte das stark. Allein schon die Tatsache, dass diese Diskussion mit meiner Freundin fast aus dem Ruder gelaufen wäre, beweist, wie groß das Tabu ist, das eine Frau bricht, wenn sie in unserer Gesellschaft verkündet, bewusst auf Kinder verzichten zu wollen. Ein Charakterzug, der oft als unsympathisch gilt. Frauen, die ungewollt kinderlos bleiben, bedauern wir, Frauen, die es bewusst tun, betrachten wir mit Skepsis. Warum eigentlich? Weil sich das für eine Frau nicht gehört? Weil sie dann weniger »Frau« ist?

Kinderkriegen und Babys werden romantisiert.

So eine Frau sitzt mir nun gegenüber und sagt ganz frank und frei: »Kinderkriegen und Babys werden romantisiert.« Warum in aller Welt hätte sie Kinder bekommen sollen? Was für einen Vorteil habe das? »Vor Einsamkeit im Alter schützen sie dich nicht«, stellt die alte Frau klar. »Aber sie machen dich abhängig. Ich jedenfalls wollte nie welche haben.« Und das bereut sie auch mit hundert kein bisschen.

Aber wie hat sie das damals ihrem potenziellen Gatten und seiner Familie klarzumachen versucht?

»So weit kam es gar nicht mehr«, erzählt sie. »Der Zweite Weltkrieg kam zwischen uns.« Sie hatte ihren Uni-Abschluss in der Tasche und arbeitete im Museum of London bei ihrem ehemaligen Professor, der dort immer noch Direktor war. Da wurde ihr Verlobter an die Front geschickt – eine Front, die mehr als zehntausend Kilometer (fast siebentausend Meilen) weit entfernt lag: Es galt, Singapur zu retten, seit 1867 britische Kronkolonie. Doch nun waren japanische Truppen in Malaysia einmarschiert und hatten die Insel umzingelt. Zusammen mit australischen und indischen Soldaten versuchten die Briten sie zurückzuerobern – vergeblich: Im Februar 1942 mussten sie kapitulieren. In dieser »Schlacht um Singapur« ist auch Beatrices Verlobter gefallen. »Er wurde in einen Hinterhalt gelockt und erschossen.« Aber das erfuhr sie erst sieben Monate nach seinem Tod, so lange galt er als vermisst. »Es waren die längsten sieben Monate meines Lebens«, sagt sie und winkt ab. An diese Zeit will sie lieber nicht mehr erinnert werden: »Sieben Monate schwankte ich zwischen Hoffnung und Verzweiflung!«

Ich schaue auf das Foto mit dem gutaussehenden Mann neben dem Kaminsims. Er dürfte zu alt sein, um der Verlobte von Beatrice zu sein: Der war ja erst um die dreißig, als er fiel. Außerdem hat sie das Foto, während sie von seinem Tod erzählte, kein einziges Mal angeschaut. Dieser Mann hier kann also nicht jene erste große Liebe sein, der Mann, um dessen Leben sie sieben Monate lang bangte, um dann zu erfahren, dass er doch nicht mehr lebte. Furchtbar muss das gewesen sein. Ihre Freunde sind ihr damals sicher eine große Stütze gewesen, stelle ich mir vor.

»Eine Stütze waren sie schon«, erwidert Beatrice. »Aber mein Herz habe ich ihnen nicht ausgeschüttet.«

Sie sieht mein erstauntes Gesicht. Sind Freunde nicht gerade dazu da?

»Oh nein!«, antwortet sie. »Das sind sie nicht. Freunde sind das Salz in der Suppe oder der Zucker im Kuchen. Sie machen das Leben lebenswert. Aber mit meinen privaten Problemen habe ich sie immer weitgehend verschont.«

Mir wird immer klarer, dass Beatrice de Cardi sowohl ein außergewöhnlich starker und unabhängiger als auch ein ziemlich verschlossener Mensch ist – einer, der das meiste mit sich selbst ausgemacht hat. Von Natur aus, nicht nur weil sie *very british* und entsprechend reserviert auftritt: Freude und Kummer kann man mit Freunden nur teilen, solange beides keinen allzu privaten Charakter annimmt. Das jedenfalls ist ihre Auffassung. Ich denke anders darüber.

Wenn der Krieg nicht gewesen wäre, frage ich, wenn ihr Verlobter lebend zurückgekehrt wäre: Hätten sie dann doch noch geheiratet – und Kinder bekommen?

Sie schweigt einen Moment. »Menschen ändern ihre Ansichten«, antwortet sie dann. »Vor allem, wenn sie Kriege mitgemacht haben. Die stellen alles auf den Kopf. Dann denkt man anders über den Sinn des Lebens nach.« Auch ihr Verlobter wäre verändert aus dem Krieg zurückgekommen, da ist sie sich sicher. Vielleicht hätte er auf ein traditionelles Familienleben weniger Wert gelegt? Vielleicht wären ihm Kinder nicht mehr so wichtig gewesen?

Vielleicht, vielleicht, vielleicht! Die alte Dame wird ein bisschen ungeduldig. Mit solch spekulativen Gedankengängen hat sie sich nie lange aufgehalten. Wie Mathilde, die Schwarzwaldbäuerin, ist auch sie zu der Erkenntnis gelangt, dass die Frage »Was wäre, wenn …?« nicht relevant ist: »Grübeln oder brüten über Fragen, die sich nicht mehr stellen, ist reine Zeitverschwendung.« Grübeln und brüten sollte man sowieso nie zu lange, und nachts schon gar nicht. Vor allem Frauen würden sich dadurch gern um ihren Schlaf bringen. »Völlig unsinnig!« Wenn schon gegrübelt werden müsse, dann tagsüber.

Fest steht, dass der Krieg auch ihr Leben auf den Kopf gestellt hat. Den Mann, den sie geliebt hatte, gab es nicht mehr. Und kurz darauf verlor sie auch ihre Arbeit im Museum of London: Wegen der schweren Luftangriffe der Nazis, die einen regelrechten Bombenregen auf London niedergehen ließen, musste das Museum schließen. Sie hatte nichts mehr zu verlieren – aber gute Kontakte zum britischen Außenministerium. Das meldete sich 1943 mit der Frage, ob sie bereit sei, als *liaison officer* nach China zu gehen, um den Alliierten bei der Koordinierung der Hilfslieferungen im Pazifikkrieg zu helfen. Sie brauchte nicht lange nachzudenken: Auch sie wollte ihren Beitrag in diesem Krieg liefern, der ihre erste große Liebe das Leben gekostet hatte – und sogar dort, wo ihr Verlobter gestorben war: in Indochina. 29 Jahre alt war sie und nicht nur effizient, sondern auch furchtlos und *unflappable*, wie sie es nennt: unerschütterlich und durch nichts so leicht aus der Ruhe zu bringen.

Das hatte sich herumgesprochen, und diese Eigenschaften konnte sie nun gut gebrauchen. Denn Beatrice de Cardi gehörte zu denjenigen, die über den *Hump* geflogen sind, den »Buckel«: So hieß die legendäre, aber in Europa wenig bekannte Luftbrücke, die die Amerikaner von 1942 bis 1945 zwischen China und Indien aufgebaut hatten und die drei Jahre später auch für den Erfolg der Berliner Luftbrücke zur Überwindung der sowjetischen Blockade entscheidend werden sollte.

Der *Hump* entstand im Frühling 1942, nachdem die Japaner Singapur eingenommen und zum Siegeszug durch Indochina angesetzt hatten: Dabei stießen sie hoch in den Norden bis nach Burma vor und durchschnitten die einzige Versorgungslinie zu Land, die es bis dahin zwischen Indien und China gegeben hatte. Die Flugroute des *Hump* führte über tiefe Täler und bis zu 5500 Meter hohe Gebirgsausläufer des Himalaja, 800 Kilometer weit, von Dinjan im Brahmaputra-Tal bis nach Kunming im Süden Chinas. »Flugroute des Todes« wurde sie von den Piloten auch genannt, wegen der Absturzgefahr und der schlechten Wetterbedingungen. Gleich nach dem Start in Dinjan, das nur knapp über Meeresspiegelniveau liegt, türmte sich vor ihnen eine erste, fast 3000 Meter hohe

Felswand auf. Daher auch der Name: *flying the Hump* – »über den Buckel fliegen«.

Der *Hump* wurde zum lebenswichtigen Versorgungskanal für die alliierten Streitkräfte im Krieg gegen Japan. Und Beatrice de Cardi, die junge, unerschrockene Archäologin aus London, war mit dabei. Gleich mehrere dieser Versorgungsflüge über den *Hump* hat sie begleitet. Ohne Angst zu empfinden: »Ich war immer für alles offen«, meint sie nur lapidar. »Meine Basis war in Kunming, aber wenn der Chef sagte: ›Morgen haben Sie in Kalkutta zu sein‹, dann war ich halt am nächsten Morgen in Kalkutta.«

Sie war auch oft ganz weit im Westen, in der Hafenstadt Karatschi am Mündungsdelta des Indus, nahe den vielen Grabungsstätten, über die sie bisher nur gelesen hatte. Karatschi gehörte damals noch zu Indien, Pakistan entstand erst 1947. Dort trafen viele Güter per Schiff ein und wurden dann per Bahn quer durch Indien weitertransportiert. »Ich saß sehr häufig in der Eisenbahn«, erinnert sie sich. So lernte sie nicht nur Belutschistan kennen, sondern nach und nach immer mehr Regionen des indischen Subkontinents. Und er gefiel ihr: *»I liked it.«*

Mit der Kapitulation Japans im September 1945 endete auch in diesem Teil der Welt der Krieg. Beatrice kehrte nach London zurück – allerdings nur, um enttäuscht festzustellen, dass das Museum of London zwar wiedereröffnet, ihre Stelle aber von einer anderen besetzt war. Wieder bekam sie von völlig unerwarteter Seite ein Angebot, dieses Mal von der britischen Handelskammer: Die wollte sie erneut nach Indien schicken, als Assistentin des Handelsbeauftragten. Und wieder zögerte sie nicht: »Bis 1947 war ich in Neu-Delhi, dann wurde Pakistan unabhängig, und ich ließ mich nach Karatschi versetzen.« Denn von dort aus konnte sie flussaufwärts den Indus erkunden, Belutschistan und die Ausgrabungsorte der Induskultur. Sie sah sogar die Möglichkeit, dafür zu sorgen, dass neue Stätten entdeckt wurden! Bald nutzte sie ihre gesamte freie Zeit für archäologische Entdeckungsfahrten, sparte Urlaubstage, verschlang sämtliche Fachliteratur, die sie über das Gebiet finden konnte. Besonders die Artikel eines britischen Prähistorikers namens Stuart Piggott erregten ihre Aufmerksamkeit: Denn Piggott war bei drei Ausgrabungen auf bislang unbekanntes und aufwendig bemaltes Steingut gestoßen, bei Quetta, der Hauptstadt der pakistanischen Provinz Belutschistan. »Ich war mir sicher, dass es davon mehr geben musste, das sagte mir mein gesunder Menschenverstand«, erzählt sie. »Dieses Steingut muss beliebt gewesen sein. Drei Ausgrabungsstätten waren viel zu wenig.«

Wie der Zufall es wollte, war ihr ehemaliger Professor Mortimer Wheeler zu diesem Zeitpunkt nicht weit entfernt: Er arbeitete im Dienst des indischen Kultusministeriums, als Direktor der Abteilung für archäologische Forschung. Besonders erbaut war er nicht über die Pläne seiner ehemaligen Studentin, er hielt es für viel zu gefährlich, was sie vorhatte. Aber sie brachte ihn dennoch so weit, ihr einen Jeep zur Verfügung zu stellen, einen Dolmetscher und einen Chauffeur. »Zum Autofahren habe ich mich nie geeignet«, gibt sie unumwunden zu. »Wenn mir jemand sagte, dass ich um etwas herumfahren solle, dann fuhr ich mit hundertprozentiger Sicherheit genau darüber hinweg.« Mit dem Dolmetscher verband sie schnell ein herzliches und bald auch freundschaftliches Verhältnis. Sadar Din hieß er, ein Bauer aus dem Punjab, ungebildet, aber dennoch als kleiner Beamter im Dienst des pakistanischen Kultusministeriums tätig. »Damals gehörte es sich für eine englische Dame nicht, sich mit Menschen abzugeben, die sich auf der sozialen Leiter mehrere Stufen unter ihr befanden«, erinnert sich Beatrice. »Und zwischen mir und Sadar gab es nicht nur große Klassenunterschiede, wir hatten auch eine unterschiedliche Hautfarbe.« Das habe den Umgang erst recht vollkommen *»inappro-*

priate« gemacht. Aber darum hat sich die junge weiße Archäologin aus der britischen *upper class* einen Teufel geschert. Zwischen ihr und Sadar klickte es sofort, die beiden waren sich sympathisch und arbeiteten wunderbar zusammen. Der kleine Pakistaner mochte ungebildet sein, aber: »Ich habe von ihm mehr gelernt als von jedem Wissenschaftler oder aus jedem Buch.« Sadar brachte sie überallhin, wo sie wollte. »Das Aufnahmevermögen seines Gedächtnisses war phänomenal!« Mit seiner Hilfe entdeckte sie, dass Belutschistan ein Paradies für Archäologen war. Sadar brachte ihr bei, wo sie hingucken musste, worauf sie zu achten hatte und wie sie erkennen konnte, an welchen Stellen sich das Graben lohnte: nie in offenen Landschaften, immer an geschützten Orten, vorzugsweise mit einer Wasserquelle in der Nähe.

Zusammen entdeckten sie Dutzende von prähistorischen Siedlungsresten, die andere Archäologen vor ihr übersehen hatten. Und an insgesamt 47 dieser Stätten tauchte, wie Beatrice es fortan nennt, »Quetta-Keramik« auf: jenes Steingut, von dem sie so überzeugt gewesen war, dass es weiter verbreitet gewesen sein musste. Ihr gesunder Menschenverstand hatte recht behalten. Später konnte sie es auf das vierte und dritte Jahrtausend vor Christus datieren. »Fündig zu werden ist für einen Archäologen natürlich das Schönste, was es gibt«, beginnt sie zu schwärmen und sucht nach Worten: Es sei so ein gewisses Kribbeln im Bauch, ein ganz wunderbares Gefühl, meint sie und vergisst für einen Moment ihre britische Zurückhaltung: »Vor allem, wenn man etwas völlig Neues findet, das ist am allerschönsten!«

Es sind diese Entdeckungsreisen mit Sadar, die ihr den Beinamen »weiblicher Indiana Jones« eingebracht haben. Denn in diesem Gebiet, das sie mit ihrem klapprigen Jeep erkundeten, trieben sich nicht nur Banditen herum, es wurde auch von Wölfen und wilden Hunden bevölkert, die immer wieder auf den offenen Jeep aufspringen wollten und mit Steinen vertrieben werden mussten.

Natürlich ging auf diesen Reisen auch immer mal etwas schief. Einmal schmeckte der gesamte Keksvorrat, den sie dabeihatten, nach Benzin, weil einer der Kanister geleckt hatte. Gegessen werden mussten die Kekse trotzdem. »Zumindest hatten wir hinterher keine Probleme mit der Verdauung«, erinnert sie sich schmunzelnd, »eher das Gegenteil.« Ein anderes Mal gehen ihnen die Vorräte aus – so wie 1949 in Afghanistan, als sie und Sadar beschlossen, den afghanischen Teil Belutschistans zu erkunden. »Ein wunderbares Gebiet«, hatte Mortimer Wheeler, der selbst gerade von einer solchen Reise zurückgekommen war, ihnen vorgeschwärmt: »Proviantprobleme werdet ihr nicht bekommen, es gibt unterwegs überall Teehäuser.«

»Von wegen!«, schnaubt die alte Dame und muss auflachen: »Als wir ankamen, waren die Teehäuser längst wieder verschwunden. Sie waren lediglich für den berühmten Sir Mortimer Wheeler aufgebaut worden – ich war damals ja noch ein Nobody, für mich baute natürlich keiner Teehäuser auf!« Sie mussten sich daraufhin von wildem Rhabarber ernähren, der wuchs dort in rauen Mengen: »Das war so ein Trip, von dem wir sichtlich gealtert, abgemagert und von der Sonne verbrannt zurückkamen.«

Trotz allem seien die Zeiten mit Sadar phantastisch gewesen, noch heute sehnt sie sich danach zurück. Aber Belutschistan war mit der Entstehung des pakistanischen Staates zum Unruheherd geworden, die Belutschen wurden von der Regierung in Islamabad unterdrückt. Für Reisen wurde das Gebiet zu gefährlich.

Ich komme nicht umhin, mir zwischendurch immer wieder das Foto des gutaussehenden Mannes auf dem Beistelltisch neben dem Kaminsims anzuschauen: Wann ist er in ihr Leben getreten?

»Ende 1949 bin ich deshalb nach London zurückgekehrt«, erzählt Beatrice ungerührt weiter. Sie begann für den Britischen Archäologierat zu arbeiten, den *Council of British Archaeology* (CBA): 1944 war er gegründet worden, um das archäologische Kulturerbe

Großbritanniens zu erhalten. Beatrice war maßgeblich am Aufbau dieser Institution beteiligt und zunächst mit den Folgen der deutschen Luftangriffe beschäftigt: Historische Stätten, die durch die Bombardierungen zerstört worden waren, mussten saniert werden und durften obendrein nicht durch allzu rigorose Maßnahmen beim Wiederaufbau erneut beschädigt werden.

Sie sollte dem CBA bis zur ihrer Pensionierung 1973 treu bleiben, nutzte aber auch in diesen Jahrzehnten jede freie Minute, um sich ihrer geliebten Indus-Kultur zu widmen. 1957, nachdem sie zwei Jahre lang Urlaubstage angespart hatte, gelang es ihr erneut, für ein paar Monate ins pakistanische Belutschistan zurückzukehren und mit Sadar auf Erkundungsfahrten zu gehen. Es gelang ihnen sogar, auf Kamelen den Mula-Pass zu überqueren, der von Pakistan über fast 3500 Meter hohe Berge nach Afghanistan führt. Aber es blieb die letzte Reise in dieses Gebiet: Die Lage war endgültig zu gefährlich geworden, die Spannungen hatten weiter zugenommen.

1966 verlagerte sie ihre Expeditionen deshalb in den iranischen Teil Belutschistans, um an den Ufern des Bampur-Flusses zu graben. Dort war ihr zwar ziemlich schnell die Geheimpolizei des Schahs auf den Fersen, aber auch von der ließ sie sich nicht weiter aus der Ruhe bringen. Stattdessen machte sie eine ihrer wichtigsten Entdeckungen: Anhand von Tonscherben konnte sie nachweisen, dass es zwischen dieser Region und den heutigen Golfstaaten, also über den Persischen Golf hinweg, schon vor Tausenden von Jahren Handelsbeziehungen gegeben hatte. Denn die Scherben, die sie am Bampur-Fluss fand, kamen ihr sofort bekannt vor. Grau waren sie, mit wunderschönen eingeritzten Motiven und aufgemalten Ziegen. Diese Keramik hatte sie schon einmal gesehen – und zwar im Katalog eines dänischen Kollegen, der diese Tonscherben in Abu Dhabi gefunden hatte. Sie reiste umgehend nach Dänemark, wo sich die Fundstücke befanden – und dann gab es keinen Zweifel mehr: Es ging um ein und dieselbe Art Steingut.

Kurz darauf machte sie selbst den Sprung über den Persischen Golf – auf der anderen Seite hatte sich ihr Ruhm längst herumgesprochen: Sie begann für Katar zu arbeiten, für den Oman und die Arabischen Emirate. Erst nebenbei, in ihrer Freizeit. Nach ihrer Pensionierung 1973 widmete sie sich dann vollends der arabischen Archäologie: »Einen Tag nachdem ich in Rente gegangen war, saß ich im Flugzeug in Richtung Oman.«

Ich frage sie, was ich sie schon die ganze Zeit fragen wollte: Hat sie denn als Frau bei ihrer Arbeit nie Probleme bekommen? Selbst in Europa dürfte sie damals als alleinstehende und weitgereiste Akademikerin und Karrierefrau noch eine Ausnahmeerscheinung gewesen sein – ganz zu schweigen von den Ländern im Mittleren Osten!

Doch die alte Dame schüttelt nur den Kopf: »*No!*«, sagt sie dezidiert. »Niemals!« Zum einen dürfe man die Emirate nicht mit Saudi-Arabien verwechseln: »Da wäre das Arbeiten als Frau in der Tat unmöglich gewesen. Dort durfte ich als alleinstehende Frau noch nicht einmal einreisen. Aber in den Emiraten, im Oman und Katar, da war es schon damals sehr viel freier.«

Zum anderen sei sie immer gezielt als *professional* aufgetreten, als Profi: »Nie stand im Vordergrund, ob ich Mann oder Frau bin«, stellt sie klar. »Es ging um meine Arbeit, und die habe ich gut gemacht. Ob ich Mann oder Frau war, spielte darum nie eine Rolle. Ich wurde als Expertin akzeptiert und ernst genommen.«

So definiert sie Emanzipation: »Seine Arbeit gut machen und nicht lauthals auf Rechte pochen und Forderungen stellen.« Die jungen Frauen heutzutage, findet sie, müssten lernen, leisere Töne anzuschlagen: »Zu lautes Auftreten hat einen gegenteiligen Effekt, damit erzeugen sie Widerstand und machen sich bloß das Leben schwer.« *Very stupid* sei das, äußerst dumm. »Manchmal ist es viel besser, den Mund zu halten oder, wenn es sein muss, sogar wider besseres Wissen zuzustimmen – und dann doch das zu tun, was man tun will.« Das nenne man den *Victorian Way*, die viktorianische Art und Weise, und an die habe sie sich immer gehalten: »Ich konnte immer das tun, was ich tun wollte. Und ich habe immer lieber mit Männern zusammengearbeitet als mit Frauen.«

Sie hat ihren Laptop hochgefahren, sie will mir schon die ganze Zeit ein paar Fotos aus ihrem Arbeitsleben zeigen. Mit Erstaunen stelle ich fest, dass sie mein erster Zentenar mit Laptop und Internetanschluss ist. Neugierig gucke ich auf den Bildschirm. Ich sehe Beatrice startbereit in einer offenen Propellermaschine in der Wüste neben einem weißgekleideten Araber sitzen, dann elegant gekleidet im Kostüm zwischen zwei Scheichs. Eine andere Aufnahme zeigt sie im Blümchenkleid im Freien auf Kissen liegend, vor einer alten Mauer und umringt von Männern mit Turbanen. Im Blümchenkleid! Sie sieht mein überraschtes Gesicht und muss lachen: »Ich habe nicht immer nur Hosen angehabt«, stellt sie klar. »Und der Lippenstift, der war, wie gesagt, sowieso immer mit dabei.«

Emanzipation heißt nicht, lauthals auf seine Rechte zu pochen, sondern ruhig zu bleiben und das zu tun, was man tun will.

Hat sie auch ein Foto aus ihrer Kinderzeit? Vielleicht eines, das sie als Baby zeigt? *»No – thank God!«*, sagt sie mit gespieltem Entsetzen und erinnert mit typisch britischem Humor an ihre Abneigung gegen Säuglinge. Stattdessen klickt sie auf ein weiteres Foto, das sie als Archäologin bei der Arbeit zeigt: »Sehen Sie, das war meine Lieblingshaltung!« Ich sehe eine Beatrice um die fünfzig in weißen Baumwollhosen, mit Sonnenbrille und Stock, wie sie kritisch auf den Boden schaut. Der für eine Archäologin typische Blick – nach unten gerichtet, um zu sehen, wo sich das Graben lohnt. Diese Haltung muss sie auch auf den Grabungen und Erkundungsfahrten eingenommen haben, die sie für den Sultan von Oman geleitet hat. Dem kleinen Emirat *Ra's al-Chaima* half sie dabei, ein nationales Museum aufzubauen und zu füllen. Auch das Emirat Katar engagierte sie als Beraterin für die Planung eines Museums. Sie musste bei null anfangen, es gab so gut wie nichts: »Ich hatte die Lücke zwischen Steinzeit und Ölzeitalter zu füllen!« Zehn Wochen bekam sie dafür Zeit und ging auf Expeditionen. Was sie entdeckte, schmückt heute nicht nur das Nationalmuseum von Katar, sie hat es auch in einer ihrer bedeutendsten wissenschaftlichen Abhandlungen festgehalten, dem 1978 erschienenen *Qatar Archaeological Report*.

Ein kleiner Seufzer entschlüpft ihr. Dann wirft sie erstmals einen Blick auf das Foto mit dem gutaussehenden Mann neben dem Kaminsims. »Ihm habe ich dieses Buch gewidmet.«

Sie sieht meinen fragenden Blick.

»Das war meine zweite große Liebe«, sagt sie dann. »Mit ihm wollte ich den Rest meines Lebens verbringen.« Ein britischer Geschäftsmann, der ebenfalls oft im Mittleren Osten zu tun hatte. Sie weiß nicht mehr, wann und wie genau sie ihn kennengelernt hat. Es muss um 1949 gewesen sein, in der Zeit, als sie für die Handelskammer arbeitete, erst in Neu-Delhi, dann in Karatschi. »Ich weiß nur noch, dass ich nach London zurückkehrte – und er auf einmal auch dort wieder vor der Tür stand!« Bei der Erinnerung daran lächelt sie ein kleines bisschen in sich hinein. Sie muss sehr verliebt gewesen sein.

»Wir haben vierundzwanzig wundervolle Jahre miteinander verbracht«, sagt sie, und gleich darauf wird ihr Gesicht ernst: »Er starb nach einem Reitunfall. Ich vermisse ihn noch heute.« Es habe nach ihm auch keinen anderen Mann mehr in ihrem Leben gegeben: »Ich habe mich nie mehr verliebt.«

Vierundzwanzig Jahre, rechne ich nach: Wenn sie ihn um 1949

kennengelernt hat, mit 35 Jahren, dann ist sie nun schon seit 1973 Witwe – seit mehr als vierzig Jahren.

»Wir haben nie geheiratet«, höre ich sie zu meiner Überraschung sagen.

Außergewöhnlich modern für diese Zeit! Ich bin ganz automatisch davon ausgegangen, dass sie seine Ehefrau geworden ist. Wollten sie denn nie heiraten?

Wieder hält die alte Dame einen Moment inne, dann offenbart sie mir: »Er war schon verheiratet. Er hatte sich getrennt, aber nie scheiden lassen. Das habe ich allerdings erst später erfahren, nach seinem Tod.« Da gerieten ihr ein paar Dokumente in die Finger, aus denen hervorging, dass er Frau und Kinder hatte, in Kanada. »Die hat er in der Zeit mit mir kein einziges Mal gesehen.«

Und warum hat er sich nicht scheiden lassen?

»Ich kann mir im Nachhinein nur vorstellen, dass sie dem nie zugestimmt hätte, aus finanziellen Gründen vielleicht.«

Nun schweigen wir alle beide eine Zeitlang. Vierundzwanzig Jahre mit einem Mann, der so Wichtiges aus seiner Vergangenheit so lange verheimlichen kann? Ich kann es mir nur schwer vorstellen. Jeder hat seine Geheimnisse in einer Beziehung, aber das ist ein großes, oder? Haben sie denn nie übers Heiraten gesprochen, und wenn das so war: Hat ihr das nie etwas ausgemacht? Wollte sie nie mehr?

»Ich denke, jetzt fangen wir an, vielleicht etwas zu tief zu graben«, wehrt die alte Dame höflich, aber bestimmt ab. Stattdessen betont sie: »Wir waren vierundzwanzig Jahre lang glücklich zusammen, dafür brauchten wir keinen Trauschein.«

Unvergleichliche Jahre seien es gewesen. Er habe oft im selben Gebiet zu tun gehabt wie sie, dadurch konnten sie sich treffen und regelmäßig zusammen sein. »In den 1950er und 1960er Jahren hielt ich mich ohnehin die meiste Zeit in London auf, um für den CBA zu arbeiten.« Er habe sie immer unterstützt und ihre Arbeit akzeptiert, wunderbar sei dies gewesen.

Das wiederum kann ich mir sehr gut vorstellen – gibt es doch nichts Schöneres als einen Partner, der dich voll und ganz unterstützt, der das, was du leidenschaftlich gerne tust, nicht als Konkurrenz empfindet, sondern stolz auf dich ist. Aber Männer tun sich damit in der Regel schwerer als Frauen. Auch anno 2015 noch. Vor der zweiten großen Liebe von Beatrice kann ich deshalb nur den Hut ziehen. Ganz schön fortschrittlich für einen Mann aus dieser Zeit.

Beatrice zuckt nur mit den Schultern. »Oh ja? Ist das so?«

»Er hat Ihnen Ihre Freiheit gelassen«, sage ich und fange an zu begreifen, dass sie es wahrscheinlich nie als Nachteil empfunden hat, nicht verheiratet gewesen zu sein. So konnte sie ihre Unabhängigkeit wahren.

»Ich habe ihm ja auch seine Freiheit gelassen«, stellt sie klar. Nicht umsonst seien die vierundzwanzig Jahre mit ihm so glücklich und so harmonisch gewesen: »Es ist unklug, in einer Beziehung Forderungen zu stellen und zu viele Erwartungen und Ansprüche zu haben«, findet sie. Abgesehen natürlich von Versprechen, die man sich gegeben, und Absprachen, die man gemacht habe: In diesen Fällen dürfe man erwarten, dass sie eingehalten werden, und zu Recht enttäuscht sein, wenn das nicht der Fall ist. Doch ansonsten könne man sich allerhöchstens wünschen, dass der Partner etwas tue oder nicht – aber man dürfe es nicht erwarten: »Das ist ein himmelweiter Unterschied, ob ich mir etwas wünsche oder ob ich etwas erwarte. Wenn man sich darüber im Klaren ist, erspart einem das viele Enttäuschungen.«

Mit Erwartungen, Forderungen und Ansprüchen vertreibt man den Partner. Man kann sich etwas wünschen – aber man sollte es nie erwarten.

Erneut muss ich an meine beste Freundin Ina denken – in diesem Fall an die Paartherapie, die sie mit ihrem Mann erfolgreich hinter sich gebracht hat. Und was hat ihr der Therapeut als wichtigste Verhaltensregel eingeschärft? »Sie können sich wünschen, dass der Partner etwas Bestimmtes tut – aber hören Sie auf, es von ihm zu erwarten!«

»Ich kenne viele Frauen«, fährt Beatrice fort, »die haben ihre Beziehung zerstört, die haben ihre Männer vertrieben, weil sie zu viel von ihnen erwartet haben, weil sie ihnen mit immer neuen Ansprüchen regelrecht emotionale Ketten angelegt haben.«

Wieder betrachten wir beide eine Zeitlang schweigend das Schwarzweißfoto ihrer zweiten großen Liebe. Die Frage hängt in der Luft, ich brauche sie nicht zu stellen.

»Es geschah in Dubai, kurz vor meiner ersten Ausgrabung im Oman«, hebt sie an. »Er kam von einem Reitausflug zurück. Dabei war er vom Pferd gefallen. Aber das hat er mir nicht gesagt. Das erfuhr ich erst viel später – als es zu spät war.« Er hielt es auch nicht für nötig, zum Arzt zu gehen, er wollte den Flug von Dubai nach Oman nicht verpassen, den sie beide gebucht hatten. »Wir waren dort zu einem Essen eingeladen, das mir zu Ehren gegeben wurde.« Den ganzen Abend über, während dieses Essens, habe er sie so seltsam angeschaut. »Ich wusste, da stimmte etwas nicht.« In dieser Nacht ist er gestorben. Ganz plötzlich. Er musste sich beim Sturz vom Pferd eine Kopfverletzung zugezogen haben, die rechtzeitig hätte behandelt werden müssen.

Seufzend steht sie auf und greift nach dem Tablett, das sie neben dem Tisch parat stehen hat. »Kurz zuvor hatten wir uns auf Menorca ein Ferienhaus angeschafft. Dort wollten wir gemeinsam den größten Teil unseres Lebensabends verbringen.« Sie stellt die leeren Teetassen auf das Tablett. »Wir müssen akzeptieren, was uns das Leben gibt und wieder nimmt«, sagt sie und geht mit vorsichtigen kleinen Schritten in die Küche. »Wollen Sie etwas essen?«, ruft sie ins Wohnzimmer zurück. »Ich jedenfalls bekomme so langsam Hunger, ich könnte uns etwas in der Mikrowelle aufwärmen.« Früher habe sie gerne alles selbst gekocht, erzählt sie, während ich mich in die Küchentür stelle, damit sie nicht so laut reden muss. »Aber jetzt sehe ich so schlecht, und wenn dann etwas anbrennt, ärgere ich mich.« Aber zum Glück gebe es ja Mikrowellen: »Die gehören eindeutig zu den vernünftigen Erfindungen der letzten Jahrzehnte«, findet sie und beginnt, die Teetassen abzuspülen. Auch ein Handy hätte sie vor fünfzig Jahren gut gebrauchen können, ein iPhone. »Das hätte mir die Arbeit unglaublich erleichtert. Allein schon die Tatsache, dass man mit den Dingern Fotos machen und verschicken kann!«

Ich helfe ihr beim Abtrocknen und sehe zu, wie sie das Geschirr zurück in den Schrank stellt. »Wenn ich nur wüsste, was ich an meinem 101. Geburtstag machen soll«, meint sie, als wir zurück ins Wohnzimmer gehen.

Zu ihrem 100. Geburtstag veranstaltete das *Council of British Archaeology* ihr zu Ehren eine Party. Sie wurde mit Geschenken überhäuft, auch aus dem Mittleren Osten trafen sie ein: Der Scheich von Ra's al-Chaima etwa schickte einen goldenen Dolch. Er hatte sie bereits 1989 als erste Frau in seinem Emirat für ihre archäologischen Verdienste mit der Al-Qasimi-Medaille gewürdigt.

Es ist nur eine von vielen Auszeichnungen, die sie im Laufe ihres Lebens bekommen hat. Der CBA-Hauptsitz in York heißt inzwischen *Beatrice de Cardi House*. Und ihr zu Ehren findet jedes Jahr eine *Beatrice de Cardi Lecture* statt. Die lässt sie sich nie entgehen – und sei es nur, um dem Archäologienachwuchs bei dieser Gelegenheit einzuschärfen, worum es wirklich geht: »Seht die großen Zusammenhänge, achtet nicht zu sehr auf die Details!«

Sie ist vor dem Wohnzimmerfenster ihrer Souterrainwohnung stehen geblieben und blickt nach draußen, wo zwischen Blumen und Sträuchern in Augenhöhe das Straßenpflaster sichtbar wird. Das mache ihr manchmal Sorgen: dass an Schulen und Universitäten immer häufiger der Kontext des jeweiligen Tuns aus den Augen verloren werde. »Die Kinder lernen vor lauter Bäumen nicht mehr, den Wald zu sehen.«

Immer noch schaut sie aus dem Fenster, doch auf einmal scheint sie gedanklich weit weg zu sein. »Am liebsten würde ich an meinem Geburtstag verreisen«, meint sie. Nach Korsika zum Beispiel, von woher die de Cardis einst nach London kamen. »Ich bin die Letzte, die diesen Namen trägt.« Auf Korsika ist sie seit Jahren nicht mehr gewesen. Sie sieht sich schon an einem lauen Sommerabend auf einer Terrasse sitzen und den *Maquis* riechen, jenen typischen Duft, wie ihn mediterrane Sträucher und Unterholz verströmen. »Ein wundervolles Parfüm! Absolut überwältigend, für mich ist das himmlisch.«

~

Wir müssen akzeptieren, was uns das Leben gibt und auch wieder nimmt.

~

Aber zum ersten Mal in ihrem Leben hat sie Bedenken, allein zu verreisen. Das sei der allergrößte Nachteil am Älterwerden: dass man seine Unabhängigkeit verliere. Richtig kochen könne sie auch schon nicht mehr. Und weil sie den Staub nicht mehr sieht, braucht sie eine Reinemachefrau. »Immerhin schaffe ich es noch, alleine einzukaufen.« Im Laufe des Alters müsse man sich mit kleineren Triumphen und kleineren Glücksmomenten zufriedengeben: *smaller happinesses, smaller triumphes.*

Immerhin hat sie es geschafft, ihren Freundes- und Bekanntenkreis zu verjüngen. So kommt jeden Samstagmorgen ein junger Mann bei ihr vorbei, der sich um ihren Laptop kümmert. »Ich freue mich jedes Mal auf sein Kommen, und ich stelle ihm etwas Feines zum Essen hin, damit auch er sich freut.«

Doch die langjährigen Freunde, die sie durch einen großen Teil ihres Lebens begleitet haben, die lassen sich nicht ersetzen. Das gilt auch für Phoebe, eine schwarze Katze, die vor Jahren auf einmal miauend vor ihrem Wohnzimmerfenster saß. Sie ließ sie herein, und fortan kam Phoebe jeden Tag, Monat für Monat, Jahr für Jahr, um ihr Gesellschaft zu leisten. »Eine wunderbare, treue Gesellschaft«, meint sie wehmütig. Die Katze sei einfach ideal gewesen, denn hier im Gebäude seien Haustiere verboten: »Phoebe wohnte um die Ecke, abends ging sie wieder nach Hause. Sie wollte einfach nur Gesellschaft, Hunger hatte sie nie.«

Seht immer die großen Zusammenhänge, achtet nicht zu sehr auf die Details!

Beatrice und mir hingegen knurrt inzwischen der Magen. In der Küche steht zwar eine Mikrowelle. Aber mir fällt etwas Besseres ein: »Wir könnten einen Happen essen gehen«, schlage ich vor. Auf dem Weg hierher habe ich entdeckt, dass es ganz in der Nähe mehrere nette kleine Restaurants gibt.

»Ausgezeichnete Idee«, findet die alte Dame. Sie will sich nur noch schnell etwas zurechtmachen: eine andere Bluse anziehen, die Haare richten, nicht zu vergessen der Lippenstift …

»Ich weiß!«, lache ich. »Soll ich uns in der Zwischenzeit ein Taxi bestellen? Es ist zwar nur um die Ecke, aber zu Fuß vielleicht zu weit für Sie?«

Doch Beatrice de Cardi, die *Grand Old Lady* der britischen Archäologie, guckt mich nur vorwurfsvoll an. »Ich habe Ihnen doch gesagt, dass meine Neugierde ungestillt ist«, meint sie dann. »Bis zur nächsten Ecke schaffe ich es immer. Grundsätzlich.«

Beatrice de Cardi ist einer der außergewöhnlichsten Menschen, die ich je kennengelernt habe – und einer der stärksten: Ihre Unabhängigkeit war ihr wichtig, die hat sie immer zu wahren versucht. Das Korsett gesellschaftlicher Konventionen musste sie deshalb sprengen. Zu heiraten und Kinder zu bekommen war für Frauen damals quasi Vorschrift, aber ein solches Leben wollte Beatrice nie führen. Ihr »special interest« galt der Archäologie, das war ihre Berufung. Die Familie mag in unserer Gesellschaft noch heute als höchstes Glück gelten – aber eben nicht für alle, und deshalb sollte sie auch nicht das Maß aller Dinge sein. Wobei Beatrice das Wort »Glück« nicht gutheißen würde, auch das hat sie mir klargemacht: Viel wichtiger, als einem unbestimmten Glück nachzujagen, ist es, dafür zu sorgen, dass man zufrieden ist.

Mit der zweiten großen Liebe ihres Lebens hatte sie einen Seelenverwandten gefunden, der ihr eine gute Beziehung ermöglichte, ohne dass sie dafür ihre große Leidenschaft einschränken musste. Einen Trauschein brauchte sie dazu nicht, der dürfte für sie tatsächlich nie eine große Rolle gespielt haben – und damit auch nicht die Tatsache, dass ihr Liebster bereits eine Trennung ohne offizielle Scheidung hinter sich hatte.

Ein Satz hat mich in den Gesprächen mit ihr ganz besonders getroffen: dass wir uns von unseren Partnern zwar wünschen können, dass sie ein bestimmtes Verhalten an den Tag legen oder etwas Bestimmtes tun – aber dass wir es nie erwarten sollten. Getroffen deshalb, weil ich mich dabei ertappt habe, wie oft ich etwas von meinem Partner erwarte und fordere. Natürlich darf ich erwarten, dass er mir treu bleibt, das haben wir uns versprochen. Natürlich erwarte ich auch, dass er eine Verabredung zum Einkaufen einhält, das ist die Absprache. Aber wenn ich finde, dass er mir zu wenig Aufmerksamkeit schenkt, wenn er sich einen Abend lang nicht meldet, mich nicht mit einem Essen im Restaurant überrascht oder das Geburtstagsgeschenk zu mickrig oder unromantisch ausfällt: Dann bin ich selbst schuld daran, wenn ich enttäuscht bin. Solche Dinge kann ich mir wünschen, aber ich sollte sie nicht er-

warten. Es ist tatsächlich ein himmelweiter Unterschied, und den sollte man sich grundsätzlich bewusst machen und verinnerlichen.

Es gibt noch zwei Punkte, mit denen Beatrice mir und der Gesellschaft, in der ich heute lebe, einen Spiegel vorgehalten hat: Erstens, indem sie ganz nüchtern zugegeben hat, dass sie mit Babys nichts anfangen kann und nie welche kriegen wollte. In diesem Moment wurde mir klar, wie groß das Tabu immer noch ist, das sie damit bricht. Unsere Gesellschaft ist stark auf Familie und Kinder fixiert, was auch sein Gutes hat, weil wir sonst vermutlich schnell aussterben würden. Aber wir sollten unseren Mitmenschen die Möglichkeit geben, sich für oder gegen Nachwuchs auszusprechen, ohne vor allem die Frauen deshalb zu verurteilen oder schief anzugucken. Ohne sie egoistisch zu finden – das ist ein Argument, das ich oft höre. Kinder zu kriegen ist nicht unter allen Umständen und auch nicht für alle das Wichtigste im Leben.

Der zweite Punkt betrifft die Emanzipation: Beatrice de Cardi war emanzipiert, bevor es diesen Begriff überhaupt gab. Sie hat wirklich noch in einer reinen Männergesellschaft Karriere gemacht – und dennoch alles erreicht, was sie erreichen wollte. Natürlich haben wir Frauen es fünfzig Jahre später auf dem Arbeitsmarkt nach wie vor in sehr vielen Bereichen nicht leicht. Noch immer werden wir benachteiligt oder werden uns Hindernisse in den Weg gelegt. Es gibt Ungerechtigkeiten, die zum Himmel schreien – zum Beispiel niedrigere Löhne und Gehälter. Natürlich bekommt frau da Lust, zu brüllen und mit der Faust auf den Tisch zu schlagen. Ab und zu geht es auch nicht anders. Aber bevor diese Missstände in unserer Gesellschaft flächendeckend ausgeräumt sind, ist es manchmal vielleicht klüger und leichter, sich in Diplomatie zu üben, Widerstand zu vermeiden und die Methode von Beatrice anzuwenden: den »Victorian Way«. Schweigen (auch wenn das schwerfällt), vielleicht lächeln (auch wenn das noch schwerer fällt), notfalls sogar charmant nicken – aber dann doch unbeirrt das tun, was frau tun wollte.

»Dein Bestes ist nicht immer das Beste für deine Kinder.«

~

Jeanne

*14. März 1914 in Paris

Sommer, 1923. Das Karussell mit den bunten Schaukelpferden hat es ihr am meisten angetan. Vor ihm blieb sie immer besonders lange stehen, wenn sie mit ihrer Freundin im *Bois de Vincennes* spielte, einem der beiden großen Stadtwälder von Paris. Sie sahen so fröhlich aus, die buntbemalten Pferde, sie bewegten sich nicht nur im Kreis, sondern auch nach oben und unten, begleitet von fröhlicher Leierkastenmusik.

Manchmal konnte Jeanne mitfahren, dann hatte die Mutter ihr ein paar Centimes gegeben. Dann durfte auch sie sich eines der Schaukelpferde aussuchen. Aber meistens reichte dafür das Geld nicht. Ihr Vater war nur ein einfacher kleiner Bankangestellter. Drei hungrige Münder hatte er zu stopfen, sie hatte noch zwei Geschwister. Deswegen blieb es meistens beim Zugucken, deswegen musste sich das kleine Mädchen mit den schwarzen Zöpfen damit zufriedengeben, *cache-cache* zu spielen, Verstecken. Das kostete nichts. Manchmal lief sie mit ihrer Freundin bis zum *Vélodrome*, das war 1900 Wettkampfstätte der Olympischen Sommerspiele gewesen. Dort waren die Renovierungsarbeiten in vollem Gange. Denn im nächsten Sommer, nach nur vierundzwanzig Jahren, sollte Paris erneut olympischer Austragungsort sein. Dann würde auch hier im Park wieder eine Menge los sein, erzählte ihr die Mutter. Die war um 1900 in Jeannes Alter. Vielleicht würde dann doch noch das eintreten, worauf die Menschen in diesem Teil von Paris schon damals gehofft hatten: dass mit den Olympischen Spielen im *Bois de Vincennes* auch das gesamte Viertel aufgewertet würde, das 12. Arrondissement. Deswegen hatte man den größten Teil der Sommerspiele damals vor dreiundzwanzig Jahren ja auch in diesem Stadtwald stattfinden lassen. Doch bislang warteten sie vergeblich darauf, die Menschen hier im armen Osten. Bislang war es im noblen Westen – dort, wo der zweite Stadtwald von Paris liegt, der *Bois de Boulogne* – nach wie vor weitaus schicker als bei ihnen.

»Ein bisschen hat sich das inzwischen geändert – immerhin!«, meint Jeanne Tournier, als ich sie in ihrem Rollstuhl nach unten in den Aufenthaltsraum schiebe. Dort findet gleich ein Mittagessen mit Rahmenprogramm statt, ein *apéritif tyrolien*, ein Tiroler Aperitif. In Nordfrankreich. Was das wohl sein mag? Jeanne und ich sind beide gleichermaßen gespannt.

Seit fünf Jahren wohnt sie nun schon in diesem Heim an der französischen Ärmelkanalküste, bei Le Touquet-Paris-Plage. Dort besaßen die Tourniers eine Ferienwohnung. Von Paris nach Touquet ist es ja nur gut eine Stunde mit dem Auto. Deshalb wird der Strand hier auch Strand von Paris genannt: Touquet-Paris-Plage.

Nach dem Tod ihres Mannes 1989 hat Jeanne Paris verlassen, um ganz in die Ferienwohnung zu ziehen. Und vor fünf Jahren, seit sie nicht mehr laufen kann und einen Rollstuhl braucht, ist sie hier ins Heim gekommen.

Ansonsten aber ist sie mit ihren 101 Jahren erstaunlich fit. »Eigentlich noch zu fit für ein Heim«, pflegt sie zu sagen. Sie findet niemanden zum Scrabblespielen, denn »mit allen über achtzig ist hier nicht mehr viel anzufangen«. Kein Wunder, dass sie im *Atelier des Mémoires*, in der »Erinnerungswerkstatt«, immer am besten abschneidet – ein Workshop, in dem die Heimbewohner ihr Gedächtnis trainieren können. Das ihre, so konnte ich bereits feststellen, funktioniert noch tadellos.

Aber auch wenn ihr das Heimleben schwerfällt: »Ich habe immer die Kraft gefunden, nicht zu klagen«, betont sie und fährt mit der linken Hand prüfend über das tadellos liegende kurze graue Haar – sie kommt gerade vom Friseur. Aber auch schon vorher sah sie aus wie eine Bilderbuch-Großmutter.

Dass Jammern für sie ein Fremdwort ist, führt sie auf ihre Charakterfestigkeit zurück. Die habe ihr immer geholfen – auch jetzt, in dieser letzten Lebensphase: »Ich habe mich angepasst.« Wie soll sie gegen etwas aufbegehren, gegen das es kein Aufbegehren gibt? *Non*, eine charakterfeste Frau weiß, dass das keinen Sinn hat. Und Jeanne Tournier hat ihren Charakter, wie man hier sagt, schon in jungen Jahren geschmiedet wie ein Schmied ein Hufeisen: *se forger un caractère*. Das hat sie von ihrer Mutter, da ist sie sich ganz sicher: »Die musste im Ersten Weltkrieg ganz alleine drei kleine Kinder durchbringen. Dafür braucht man eine enorme Charakterstärke.« Zum Glück wurde der Vater nur leicht verwundet und konnte lebend aus dieser *Grande Guerre* zurückkehren. So nennen die Franzosen den Ersten Weltkrieg: »Großen Krieg«.

Schmiede deinen Charakter, damit er stark wird!

»Aber viel zu essen hatten wir nie«, erinnert sie sich. »Deshalb war ich anfällig für alle Kinderkrankheiten, die man sich vorstellen kann – Scharlach, Röteln, die Masern.« Dagegen impfen konnte man sich damals ja noch nicht: »Und mich erwischte es immer, grundsätzlich«, sagt Jeanne. »Mein Immunsystem muss besonders geschwächt gewesen sein. Ein Wunder, dass ich die Spanische Grippe überlebt habe!« Die wütete damals nämlich auch, zwischen 1918 und 1920. Und sie hat mindestens 50 Millionen Menschen das Leben gekostet: »Besonders die Armen und Schwachen.«

Natürlich habe sie als Kind manchmal davon geträumt, den *Bois de Vincennes* gegen den *Bois de Boulogne* eintauschen zu können. Dieser zweite Stadtwald von Paris gilt mit seinen Seen, Inselchen, Gärten und Cafés seit jeher als beliebtes Ausflugsziel der Pariser Oberschicht. »Nachts sollte man natürlich auch ihn meiden«, stellt die alte Dame klar. Dann sei er fest in der Hand von Prostitution und Kriminalität. Aber wie gerne hätte sie sich als junges Mädchen dort tagsüber auf eine der Parkbänke gesetzt! Um statt Schaukelpferden reiche Damen zu bewundern, die dort die allerneueste Mode zur Schau trugen – schicke Hütchen, raffinierte Mäntel und schmale fließende Röcke. Der *Garçonne-Look* war damals en vogue: knabenhaft zu wirken, darauf kam es an. »Einige Frauen haben sich sogar die Haare abschneiden lassen, das muss man sich mal vorstellen! Was für eine Revolution!«, sagt Jeanne. Eine der Ersten, die sich demonstrativ mit Bubikopf auf die Straßen wagte, war eine gewisse Gabrielle Chanel. Als Coco Chanel ging sie in die Modegeschichte ein. Den Duft, der sie unsterblich machte, entwickelte sie 1923 gerade: Chanel No. 5. Und sie entwarf das berühmte Kleid, das die Frauen noch heute so gern bei offiziellen Anlässen anziehen, weil sie darin nicht nur einfach gut und elegant aussehen, sondern obendrein sexy: das kleine Schwarze. »Das habe ich später auch oft getragen«, erzählt Jeanne.

Wenn man etwas wirklich will im Leben, kann man Berge versetzen. Gib dein Bestes – und rechne mit einem Wunder!

Doch Tagträume dieser Art erlaubte sie sich als junges Mädchen nur in Ausnahmefällen. Die Reichen seien unter sich geblieben und die Armen auch. »Das war besser so. Anders wird man bloß unzufrieden und neidisch. Das hat keinen Zweck.«

Sehr viel Zweck hingegen habe es, sich fest vorzunehmen, seinem sozialen Milieu zu entsteigen. Genau das hat Jeanne getan. Zwar wollte sie so wie ihre Mutter den Mann fürs Leben finden und mit ihm eine Familie gründen – das war ihr höchstes Lebensziel. Aber anders als ihre Mutter nicht im armen Osten, nicht im 12. Arrondissement. Schon als junges Mädchen stand für sie unumstößlich fest: Ihre Kinder sollten es einmal besser haben. »Das ist mir auch gelungen. Niemand in meiner Familie hat es so weit gebracht wie ich.« Der Wille versetzt bekanntlich Berge: »Wenn man etwas wirklich will im Leben, dann erreicht man es auch!« Vorausgesetzt, man ist bereit, sein Bestes zu geben – dann könne man mit einem Wunder rechnen.

Als Erstes machte sie deshalb ihren Schulabschluss und hängte eine solide Ausbildung als Büroangestellte dran. Studieren wollte sie nie: »Das war nichts für mich, mit meiner Ausbildung in der Tasche habe ich auch so immer sofort Arbeit gefunden.« Auch die Suche nach einem geeigneten Mann, dem künftigen Vater ihrer Kinder, verlief einfacher, als sie geglaubt hatte. »Ich war ja bloß ein ganz gewöhnliches Mädchen, nicht besonders schön, nicht besonders intelligent – und reich schon gar nicht. Ich war, das muss ich mir eingestehen, Durchschnitt.«

Deshalb wunderte sie sich sehr, als einer ihrer Cousins eines Tages zu ihr sagte: »Schade, dass du meine Cousine bist, sonst hätte ich dich gerne geheiratet!« Es müsse an ihrer Charakterfestigkeit gelegen haben, meint sie, als wir den Aufenthaltsraum erreichen und feststellen, dass wir für den Tiroler Aperitif viel zu früh dran sind: Das Personal ist gerade erst dabei, die Tische zu einer langgezogenen Tafel zusammenzuschieben. »Der Cousin muss gespürt haben, wie wichtig mir bestimmte Normen und Werte waren«, sagt Jeanne, als ich den Rollstuhl an einen kleinen runden Tisch in einer stillen Ecke schiebe, wo wir ungestört warten und weiterreden können. »Treue zum Beispiel. Oder Loyalität. Verstehen Sie?«

Ich kann mir problemlos vorstellen, dass Männer bei einer Frau wie Jeanne sofort wussten, woran sie waren, und dass man sich auf diese Frau verlassen konnte. Jeanne war eine Frau für ernste Absichten.

Bei einem Essen im Freundeskreis ihres Bruders lernte sie schließlich Georges kennen. Er war *un garçon charmant*, ein charmanter Junge, und sieben Jahre älter als sie. Urspünglich kam er aus der tiefen Provinz, einem Nest in der Haute-Savoie an der Schweizer Grenze, unweit von Genf. Aber seit mehr als fünfzehn Jahren wohnte er nun schon in Paris, ebenfalls im Osten. Er gefiel ihr sofort, dieser Georges. Obwohl oder vielleicht gerade deswegen, weil auch er ganz gewöhnlich war: nicht übermäßig schön und nicht reich. Durchschnitt eben. Aber, so stellte sie fest, sehr intelligent und von derselben Charakterfestigkeit wie sie: »Auch er wollte es im Leben zu etwas bringen. Und er wollte eine Familie gründen. Das war auch für ihn das Wichtigste.«

Es dauerte nicht lange, und der *garçon charmant* stand sonntagnachmittags regelmäßig vor der Tür und fragte Jeannes Mutter, ob er die Tochter zu einer *promenade* entführen dürfe. »Dann war man eigentlich schon so gut wie verlobt«, sagt die alte Dame. So jedenfalls sei das damals, als sie einundzwanzig war, gewesen. Auf einer dieser *promenades* haben sie sich dann den ersten Kuss gegeben. Es dauerte auch nicht lange, und das Hochzeitsdatum stand fest: »Am 10. Oktober 1936«, sagt Jeanne wie aus der Pistole geschossen. Donnerwetter, so schnell war mit diesem Datum bislang noch keine meiner Hundertjährigen!

»In meinem Leben gab es keinen zweiten Mann!«, stellt die kleine alte Frau auch gleich klar. Sie brauchte nicht weiter zu suchen, sie hatte gleich den Richtigen gefunden: »Weil er in den wesentlichen Dingen des Lebens die gleichen Auffassungen vertrat wie ich«, erklärt sie mir. Das sei das Geheimnis ihrer guten Ehe gewesen. »Wir hatten dieselben Normen und Werte. Und wir hatten die gleichen Ziele.« Das mache es einfach, dann könne man am gleichen Strang ziehen.

»Die jungen Leute vergessen heute oft, sich zu fragen, was der andere mit seinem Leben anfangen will. Und ob das gut zu den eigenen Lebensplänen passt. Sie denken, es reicht, sich zu lieben, und binden sich.« Vielleicht sei das auch mit ein Grund, warum es heute so viel mehr Scheidungen gebe als früher. Georges und sie seien da nüchterner gewesen, viel bodenständiger. Wobei sie eines klarstellen möchte: »Das Ausmaß der Liebe ist nicht vom Ausmaß der Leidenschaft abhängig!«

Die Hochzeit fand, soweit es die finanziellen Mittel zuließen, im großen Stil statt. Das Hochzeitskleid war ein Traum in Weiß mit allem Drum und Dran – Schleppe, Schleier, wie es sich gehört. Eine Nachbarin hatte es für sie geschneidert und auch den Stoff besorgt, umsonst: »Meine Mutter hatte sie im Ersten Weltkrieg sehr unterstützt, sie wollte sich revanchieren.« Auch das Blumenbouquet fiel hinreißend aus, Jeanne hat mir vor dem Runtergehen in ihrem Zimmer oben das Hochzeitsfoto gezeigt: Das junge Paar steht zwischen zwei weißen Blütenwolken, eine dritte Wolke aus weißen Nelken und Lilien hält die Braut auf dem Arm. Neben ihr schaut ein sehr ernsthaft wirkender junger Mann durch seine runden Brillengläser. Voller Stolz blicken sie beide in die Kamera, man sieht ihnen an: Das ist ihr großer Tag.

Das Ausmaß der Liebe ist nicht vom Ausmaß der Leidenschaft abhängig.

Notre-Dame de Clignancourt heißt die Kirche, in der sie getraut wurden. »C-l-i-g-n-a-n-c-o-u-r-t«, buchstabiert Jeanne wie eine strenge Lehrerin. Ich wundere mich ein bisschen, denn das müsste irgendwo in der Nähe des Montmartre sein – also deutlich vom 12. Arrondissement entfernt, fast auf der anderen Seite der Stadt, im Nordwesten. Ich komme nicht dazu, nachzufragen, denn Jeanne ist schon dabei, weiterzuerzählen: Wie die kleine Hochzeitsgesellschaft anschließend raus bis nach Vincennes gefahren ist – das ist wieder ganz im Osten –, um im *Cygne* zu essen, im »Schwanen«, ein Restaurant, so stelle ich später im Internet fest, das es noch heute gibt. Allein bei der Speisenfolge des Hochzeitsmahls lässt ihr Gedächtnis sie im Stich.

Wie es sich für eine Bilderbuchhochzeit gehört, fehlte auch die Hochzeitsreise nicht, zwei Wochen lang. Erst ging es an den Genfer See und Georges' Geburtsort, dann ins Elsass, wo die Frischvermählten das prachtvolle Münster von Straßburg bewunderten und durch »La Petite France« schlendern, wie das pittoreske Gerberviertel mit seinen Fachwerkhäusern und Kopfsteinpflastergassen auch genannt wird. »Wir haben jeden Tag gut gegessen und das Leben genossen.« Selbstverständlich erkundeten sie auch die Weindörfer entlang der *Route du Vin*: Ribeauvillé, Riquewihr, Kaysersberg. Die dürften damals noch nicht so hoffnungslos überlaufen gewesen sein wie heute, denke ich mir. Und sie gehörten gerade erst seit achtzehn Jahren wieder zu Frankreich – zuvor waren sie fast fünfzig Jahre deutsch gewesen. Gleich vier Mal haben die Elsässer in den letzten hundertfünfzig Jahren die Nationalität wechseln müssen. Einer der berühmtesten Elsässer, der Künstler Tomi Ungerer, hat es einmal wenig charmant, aber treffend auf den Punkt gebracht: »Das Elsass ist die Toilette Europas – immer besetzt.« Nach dem Deutsch-Französischen Krieg 1871 wurde es deutsch, nach dem Ersten Weltkrieg wieder französisch, während des Zweiten Weltkriegs wieder deutsch, und seit 1945 gehört es wieder zu Frankreich. Aber von dieser zweiten großen europäischen Katastrophe ahnten Jeanne und Georges noch nichts, als sie im Herbst 1936 frisch vermählt und verliebt durch das Elsass reisten. Wie auch sollten sie vermuten, dass Georges drei Jahre später in genau dieses Gebiet zurückkehren würde, aber dann als Soldat an der Front? Dass er genau hier, wo er einst seine Flitterwochen verbracht hat, in deutscher Kriegsgefangenschaft leben musste – in einem der »Stalags«, wie die deutschen Stammlager kurz genannt werden?

Nein, in diesem Herbst 1936 ist für Georges und Jeanne die Welt noch in Ordnung – für Jeanne war sie eigentlich zum allerersten Mal in ihrem Leben so richtig in Ordnung. Das Leben schien ihr zuzulachen, alles verlief so, wie sie es sich vorgenommen hatte: Sie hatte nicht nur den Mann fürs Leben gefunden, sondern kurz vor der Trauung obendrein ein kleines, aber gemütliches und bezahlbares Appartement, in dem ihr gemeinsames Leben beginnen konnte – und zwar bereits in einem weitaus besseren Teil der Stadt: in der *Rue de Trétaigne* im Nordwesten. »Die gehört zum Montmartre-Viertel!«, erklärt sie mir, und der Klang ihrer Stimme verrät noch heute, achtzig Jahre später, wie gleichermaßen stolz und froh sie damals war, dem Osten von Paris und dem 12. Arrondissement endlich den Rücken zuwenden zu können.

Jetzt wird mir auch klar, weshalb die Trauung in der *Notre-Dame de Clignancourt* stattfand – Jeanne wollte ganz offensichtlich ein markantes Zeichen setzen. Ihr neues Leben sollte nicht da beginnen, wo sie ihr altes verbracht hatte. »Die Kirche liegt nur dreihundert Meter von unserer damaligen Wohnung entfernt«, bestätigt sie, als ich nachfrage.

Aber viel wichtiger fand sie es, dass der nächste Stadtwald nun nicht mehr *Bois de Vincennes* hieß, sondern *Bois de Boulogne*. Dorthin sollten ihre Sonntagsausflüge mit Georges und später auch mit den Kindern gehen. Ihnen würde sie öfter die Möglichkeit geben können, Karussell zu fahren, und mit ihnen wollte sie im *Bois de Boulogne* auch den berühmten Rosengarten bewundern, den *Parc de Bagatelle*. An der berühmten Sacré-Cœur-Basilika, die den Montmartre wie eine schneeweiße gigantische Perle krönte, kam sie als junge Ehefrau nun sogar fast täglich vorbei, die liegt nur einen Steinwurf entfernt. Ich denke an meine letzten Paris-Besuche zurück: Dann kann auch das *Moulin Rouge* nicht weit weg gewesen sein und das Konkurrenzlokal *Moulin de la Galette*, das Renoir auf einem seiner schönsten Gemälde verewigt hat. Er liegt in der pittoresken Rue Lepic, wo 2001 einer meiner Lieblingsfilme gedreht wurde, *Die fabelhafte Welt der Amélie*. Seitdem ist die Straße auch einem großen Kinopublikum bekannt.

Das Gesicht von Jeanne Tournier verrät mir, dass sie um beide Etablissements einen großen Bogen gemacht haben muss. Für eine anständige Frau, die auf sich hielt, gehörte sich das so. Wo man sie hingegen regelmäßig mit ihrem Georges antreffen konnte, das war die *Place du Tertre* ganz oben auf dem Montmartre, nur 170 Meter von Sacré-Cœur entfernt. Auf einer der vielen Terrassen gönnte sich das Ehepaar gerne ein Glas Wein oder eine Tasse Kaffee. Damals dürften sich dort noch nicht ganz so viele Porträtmaler und Karikaturisten den Platz streitig gemacht haben wie heute; es gab mit Sicherheit auch noch nicht so viele Touristen, um deren Gunst sie hätten buhlen können.

Stattdessen muss der Geist unzähliger künstlerischer Schwergewichte noch wie ein unsichtbarer Nebelschleier durch Straßen und Kopfsteinpflastergassen geweht haben: Egal, ob Cézanne, Degas, Matisse, Vincent van Gogh oder Toulouse-Lautrec – sie alle haben sich am Montmartre, wenn auch nur für kurze Zeit, niedergelassen, um hier zu leben und zu arbeiten. Auch die Karriere von Picasso begann auf diesem Hügel. Er kam 1904 und blieb bis 1912 – zwei Jahre vor Jeannes Geburt. Als Jeanne 1936 in die Rue de Trétaigne zog, war er gerade erst vierundzwanzig Jahre weg.

Einen Moment lang sitzen wir in Gedanken versunken an unserem kleinen runden Ecktisch, während das Heimpersonal vor uns

Der Sonne zugewandt: 101 Jahre ist sie inzwischen alt – aber einen Bummel über die berühmte Croisette in Cannes lässt sich die Schweizer Schreinerstochter Agnes Parodi, die es der Liebe wegen über London und Dakar an die Côte d'Azur verschlagen hat, nach wie vor nicht nehmen. Um die Aussicht zu genießen. Und bei schönem Wetter bis nach Korsika zu schauen.

Immer gut gelaunt – und immer gastfreundlich: Auch Kerstin Schweighöfer durfte sich von Agnes Parodi verwöhnen lassen. Wobei ein guter Tropfen Wein ebenso wenig fehlte wie ein feiner *gateau* zum Dessert.

Mehr als 80 Jahre liegen zwischen diesen beiden Fotos. Aber das Lachen ist dasselbe geblieben. Und auch der Schalk sitzt Agnes nach wie vor in den Augen.

Seidenschal, Lippenstift und eine Spur von Lidschatten: Beatrice de Cardi, die Grand Old Lady der britischen Archäologie, legt auch mit 101 Jahren noch großen Wert auf ihr tadelloses Erscheinungsbild.

rechts unten: Zu ihrem 100. Geburtstag griff selbst die Queen zum Füllfederhalter, um Beatrice eine Karte mit handgeschriebenen Glückwünschen zu schicken.

oben: Voller Stolz präsentierte sich die junge Archäologin an ihrem ersten Arbeitsplatz im Museum of London. Weitaus lieber als hinterm Schreibtisch hielt sich Beatrice in den Steppen- und Wüstenlandschaften von Afghanistan oder Pakistan auf.

Dicke Zigarre, eleganter dunkler Anzug: In den 1930er Jahren putzte sich Fritz Tuche regelmäßig fein heraus, um es mit den Mitgliedern seiner Studentenverbindung in Gotha so richtig krachen zu lassen. Das Bier floss dabei immer in Strömen.

Auch seinen 100. Geburtstag feierte der Bauingenieur und Berufsschullehrer aus Jena 2014 ausgiebig. Aber anders, als das Foto vermuten lässt, hat sich der joviale, optimistische Mann nicht nur im Stemmen von Maßkrügen geübt, sondern immer auch im Maßhalten. Denn, so weiß er: »Ohne Disziplin geht nichts im Leben.«

Die Malerei war die größte Leidenschaft in ihrem Leben: Lachend sitzt Mariska Hofman-Gaspar in ihrem Amsterdamer Wohnzimmer unter einem ihrer Landschaftsgemälde. Die gebürtige Ungarin, die im Dezember 2015 ihren 105. Geburtstag feiert, hat bis ins hohe Alter hinein gemalt. »Leidenschaft ist nicht nur Liebesbeziehungen vorbehalten«, findet sie. »Vielleicht eignet sie sich viel besser für andere Dinge im Leben – für Talente oder Berufungen.«

Zum Schluss sind Mariskas Werke immer abstrakter geworden. So wie dieses farbenfrohe Gemälde, vor dem sich die vierfache Mutter stolz mit ihrem jüngsten Sohn Hans präsentiert. Er wohnt ein Stockwerk höher und kümmert sich hingebungsvoll um sie.

Annemarie Schulze ist mit ihren 105 Jahren die älteste Hauptfigur in diesem Buch. Seit drei Jahren wohnt sie in einer Münchner Seniorenresidenz, umgeben von Erinnerungen und Fotos ihrer Kinder und Enkelkinder, der Freundinnen, Hunde und Männer ihres Lebens.

Aufgewachsen ist die einstige Geschäftsfrau in Erfurt, wo sie als junges Mädchen regelmäßig beim Tanztee im legendären Haus Kossenhaschen am Bahnhofsplatz anzutreffen war.

Noch heute ist ihre Unternehmungslust groß: Einmal im Monat trifft sie sich mit Freunden und Bekannten zur Blauen Stunde, die manchmal bis Mitternacht dauert. Und mindestens einmal pro Woche geht sie mit einem 30 Jahre jüngeren Kavalier zum Italiener um die Ecke.

Blumen gehen ihr über alles: Gretel Schulze hat die Wände ihres Zimmers mit selbstgemalten Blumenbouquets geschmückt. Früher war das Gärtnern ihr Lieblingshobby, nun ist es die Malerei.

Als Nachzügler von drei Kindern einer armen Berliner Arbeiterfamilie wuchs Gretel zu einer attraktiven jungen Frau heran, die über Umwege als Dirigentengattin in Baden-Baden landete. »Ich habe den Männern schon gefallen.«

Ein Leben im Zeichen des Glaubens und der Besitzlosigkeit. Schon als vierjähriges Kind hat der aus Oberschlesien stammende Franziskanerpater Hubert Gola Gott entdeckt: »Gott hat einfach früh ein Samenkorn in mich hineingelegt.« Das Radio unter dem Kreuz ist der einzige Luxus, den sich der 101-Jährige leistet: »Ich konnte Schaufenster immer ohne Begierde betrachten.«

Der wichtigste Tag in ihrem Leben war der 10. Oktober 1936, als Jeanne Tournier in Paris ihrem Georges das Jawort gab. Eine Familie zu gründen und es im Leben zu etwas zu bringen war der größte Wunsch im Leben der inzwischen 101 Jahre alten Französin, die in ärmlichen Verhältnissen im Osten von Paris aufwuchs. Beides hat sie erreicht: »Wenn man wirklich etwas will im Leben, kann man Berge versetzen.«

Heute lebt sie in einem Seniorenheim an der französischen Kanalküste. Kerstin Schweighöfer ließ sich dort von Jeanne aus ihrem Leben erzählen und viele Fotos zeigen – unter anderem die von Hochzeit und Erstkommunion.

Ihr Leben war hart und von Verlusten geprägt. Schwarzwaldbäuerin Mathilde hat es dennoch immer als Geschenk erfahren. Denn, so pflegt sie zu sagen: »Das Leben ist nicht gerecht, und der Mensch hat kein Recht auf Glück.« Die schönsten Momente verbringt sie zusammen mit ihren Hunden in ihrem Garten.

hin und her flitzt, um die Tafel für den Tiroler Aperitif zu decken. Wie gerne hätte ich selbst eine Zeitlang in diesem Pariser Viertel gelebt! Aber dann vorzugsweise um 1900, jener faszinierenden Zeit, als der Montmartre Brutstätte der Avantgarde war. Was für Jeanne sicher zu aufregend gewesen wäre. Dass es anno 1936 im Viertel wieder ein bisschen ruhiger und auch bürgerlicher und konservativer zuging, dürfte eher ihrem Geschmack entsprochen haben.

Jedenfalls war sie in ihren ersten Ehejahren rundum glücklich und zufrieden. Der einzige Störfaktor war die Schwiegermutter: Sie war seit langem verwitwet und Georges ihr einziges Kind, das sie allein großgezogen hatte. Nach dem Tod ihres Mannes hatte sie mit ihrem kleinen Sohn das Provinznest in den Alpen verlassen, um sich in Paris Arbeit zu suchen und mit Gelegenheitsjobs über Wasser zu halten. Georges war ihr Alles, und als sie von Jeanne erfuhr, brach für sie eine Welt zusammen: »Wir haben gegen ihren Willen geheiratet«, erzählt Jeanne. Erst hatte die junge Braut noch gehofft, dass sich alles schnell einrenken würde. Zur Verlobung im Mai 1936, die mit einem kleinen Empfang gefeiert wurde, war die Schwiegermutter immerhin mit einem Strauß Maiglöckchen erschienen. »Georges, sie hat mir Blumen mitgebracht«, raunte sie ihrem zukünftigen Mann ungläubig zu. »Willst du die Wahrheit hören, *chérie*?«, entgegnete dieser. »Ich habe ihr die Maiglöckchen, bevor sie reinkam, in die Hand gedrückt.«

Jeanne wusste, dass ihr Mann auf ihrer Seite stand und immer zu ihr halten würde. Er war sogar bereit, mit seiner Mutter zu brechen. Aber so weit wollte sie es selbst nicht kommen lassen. »Ein Mann sollte nie zwischen seiner Frau und seiner Mutter wählen müssen.« Denn *après tout*, betont sie: »Die Mutter bleibt immer die Mutter!« Deshalb übte sie sich in Diplomatie und provozierte nicht, hielt sich die Schwiegermutter aber möglichst vom Leib, indem sie sie nur zu allen offiziellen Anlässen wie Taufen oder Kommunionfeiern einlud – egal, was sich der unerwünschte Gast herausnahm.

»Und sie hat sich viel herausgenommen!«, versichert mir Jeanne. Eine schöne, große Frau sei sie gewesen, die Schwiegermutter, aber böse und verbittert, vom Leben enttäuscht und extrem eifersüchtig. Über jeden Schritt ihres Sohnes wachte sie, kontrollierte ihn ständig: »Sie hat ihm die Kindheit und Jugend zur Hölle gemacht«, sagt Jeanne und fügt nüchtern hinzu: »Die Ehe mit mir war für ihn nicht zuletzt deswegen ein Paradies, weil er nach der Hochzeit diese Hölle verlassen konnte.«

Die Mutter wollte auch nicht, dass der Sohn es zu etwas brächte, weil er sich so ihrer Kontrolle entziehen konnte. Nur so sei es zu verstehen, dass sie sich weigerte, ihn nach dem Hauptschulabschluss auf eine weiterführende Schule gehen zu lassen. »Der Lehrer hat noch versucht, ihr ins Gewissen zu reden«, weiß Jeanne. Georges habe es ihr erzählt. Ihre Antwort sei kurz und bündig ausgefallen: »Darum. *Parce que*. Weil ich es nicht will.« Der Sohn solle sich so wie sie im Viertel nach einem Job umschauen, das reiche. »Er hat dann auch schnell etwas gefunden«, erzählt Jeanne. »Als Laufbursche und später als Vertreter bei einer kleinen Stoff-Firma.«

Seufzend schüttelt sie den Kopf. »Wie nur können Eltern nicht wollen, dass es ihren Kindern besser geht als ihnen selbst? Wie nur können sie ihre Söhne und Töchter davon abhalten wollen, mehr zu erreichen, mehr zu wissen als sie?«

Vielleicht, werfe ich ein paar Gegenfragen auf, weil das für die Eltern Neuland ist und sich der Mensch vor unbekanntem Terrain immer erst einmal in Acht nimmt? Weil sie fürchten, ihr Kind könnte ihnen über den Kopf wachsen und sich gar für etwas Besseres halten? Ist es das? Oder fürchten sie, dass sie das Kind dann nicht mehr angemessen begleiten können und es zu sehr auf sich allein angewiesen ist?

Nachdenklich schaut mich Jeanne an. Ich habe keine Antworten für sie parat. Natürlich sind längst andere Zeiten angebrochen. Aber wie viele Eltern tun sich auch anno 2015 noch mit der Schulwahl ihrer Kinder schwer! Auch ich kenne Paare, die ihren Nachwuchs gezielt auf ihrem vertrauten Niveau gehalten haben, obwohl dieser vielleicht für eine höhere Schulausbildung in Frage gekommen wäre. Inwieweit spielt da unbewusst die eigene Ausbildung eine Rolle? Die eigenen Erfahrungen und die unbewusste Angst, das Kind könnte einem fremd werden? Länder wie Deutschland oder die Niederlande rühmen sich gerne mit ihren demokratischen Schulsystemen, die es auch jedem Arbeiterkind ermöglichen, Akademiker zu werden. Mal ganz abgesehen davon, dass es völlig unsinnig ist, jedes Kind zum Akademiker zu machen: Wie ist es tatsächlich um diese soziale Durchlässigkeit bestellt? Umfragen zeigen eine andere Wirklichkeit. Die Holländer haben dafür auch ein Sprichwort: Aus zehn Cent werden so schnell keine zwanzig, lautet es frei übersetzt. Wann ist es sinnvoll und wann nicht, die Kinder nach den Sternen greifen zu lassen? Keine leichte Frage, finde ich.

Gib deinen Kindern Flügel. Lass sie fliegen – auch wenn sie höher fliegen als du!

Jeanne Tournier tut sich mit der Antwort dennoch nicht schwer: »Eltern sollten ihren Kindern prinzipiell Flügel geben und ihnen nicht die Flügel stutzen«, sagt sie. »Lass sie fliegen – auch wenn sie höher fliegen als du!«

Zum Glück habe Georges sich von seiner Mutter nicht davon abhalten lassen, doch noch zum Flug anzusetzen: Nach der Hochzeit ließ er sich nebenbei umgehend zum Buchhalter ausbilden. »Weil er – so wie ich – den unbedingten Willen hatte, sich hochzuarbeiten.«

Doch dann wurde diesem Höhenflug ein vorläufiges abruptes Ende bereitet. Schuld war der Zweite Weltkrieg. Wie bei fast allen meinen Hundertjährigen fiel die Kerbe, die er in ihren Lebensläufen hinterlassen hat, auch bei Jeanne und Georges sehr tief aus: Am 3. September, zwei Tage nach dem deutschen Überfall auf Polen, erklärten Frankreich und Großbritannien dem Deutschen Reich den Krieg. Auch Georges wurde einberufen, er musste an die Front, an die deutsche Grenze im Osten. Jeanne brachte ihn zum Ostbahnhof, zur *Gare de l'est*. So wie unzählige andere Ehefrauen auf dem Bahnsteig winkte sie dem Zug nach.

Dann begab sich die junge Frau zurück in das kleine Appartement in der *Rue de Trétaigne*. Zum ersten Mal in ihrem Leben war sie allein, ganz allein. Tagsüber ging sie nach wie vor zur Arbeit, sie hatte eine Stelle als Bürokraft bei einer Bank ein paar Straßen weiter. Abends setzte sie sich an den kleinen Tisch vorm Fenster und schrieb ihrem Mann. »Jeden Abend habe ich ihm in diesen zwei Jahren geschrieben, jeden Abend! Und sobald er die Möglichkeit hatte, schrieb er mir zurück.« Dadurch wusste sie, dass sie sich keine allzu großen Sorgen machen musste. Denn noch war alles ruhig an der Front, merkwürdig ruhig. Gut neun Monate lang geschah so gut wie gar nichts. Frankreich mochte seine Truppen vor der deutschen Grenze zusammengezogen haben, aber es kam zu keinem großangelegten Angriff, die deutschen und französischen Truppen belauerten sich lediglich misstrauisch. Ein jeder wartete darauf, dass der andere den ersten Schritt tat. Es war ein seltsamer Zustand, der sich nicht definieren lässt, weder Krieg noch Frieden. »Wir versuchen, so gut es geht, die Zeit totzuschlagen«, schrieb Georges an seine Frau. In Frankreich gingen diese Kriegsmonate als *»drôle de guerre«* in die Geschichte ein, als »seltsamer Krieg«, in Deutschland als »Sitzkrieg«.

Doch dann setzte Hitler zum Westfeldzug an: Am 10. Mai 1940 überfiel Deutschland die drei neutralen Beneluxstaaten, um dann in Frankreich einzumarschieren. Innerhalb von nur gut einem Monat gelang es den deutschen Truppen, die *Grande Nation* zu überrennen und am 14. Juni kampflos in ein menschenleer wirkendes Paris einzuziehen. »Wir hatten uns alle in unsere Wohnungen verkrochen«, erinnert sich Jeanne. Am 17. Juni kapitulierte die französische Regierung und unterzeichnete den Waffenstillstand. General Charles de Gaulle, dem während des Westfeldzuges vereinzelte Erfolge gegen die Wehrmacht gelungen waren, flüchtete nach London, wo er sich zum »Führer der Freien Franzosen« erklärte. Denn fortan war Frankreich zweigeteilt – in einen unbesetzten Rumpfstaat im Süden ohne außenpolitische Souveränität und mit einer Regierung, die mit den Deutschen kollaborierte, dem sogenannten Vichy-Regime. Und in einen von Deutschland besetzten nördlichen Teil, in dem auch Paris lag.

»Das Straßenbild war von deutschen Soldaten beherrscht«, erzählt Jeanne. »Ich sah sie patrouillieren, wenn ich aus dem Fenster schaute.« So wie die meisten Pariser versuchte auch sie ihrem Leben trotz allem zumindest den Anschein von Normalität zu geben. Morgens ging sie weiterhin zur Arbeit, abends überklebte sie die Jalousien an ihren vier Fenstern mit blickdichtem Papier, damit kein Licht nach draußen dringen konnte. »Das wollten die Deutschen so, daran hielt ich mich, ich wollte nichts mit ihnen zu tun haben. Die Soldaten kontrollierten immer, ob alle Fenster dunkel waren.«

Sie ist ihnen immer aus dem Weg gegangen, den *boches*, wie das Schimpfwort für den deutsche Besetzer lautet. Kein Wort hat sie an sie gerichtet, auch nicht beim Einkaufen, wenn sie sich Lebensmittel besorgte oder ein Stück Stoff, um einen Rock oder ein Tuch auszubessern. »Zum Glück haben sie auch mich nie angesprochen.« Denn die *boches*, das waren die Erzfeinde.

Ich muss an meinen alten Mann in Jena denken, an Fritz Tuche, der den Frankreichfeldzug von A bis Z mitgemacht hat und auch einige Monate in Paris war. In dieser Zeit hat er den Stoff für das

Brautkleid seiner Frau gefunden. Ob sich seine Wege jemals mit denen von Jeanne gekreuzt haben?

»Zum Glück wusste ich schnell, dass mein Georges außer Lebensgefahr war«, erzählt die weiter. Als der Frankreichfeldzug begann, habe sie um sein Leben gefürchtet, jede Minute, jede Sekunde. Entsetzlich sei das gewesen. Doch dann erfuhr sie, dass er gefangen genommen worden war und sich im Elsass in einem Stalag befand, in einem Stammlager der Deutschen. »Da konnte er zumindest nicht mehr im Kampf fallen!« Und er hatte das Glück, schon nach zwei Jahren freigelassen zu werden und nach Hause zurückkehren zu können: »Die letzten Kriegsjahre und die Befreiung von Paris haben wir gemeinsam erlebt.« Mit den Glocken habe es angefangen, das wird sie nie vergessen: Sie läuteten beim Einmarsch der Alliierten. Erst begann die 13 Tonnen schwere Glocke im Südturm der Notre-Dame auf der Seine-Insel zu läuten, dann die noch schwerere und Jeanne so vertraute Glocke vom Sacré-Cœur, die 17 Tonnen schwere *Savoyarde*. Nach und nach stimmten weitere Glocken ein, bis von allen hundertfünfzig Pariser Kirchen die Glocken läuten. Es war der 24. August 1944, elf Wochen nach der Landung der Alliierten in der Normandie. Einen Tag später, am 25. August 1944, kapitulierte der deutsche Stadtkommandant und übergab die französische Hauptstadt gegen den ausdrücklichen Wunsch des Führers an die vorrückenden alliierten Truppen: »Es waren die Amerikaner«, sagt Jeanne. Sie weiß noch genau, wie sich am Tag darauf, am 26. August 1944, in der Rue de Rivoli beim Rathaus eine riesige Menschenmenge bildete und auf Charles de Gaulle wartete, der aus London zurückgekehrt war. »Paris wurde beleidigt. Paris wurde gebrochen. Paris wurde gepeinigt. Aber Paris ist befreit«, ruft er seinen jubelnden Landsleuten zu. Als Jeanne zusammen mit ihrem Mann im August 1944 diesen inzwischen berühmten Worten lauschte, hatte sie ein Kleinkind an der Hand und ein Baby auf dem Arm.

Ein wunderbarer Spätsommer begann, Paris blühte auf, die deutschen Soldaten waren aus dem Straßenbild verschwunden. Der Rest Europas musste noch auf die Befreiung warten, aber Jeanne konnte mit Mann und Kindern wieder durch den *Bois de Boulogne* flanieren oder auf der *Place du Tertre* unbefangen eine Tasse Kaffee trinken.

Es dauerte nicht lange, und sie wurde zum dritten Mal schwanger. Damit war die Familie komplett, denn es war der langersehnte Stammhalter: »Wir wollten doch, dass unser Name weiterlebt, dass unser Geschlecht nicht austirbt.«

Ich weiß inzwischen, wie wichtig das damals noch war – und vermute, dass es manchen Eltern auch heute noch wichtig ist. Nicht unbedingt mehr nur wegen des Namens – nein, einfach um das Gesamtpaket komplett zu haben: nicht nur Töchter oder Söhne, sondern alles beides.

Ihre Familie ging Jeanne über alles. Sie hatte das, was sie immer haben wollte. Und deshalb kündigte sie auch ihren Job in der Bank. Sie wollte sich ausschließlich Mann und Kindern widmen können. »Wir haben unsere Urlaube auch immer zusammen mit den Kindern verbracht.« An der Loire. Oder in der Bretagne, bei Trégastel. »Wir hatten nicht das Bedürfnis, sie abzuschieben, um unsere Ruhe zu haben«, stellt sie klar. Es gebe ja Eltern, die das immer noch tun würden und schon damals getan hätten, meint sie missbilligend. Die Kinder in eine Ferienkolonie schicken, um dann zu zweit ungestört Urlaub machen zu können: »*Incroyable!* Wir haben immer alles gemeinsam getan.«

Ebenfalls nicht gutheißen kann Jeanne die Absichten vieler junger Mütter heutzutage, nebenbei auch noch Karriere zu machen – nein, verbessert sie sich, andersherum: neben der Karriere auch noch Mutter zu sein. »Das geht doch auf Kosten der Kinder, die werden vernachlässigt! Beides geht nicht, man muss immer irgendwo Abstriche machen.«

Nun ja, räume ich ein, damals war es in jedem Falle schwieriger oder sogar ausgeschlossen, beides zu kombinieren – schon allein deswegen, weil den Frauen in ihrem Leben als Mutter und Hausfrau gar keine Zeit blieb, auf andere Gedanken zu kommen. Es sei denn, man hatte Geld genug, den Haushalt von Angestellten regeln zu lassen. Es gab damals ja noch nicht all diese wunderbaren Geräte und Produkte, die uns das Leben heute so ungemein erleichtern und so selbstverständlich geworden sind, dass wir gar nicht mehr wahrnehmen, wie viel Platz sie beschlagnahmen: Staubsauger, Spülmaschine, Wäschetrockner, Bügeleisen, Wasserkocher, Kaffeemaschine, Mikrowelle und Fertigmahlzeiten, ganz zu schweigen von Brotback-, Eiswürfel- oder Kartoffelschälmaschinen. Und nicht zu vergessen Mixer und Stabmixer. Für *Smoothies*. Ob die alte Jeanne überhaupt weiß, dass es die gibt, *Smoothies*?

»Wir hatten anfangs noch nicht einmal einen Kühlschrank«, erzählt sie. Die Milch musste abgekocht werden, damit sie nicht sauer wurde, Fleisch und Fisch wurden gepökelt. Kühlschrankersatz war eine Holzbox mit einem Lüftungsgitter, in der man die Lebensmittel an der Nordseite des Hauses draußen aufs Fensterbrett stellte. *Garde-manger* hieß sie.

Und die Butter, will ich nebenbei wissen, was wurde damals mit der Butter gemacht? Die schmolz im Hochsommer doch trotzdem!

»Die wickelten wir in ein kaltes nasses Küchenhandtuch, darin schmilzt sie selbst dann noch nicht, wenn du sie in die Sonne stellst.« Jeanne sieht meinen ungläubigen Blick: »Wirklich, es stimmt, probieren Sie's mal aus!« Aber das Aufbewahren von Nahrungsmitteln, das Kochen und Abspülen, das sei alles nicht so schlimm gewesen. Außerdem kam ihre Mutter regelmäßig vorbei und half beim Aufräumen und Kochen, Nähen und Stopfen: »Damals wurden die Socken noch gestopft und nicht gleich weggeworfen.« Wirklich zeitraubend und entsetzlich anstrengend sei das Waschen gewesen: Dann musste sie in der Küche einen großen Wasserkessel aufstellen, unter dem Feuer gemacht werden konnte. *Lessiveuse* hieß dieser Kessel. Darin wurde die Wäsche dann gekocht. »Am schlimmsten waren die Windeln.« Damals musste man ja auch die noch auswaschen, Pampers gab es nicht. Abschließend goss sie das Wasser ab und ließ die Wäsche abkühlen. Manchmal kam auch eine Wäscherin und stellte unten im Innenhof einen besonders großen Waschkessel mit Feuer auf. Dann kamen die Hausfrauen alle nach unten und ließen ihre Wäsche gegen ein kleines Entgelt von ihr waschen. »Ein furchtbar aufreibender und schmutziger Beruf war das.«

Erst 1955 – nach fast zwanzig Jahren Ehe- und Familienleben – bekam Jeanne ihre erste Waschmaschine. »Und das Gefühl, nichts mehr zu tun zu haben. So viel freie Zeit hatte ich auf einmal!« Es sei wie ein Wunder gewesen, sagt sie und muss ein bisschen husten. Vom vielen Erzählen hat sie eine trockene Kehle bekommen.

Ich rufe eine der Pflegerinnen an unseren Tisch und bestelle eine Flasche Wasser. Wir stellen fest, dass die lange Tafel inzwischen gedeckt ist, mit grünen Servietten. Das passt zu Tirol. Und in der Ecke steht ein Akkordeon. Aha.

»Finanziell ging es uns immer besser«, erzählt Jeanne weiter. Längst war die Familie umgezogen, das kleine Appartement in der Rue de Trétaigne war für fünf Personen viel zu klein geworden. Nun wohnten sie ein paar Straßen weiter, im selben Viertel, in einer Vierzimmerwohnung. »Ich konnte auch mehr Geld für meine Garderobe ausgeben und mit der Mode gehen«, erzählt sie. Ein neuer Wintermantel, die schicken Schuhe, die sie im Schaufenster gesehen hatte – das konnte sie sich nun leisten: »Mein Mann war da sehr großzügig. Ich hatte vieles, was andere Frauen nicht hatten.«

Denn Georges war es gelungen, sich als Buchhalter hochzuarbeiten: Er hatte Karriere gemacht bei Gaumont, dem 1895 gegründeten und damit ältesten Filmproduktionsunternehmen der Welt. Es existiert noch heute und gilt als Pionierunternehmen der Filmindustrie. Legendär ist die *Fantômas*-Filmreihe von 1913 über den gleichnamigen Meister des Verbrechens, den ebenso genialen wie skurpellosen Schurken Fantômas, dem es gelingt, ganz Paris zu terrorisieren. Zu den bekanntesten Gaumont-Produktionen aus jüngerer Zeit zählt *Ziemlich beste Freunde*. Regisseure wie Ingmar Bergman, Federico Fellini und Luchino Visconti haben für Gaumont gearbeitet. Auch viele Filmklassiker aus meiner Jugend, finde ich später heraus, habe ich diesem Unternehmen zu verdanken: *Der große Blonde mit dem schwarzen Schuh* zum Beispiel. Oder *La Boum – die Fete*.

~

Dein Bestes ist nicht unbedingt das Beste für deine Kinder.

~

Georges schaffte es, bei Gaumont Zweiter Finanzchef zu werden, er regelte die Darlehen – nicht nur für Filmproduktionen, auch für Ankauf, Neubau oder Sanierung von Kinosälen. An den Champs-Élysées zum Beispiel. Oder am Boulevard des Capucines: Dort steht noch heute die *Gaumont Opéra*, ein Kino, das aussieht wie ein prächtiges Opernhaus. Das imposanteste von allen Gaumont-Kinos stand unweit der Place de Clichy: der *Gaumont-Palace*, in den 1960er Jahren war er mit seinen fünftausend Plätzen das größte Kino Europas.

Jeanne hat sie alle von innen gesehen, bei Filmpremieren und Cocktailempfängen war sie an der Seite ihres Mannes mit dabei, stolz und kerzengerade, im kleinen Schwarzen, mit Perlenkette. Sie hat mir Fotos gezeigt. Ihr Haar war, wie für die 1960er Jahre typisch, auftoupiert und wurde mit viel Elnett an Ort und Stelle gehalten. Es erinnert mich ein wenig an die ehemalige niederländische Königin Beatrix, die dieser Frisur ihr Leben lang treu geblieben ist.

Sie seien immer Spektakel mit viel Glamour und Tamtam gewesen, diese Filmpremieren: »Einmal haben sie ein Pferd grün angemalt und vor das Kino gestellt«, erinnert sich Jeanne. Weil der Film *Die grüne Stute* hieß, *La Jument Verte*. Völlig idiotisch fand sie das. Als es anfing zu regnen, wurde das ganze Trottoir grün. Und die Stute wieder braun.

Jeanne genoss es auch, die großen Stars aus nächster Nähe zu bewundern: Jean Gabin, Lino Ventura, Michèle Morgan oder Brigitte Bardot. »Obwohl die ja ziemlich schnell abgebaut hat«, findet sie. So wie St. Tropez. Das konnte sie sich auch näher anschauen, während der Filmfestspiele in Cannes, dann begleitete sie ihren Mann regelmäßig und reiste mit an die Côte d'Azur. »Da hat es mir immer gut gefallen. Dieses wunderbare Klima – und dann die prächtige Vegetation!«

Das Wasser trifft ein. Ich schenke Jeanne ein Glas ein. Sie hat es tatsächlich geschafft, denke ich mir. Sie hat ihr erstes Leben in Armut abgestreift wie eine Schlange ihre alte Haut.

Jeanne nippt an ihrem Glas und erzählt weiter: Einer der bekanntesten Schriftsteller und Regisseure des Landes sei sogar ein Freund der Familie geworden, Marcel Pagnol: »Er hat im selben Jahr einen Sohn bekommen wie wir, wir haben unserem Stammhalter denselben Namen gegeben wie er seinem: Frédéric.«

Ich horche auf, denn auch ich zähle zu den Pagnol-Fans. Vor allem die Neuverfilmung seines zweiteiligen Romans *Das Wasser der Hügel*, der in der Provence spielt, hat es mir angetan, mit Gerard Dépardieu, Yves Montand und Daniel Auteuil. Den zweiten Teil, *Manons Rache* mit Emmanuelle Béart in der Titelrolle, habe ich mir sogar bereits drei Mal angeschaut.

»Marcel hat uns später auch oft von seinen Besuchen bei der Fürstenfamilie von Monaco erzählt«, berichtet Jeanne weiter. »Wie er die kleinen Prinzessinnen Caroline und Stéphanie auf ihren Fahrrädern durch den Schlosspark flitzen sah.« Denn Pagnol schrieb und filmte nicht nur, er wurde auch Honorarkonsul von

Monte Carlo und war ein Freund und Bewunderer von Prinz Rainier. Seine Bücher sind in Frankreich noch immer Schullektüre, allen voran *Eine Kindheit in der Provence,* seine berühmte autobiographische Romantrilogie. »Mein Mann hat dafür gesorgt, dass die Verfilmung des ersten Teils finanziert werden konnte«, erzählt die alte Frau stolz. *La Gloire de mon père* heißt dieser erste Teil, *Der Ruhm meines Vaters.*

Einen Moment lang sagen wir alle beide nichts. Es ist, als ob wir weit weg sind, im Süden. Als ob wir die Lavendelfelder riechen und das Zirpen der Grillen hören können. Mir jedenfalls geht es so. Doch dann holt Jeanne mich nach Paris zurück.

»Unsere Kinder konnten natürlich immer gratis ins Kino«, berichtet sie. »Für die hat Georges Freikarten bekommen.«

Sie hätten sich gut entwickelt, die Kinder. »Mein Mann wollte ja immer, dass sie das tun, was ihm selbst versagt geblieben ist, das ging ihm über alles.« Doch zum Glück habe er ihnen nicht allzu sehr auf die Sprünge helfen müssen: Alle drei machten Abitur, alle drei schlossen ein Studium ab. Frédéric, der Stammhalter, hätte sogar das Zeug zum Professor gehabt. »Aber er blieb Dozent«, berichtet seine Mutter. »An der Uni Karriere zu machen, das war ihm nicht so wichtig.« Die älteste Tochter habe nach der Geburt ihrer drei Kinder sogar ganz auf eine Karriere verzichtet und sei Hausfrau und Mutter geworden, wie sie selbst. Was sie ihr ja daher nicht verübeln könne, aber etwas schade sei es um die gute Ausbildung und das Diplom doch gewesen. Der Ton, in dem sie es sagt, verrät, dass sie das immer noch bedauerlich findet. Aber, stellt sie klar: »Wir wollen immer alle nur das Beste für unsere Kinder. Doch unser Bestes ist nicht unbedingt immer das Beste für sie.« Georges habe in seiner Jugend erfahren müssen, wie furchtbar es ist, wenn die eigene Mutter den Sohn kleinhalten will und am Fliegen hindert. Aber auch das Umgekehrte gelte: »Wir können sie nicht dazu zwingen, höher zu fliegen, als sie es selbst wollen. Wir müssen ihnen Flügel geben, das schon. Aber was sie dann mit diesen Flügeln machen, das muss ihre Sache sein.«

Die alte Frau atmet tief durch, es ist ihr anzusehen, dass es für sie und Georges nicht ganz leicht gewesen sein muss, zu dieser Erkenntnis zu gelangen. Dann schüttelt sie kurz den Kopf und macht eine Handbewegung, als wollte sie eine Fliege vertreiben: »*Non*«, meint sie dezidiert. »Wir haben keinen Grund zu klagen. Sie haben uns immer viel Freude bereitet, unsere Kinder.« Sie legt eine Pause ein. »Zumindest unsere Älteste und unser Sohn.«

Eine ganze Weile sagt sie gar nichts mehr, betrachtet nur angelegentlich die zusammengefalteten Hände in ihrem Schoß. Nun ist sie es, die ganz weit weg zu sein scheint.

»Martine war unser Sorgenkind«, hebt sie schließlich an. Noch heute frage sie sich manchmal, was sie falsch gemacht hat. Wieso sie damals nicht verhindern konnte, dass Martine diese Krankheit bekam. Wieso sie es nicht schaffte, sie zu heilen und zu retten. Hat sie ihr als zweite Tochter nicht genug Aufmerksamkeit geschenkt? War es das? Fühlte sie sich als Nummer zwei nicht genug anerkannt, nicht genug beachtet und geliebt, weil sie wieder »nur« ein Mädchen war – und nicht der ersehnte Stammhalter?

»Martine hatte Anorexia«, erzählt Jeanne. Sie sei immer sehr sensibel und zerbrechlich gewesen. Als sie dann in die Pubertät kam, habe sie einfach aufgehört zu essen. Immer dünner sei sie geworden, immer blasser. Nichts half, kein gutes Zureden, auch kein böses. Anorexia war damals noch ein Begriff, mit dem niemand groß etwas anfangen konnte, erst Jahrzehnte später wurde sie als Krankheit anerkannt. Jeanne und Georges waren ratlos und total überfordert. Schließlich schalteten sie einen Arzt ein. »Wenn

Es ist ein Irrtum zu glauben, seine Kinder durch und durch zu kennen.

du nicht wieder anfängst zu essen, sorge ich dafür, dass du ins Krankenhaus aufgenommen wirst«, drohte dieser. Da fing sie wieder an zu essen. Die Worte des Arztes schienen Eindruck gemacht zu haben. »Wir dachten, jetzt ist sie wieder auf dem richtigen Weg«, erzählt Jeanne. »Aber das dachten wir nur.« Sie schweigt einen Moment. »Als Mutter geht man ganz automatisch davon aus, sein Kind zu kennen, durch und durch. Aber das ist ein Irrtum – auch wenn es dein eigenes Fleisch und Blut ist, auch wenn du es aufgezogen und neun Monate ausgetragen hast.«

Nach außen hin schien Martine wieder zu funktionieren. Sie machte ihr Abitur, bekam sogar ein Stipendium und wurde Gymnasiallehrerin. Doch dann lernte sie auf einer Italienreise einen jungen Franzosen kennen und verliebte sich in in. Der junge Mann habe weder eine Ausbildung noch Ambitionen gehabt, es im Leben zu etwas zu bringen, erzählt Jeanne, er sei weit unter Martines sozialem und intellektuellem Niveau gewesen. Missbilligend schauten die Eltern zu, wie ihre Tochter mit diesem Mann eine Affäre begann. »Es hätte ja doch keinen Sinn gehabt, sie davon abzubringen, dann hätten wir sie erst recht in seine Arme getrieben«, sagt Jeanne. Sie hoffte, dass es nicht lange halten würde. Doch dann brach für sie und Georges eine Welt zusammen: Martine war schwanger! Was für eine Schande – ein uneheliches Kind! Und dann auch noch von einem Mann, den sie für ihrer nicht wert hielten.

Ich rechne stumm nach, es muss in den 1960er Jahren gewesen sein, als es an den Universitäten brodelte, auch an der Sorbonne. Als die Studenten schließlich den Aufstand proben – gegen den Vietnamkrieg, gegen das verstaubte Hochschulwesen und gegen verkrustete Moralvorstellungen. Martine dürfte damals ungefähr so alt gewesen sein wie Daniel Cohn-Bendit, der als Anführer der Pariser Studenten gilt und als »Roter Dani« in die Geschichte eingegangen ist, als »*Dani le Rouge*«. Die Studenten setzten damals einen großen gesellschaftlichen Reformprozess in Gang. Nicht zuletzt deshalb dürfte die uneheliche Geburt eines Kindes heute den meisten Großeltern keine schlaflosen Nächte mehr bereiten. Ein Erzeuger, der nicht den Erwartungen entspricht, hingegen nach wie vor.

Jeanne und Georges hatten sich kaum an die Existenz eines unehelichen Enkelkindes gewöhnt, da war Martine erneut schwanger. Sie mussten schlucken, aber sie nahmen es hin. Wie gesagt, die Welt war dabei, sich zu verändern. Das sei nicht das Allerschlimmste gewesen, erklärt die alte Frau, »das hätten wir schon irgendwie hingekriegt.« Nein, das Allerschlimmste damals sei gewesen, dass Martine beschloss, den Vater ihrer zwei Kinder dann doch noch zu heiraten.

~

Manchmal musst du als Mutter akzeptieren, dass dein Kind in sein Unglück rennt.

~

»Uneheliche Kinder in die Welt zu setzen«, sagt Jeanne, »das ist die eine Sache. Aber dann auch noch vollends in dein Unglück zu rennen und einem Mann, der dich nicht glücklich machen kann, dein Jawort zu geben …«

Erneut schüttelt die alte Frau den Kopf und muss tief durchatmen. »Meine Tochter hat ihr Leben weggeworfen, obwohl sie eine strahlende Zukunft vor sich hatte. Und wir mussten machtlos zuschauen. Wir waren außerstande, es zu verhindern.« Denn Martine habe sich nicht davon abbringen lassen, alles Zureden sei zwecklos gewesen. »Sie rannte in ihr Unglück. Und ich musste sie rennen lassen, ich konnte sie nicht aufhalten.« Irgendwann hätten sie und Georges damals erkannt, dass sie loslassen mussten. Dass man seine Kinder, auch wenn es einem das Mutterherz zerreißt, nicht vor allem bewahren kann. »Es ist *ihr* Leben, es sind *ihre* Entscheidungen. Das hat man als Eltern zu akzeptieren.«

Jeanne seufzt. Martine habe dann noch ein drittes Kind bekommen und ein sehr mittelmäßiges und unglückliches Leben in der Provinz geführt, ein Leben in Geldnot und unter ihrem Stand. »Ihr Mann konnte ihr nicht das Wasser reichen, sie mussten jeden Cent umdrehen.« Nach fünfundzwanzig Jahren habe sich ihre Tochter von ihm getrennt. Aber nach Paris kehrte sie nie mehr zurück. Für ein neues Leben blieb Martine keine Kraft. Seit ihrer Jugend, so stellte sich heraus, hatte sie nie mehr gelernt, normal zu essen. Sie war völlig geschwächt, Organe wie Magen, Leber und Nieren waren schwer beschädigt. Schleichend hat die Krankheit ihren Verlauf genommen. Martine war Anfang fünfzig, als man sie tot in ihrer Wohnung auffand, nach einem unglücklichen Sturz war sie an dessen Folgen gestorben. »Sie muss es geahnt haben, denn kurz zuvor hat sie noch einen Priester aufgesucht«, erzählt Jeanne. »Hätte sie überlebt, hätte man sie in eine Anstalt aufnehmen müssen.«

Martines Mann lebe noch, irgendwo in einem Altersheim. Aber sie hat keinen Kontakt mehr zu ihm. Zu den drei Enkelkindern hingegen schon: »Sie besuchen mich regelmäßig.« So trist manches im Leben auch sei – manchmal führe es trotzdem auch zu etwas Schönem: »Das ist Martine gelungen, sie hat mir wunderbare Enkel und Urenkel beschert.«

Auch die älteste Tochter hat ihr drei Enkel geschenkt. Kinderlos geblieben ist nur der Stammhalter. Ausgerechnet der. Zwei Fehlgeburten habe seine Frau erlitten. »Dann gaben sie es auf.« Jeanne hebt beide Hände. *»C'est la vie.«* – So ist das Leben. Da wünsche man sich sehnlichst einen Stammhalter, damit der Name nicht aussterbe, doch dann mache einem das Schicksal einen Strich durch die Rechnung, indem es diesem Stammhalter keine Kinder gönne. Aber sie dürfe nicht klagen, meint sie und richtet sich in ihrem Rollstuhl auf. Sie habe so vieles, was sie sich vom Leben gewünscht habe, auch bekommen. »Das Schönste waren mein Hochzeitstag und die Geburt meiner drei Kinder«, sagt sie. Das

Schrecklichste sei es gewesen, mit ansehen zu müssen, wie Martine sich zugrunde richtete.

Auch Georges' Tod hat ihr schwer zugesetzt. Er starb 1989 im Alter von 82 Jahren an Lungenkrebs. Zu viele Gitanes. »Ich habe es ihm immer gesagt: Das wird noch dein Tod!« Sie ist immer so stolz auf ihn gewesen und auf das, was er alles erreicht hat: »Kurz vor seiner Pensionierung wurde er sogar noch mit dem nationalen Verdienstorden ausgezeichnet.« Mit dem *Ordre national du Mérite.*

Nach dreiundfünfzig Ehejahren war sie dann auf einmal wieder allein, so wie damals, nach Ausbruch des Zweiten Weltkriegs, als sie ihn an der *Gare de l'Est* an die Front hatte ziehen lassen müssen und alleine in ihrem kleinen Appartement am Montmartre zurückgeblieben war. Mit dem Unterschied, dass er dieses Mal mit Sicherheit nicht zurückkehren würde.

Ihr Blick bleibt an der langen Tafel hängen, an der die ersten Heimbewohner inzwischen Platz genommen haben. »Auch damals war es meine Charakterfestigkeit, die mir geholfen hat«, fährt sie fort. »Dadurch habe ich immer im Leben die Kraft gefunden, nicht zu klagen.« Das sei auch jetzt wieder so, in ihrer letzten Lebensphase, die sie im Heim verbringen muss. »Ein Glück, dass ich noch so gut lesen kann. Lesen ist für mich zu einer wahren Droge geworden.« Dadurch bleibe das Leben lebenswert, meint sie und beobachtet, wie das Personal an der langen Tafel grüne Filzhütchen austeilt, die mit jeweils einer langen Feder geschmückt sind. Irre ich mich, oder haben sich ihre Augen gerade leicht geweitet? Nun trifft auch der Akkordeonspieler ein und schnallt sich sein Instrument vor den Bauch.

»Ich glaube, es ist an der Zeit, dass Sie mich zu den anderen bringen«, sagt Jeanne. Ich nicke und stehe auf. Vorsichtig schiebe ich sie quer durch den Raum und dann entlang der langen Tafel, bis ich eine freie Stelle finde, in die der Rollstuhl passt.

Als wir Abschied voneinander genommen habe, entferne ich

mich Richtung Ausgang, bleibe aber noch eine ganze Weile am Empfang stehen und beobachte, wie den Heimbewohnern vor dem Mittagessen tatsächlich ein kleiner Aperitif angeboten wird. Dann beginnt der Akkordeonist zu spielen: *Schenkt man sich Rosen in Tirol* … Schon die zweite Nummer allerdings ist eine typisch französische *Valse Musette*. Aber auch sehr gesellig. So gesellig, dass alle zu schunkeln beginnen. Auch Jeanne gibt ihr Bestes, so gut, wie es in ihrem Rollstuhl geht. Auch den grünen Filzhut hat sie sich aufgesetzt, die Feder wackelt im Takt mit.

Unsere Augen treffen sich. Bilde ich es mir nur ein – oder hat sie mir gerade zugezwinkert?

~

Hinter jedem erfolgreichen Mann steht eine starke Frau – Jeanne Tournier ist für diese zwar beinahe zur Floskel verkommene, aber doch oft so wahre Sentenz ein Paradebeispiel. Ihr Lebensziel war es, Ehefrau und Mutter zu werden, aber in einem besseren sozialen Milieu als ihre eigenen Eltern. Zusammen mit ihrem Mann wollte sie es zu etwas bringen – und wo ein Wille ist, ist bekanntlich auch ein Weg. Ich finde es bewundernswert, wie unbeirrbar und konsequent sie ihren Traum verwirklicht hat. Und wie gut sie als junge Frau erkennen konnte, welcher Mann zu ihr passte und denselben Traum hatte.

Jeannes Worte, dass man bei aller Liebe klären sollte, was der andere vom Leben erwartet und erreichen will, hallen bei mir besonders nach – sowohl meine Jugendliebe als auch meine erste »erwachsene« Beziehung sind genau daran gescheitert: Wir haben zu verschiedene Dinge vom Leben erwartet. Liebe ist nicht genug.

Jeanne verkörpert auch das Idealbild einer aussterbenden Gattung: das der mustergültigen Hausfrau und Mutter. Mit ihrem Hang zum Perfektionismus hat sie es sich nicht leicht gemacht. Wir könnten ihr vielleicht vorwerfen, zu viel Wert auf materielle Dinge und Äußerlich-

keiten gelegt zu haben. Doch auch in dieser Hinsicht hält sie uns einen Spiegel vor: Denn Hand aufs Herz – sind wir nicht selbst alle längst Wohlstandssklaven geworden? Und was den Perfektionismus betrifft: An dieser Schwäche leiden noch heute zahllose Frauen, ich selbst mitgezählt – wobei wir es uns noch schwerer machen als Jeanne, weil die Aufgaben nicht mehr so klar verteilt sind wie zu ihren Zeiten und weil wir mehr Ambitionen haben dürfen, als Hausfrau und Mutter zu sein.

In Sachen Erziehung wollte sie ebenfalls perfekt sein. Mustergültige Kinder hat sie sich gewünscht. Während meiner Gespräche mit ihr konnte ich mich des Eindrucks nicht erwehren, dass sie und Georges die Kinder zuweilen ziemlich unter Duck gesetzt haben dürften. Sie hatten zu parieren, schlechte Noten waren unakzeptabel. Bis sie erkannten, dass sie eigentlich dasselbe taten, was sie Georges' Mutter vorwarfen – nur andersherum: Sie hinderten ihre Kinder nicht daran, es zu etwas bringen, sie haben sie im Gegenteil zu sehr gepusht.

Es ist schon etwas dran: Jeder ist seines eigenen Glückes Schmied, auch die eigenen Kinder. Das zu akzeptieren dürfte Jeanne am schwersten gefallen sein. Wir können ihnen nur den Weg ebnen und das Rüstzeug mitgeben, wir können ihnen Flügel anschnallen und hoffen, dass sie sie nicht wieder ablegen. Sollten unsere Kinder diese Flügel dann tatsächlich benutzen und zum Flug ansetzen, dürfen wir uns freuen – sollten aber eines nie vergessen: Sie sind es, die Flughöhe und Kurs bestimmen.

»Mach dich nicht abhängig von dem, was du hast und was du nicht hast.«

~

Pater Hubert

* 9. Dezember 1914 in Leschnitz

»Sie warten sicher auf mich?«

Erfreut halte ich inne und sehe auf. Ich habe die Wartezeit genutzt, um mich weiter in die Geschichte der Franziskaner zu vertiefen – jenes Bettelordens, der um 1209 in Italien von Franz von Assisi gegründet worden war. Nun aber lege ich die Papiere, die ich mir ausgedruckt hatte, zur Seite und stehe auf.

»Pater Hubert – wie schön, Sie kennenzulernen!«

Um ein Haar wäre er an mir vorbeigesaust, vor sich im Rollstuhl einen Mitbewohner, der nicht mehr so gut zu Fuß ist wie er. Ein beachtliches Tempo für einen Hundertjährigen! Sie kommen vom Vormittagsgottesdienst in der Heimkapelle unten im Erdgeschoss, der hat etwas länger gedauert als geplant. Deshalb die Verspätung.

»Kommen Sie mit – ich bringe meinen Bruder schnell auf sein Zimmer, das liegt auf dem Weg zu meinem«, sagt Hubert Gola. Mit »Bruder« meint er Ordensbruder, denn in diesem Dortmunder Altenzentrum verbringen in die Jahre gekommene Mitglieder des Franziskanerordens ihren Lebensabend. Es liegt gleich neben dem Dortmunder Franziskanerkloster und ist nach einem Ordensbruder benannt, der von vielen wie ein Heiliger verehrt wird: Jordan Mai.

»Bruder Jordan starb 1922 und liegt in der Klosterkirche begraben«, erklärt mir Pater Hubert, als wir zusammen weiter den Gang hinunterlaufen, bis zur Tür, hinter der sein Mitbruder lebt. Ich warte, bis der Pater ihn in seinem Rollstuhl vorsichtig ins Zimmer geschoben und sich mit dem Franziskanergruß »Pax et bonum!« von ihm verabschiedet hat: »Frieden und Gutes!« Dann laufe ich hinter ihm her zu seinem eigenen Zimmer. Er ist ein großer, fast schlaksiger Mann, der Pater. Freundlich und überraschend locker. Hellgraue Strickweste, dunkle Hose, kariertes Hemd – irgendwie hatte ich mir einen Franziskanerpriester anders vorgestellt. Hat er denn keine Kutte mehr? Braun mit einem weißen Strick, der drei Knoten aufweisen muss? Die stehen für die drei Gelübde, die jeder Franziskaner ablegen muss: Armut, Ehelosigkeit und Gehorsam.

»Die Kutte hängt im Schrank, die ziehe ich nicht mehr so oft an«, entgegnet Pater Hubert. Er hält ja auch keine Predigten mehr, damit hat er vor zwei, drei Jahren aufgehört. Seitdem befinde er sich sozusagen im Ruhestand. Obwohl man als Ordensbruder natürlich nie in Rente gehe, betont er. Franziskaner bleibe man sein Leben lang. Ab und zu streift er sich die Kutte deshalb auch noch über. »Und wenn ich in den Urlaub gehe, nehme ich sie nach wie vor mit.«

Ich hatte mir offen gestanden auch noch nie Gedanken darüber gemacht, ob Ordensbrüder Urlaub machen oder nicht, irgendwie finde ich das erstaunlich.

»Wohin fahren Sie denn am liebsten?«, erkundige ich mich, als der alte Mann die Tür zu seinem Zimmer aufschließt. Es werden wohl weder Fernreisen noch der *Club Med* sein. Immerhin geht es um einen Bettelorden.

»In die Schweiz oder nach Süddeutschland und Österreich. Zum Wandern«, antwortet Pater Hubert. Das habe ihm immer sehr gefallen. »Die Franziskaner dort begeben sich noch viel öfter in ihren Kutten nach draußen als wir.«

Da, wo er aufgewachsen ist, gehörten sie zum Straßenbild. Denn Hubert Gola stammt aus Leschnitz – einer kleinen Ortschaft in Oberschlesien, die heute *Leśnica* heißt. Nach dem Zweiten Weltkrieg ist sie polnisch geworden. Mit ihren inzwischen rund dreitausend Einwohnern hat sie heute gut tausend mehr als um 1920. Aber sie liegt immer noch im Schatten des St. Annabergs, und der, so habe ich mich zur Vorbereitung auf dieses Treffen informiert, ist nach wie vor ein bedeutender katholischer Wallfahrtsort: Oben auf diesen Überresten eines Vulkans, in 410 Meter Höhe, liegt ein großes Franziskanerkloster mit Wallfahrtsbasilika und Kalvarienberg. Ich habe mir im Internet ein paar Fotos angeschaut: Wie ein heller Tupfer ragt es aus dem Grün der Baumwipfel und formt sozusagen die Krone des St. Annabergs, der schon von weitem zu erkennen ist und sich deutlich aus der sanft geschwungenen Hügellandschaft erhebt.

Die Franziskanermönche in ihren braunen Ordenskleidern, die dort oben lebten, waren für Hubert Gola schon als Kind ein vertrauter Anblick: »Sie kamen regelmäßig zu uns in die Ortschaft herab, um zu betteln«, erzählt er. Kartoffeln, Getreide, ein paar Äpfel. Für die Bauern sei es Ehrensache gewesen, sie mit Essen zu versorgen, sie legten Wert darauf, dass die Mönche bei ihnen anklopfen: »Wenn sie einen Bauern übersahen, wurde der böse und war beleidigt.«

Ihr Kloster oben auf dem Berg wird noch heute von gut fünfhunderttausend Pilgern pro Jahr besucht. 1983 kam sogar Papst Johannes Paul II. und beehrte den St. Annaberg mit einem Besuch. Eine Million Gläubige lauschten seiner Predigt während dieses Gottesdienstes, der weiter unten auf den Feldern stattfand.

Was die Gläubigen auf diesen Berg zieht, ist 66 Zentimeter groß, aus Lindenholz und befindet sich im Hauptaltar der Wallfahrtskirche: eine Statue der heiligen Anna. Zu ihren Schützlingen zählen nicht nur die Mütter, Hausfrauen und Ammen, sondern auch die Bergleute, Weber, Schneider und viele andere mehr. Die kleine Skulptur in der Wallfahrtskirche zeigt Anna nicht alleine, sondern zusammen mit ihrer Tochter Maria und ihrem Enkelkind Jesus. »Anna Selbdritt« nennen das die Kunsthistoriker, Anna zu dritt. Glaubt man der Legende, hat ein diebischer Spanier die Skulptur einst bei einem Beutezug mitgenommen, aber dann auf der Flucht auf dem Annaberg zurückgelassen: Nur so konnte er sein Pferd im wahrsten Sinne des Wortes dazu bewegen, die Flucht fortzusetzen. In der Statue soll sich eine Reliquie der heiligen Anna befinden.

Pater Hubert weiß nicht mehr, wie oft er selbst auch vor dieser kleinen Skulptur gestanden hat, um sie anzubeten. Er stammt aus einer sehr armen und sehr gläubigen Familie. »Es gab im Ort noch zwei protestantische und zwei jüdische Familien, der Rest war so wie wir katholisch.« Ursprünglich hatte er fünf Geschwister, aber drei starben, wie es damals leider noch häufig passierte, an Kinderkrankheiten. Er blieb der Jüngste. Damals hieß er noch Josef, das ist sein Taufname. »Den Ordensnamen Hubert habe ich erst später, bei meinem Eintritt in die Franziskanergemeinschaft, angenommen.«

Der kleine Josef wohnte mit seinen Eltern und den beiden älteren Geschwistern in der Ortsmitte, im Haus der Großeltern. Dort hatten sie ein Stockwerk für sich. Er teilte sich mit seinem Bruder ein Bett, im zweiten Bett schlief die Schwester. Der Vater war unversehrt aus dem Ersten Weltkrieg zurückgekommen und arbeitete bei der Post, verdiente aber viel zu wenig, um Frau und Kinder ernähren zu können. »Ich habe ihm eher Respekt entgegengebracht als Liebe. Und ihn wegen der langen Dienstzeiten auch nur wenig gesehen.« Die wichtigsten Bezugspersonen in seiner Kindheit waren die Oma, die ihn mit Bonbons verwöhnte, und die Mutter: »Die war sehr hübsch und temperamentvoll und sehr lieb, die hat mich auch immer vor dem Vater in Schutz genommen, wenn ich etwas ausgefressen hatte.«

Sein Großvater war Schuster, aber auch er hatte wenig Geld, denn Schuster gab es zu viele in Leschnitz. Was sie alle rettete, war – wie so oft in diesen Zeiten – ein großer Garten, in dem Gemüse und Obstbäume wuchsen. »Außerdem gab es in Leschnitz ganze Straßen, die mit staatlichen Obstbäumen bepflanzt waren«, erinnert sich der Pater. »Die konnten die Bürger zur Ernte dann sozusagen mieten.« Der Opa habe das auch immer getan, dann stand er auf der Leiter und nahm das Obst ab, um es später zu verkaufen. Und alle halfen mit. »Kinder, keine Angst – wir verhungern nicht!«, habe die Mutter immer gesagt.

Der Glaube bestimmte schon damals den Tagesablauf von Hubert Gola. Vor und nach den Mahlzeiten wurde gebetet, mindestens zweimal im Jahr stieg die gesamte Familie Gola auf den St. Annaberg, um am Wallfahrtsgottesdienst teilzunehmen. Die Predigten fanden auf Deutsch und auf Polnisch statt; auch religiöse Publikationen für die Pilger wurden zweisprachig gedruckt. Denn Oberschlesien war sprachlich ein Mischgebiet – manche Bewohner hatten so wie die Golas Deutsch als Muttersprache, andere Polnisch und wieder andere Tschechisch.

Den Weg zur Wallfahrtsbasilika konnte der kleine Josef bald mit verbundenen Augen laufen – erst den Berg hoch, dann die letzten siebzig steilen Stufen hinauf, die unter einem großen Torbogen zum Paradieshof führten, einem von Kreuzgängen gesäumten gepflasterten Hof; von dort aus dann nach links zum Kirchenportal. »Nach rechts gelangte man zur Klosterpforte.«

Die Kirche unten im Ort besuchte der Junge sogar jeden Morgen, noch vor der Schule. Sein zwei Jahre älterer Bruder und er waren Messdiener. Im Sommer fing die Messe schon um halb sieben an, vor der Feldarbeit, »im Winter eine Stunde später«.

Es dauerte nicht lange, und all die Heiligen, von denen der kleine Junge den Pfarrer erzählen hörte und von denen er sich während der Gottesdienste umgeben sah, wurden zu seinen Vertrauten. Sei es die heilige Anna oder ihre Tochter Maria, die Apostel Petrus und Paulus, Johannes der Täufer, der heilige Christophorus, der immer ein Kind auf der Schulter trägt, der heilige Franziskus von Assisi natürlich oder auch Gottvater zusammen mit seinem Sohn und dem Heiligen Geist, der als weiße Taube über ihnen schwebt: Von Altar- und Deckengemälden blickten sie auf ihn herab, was er mal als mahnend, mal als liebevoll empfand. Als Skulpturen standen sie neben ihm und schienen lebendig zu werden, begannen zu flüstern, raunten ihm etwas zu. Bald bevölkerten sie die Phantasiewelt des Jungen. Auch Weihrauch, Gesänge und Rituale – das gesamte Messopfer faszinierte ihn so, dass er schon als Vierjähriger zu Hause anfing, Pfarrer zu spielen: Dazu setzte er sich auf die Fußbank seiner Oma vor die Rückenlehne eines Stuhls, über die er die Küchenschürze der Mutter gehängt hatte. Das waren die Altartücher. Eine leere Zigarrendose des Vaters wurde zum Altar umfunktioniert. Und als Kerzenständer dienten die bunten Holzfiguren vom Mensch-ärgere-dich-nicht-Spiel seiner Geschwister. Anzünden konnte er sie zwar nicht, auch auf Wein und Weihrauch musste er verzichten, dieses Spektakel fand nur in seinem Kopf statt – es sei denn, vom Ohrensessel wehten ein paar Rauchschwaden zu ihm herüber, denn darin saß wie immer der Opa und rauchte seine Pfeife.

»Das Pfarrerspielen hat mir immer sehr viel Spaß gemacht«, erinnert sich Pater Hubert. Er habe dann auch recht schnell den ernsthaften Wunsch verspürt, Pfarrer zu werden. Dann würden sie alle zusammen im Pfarrhaus leben, er würde sie alle zu sich holen und seine Schwester mit dem Führen des Haushalts beauftragen.

»Es war die Liebe zu Gott«, sagt er. Wie genau und wann sie entstanden ist, das weiß er nicht. »Gott hat einfach früh ein Samenkorn in mich hineingelegt, eigentlich war er immer da, von Anfang an.« Er habe auch nie ernstlich an ihm gezweifelt. Natürlich seien ihm immer wieder Menschen begegnet, die davon überzeugt waren, dass es Gott nicht gibt. Er hörte sich an, was sie zu sagen hatten, aber wirklich durchgedrungen zu ihm sei das nie: »Mein Glaube war und ist fest.« Dass es Gott gibt, ist für ihn eine absolute Wahrheit und der Sinn des Lebens: »Der Glaube gibt mir Halt.«

Wir sitzen uns inzwischen in seinem Zimmer gegenüber, er hat unter einem großen hölzernen Kruzifix Platz genommen, das schützend über ihm zu schweben scheint und das er mit vier roten Rosen geschmückt hat. Daneben hängt ein Aquarell, das unverkennbar den St. Annaberg mit dem Klosterkomplex zeigt. Links unten hat er eine Ansichtskarte mit demselben Motiv in den Bilderrahmen gesteckt. Dieser Ort bedeutet ihm zweifelsohne viel. Er sieht auch sehr idyllisch aus, finde ich. Trotz der Armut muss er dort eine schöne Kindheit verbracht haben.

»Oh ja!«, bestätigt der Pater. »Ich habe sehr viel draußen gespielt.« Nicht nur in der Natur, oft auch mitten in der Stadt: »Es gab ja noch keine Autos, nur Kutschen.« Deshalb traf er sich oft mit den Nachbarskindern unten auf der Straße und spielte Fußball. »Es dauerte nicht lange, bis die Hausfrauen die Fenster aufmachten und ›Ruhe!‹ nach unten riefen. Weil wir so viel Krach machten. Es gab auch einen Arzt in der Straße, der immer wie ein Rohrspatz schimpfte. Wir ließen ihn schimpfen und kickten weiter.«

Doch dann – Josef war gerade eingeschult worden – brachen Unruhen ganz anderer Art aus: die schlesischen Aufstände. »Einer von ihnen fand bei uns, auf dem St. Annaberg, statt.« Auslöser war der Friedensvertrag von Versailles, mit dem im Juni 1919 ein Schlusspunkt unter den Ersten Weltkrieg gesetzt worden war.

Darin zogen die Siegermächte die Grenzen in Mitteleuropa neu. Doch das Setzen neuer Grenzen mag auf dem Papier glatt verlaufen, in der Praxis funktioniert es so gut wie nie. Auch in diesem Fall nicht. Insbesondere Oberschlesien, wo auch Leschnitz und der St. Annaberg liegen, wurde zum Spielball der Siegermächte.

Vor dem Ersten Weltkrieg hatten Deutschland und die Doppelmonarchie Österreich-Ungarn Schlesien unter sich aufgeteilt. Doch diese Länder verloren den Krieg, nun mussten sie diese Gebiete an zwei neu entstandene Staaten abtreten: an die Tschechoslowakei und an Polen, das seine Unabhängigkeit zurückerlangt hatte. Österreich und Ungarn verloren sogar sämtliche ihrer Gebiete in Schlesien, Deutschland nur bestimmte. Doch die Frage, was deutsch bleiben sollte und was nicht, bereitete den Alliierten ziemliches Kopfzerbrechen. Die Geister schieden sich vor allem an Oberschlesien, das eigentlich vollständig Polen zugesprochen werden sollte, so zumindest sah es der Versailler Vertrag vor – auch wenn es schon seit Jahrhunderten ein sprachliches Mischgebiet war, in dem 40 Prozent der Bevölkerung Deutsch sprachen und 60 Prozent Polnisch und Tschechisch.

Die Siegermächte beschlossen deshalb, eine Volksabstimmung durchführen zu lassen. Als das bekannt wurde, probten die Polen in Oberschlesien zweimal den Aufstand. Sie hofften, die Volksabstimmung auf diese Weise zu ihren Gunsten beeinflussen zu können – vergeblich: Als es am 20. März 1921 so weit war, votierten 60 Prozent der Oberschlesier für den Verbleib beim Deutschen Reich, 40 Prozent für den Anschluss an Polen. Im Gebiet rund um den St. Annaberg stimmten sogar 82 Prozent für Deutschland. In Leschnitz selbst waren es noch mehr: 899 Bürger stimmten dafür, nur 101 wollten zu Polen gehören. Polnische Aufständische versuchten daraufhin, mit einem dritten Aufstand das Abstimmungsergebnis gewaltsam zu revidieren: Sie besetzten den St. Annaberg und machten ihn zu ihrem Hauptstützpunkt. Deutsche Selbstschutzverbände leisteten Widerstand, am 21. Mai 1921 stürmten sie den Berg und eroberten ihn zurück. Es waren bürgerkriegsähnliche Auseinandersetzungen.

Die ratlosen Alliierten befolgten daraufhin einen Rat des Völkerbundes: Der empfahl ihnen, den Osten von Oberschlesien an Polen zu geben, das war zwar nur gut ein Drittel des gesamten Gebiets, aber dafür das wirtschaftlich bedeutendste. Der größte Teil Oberschlesiens hingegen, dünner besiedelt und vorwiegend agrarisch genutzt, blieb bei Deutschland – darunter der St. Annaberg und Leschnitz.

Daraufhin kehrte wieder Ruhe ein, auch oben bei den Mönchen im Franziskanerkloster. »Vorläufig jedenfalls«, seufzt Pater Hubert. »Bis die Nationalsozialisten an die Macht kamen.«

Er steht auf, um den beiden Zimmerpflanzen auf dem Tisch vor dem Fenster Wasser zu geben. Der Raum, in dem er wohnt und schläft, ist nur mit dem Notwendigsten eingerichtet: Bett, Schreibtisch, zwei Sessel, Bücherregal. Einziger Luxus: die beiden Zimmerpflanzen. Und das Radio, das auf der Kommode unter dem Kruzifix steht.

»Das hatte ich in meiner Klosterzelle nie«, sagt er. »Sowieso habe ich noch nie in meinem ganzen Leben so viele Dinge besessen wie hier im Heim! Meine Zelle war immer sehr viel spartanischer eingerichtet.« So wie es sich für einen Franziskanermönch gehört, der sich der Besitzlosigkeit verschrieben hat. So wie es einer der wichtigsten Leitsätze dieses Ordens verlangt: »Mach dich nicht abhängig von den Dingen, die du hast oder nicht hast.«

»Mir hat das nie Probleme bereitet«, stellt Pater Hubert klar. »Ich war es nicht anders gewohnt, ich hatte als Kind ja auch nie etwas. Bei den Franziskanern ist es sogar noch üppiger zugegangen als damals bei uns zu Hause. Wir waren wirklich sehr arm.«

Dem Gründer dieses Ordens dürfte die Besitzlosigkeit etwas

schwerer gefallen sein: Franz von Assisi kam um 1181 als Spross reicher Kaufleute auf die Welt, sein Vater war Tuchgroßhändler, Franz sollte in seine Fußstapfen treten und das Familienunternehmen weiterführen. Doch der tauschte 1206 seine teuren Kleider gegen ein Büßergewand aus brauner Wolle ein und verschrieb sich stattdessen der totalen Armut, der totalen Besitzlosigkeit. Um frei und leer zu sein für Gott. Frei und leer.

Ich hingegen fühle mich auf einmal immer schwerer werden. Ich denke an all die Dinge, die ich besitze. Je mehr mir einfällt, desto schwerer werde ich. Und es fällt mir viel ein. Es ist jenes Gefühl, das ich manchmal beim Ausmisten meiner Schränke habe. Wenn ich mich von Dingen trennen muss, aber nicht weiß, wovon. Mal ganz ehrlich: Wie unwahrscheinlich viel Zeit vergeuden wir mit dem Managen unseres Besitzstandes? Die fünf Paar Winterstiefel, die im Frühling wieder weggepackt werden, um für die Sommergarderobe Platz zu machen? Die Möbel auf der Terrasse, die vom Grünanschlag befreit werden müssen, das Auto, das zum TÜV muss? Die meist proppenvollen Schränke in Küche und Schlafzimmer, in die wir doch noch zwei neue Tassen quetschen (weil sie so unwiderstehlich schön sind) oder eine neue Hose (weil sie so unwiderstehlich günstig war). Der Keller platzt aus allen Nähten, das Fahrrad, Motorrad oder der Wohnwagen wollen geschrubbt werden, die Wohnung muss versorgt werden. Ganz abgesehen von der Investition an Zeit und Geld, die wir für Versicherungen dieses Besitzes aufwenden. Und trotzdem wollen wir immer noch mehr, kriegen nicht genug, verlangen nach so vielem, das wir (noch) nicht besitzen.

Mach dich nicht abhängig von den Dingen, die du hast oder nicht hast.

»Mach dich nicht abhängig von den Dingen, die du hast und nicht hast.« Kein Zweifel, er sitzt, dieser Satz.

Mein Blick fällt ein weiteres Mal auf das Aquarell mit dem

St. Annaberg. Warum ist er eigentlich ausgerechnet Franziskanerpriester geworden – und nicht einfach nur Priester mit einer Pfarrei, in die er, so wie er es sich als Kind gewünscht hat, die ganze Familie holen konnte, um sich von der Schwester den Haushalt führen zu lassen? Weil ihm die Franziskaner oben auf ihrem Berg so nahe waren? War das der Grund?

Hubert Gola nickt. »Und weil es damals die einzige Möglichkeit war, das Gymnasium zu besuchen.« Denn die Franzikaner hatten ein Internat, in Neisse, dem heutigen Nysa, rund 84 Kilometer westlich von Leschnitz. Schulgeld und Pension kosteten bei ihnen nur 35 Reichsmark im Monat: »Das war günstig, das konnte sich sogar mein Vater erlauben.« Und zwar gleich zweimal: Josefs älterer Bruder befand sich bereits in Neisse in dieser Klosterschule. »Das hat auch gezogen.« Er wollte dort sein, wo sein Bruder war.

Der gesamte Tagesablauf war nun streng getaktet: Er musste noch früher aufstehen, als er es gewohnt war, schon um fünf Uhr. Er schlief zusammen mit neun anderen Jungs in einem Schlafsaal. Aber dafür hatte er zum ersten Mal in seinem Leben ein Bett für sich ganz allein. Nach dem Bettenmachen ging es in die Klosterkirche zur Frühmesse, erst dann gab es Frühstück. Der Unterricht begann um sieben, fünf Schulstunden, bis um Viertel nach zwölf. Auch samstags. Nach dem Mittagessen standen Turnen und Hausaufgaben auf dem Stundenplan, dazwischen gab es eine Kaffeepause. Unterrichtet wurden die Kinder von den Mönchen und von auswärtigen Lehrkräften, die sie zusätzlich angestellt hatten. Das Abendessen begann um halb sieben. »Ich denke, ich habe da besser und mehr essen können als zu Hause. Die Mönche konnten mir mehr geben als meine Eltern.« In die Stadt durften die Jungs in den ersten Schuljahren nur in Begleitung eines Mönchs. »Eine Kutte allerdings mussten wir im Gegensatz zu ihnen nie tragen.«

Josef fühlte sich wohl im Internat, auch wenn ihn in den ersten Jahren entsetzliches Heimweh plagte. Vor allem die Mutter vermisste er sehr. Jedes Mal, wenn die Ferien vorbei waren, flossen die Tränen. »Die Nachbarn lachten immer, wenn ich auf dem Weg zum Bahnhof heulend an ihrem Fenster vorbeikam. Sie wussten: Nun ging es wieder ab ins Kloster.« Doch stand er erst einmal auf dem Bahnsteig, ging es ihm schon wieder ein bisschen besser. »Und ich wollte es ja auch nicht anders.« Wenn man etwas wolle, nehme man vieles in Kauf. Auch Heimweh.

Nach dem Abitur, kurz bevor er das Internat verließ, erschien der Provinzial, um mit den Schulabgängern zu sprechen. So heißt bei den Franzikanern der Mann, der eine der Provinzen leitet, in die sie ihr Glaubensgebiet weltweit eingeteilt haben. In diesem Fall ging es um die Provinz Silesia, Schlesien. »Der Provinzial fragte uns, ob wir Franziskaner werden wollten«, erzählt Hubert Gola. Denn nur aus altruistischen Motiven führten die Ordensbrüder ihre Internate nicht, natürlich wollten sie auf diese Weise auch für Nachwuchs sorgen.

Josef brauchte nicht lange zu überlegen: Dann würde er das tun können, was sein Vater ihm nicht ermöglichen konnte – studieren! Dann würde er das werden können, was immer noch sein sehnlichster Wunsch war – Priester. Warum also nicht Franziskanerpriester? Außerdem fühlte er sich ein kleines bisschen dazu verpflichtet, ja zu sagen: »Die Mönche hatten mich acht Jahre lang für wenig Geld durchgefüttert, sie sind für mich betteln gegangen, damit ich mein Abitur machen konnte.« Deshalb sagte er zu. »Nur vier in meiner Klasse haben nein gesagt, die anderen sieben haben sich alle dafür entschieden.«

Ist er sich denn damals wirklich darüber im Klaren gewesen, was das bedeutete? Er würde niemals heiraten, niemals eine Familie gründen können! Er würde sich niemals verlieben können und ein Leben ohne Sex führen müssen … Halt, verlieben schon. Und das Keuschheitsgelübde lässt sich brechen – man denke nur an Pater Ralph de Bricassart alias Richard Chamberlain in

Die Dornenvögel, jenem melodramatischen Fernsehmehrteiler, der Mitte der 1980er Jahre so ziemlich alles, was weiblich und zwischen zehn und hundert Jahren alt war, magisch vor die Fernsehgeräte getrieben hat. Erst neulich wurde die Serie wiederholt, den Schluss bekam ich noch mit, und wieder saß ich gebannt vor der Mattscheibe: Ich hatte ihn fast vergessen, diesen schmerzerfüllten, diesen abgrundtief verbitterten Blick, mit dem Meggie den Pater auf dem Friedhof zurücklässt, nachdem sie ihm mitgeteilt hat, dass ihr soeben verstorbener Sohn auch sein Kind war. Das ging ans Herz, und wie!

Pater Gola jedoch kennt sie ganz offensichtlich nicht, die *Dornenvögel*. Mit dem Namen Ralph de Bricassart kann er nichts anfangen, und es gab wohl auch keine Meggie, die er unglücklich gemacht hat, weil er sich nicht entscheiden konnte zwischen der Liebe zu Gott und der zu einer Frau. Dieser Gewissenskonflikt scheint ihm erspart geblieben zu sein, denn, so betont er: »Ich war nie verliebt, nein.« Wenn man etwas nicht kennt, kann man bekanntlich auch nicht wissen, was man verpasst. Das eine oder andere Mädchen habe ihm als Schüler schon gefallen, gibt er zu: »Aber ich habe mich nie getraut, sie anzusprechen.« Dazu sei er viel zu schüchtern gewesen. »Und bereut habe ich es nie.« Außerdem: Wäre ihm die Frau des Lebens doch noch über den Weg gelaufen, er hätte immer noch rechtzeitig aussteigen können – jedenfalls in der Anfangsphase. Denn als angehender Mönch bekommt man immer erst ein paar Jahre lang die Gelegenheit, sich mit dem Ordensleben vertraut zu machen: Nach einem Probejahr beginnt das Noviziat, das ebenfalls ein Jahr dauert. Josef verbachte diese Zeit im Franziskanerkloster in Groß-Borek, einem kleinen Ort, der damals noch an der polnischen Grenze lag. Anschließend war er noch drei Jahre lang Mönch auf Probe. In diesen Jahren studierte er, zunächst Philosophie in Glatz, dem heutigen Klodzko, danach Theologie in Breslau. Und erst dann gab es kein Zurück mehr: Am 17. April 1939 legte er als Ordensbruder Hubert sein Gelübde ab: die Ewige Profess.

Die Eltern legten ihm keine Steine in den Weg und akzeptierten seine Entscheidung. Aber die Mutter, das wusste er, die habe sich damit schwergetan. »Auch wenn sie nie etwas gesagt hat, kein einziges Wort kam ihr über die Lippen.« Sie war sich im Klaren darüber, dass der zweitälteste Sohn ihr keine Enkelkinder schenken würde. Und, nicht weniger wichtig: Er würde im Alter auch nicht mehr bei ihr sein können – sein Leben fand fortan nur in der Ordensgemeinschaft statt. Damals war es ja noch weitaus selbstverständlicher, dass sich die Kinder im Alter um die Eltern kümmerten, sie waren noch eine Art lebende Rentenversicherung.

Hubert Golas Mutter dürfte deshalb drei Kreuze geschlagen haben, dass sich zumindest ihr ältester Sohn gegen ein Leben bei den Franziskanern entschieden hatte. »Aber im Nachhinein betrachtet hätte er sich besser für das Ordensleben entschieden«, sagt Pater Hubert. Doch im Gegensatz zu ihm wusste der ältere Bruder schon in der Obersekunda, dass ihm das nicht zusagte. Er war sich ganz sicher, er wollte kein Mönch werden. Und den Franziskanern deshalb auch nicht noch zwei weitere Jahre auf der Tasche liegen. »Er hat sein Abitur anderswo gemacht, das war hochanständig von ihm, und das haben sie ihm auch hoch angerechnet.« Aber es war die Zeit der großen Arbeitslosigkeit, nach dem Abitur fand der Bruder weder eine Stelle noch einen Ausbildungsplatz. Studieren war keine Option mehr, das hatte er von vornherein gewusst, dazu fehlte der Familie das Geld. Deshalb meldete er sich zum Arbeitsdienst. »Er dachte, er könnte seine Berufschancen damit vergrößern.« Doch das erwies sich als Trugschluss, wieder bekam er keine Stelle. Darum meldete er sich nach dem Arbeitsdienst freiwillig zum Wehrdienst, noch bevor der zur Pflicht wurde.

»Er hatte eine Verlobte, aber zum Heiraten kam er nicht mehr«, erzählt Pater Hubert. Als Unteroffizier zog sein Bruder in den Zweiten Weltkrieg. Nach dem Frankreichfeldzug machte er auch die Anfänge des Russlandfeldzuges noch mit, den Vormarsch auf Moskau. Bis er Ende 1941, mit dreißig Jahren, in Wjasma fiel. Brustschuss. Ein Arzt war nicht in der Nähe, er verblutete innerlich. »Sein Grab haben wir nie mehr ausfindig machen können.«

Auch Hubert Gola kam um diesen Krieg nicht herum. Es war der Sommer 1940. Frankreich hatte kapituliert, Polen war besetzt, und Leschnitz hieß schon seit vier Jahren Bergstadt. Das hatte Hitler so angeordnet, weil die Deutschen den St. Annaberg während des dritten schlesischen Aufstandes zurückerobert hatten: Das war für Hitler die erste Schlacht des deutschen Erwachens nach der Schmach des Ersten Weltkriegs und des Versailler Vertrags. Der Berg wurde zum Symbol des Selbstbehauptungswillens der Oberschlesier, deshalb bekamen sie da oben als Feierstätte eine Art Amphitheater. Die Predigten in der Wallfahrtsbasilika durften nur noch auf Deutsch gehalten werden. Und die Franziskanermönche wurden am 13. November 1940 sogar vom Berg vertrieben: Ihr Kloster diente nun zur Unterbringung rumänischer Volksdeutscher.

Hubert Gola erlebte das alles nicht mehr mit: Ein paar Monate zuvor wurde er ebenfalls eingezogen. Aber er hatte mehr Glück als sein Bruder. Sein Studium in Breslau war so gut wie abgeschlossen. Zur Priesterweihe kam es zwar nicht mehr, aber immerhin durfte er sich bereits Diakon nennen, das ist die erste Stufe des Weihesakraments. Deshalb wurde er lediglich zum Sanitätsdienst eingeteilt: »Die Kirchen hatten mit Hitler einen Vertrag geschlossen, wonach ein Priester nicht zu den Waffen greifen musste«, erklärt er. »Und ich war ja auf dem Weg zum Priester. Dadurch brauchte ich niemanden zu erschießen.« Er könne im Gegensatz zu vielen Altersgenossen mit Sicherheit sagen: »Ich habe niemanden totgeschossen.«

Die Ausbildungsstätte befand sich ebenfalls in Breslau, vom Kloster zur Kaserne waren es nur zwanzig Minuten zu Fuß. Die Ausbildung zum Sanitäter erfolgte durch einen Arzt. »Das war ganz nützlich und praktisch und auch noch fürs spätere Leben gut«, sagt er. Von der Ausbildung zum Wehrdienst kann er das nicht behaupten. Die findet, wie er es nennt, auf der »Idiotenwiese« statt: »Weil es so idiotisch war – strammstehen und dann rechts rum, marsch! Links rum, marsch ...« Er verdreht die Augen, dann muss er lachen: »Eigentlich war es absurd und zum Heulen, wir hatten einen Kameraden, der konnte nicht im Gleichschritt gehen, obwohl wir es wieder und wieder übten. Wir probierten es dann mit einem langen Stock. Den musste er zusammen mit uns horizontal vor sich hertragen.«

Nach fünf Monaten, Ende 1940, wurde es ernst: Seine Kompanie wurde nach Polen versetzt, dicht an die russische Grenze. Hitler bereitete den Russlandfeldzug vor, das »Unternehmen Barbarossa« zur »Beschaffung von neuem Lebensraum im Osten«. »Aber das ahnten wir noch nicht, Hitler und Stalin hatten ja einen Nichtangriffspakt geschlossen.« Vorerst blieb alles ruhig, als Mitglied der Sanitätskompanie hatte er nichts zu tun, Verwundete gab es nicht. Noch nicht. Den Winter verbrachten sie in einem Schulgebäude. »Wir litten weder Hunger noch unter der Kälte«, erinnert er sich. »Es war gut auszuhalten.«

Auf einmal jedoch hieß es, dass nach dem Krieg im Westen nun auch ein Krieg im Osten ausbrechen würde. Seine Kompanie musste das Schulhaus verlassen und wurde in den Wald verlegt. Und tatsächlich, ein paar Tage später, da ging es auf einmal los – mitten in der Nacht, um 3.15 Uhr. Es war der 22. Juni 1941. »Ein solches Trommelfeuer habe ich nie mehr in meinem Leben gehört«, erzählt der alte Mann. »Zwei Stunden lang, ununterbrochen. Von deutscher Seite.« Ohne Kriegserklärung griffen die Deutschen Russland an – mit drei Millionen Soldaten, 3500 Panzern, mehr als 7000 Geschützen und fast 3000 Flugzeugen. »Die waren total überrascht, die Russen – die hatten damit ja nicht gerechnet!« Erst nach vier Wochen seien sie fähig gewesen, zu reagieren. Bis dahin hätten sie sich nach dem Motto »Rette sich, wer kann« verhalten. »Dadurch hatten wir nach wie vor nicht viel zu tun. Die Wehrmacht war im Vormarsch, und wir Sanitäter zuckelten hinterher.«

Ohne große Kämpfe kam seine Division bis nach Kiew. Denn vor dem Vorstoß nach Moskau wollte Hitler erst noch die Ukraine vollständig erobern. »Als wir ankamen, wurden wir von den Leuten sogar herzlich begrüßt! Weil wir sie vor den Russen gerettet hätten.« Das Verhältnis zwischen deutschen Soldaten und Ukrainern sei gut gewesen, betont der alte Pater. »Bis die SS kam und zu schnüffeln anfing.« Um herauszufinden, wer Russe war und wer nicht. Und um alle Russen zu erschießen. »Da war es mit der Freundschaft dann vorbei«, sagt Hubert Gola. »Das ist das Schrecklichste gewesen: mitzuerleben, wie Menschen erschossen wurden.«

Mit den Menschen in der Ukraine fühlt er sich noch heute verbunden, den Konflikt, der im Februar 2014 zwischen ihnen und Russland ausgebrochen ist, hat er genau verfolgt: »Was sind diese Menschen doch zu bedauern! Dass sie nun schon wieder so fürchterliche Zeiten erleben müssen!«

Er selbst hatte damals in Kiew das Schlimmste bereits hinter sich – und das verdankte er seinem Bruder: Der war nur wenig später beim Vormarsch auf Moskau gefallen. Nun war Hubert der letzte Sohn der Familie – ein Glück im Unglück: »Der Rest des Russlandfeldzugs fand ohne mich statt, ich brauchte nicht länger an der Front zu bleiben«, erklärt er. »Meine Eltern stellten einen entsprechenden Antrag.«

Ich nicke. Es ist genauso wie bei Fritz, meinem Hundertjährigen in Jena. Als letztem Stammhalter blieb auch ihm die Hölle von Stalingrad erspart.

Hubert Gola landete stattdessen in Norwegen, das damals bereits besetzt und deshalb relativ ungefährlich war – genauer gesagt, ganz hoch im Norden, auf den Lofoten. Erst stöhnte er: »Auch das noch!« Aber dann begriff er recht schnell, was für ein Glück er hatte. Die Reise erfolgte per Lkw und dann per Schiff bis nach Narvik. Von dort aus wurde sein Bataillon über die achtzig Lofoteninseln verteilt. Er landet zunächst auf der größten Insel, auf dem Gelände der Marinebasis. »Das war richtig vornehm! Wir Sanitäter hatten dort ein eigenes Gebäude mit Bad, Wohnräumen und den Krankenstuben.« Es stand ihnen sogar eine Putzfrau zur Verfügung. Eine, die obendrein auch noch wunderbar kochen konnte. »Auf unseren Wunsch hin hat sie uns so manches norwegische Fischgericht zubereitet.« Seelachs, Schellfisch, Heilbutt. Oder arktischen Winterkabeljau, *Skrei*, von den Lofoten. Den gibt es nur im Winter und nur in Norwegen: »Ein Genuss!« Es dauerte nicht lange, und Hubert und seine Kameraden lästerten: »So kann der Krieg noch dreißig Jahre dauern!«

Einen Moment lang sitzen wir uns schweigend gegenüber.

Wahrscheinlich hat er es in seinem kärglichen Leben als Franziskanerpriester nie mehr so üppig gehabt wie damals am Polarkreis – fern von aller Gewalt, fern von aller Verzweiflung, die sich im Herzen Europas abspielte, wo Menschen auf den Schlachtfeldern starben oder verfolgt, zusammengetrieben und deportiert wurden. Hier oben am Polarkreis schien das alles weit weg zu sein, fast wie auf einem anderen Planeten. Mitten im Krieg, so bin ich versucht zu sagen, hat Pater Gola da oben eine ruhige Kugel geschoben – eine Redewendung, die mir aber angesichts der Umstände dann doch eher unangebracht erscheint.

»Ich landete dann noch auf einer kleineren Insel, aber auch auf der habe ich es gut ausgehalten«, erzählt er weiter. Vor allem die Natur habe ihn damals sehr beeindruckt. Er kommt regelrecht ins Schwärmen: die traumhaften Fjorde und die zackigen Felsen, die idyllischen Buchten mit Sandstränden und azurblauem Meer, dann die pittoresken Fischerdörfchen mit ihren typischen bunten Holzhäusern. Die Mitternachtssonne, welch Spektakel! Ganz zu schweigen vom Nordlicht, wenn am Himmel auf einmal ganze Gemälde entstehen – grün-gelb-blaue Streifen, bizarr verzerrt, kunstvoll geschwungen, wie von Geisterhand gezogen.

Es sind Erinnerungen, wie wir sie heute von Urlaubsreisen haben, sie sind losgelöst von ihrem historischen Kontext. So absurd es auch klingen mag, es ist wahr: Fremde Regionen und Menschen kennenlernen – also das, was uns heute die Ferien bescheren – konnten viele aus Hubert Golas Generation nur aufgrund des Kriegs.

»Ich habe großes Glück gehabt«, fährt der Pater fort. »Der Krieg hat mich nicht viel Kraft gekostet, nur Zeit.« Er blieb bis 1945 auf den Lofoten und erlebte dort ein ebenfalls sehr ruhig verlaufendes Kriegsende. »Wohin hätten wir so hoch im Norden auch flüchten sollen?« Stattdessen ging es wieder runter in den Süden, nach Trondheim. Dort landete er in Kriegsgefangenschaft, aber nur ganz kurz: »Kaum hatten wir in der Lichtung eines riesigen Walds ein Lager mit Zelten aufgebaut, da kam ein katholischer Dienstpfarrer. Er war auf der Suche nach Theologiestudenten.« Die Alliierten, so erfuhr Hubert Gola, hätten den Befehl gegeben, Studenten und Auszubildende vorzeitig zu entlassen. Das galt auch für ihn: »Ich hatte mein Studium ja nicht vollständig abschließen können.«

Das wollte er jetzt, sechs Jahre später, endlich nachholen. Im zerstörten Deutschland machte er sich auf die Suche nach seinen Ordensbrüdern, zunächst in Attendorn im Sauerland, dann 70 Kilometer weiter nördlich in Werl. Dort hatten die Franziskaner mitten in der Stadt eine große Wallfahrtsbasilika. Die Begrüßung an der Klosterpforte wird er nie vergessen, es war ein früher Nachmittag im Dezember 1945. Er klingelte, da ging oben im ersten Stock ein Fenster auf: »Ja bitte?«

»Ich bin Frater Hubert Gola aus der Silesia!«, rief er nach oben. »Ich würde gerne den Pater Provinzial sprechen!«

Das Fenster wurde wieder zugemacht, und erst einmal geschah gar nichts. Eine halbe Stunde verstrich, mindestens. Hubert Gola beschloss, sich in Geduld zu üben. Dann ging auf einmal die große Klosterpforte vor ihm auf, und der komplette Konvent stand vor ihm, an der Spitze der Provinzial. Alle begrüßten ihn überschwänglich und, so wunderte sich der Heimkehrer, regelrecht erleichtert. Er konnte sich keinen Reim darauf machen. Bis er anschließend in seine Zelle geführt wurde und auf der Treppe einem bekannten Gesicht begegnete. »Wie schön, dich zu sehen!«, freute sich dieser Ordensbruder, begrüßte ihn ebenfalls herzlich – und rief dann zu den anderen herunter: »Ich hab euch doch gleich gesagt, dass der echt ist!«

Wie sich herausstellte, hatten die Franziskanermönche, während sie Hubert Gola vor der Klosterpforte warten ließen, in Windeseile herauszufinden versucht, ob er auch wirklich der war, für den er sich ausgab: »In manchen Klöstern hatten sich bereits einige SS-Leute und Nazis versteckt. Um der Gefangennahme und strafrechtlicher Verfolgung zu entgehen«, klärt der Pater mich auf.

In Werl ist er nur ein paar Tage geblieben. Dann zog er weiter ins Kloster nach Warendorf, der Pferdestadt bei Münster. Denn dort konnte er sein Studium fortsetzen und endlich das werden, was er nach Kriegsausbruch zunächst nicht werden konnte: Priester. Das Studium wurde im Eiltempo durchgezogen, die Franziskanerprovinzen brauchten Priester, es herrschte großer Mangel. Als Diakon durfte Hubert bereits bei feierlichen Ämtern assistieren, »das habe ich natürlich sehr gerne gemacht«.

Am 11. August 1946 war es dann endlich so weit: Er zog ein weißes Gewand an, um sich von einem Bischof zum Priester weihen zu lassen. Zwei Stunden dauerte die feierliche Zeremonie. »Es war der wichtigste und schönste Tag in meinem Leben«, erinnert sich

Pater Gola. Für Ehepaare ist es der Hochzeitstag, komme ich nicht umhin zu denken, für Priester die Weihe.

Eines allerdings habe damals an diesem Augusttag in Warendorf seine Freude getrübt: »Ich konnte sie nicht mit meinen Eltern teilen.« Er wusste noch nicht einmal, ob sie informiert waren, dass er heil aus diesem Krieg zurückgekehrt war. Heute mit den Handys sei das ja alles viel leichter, aber damals, so kurz nach dem Krieg, hätten die weitaus meisten Menschen noch nicht einmal einen Festanschluss gehabt, auch seine Eltern nicht. Natürlich hatte er ihnen geschrieben, aber auch die Postverbindungen waren damals noch unzuverlässig. Außerdem lag Leschnitz inzwischen in Polen und hieß weder Leschnitz noch Bergstadt, sondern *Leśnica*. Auf dem St. Annaberg hatten polnische Mönche das Kloster übernommen, nun durften die Messen dort nur noch auf Polnisch gehalten werden. Und damit nicht genug: Zwischen Warendorf und dem St. Annaberg lag nun noch eine zweite neue Grenze – die zur sowjetischen Besatzungszone, der zukünftigen DDR. Zusammen mit ein paar anderen Ordensbrüdern, die ebenfalls den Krieg überlebt hatten und aus Schlesien stammten, überlegte der frischgebackene Priester ein paar Wochen hin und her – dann beschlossen sie, es gemeinsam zu wagen und die Heimreise anzutreten, um dort nach dem Rechten zu schauen.

Manchmal im Leben muss man lügen.

Die Reise verlief reibungsloser, als sie dachten, schon nach drei Tagen erreichten die Ordensbrüder das 750 Kilometer entfernte Breslau. In Leipzig legten sie einen Zwischenstopp ein, denn dort hatten die Polen ein Büro für Umsiedler eingerichtet. »Um leichter nach Polen einreisen zu dürfen, brauchten wir den Nachweis, dass wir aus der Ostzone stammten«, erzählt Pater Hubert. »Den hatten wir natürlich nicht, aber den haben wir uns mit Hilfe eines frommen Mannes erlogen.« Der habe das Papier für sie gefälscht. »Manchmal im Leben muss man lügen«, meint er mit einem kleinen Lachen, »selbst als Priester.«

So erreichte er Breslau, wo er einst sein Theologiestudium begonnen hatte. Im Franzikanerkloster bekam er einen Ausweis, mit dem er sich frei in der Region bewegen konnte. Damit begab er sich umgehend ins 125 Kilometer entfernte *Leśnica*. Sein Erscheinen war für die Eltern und die Schwester eine komplette Überraschung, sie brauchten einige Sekunden, bis sie wirklich verstanden, wer da auf einmal wieder vor ihrer Haustür stand. »Als sie hörten, dass ich inzwischen Priester geworden war, trauten sie ihren Ohren kaum.« Wie ein Lauffeuer habe sich die Neuigkeit im Ort verbreitet. Als der Pfarrer erfuhr, dass die Priesterweihe erst vor ein paar Wochen stattgefunden hatte, organisierte er für den heimgekehrten Sohn umgehend eine sogenannte Primiz: Das ist die erste Heilige Messe, die ein neugeweihter Priester in seiner Heimatgemeinde zelebrieren darf. Sie fand gleich am nächsten Sonntag statt – und anschließend eine Feier im Haus der Eltern, zu der auch die Bauern aus der Umgebung erschienen. Sie hatten damals bereits wieder etwas Vieh im Stall und brachten Milch und Käse mit, Butter und Brot. Als der Abend hereinbrach, verschwand der Vater im Keller und kam mit ein paar Flaschen Rotwein zurück: »Die hatte mein gefallener Bruder einst aus Frankreich mitgebracht, beim Fronturlaub. Mein Vater hat sie all die Jahre bewahrt und vor den Russen im Garten vergraben – und zwar so gut, dass die sie nicht finden konnten!«

Der Abschied damals ist ihm nicht leichtgefallen. Er wusste: Von nun an war die Ordensgemeinschaft seine Familie. Nicht mehr bei den Eltern und der Schwester fand er Trost, Sicherheit und Halt, sondern hinter Klostermauern. Hier schloss er Freundschaften fürs Leben, aber hier stritt er sich auch. »Krach gibt es bekanntlich in den besten Familien, und auch wir hatten alle unsere Macken.« Manchmal kommt es auch in dieser Familie zu Scheidungen: Jüngere Ordensbrüder in der Anfangsphase entscheiden sich im letzten Moment doch noch für ein weltliches Leben. Um zu heiraten. Aber die Lücke, die sie hinterlassen, sei sicher nicht ganz so groß wie in einer Familie mit Mutter, Vater und Kindern, findet Pater Hubert: »Ich denke, bei uns sind Scheidungen weniger tragisch.«

Manchmal sind es lediglich Trennungen auf Zeit: Auch Mönche ziehen um. »Vor allem in den ersten Jahren habe ich oft das Kloster gewechselt«, sagt der Pater. In Hannover fing er an, dann zog er an die Weser nach Hessisch Oldendorf. Von dort aus ging es nach Goslar-Grauhof, dann für drei Jahre nach Ottbergen. Anschließend landete er wieder in Hannover. Nirgendwo ist er länger geblieben als dort, mit Unterbrechungen insgesamt vierzig Jahre. In Hannover wurde er zum »Guardian« ernannt, wie die Franziskaner ihre Klostervorsteher nennen. Und dort kümmerte er sich auch jahrelang um den Klostergarten.

»Dumme rennen, Kluge warten – Weise gehen in den Garten«, beginnt er auf einmal zu deklamieren und muss schmunzeln, als er mein erstauntes Gesicht sieht. Diese Redewendung kannte ich noch nicht. Nach dieser Devise habe er immer zu leben versucht, erklärt er, wobei das mit dem Garten natürlich im übertragenen Sinne gemeint sei: »Es bedeutet, dass es dumm ist, etwas übereilt zu tun, schon etwas besser, erst einmal abzuwarten und nachzudenken – aber dass es im Leben immer und in allen Situationen am allerbesten ist, wenn man seinen Blick weitet, sich nützlich macht und aktiv bleibt.«

Wobei die Gartenarbeit noch eine der angenehmsten Art und Weisen sei, sich nützlich zu machen: »Glauben Sie mir, davon kann ich ein Lied singen!« Denn 1967, so erfahre ich, konnte er nicht einfach Franziskanerpriester bleiben, sondern wurde zu einem Amt innerhalb des Ordens verdammt. Ja, ich habe richtig gehört, er hat »verdammt« gesagt. Er erzählt, dass er zum Provinzial, also zum Leiter der Franziskanerprovinz Silesia gewählt worden sei – genauer gesagt, zum Provinzial dessen, was von der Silesia übrig geblieben war. Denn seit 1945 war diese Provinz dreigeteilt: Ein Teil lag fortan in Polen, ein zweiter in der DDR und der Rest in Westdeutschland. »Ich dachte, die Welt geht unter«, sagt er und muss noch im Nachhinein stöhnen. »Das lag mir gar nicht! Zum Glück hatte ich einen starken Provinzialsekretär an meiner Seite.« Total überfordert sei er am Anfang gewesen, von Führung habe er keine Ahnung gehabt: »Aber ich musste.« Manchmal stoße man auf seinem Lebensweg auf Hindernisse, die sich nicht umgehen ließen: »Die kann man nur überwinden, indem man sie in Angriff nimmt.« Ich nicke und muss an meinen Vater denken: Als ich einmal in der Klemme saß, hat er diese Hindernisse mit Päckchen verglichen: »Wenn dir ein solches Päckchen den Weg versperrt«, hat er mir damals gesagt, »dann kommst du manchmal nicht darum herum, es aufzuheben und zu tragen.«

Pater Hubert Gola hat sein Päckchen sechs Jahre getragen, so lange blieb er Provinzial der Silesia. »Es waren die schwersten und die schlimmsten sechs Jahre meines Ordenslebens«, sagt er und muss schon wieder stöhnen. Aber gemäß seiner Lebensdevise habe er dennoch versucht, sich nützlich zu machen und die Verantwortung, die er auf sich genommen hatte, zu tragen. »Ich habe bewältigt, was bewältigt werden musste«, sagt er und fügt hinzu: »Ich habe das Beste daraus gemacht.« Wieder ein Zentenar, der diese Worte ganz bewusst benutzt.

Dumme rennen, Kluge warten, Weise gehen in den Garten.

Aber wie unendlich froh sei er doch gewesen, froh und erleichtert, als er das Amt 1974 wieder abgeben konnte! Als er einfach nur wieder predigen, endlich wieder Seelsorger und Beichtvater sein durfte! Das Abnehmen der Beichte gehörte für ihn als Franziskanerpriester ja ebenfalls zum Alltag.

Ich hingegen bin evangelisch, für mich war die Beichte schon immer ein sehr faszinierendes und exotisches Phänomen. Ich kenne nicht nur keine Heiligen, ich kenne auch keine Beichte. Einerseits finde ich, dass meinen katholischen Mitmenschen das Leben dadurch ganz schön leicht gemacht wird – sie sündigen, gehen zur Beichte, und schon können sie einen sauberen Neustart hinlegen. Wir Protestanten hingegen müssen die Verantwortung für unsere Sünden tragen, wir werden sie so schnell nicht wieder los. Mal ganz zu schweigen von den strenggläubigen Calvinisten, die gehen am Ende ihres Lebens regelrecht gebückt unter ihrer Sündenlast. Kommt daher der Eindruck, dass es in katholischen Ländern immer etwas unbeschwerter und fröhlicher zugeht als im protestantischen Norden? Dass der Süden so viel besser ist im *Savoir-vivre*? Südfrankreich, Spanien, Italien – es sind ja alles katholische Regionen. Und wenn die Länder etwas nördlicher liegen, dann ist es ihr katholischer südlicher Teil, in dem das Leben leichtergenommen wird. Bestes Beispiel sind die Niederlande, meine Wahlheimat, wo es unterhalb der großen Flüsse, also in katholisch gebliebenen Städten wie Breda, s'-Hertogenbosch, Eindhoven oder Nijmegen, viel lebenslustiger zugeht als bei den Calvinisten in Amsterdam und Den Haag. Dort wird das Geld verdient, aber gefeiert wird im katholischen Süden.

Übt euch in Milde – was hart ist, bricht.

»Was haben Ihnen die Menschen im Beichtstuhl denn immer so alles anvertraut?«, erkundige ich mich. Pater Hubert macht eine weitausholende Handbewegung. »Eigentlich alles – der eine hatte etwas gestohlen, der andere war verliebt, wusste aber nicht, ob er sich binden und heiraten sollte oder nicht.« Darum sei es sehr häufig gegangen: Soll ich den Schritt in die Ehe wagen oder nicht? »Und um das Umgekehrte: Soll ich mich trennen oder nicht?« Viele Menschen hätten ihm ihre Eheprobleme anvertraut. Der Glaube, so hat er festgestellt, habe den meisten dabei geholfen, sich doch wieder zusammenzuraufen und zusammenzubleiben. »Ohne Glauben lassen sich die Leute viel schneller scheiden, der Glaube spielt dabei eine große Rolle!«

Und wie hat er im Beichtstuhl reagiert? »Ich habe immer versucht, nachsichtig zu sein«, lautet seine Antwort. Weil man mit Nachsicht in der Regel mehr erreiche als mit Härte: »Was hart ist, bricht.« Außerdem, betont er, dürfe man nie aufhören, positiv zu denken und zu handeln.

Damit erinnert der Pater an eine weitere wichtige Lebensphilosohie des Franziskanerordens: »Glaube an die Fähigkeit aller Menschen, zu lernen und sich auf das Gute einzulassen.«

Wie wunderbar das doch formuliert ist! Sich auf das Gute einzulassen. Wir tun es bei weitem nicht immer, aber wir können es. Wie viel besser ist es doch, sich das vor Augen zu führen, anstatt den Glauben an das Gute im Menschen zu verlieren! Das ist mit zunehmendem Alter und den entsprechenden Erfahrungen zwar sehr verführerisch, aber damit macht man es sich viel zu leicht und riskiert obendrein, zynisch oder sogar verbittert zu werden. Was ich so ziemlich für das Schlimmste halte, was einem beim Altwerden widerfahren kann – Verbitterung. Wahrscheinlich finde ich diese Worte deshalb auch irgendwie tröstlich: Vergesst nie, wir sind fähig, uns auf das Gute einzulassen!

Hat er noch mehr Ratschläge für mich in petto? Was ist wirklich wichtig im Leben? Wie sieht er das als Priester und Ordensbruder?

Hubert Gola braucht nicht lange zu überlegen: »Die Liebe untereinander ist sehr wichtig, ohne die geht es nicht.« Meint er die vielzitierte Nächstenliebe? Es überrascht mich nicht, dass er dieses Thema anschneidet, eigentlich hatte ich viel früher damit gerechnet. Der alte Pater nickt: »Ja, die Nächstenliebe. Die Eigenliebe darf nie auf ihre Kosten gehen.« Das fange bei der eigenen Familie an, bei Nachbarn und Freunden, gelte aber auch für Menschen, die uns nicht so nahe sind: Obdachlose und Waisen, Kranke oder Flüchtlinge.

»Manchmal verstehe ich diese Welt nicht mehr«, sagt Pater Hubert. Dass Flüchtlinge ertrinken, dass Menschen verhungern und erfrieren. Wie so viele alte Menschen, die ich getroffen habe, kommt auch er auf den IS-Terror zu sprechen: »Das ist doch unfassbar«, ereifert er sich, »dass im Namen Gottes Kinder totgeschossen werden. Und dann zerstören die auch noch all ihre alten Kulturdenkmäler!« Wie vor fünfhundert Jahren im Bildersturm: »Der war genauso dämlich!« Ebenso unfassbar allerdings findet es der alte Priester, was indessen in Europa stattfindet: »Wir zelebrieren den Konsumrausch und wollen vor allem eines haben: unseren Spaß!«, schimpft er, und auf einmal sind seine Gesichtszüge hart geworden. »Schluss mit Spaß!«, fordert er und schlägt mit der flachen Hand auf die Stuhllehne: »Was soll der ganze Blödsinn! Das ist doch nicht der Sinn des Lebens!«

Vergiss nie, dass der Mensch fähig ist, sich auf das Gute einzulassen.

Mit einem Seufzer lehnt er sich in seinen Stuhl zurück. »Aber ja«, meint er dann, und seine Gesichtszüge entspannen sich wieder. »Ich nehme es hin. Die Welt ist nicht vollkommen. Ich bin ja auch nicht vollkommen.«

Auf dieses Stichwort habe ich gewartet, das würde ich gerne genauer wissen: Wo liegen denn seine eigenen Schwächen? Wie schwer ist es ihm gefallen, sich an die Regeln des Ordenslebens zu halten? Die sieben Todsünden zu vermeiden und die Zehn Gebote einzuhalten? Diese Fragen wollte ich ihm schon die ganze Zeit stellen. Hochmut, Habgier, Neid, Wollust, Völlerei, Trägheit und nicht zu vergessen *Ira* – worunter Zorn, Wut und Ungeduld fallen. Wir gehen sie durch. Zu fast allen passt ein entsprechendes Gebot. Das sechste zum Beispiel, »Du sollst nicht ehebrechen«, zur Wollust. Oder das neunte und zehnte, »Du sollst nicht begehren«, zur Habgier und zum Neid.

»Damit hatte ich nie Probleme«, sagt der Pater. »Ich konnte Schaufenster immer ohne Begierde betrachten. Ich war zufrieden mit dem, was ich hatte.« Wobei er ja so gut wie nie etwas hatte, denke ich mir. Mein Schaufenstergefühl ist regelmäßig ein sehr anderes. In dieser Hinsicht muss ich an mir arbeiten. Noch mehr gilt das für Wut und Ungeduld. Ich war beim Verteilen der Geduld nicht präsent. Pater Hubert ist in dieser Hinsicht eindeutig weiter, er hat sich ja sein ganzes Leben lang in Nachsicht und Geduld geübt. »Auch mir selbst gegenüber«, schmunzelt er und erinnert daran, wie er damals nach dem Krieg lügen musste, um mit einem gefälschten Ausweis seine Eltern in Polen zu besuchen. »Und geflucht habe ich auch«, bekennt er lachend. »In Oberschlesien wurde damals viel und nach Herzenslust geflucht.«

Gibt es noch weitere Regeln oder Gebote, die er gebrochen hat oder deren Einhaltung ihm schwergefallen ist?

Er überlegt einen Moment. »Am schwersten fiel mir doch das Keuschheitsgelübde«, gibt er dann zu. Das sei nicht immer leicht gewesen, vor allem in jungen Jahren nicht. »Aber das geht den meisten jungen Priestern so. Als Beichtvater weiß ich das.«

Jetzt werde ich aber neugierig. Was genau haben die jungen Priester ihm denn gebeichtet?

»Dass sie onaniert haben«, antwortet er frei von der Leber weg. Ich zucke ein bisschen zusammen, mit so viel Offenheit habe ich nicht gerechnet. Bei jungen Priestern passiere das einfach, fährt der Pater fort, so wie bei allen jungen Männern. Dann sagt er: »Mir ist es auch passiert.«

Wieder komme ich aus dem Staunen nicht heraus, auch diese

Direktheit hätte ich nicht erwartet. Wäre es denn nicht viel besser, das Zölibat abzuschaffen, frage ich ihn dann und erinnere an die vielen Skandale in der katholischen Kirche über den sexuellen Missbrauch von kleinen Jungen.

»Solche Sachen können verheiratete Männer auch machen«, antwortet er. Ihm sei das als Kind zum Glück nie passiert, an ihm habe sich niemand vergriffen. Ich merke, wie er abwägt. »Vielleicht wäre es in der Tat nicht unklug, dieses Gebot abzuschaffen«, meint er. »Es ist ja kein Gebot Gottes, es ist ein Gebot der Kirche – die hat es eingeführt. Und die könnte es auch wieder abschaffen.« Er schüttelt den Kopf, er ist sichtlich am Zweifeln: »Ich bin mir nicht sicher«, meint er. »Ich weiß nicht, ob es gut wäre, das Zölibat abzuschaffen.« Er selbst habe seit gut dreißig Jahren Ruhe – so lange schon mache ihm die Todsünde der Wollust nicht mehr zu schaffen: »Der sexuelle Drang ist weg!«, sagt er und beginnt wieder, ganz frank und frei zu erzählen – nun von seinen Problemen mit der Prostata.

Inzwischen hat er auch mehrere Augenoperationen und eine schwere Darmkrebsoperation hinter sich, aber alle gut überstanden. Der Heimdoktor, der viermal im Jahr vorbeischaut, könne bei ihm jedes Mal nur staunen: »Menschenskind, so mancher Fünfzigjähriger wäre froh, wenn er Ihre Blutwerte hätte!«, sage er dann.

Pater Hubert ist inzwischen doppelt so alt. Eine Bilanz seines Lebens hat er bislang trotzdem noch nicht gezogen. »Die fällt sowieso anders aus als beim Herrgott«, schmunzelt er. Er lässt den Blick über das Bücherregal an der Wand gegenüber gleiten, in dem sich Messbücher und theologische Abhandlungen stapeln. An und für sich sei er zufrieden mit seinem Leben, meint er: »Ich habe viel Glück gehabt.« Wirklich schwer in seinem Leben seien lediglich die sechs Jahre als Provinzial gewesen. »Und der Tod der Eltern.« Sie hätten nie in den Westen ziehen wollen und seien als

Polen gestorben. »Meine Schwester und ich haben sie bis zu ihrem Tod einmal jedes Jahr in *Leśnica* besucht.«

Nachdenklich schüttelt der alte Mann den Kopf. Nein, er habe keinen Grund zum Klagen, er ist zufrieden mit seinem Leben: »Es war nicht üppig, es war streng und ärmlich, aber es hat mir gefallen.«

Doch es gibt immer weniger junge Männer, die seinem Beispiel folgen und sich für dieses Leben entscheiden. Das bereitet ihm Sorgen: »Vor dem Zweiten Weltkrieg hatten wir in Schlesien vierhundert Franziskaner – so viele gibt es jetzt in ganz Deutschland.« Und sie leben auch nicht mehr in verschiedenen Provinzen, dazu sind es viel zu wenige: Es gibt jetzt nur noch eine einzige, die deutsche Franziskanerprovinz. »Immerhin, in Afrika und in einigen asiatischen Ländern sind wir nicht dabei zu schrumpfen, da wachsen wir!« Das sei ein Lichtblick. In Deutschland aber müssten nach wie vor Klöster schließen. Weil die Mönche sterben und kein Nachwuchs in Sicht ist. »Damit müssen wir uns abfinden«, meint er und hebt mit nach außen gewandten Handflächen die Hände.

Hat er selbst eigentlich Angst vor dem Tod? Wenn man so gläubig ist wie er, müsste sich diese Angst doch in Grenzen halten? »Oh doch!«, antwortet er. »Ich habe keine Angst vor dem Herrgott«, stellt er dann klar. »Aber vor dem Prozess des Sterbens – auch wenn sich der liebe Gott deswegen wahrscheinlich ins Fäustchen lacht.« Aber um angstfrei zu sein, dafür hat er einfach zu oft miterleben müssen, dass Menschen auf schreckliche Weise starben. Als Seelsorger hat er viele in den Tod begleitet, auch junge Menschen: »Die leisten bis zum Schluss Widerstand, ganz furchtbar.« Erst neulich hat er einen guten Freund um die achtzig verloren, der schwer krank war. Von Schmerzen überwältigt sei er gestorben. Er habe sich nicht helfen lassen wollen, sondern die Schmerzen um des Herrgotts willen ertragen. »Ich kann mir nur wünschen, dass ich selbst eines Abends einschlafe und nicht mehr aufwache.« Das sei für ihn der perfekte Tod. »Bei einigen Mitbrüdern hat's geklappt.«

Und wie ist das mit dem Himmel und der Hölle – glaubt er daran auch? Der alte Mann nickt sofort überzeugt: »Oh ja! Und ich wünsche mir natürlich, dass ich in den Himmel komme.« Die Aussichten seien nicht schlecht, lacht er, »auch wenn ich mich manchmal im Leben tollpatschig und danebenbenommen habe«. Wie er sich da so sicher sein könne? »Ganz einfach«, kommt die Antwort, »weil ich Jesus liebe.« Und Jesus habe gesagt: »Kein Auge hat es gesehen, kein Ohr gehört, was ich denen vorbereitet habe, die ich liebe.« Außerdem habe Gott ja sogar die beiden reuigen Schächer neben Jesus am Kreuz gerettet! Mit einem verschmitzten Lächeln schaut mich Pater Gola Hubert an: »Da wird er doch auch mich in den Himmel lassen – er kennt doch seinen alten Hubert!«

~

Pater Hubert hat mich mit meinem Verhältnis zu Besitz konfrontiert und mit dem zu Gott. Ich bin gläubig erzogen worden, evangelisch-lutherisch. Feiertage wie Weihnachten oder Ostern spielen in meinem Leben nach wie vor eine Rolle, das gilt auch für jene religiösen Momente im Leben, die meist als Familienfeiern in Erinnerung bleiben: Taufen, Konfirmationen, Hochzeiten und die ersten Beerdigungen. Aber strenggläubig ging es bei mir zu Hause nie zu, es war sozusagen Religion light. Nun lebe ich seit langem in den Niederlanden, in einer Gesellschaft, die weitaus säkularisierter ist als die deutsche. Die Begegnung mit Pater Hubert hat mir nicht nur vor Augen geführt, wie sehr ich im Laufe meines Lebens von der Kirche Abstand genommen habe, sondern auch von Gott. Mein Glaube ist nicht völlig auf der Strecke geblieben, das nicht. Aber ich habe mein Verhältnis zu Gott gewissermaßen verwahrlosen lassen. Ich bekenne mich nicht mehr offen zu ihm, bin aber auch zu feige, mich vollends von ihm abzuwenden – denn ein Atheist, das bin ich nun auch wieder nicht: Ich glaube an die Existenz einer höheren Macht. Im Gespräch mit dem alten Franziskanerpriester habe ich mich mehrmals dabei ertappt, dass ich ihm nicht nur fasziniert zugehört habe, sondern auch mit einer Spur von Neid: Wie kann er sich so sicher sein, dass Gott existiert? Wieso kennt er keine Zweifel? Warum hat sein Gott es ihm so leicht gemacht und ihn schon als Kind erfüllt, sodass er gar nicht erst anfangen musste, nach ihm zu suchen und Fragen zu stellen? »Denn wenn ihr mich von ganzem Herzen sucht, werde ich mich von euch finden lassen«, sagt Gott nach dem Propheten Jeremia. Vielleicht, denke ich, müsste man also die eher halbherzige Suche aufgeben.

An der Kirche, vor allem an der katholischen, gibt es zweifelsohne viel zu kritisieren – sehr viel sogar. Aber in diesem Fall saß ich dem Vertreter eines Bettelordens gegenüber, der sein Leben lang Besitzlosigkeit und religiöse Tugenden wie Nächstenliebe nicht nur gepredigt, sondern weitgehend auch gelebt hat, womit er den Finger in unsere Wunden legt.

Wunden deshalb, weil wir es im Grunde genommen doch alle ganz genau wissen: dass wir nicht gierig sein sollten und faul, dass wir uns mäßigen und Nachsicht walten lassen sollten, anstatt über Kollegen und Nachbarn herzuziehen oder zu schimpfen, weil sie uns mal wieder fürchterlich auf die Nerven gehen. Dass wir uns in Nächstenliebe üben sollten, weil diese Liebe, anders als ihr Name, nicht nur unsere Nächsten umfasst, also den Partner, die Kinder und Eltern, sondern insbesondere und auch gerade diejenigen, die nicht nah, sondern weiter weg sind und unserer Hilfe bedürfen. How big is your bubble? Wie weit kannst du über den eigenen Tellerrand hinausschauen? Inwieweit schaffen wir es, unser eigenes kleines Leben nicht zum Maß aller Dinge, zum Nabel der Welt zu machen?

Aus dem Ordensleben von Hubert Gola stammt auch jener Satz, den ich als so wundervoll empfunden habe: Lasst uns nicht vergessen, dass der Mensch fähig ist, zu lernen und sich auf das Gute einzulassen.

Wundervoll deshalb, weil er im Grunde genommen sehr nüchtern und realistisch ist und überhaupt nicht naiv. Es geht nicht darum, ob wir gut sind oder schlecht, sondern um unsere Fähigkeit, das Gute zuzulassen. Das ist tröstlich, daraus lässt sich Hoffnung schöpfen. Weil wir ja alle wissen, wozu der Mensch an Schlechtem fähig ist. Weil er eben nicht bloß gut ist, sondern auch schlecht, und jeder von uns beides in sich trägt. Weil das Böse so banal ist. Weil wir alle ganz schnell und ganz leicht zu Mitläufern werden können, die das Böse nicht bremsen: Die wenigsten von uns sind Helden. Aber wir alle sind fähig, das Gute zuzulassen. Auch der Kollege, der uns ärgert und irritiert, auch die Nachbarin, die uns beleidigt hat und mit der wir am liebsten nichts mehr zu tun haben wollen. Deshalb dürfen wir sie nicht fallenlassen oder verurteilen. Damit machen wir es uns zu leicht.

Zu leicht machen wir es uns auch mit dem Anschaffen von Besitz. Wenn Pater Hubert stirbt, müssen ein paar Fotos weggeräumt und ein paar Bücher verteilt werden. Wenn ich hingegen morgen unter den Bus kommen sollte – was mute ich meinen Angehörigen dann eigentlich zu? Einen übervollen Speicher, eine Garage, in der alles Mögliche steht, bloß kein Auto, weil das darin keinen Platz mehr findet, von den bereits erwähnten knallvollen Kleiderschränken ganz zu schweigen. Vieles könnte ich abstoßen, zweifelsohne. Aber völlig besitzlos leben will ich nicht und könnte ich vermutlich auch gar nicht. Dazu finde ich zu viele Dinge in diesem Leben zu schön, dazu hänge ich zu sehr an den schönen Dingen des Lebens. Aber es dürften ruhig weniger werden, das schon. Deshalb ist es ab und zu ganz gut, Abstand zu nehmen und sich selbst aus der Vogelperspektive inmitten seiner Besitztümer zu betrachten. Ob und wie erschreckend das von da oben aussieht, muss jeder selbst entscheiden. In jedem Fall lässt sich so leichter erkennen, wie viel Raum der Besitz im Leben einnimmt. Was er von unserer Zeit und unserer Energie in Beschlag nimmt, den beiden kostbarsten Gütern, die wir besitzen. Wem oder was wir sie widmen. Wem wäre besser, oder?

»Lass dich nicht blenden von zu viel Schönheit!«

~

Gerrit

* 8. Januar 1915 in Batavia (Indonesien)

Tief unter mir liegt die Maas, es dürften gut und gerne hundert Meter sein. Beim Runtergucken wird mir ein bisschen schwindlig, das Wohnzimmerfenster ist bis zum Fußboden verglast. Aus den gedrungenen schwarzen Schleppern, die träge maasabwärts ziehen, werden hier oben kleine schwarze Striche. Der Fluss selbst mäandert als silbrig glänzendes Band Richtung Hafen, der sich immer weiter nach Westen verschoben hat, bis hin zum 40 Kilometer entfernten Hoek van Holland. Schwach zeichnet sich in der Ferne das Gewirr an Hafenkränen am Horizont ab, sogar die Nordsee ist an diesem Sommermorgen zu sehen. Was für ein Panorama!

»Ich hab dir doch gesagt, dass die Aussicht grandios ist!«, sagt Gerrit und klingt ein kleines bisschen vorwurfsvoll – geradeso, als hätte ich ihm zuvor am Telefon nicht geglaubt. So wie fast alle Holländer hat er mich sofort geduzt. Aber etwas beschrieben zu bekommen und dann im 35. Stockwerk eines Wolkenkratzers selbst zu erleben, macht eben doch einen Unterschied. Seit gut fünf Jahren wohnt er nun schon hier in diesem modernen kleinen Apartment in hundert Meter Höhe auf dem *Kop van Zuid*: So heißt eine ehemalige Hafen-Landzunge im südwestlichen Stadtzentrum von Rotterdam, auf der sich in den letzten Jahrzehnten immer mehr futuristisch anmutende Wolkenkratzer den Platz streitig machen, einer kühner geschwungen als der andere. »Manhattan an der Maas« wird Rotterdam wegen der Skyline auch genannt. Nach dem Tod seiner Frau, die 2009 an Alzheimer starb, ist Gerrit in einen dieser Wolkenkratzer gezogen. »Zusammen mit einem befreundeten Ehepaar, das wohnt zwei Türen weiter«, erklärt der hochaufgeschossene Niederländer. »Der Lift liegt gleich gegenüber. Und meine Tochter lebt auch nur ein paar Straßen entfernt.« Einfach ideal, findet Gerrit. Im Erdgeschoss, unter den Büroräumen und Läden, befinde sich auch eine Apotheke und eine Arztpraxis, das sei sehr praktisch: »Falls ich mal Hilfe brauche. Aber bisher ist das zum Glück so gut wie noch nie vorgekommen.« Und das, obwohl er vor einem halben Jahr seinen 100. Geburtstag gefeiert hat: »Ich schaffe es noch ganz gut, selbständig zu wohnen. Das Essen lasse ich mir bringen, und ich habe eine Haushaltshilfe, die mehrmals in der Woche ein paar Stunden nach dem Rechten schaut.«

~

Alles mit Maß und Ziel – und mit Regelmaß. Das sorgt für ein langes Leben.

~

Aber er habe ja auch immer darauf geachtet, sehr regelmäßig zu leben und nicht über die Stränge zu schlagen, erklärt er und begibt sich Richtung Küche, um die Kaffeemaschine anzustellen. Alles mit Maß und Ziel – und alles mit Regelmaß, das sei wichtig im Leben, das halte einen gesund. Deshalb steht er möglichst immer zur gleichen Zeit auf, geht zur gleichen Zeit ins Bett und achtet auch darauf, die Mahlzeiten regelmäßig einzunehmen. Jetzt ist es gleich elf Uhr und Zeit für das in Holland obligatorische *kopje koffie*. Zum Frühstück gibt es Tee, Kaffee erst gegen elf. Das sei schon seit achtzig Jahren so, früher im Büro, jetzt zu Hause. »Und gleich nach dem Aufstehen mache ich zehn Minuten Gymnastik, auch das seit mehr als siebzig Jahren.«

Ich genieße weiter die Aussicht, als er in der Küche verschwunden ist. Morgengymnastik – mit hundert! Mir fällt ein Artikel ein, den ich neulich gelesen habe: über zwei Wissenschaftler, die herausgefunden haben wollen, dass Disziplin nicht nur mit einem starken Willen zu tun hat, sondern auch eine Sache von Routine und Gewohnheit ist und einem auf die lange Sicht deshalb gar nicht so schwerfällt, wie manche denken: Sobald etwas zur Gewohnheit geworden ist, kann man auf den automatischen Piloten stellen und braucht den inneren Schweinehund nicht mehr zu überwinden.

»Die Übungen am frühen Morgen sind mir so in Fleisch und Blut übergegangen, dass ich gar nicht mehr ohne könnte«, bestätigt der alte Mann meine Gedankengänge, als er wieder neben mir steht. Aus der Küche ertönt das Geblubber der Kaffeemaschine. Gerrit deutet runter auf ein kleines Backsteingebäude mit zwei grünen Kupfertürmchen, das am äußersten Zipfel der Landzunge liegt. »Das war früher das Verwaltungsgebäude der HAL«, beginnt er zu erklären. »Da hat mein Vater die letzten fünfundzwanzig Jahre bis zu seiner Pensionierung gearbeitet.« Ich nicke, ich weiß Bescheid: HAL steht für Holland-Amerika-Linie, jene legendäre Schifffahrtsgesellschaft, die in den letzten 125 Jahren Zehntausende von Europäern in die Neue Welt gebracht hat. Die Abfahrtshallen mit ihren gewölbten Dächern liegen direkt unter uns an der Holland-Amerika-Pier. »Taschentuchpier« wird sie auch genannt. »Die Tränen von Familienmitgliedern und Freunden sind hier literweise geflossen«, weiß Gerrit. Heute legten da unten moderne Cruise-Schiffe an, »das ist jedes Mal ein gewaltiges Spektakel«. Und aus dem ehemaligen Verwaltungsgebäude der HAL ist ein beliebtes Hotel mit dem bezeichnenden Namen »New York« geworden. In dem riesigen Wartesaal, wo die Emigranten einst auf ihren Habseligkeiten saßen, kann man nun Austern schlürfen und andere feine Sachen bestellen. Gerrit und ich wollen das nachher auch tun und zum Abschluss unseres Treffens da unten Mittag essen. »Wird dir das denn nicht zu viel?«, hatte ich mich noch besorgt erkundigt. »Aber nein«, kam seine heitere Antwort. »Doch nicht mit einer Frau wie dir an meiner Seite!« Er ist ein Charmeur, das habe ich gleich am Telefon festgestellt. Immer zu einem Scherz und zu einem kleinen Flirt aufgelegt. Auch mit hundert Jahren noch.

Man könnte ihn für einen waschechten Rotterdamer halten, so wie er sich in der Stadt und ihrer Geschichte auskennt. Doch weit gefehlt: Gerrit wurde 1915 in Batavia geboren, dem heutigen Jakarta. Indonesien war damals noch niederländische Kolonie und hieß *Nederlands-Indië,* Niederländisch-Indien. Wie damals so viele Niederländer ist auch Gerrits Vater emigriert, zusammen mit seinem Bruder und dessen Frau – nicht nach Westen in die Neue Welt, sondern nach Osten: Er konnte auf javanischen Kaffee- und Zuckerplantagen als Buchhalter arbeiten. Wieder deutet Gerrit aus dem großen Wohnzimmerfenster, dieses Mal etwas weiter flussabwärts Richtung Hafen: »Siehst du das wuchtige blauweiß gewürfelte Gebäude dahinten, das sich über die Maas beugt?« Ich nicke, das ist die neue Rotterdamer Schiffahrtsschule im Lloydkwartier. »Da fuhren früher die Schiffe nach Batavia ab. Da ist auch mein Vater 1908 als junger Mann an Bord gegangen.« Nach einem Zwischenstopp in Genua ging es durch den Suezkanal, der 1869 eröffnet worden war, an Indien vorbei Richtung Batavia. Vor dem Bau des Suezkanals mussten die Schiffe ums Kap der guten Hoffnung und den gesamten afrikanischen Kontinent herumfahren, da dauerte die Reise Monate. »Mein Vater kam schon nach ein paar Wochen an.« Um sich kurz darauf unsterblich in die Tochter eines Plantagenbesitzers zu verlieben. »Das war meine Mutter. Ihr Vater, also mein Opa, war Niederländer und ihre Mutter Indonesierin.« Dadurch ist Gerrit zu 25 Prozent *indisch*, wie die Holländer es nennen. Ein gesunder genetischer Cocktail, denke ich mir, der auch dafür gesorgt haben könnte, dass er so fit so alt geworden ist. Die Länge hat er eindeutig von seinem Vater geerbt, die Holländer gehören ja zu den längsten Völkern auf Erden. Aber seine Haut ist immer noch leicht getönt, die hat er von der Mutter, ebenso das Haar: Es ist inzwischen schlohweiß, war aber einst pechschwarz, stelle ich fest, als Gerrit mir ein altes Bild von sich selbst zeigt, das auf der Kommode steht: Er muss so Ende zwanzig gewesen sein und erinnert ein bisschen an Hollywood-Schauspieler Keanu Reeves. *Een lekker ding*, würden die Holländerinnen sagen.

»Da war ich schon längst wieder zurück in Rotterdam«, erklärt er. Wobei »zurück« eigentlich das falsche Wort ist: Er ist ja auf Java geboren. »Aber ich habe nur die ersten dreizehn Jahre meines Lebens dort verbracht.« Das Leben in der Kolonie sei gut gewesen, jedenfalls für die Holländer. Die lebten alle zusammen in holländischen Vierteln mit großen, schönen Häusern und prachtvollen Gärten, in denen Palmen und andere tropische Pflanzen gediehen. Die Kleidung war vornehmlich weiß, wegen der Hitze. Die Damen trugen kleine Sonnenschirmchen, wenn sie auf die Straße gingen, um ihre Haut zu schützen, und suchten immer den Schatten auf, fast jedes Haus hatte deshalb eine Veranda. Mit den Einheimischen hatten die Kolonialherren kaum Kontakt, meist als Arbeitgeber: In fast allen Haushalten arbeiteten Indonesier als Bedienstete. Wobei Landsleute mit holländischen Wurzeln, wie Gerrits Mutter, über ihnen standen. Auch sie hatte eine Haushaltshilfe und ein Kindermädchen, das auf Gerrit und seine Schwester aufpasste: eine *Baboe*, sprich: Babuh.

Doch dann, 1928, fand sein Vater Arbeit bei der HAL in Rotterdam. »Er wollte zurück, weil es meinem Opa nicht so gut ging.

Mein Onkel und seine Familie sind auf Java geblieben.« Es sei seinem Vater nicht leichtgefallen, sich nach all den Jahren wieder in der alten Heimat zurechtzufinden. »Aber meine Schwester und ich und auch unsere Mutter, wir hatten es noch schwerer. Wir kannten Holland ja überhaupt nicht!« Alles sei so anders gewesen in diesem fremden kleinen Land an der Nordsee: das raue Klima, der Wind, die beengten Wohnungen. Für alles habe es weniger Platz gegeben, auch der Lebensstandard sei niedriger gewesen als in der Kolonie: »Meine Großeltern hatten gerade erst elektrisches Licht bekommen. Und einmal in der Woche mussten sie zum Waschen heißes Wasser kaufen, bei einem Mann, der ein paar Straßen weiter einen großen Kessel mit heißem Wasser aufgestellt hatte. Dann rückten alle aus der Umgebung mit leeren Eimern an.«

Aber damit nicht genug: Sie waren auch in einer äußerst prüden calvinistischen Gesellschaft gelandet, der Glaube bestimmte den Alltag. »Wir Kinder durften sonntags nie raus zum Spielen, das durften nur die Katholiken.« Aber die seien sowieso immer unter sich geblieben, »mit denen durften wir nie spielen«. Denn mit Katholiken hatte ein guter Calvinist nichts zu tun: Sie galten immer noch als Erzfeinde, von denen sich die Niederländer in ihrem Unabhängigkeitskrieg im 17. Jahrhundert befreit hatten. Damals vor vierhundert Jahren hatten sie noch zu Spanien gehört – und Spanien war erzkatholisch. Doch dieses Joch hatten die Niederländer dank Wilhelm von Oranien, auch Vater des Vaterlandes genannt und sozusagen der Wilhelm Tell der Niederlande, abschütteln können. Die Katholiken, die es anschließend gewagt hatten, in den freien Niederlanden zu bleiben, mussten ihren Glauben heimlich ausüben, in sogenannten Geheimkirchen auf Speichern oder in Hinterhäusern. Erst um 1800 wurde ihnen erlaubt, wieder mit eigenen Kirchen im Straßenbild präsent zu sein.

»Das war damals, als ich Kind war, gerade erst hundertzwanzig

Jahre her«, sagt Gerrit. Er weiß noch genau, wie seine Oma damals das Brot immer bei einem protestantischen Bäcker kaufte und Fleisch und Wurst bei einem protestantischen Metzger. »So wie die Katholiken ihre katholischen Bäcker und ihre katholischen Metzger hatten.« Es gab auch einen katholischen und einen calvinistischen Radiosender. Die beiden Welten seien streng getrennt gewesen – und Heiraten zwischen Calvinisten und Katholiken tabu: *Twee geloven op een kussen, daar slaapt de duivel tussen*, lautet ein altes calvinistisches Sprichwort: Zwei Glauben auf einem Kissen, der Teufel schläft dazwischen!

Seine Oma habe ihm das immer wieder eingeschärft, erzählt Gerrit. Wir sitzen inzwischen in seiner Sofaecke, ich habe Schreibblock und Kugelschreiber gezückt, während er uns beiden ein *kopje koffie* eingeschenkt hat – sozusagen fahrplanmäßig, denn es ist fünf vor elf. »Meine Eltern waren zum Glück nicht so strenggläubig«, erzählt er weiter. Selbst habe er deshalb weder mit Katholiken noch mit Calvinisten viel am Hut gehabt, sondern vor allem eines: Heimweh nach Java, der Insel seiner Kindheit.

Nach der Schule lief er oft runter ins Lloydkwartier und sah den Schiffen nach, die Richtung Batavia ausliefen. Oder er begab sich auf die andere Seite der Maas, auf die Landzunge *Kop van Zuid*, wo er heute wohnt und wo damals sein Vater gearbeitet hat, im Backsteinbau der HAL mit den zwei Kupfertürmchen. Manchmal ging er rein und besuchte ihn. Oder er stellte sich auf die Holland-Amerika-Pier und bewunderte die großen Passagierschiffe der HAL, die von hier aus nach New York abfuhren. Dann wurde aus seinem Heimweh Fernweh. Ab und zu schloss der Junge die Augen, hielt nur die Nase in die Luft. Denn hier konnte er ihn riechen, hier lag er in der Luft: der Duft der großen, weiten Welt.

»Verstehst du, was ich meine?«, fragt er mich. Ich verstehe – und komme nicht umhin, an meinen Opa zu denken. Weil der immer Peter Stuyvesant rauchte, die mit dem Slogan »Der Duft der großen, weiten Welt« warben. Seit ich in den Niederlanden lebe, weiß ich auch, wer dieser Peter Stuyvesant gewesen ist, und denke bei seinem Namen nicht mehr bloß an Zigaretten: Er war der letzte Gouverneur von Nieuw Amsterdam – der letzte deshalb, weil die Niederländer diese Kolonie 1664 zu ihrem Leidwesen den Engländern überlassen mussten, und die machten aus Nieuw Amsterdam New York. Stuyvesant segelte dann nach Holland zurück – aber nur, um vier Jahre später erneut in New York einzulaufen, dort zu bleiben und zu sterben. »So wie Stuyvesant wieder den Westen aufsuchte, wäre ich gerne in den Osten zurückgekehrt«, erklärt Gerrit. Unmöglich wäre es nicht gewesen: »Ich hatte dort ja noch einen Onkel mit Familie.«

Doch für seine Eltern sei das nicht in Frage gekommen. Und so machte er stattdessen in Rotterdam seinen Schulabschluss, hängte eine kaufmännische Lehre dran und suchte sich eine Stelle. Sechs Monate dauerte es, bis er etwas fand, auch in den Niederlanden waren die Zeiten Anfang der 1930er Jahre schlecht. Trotzdem schlug er ein erstes Stellenangebot aus, bei einer Bank. »Die haben mir nur 20 Gulden im Monat geboten.« Zum Vergleich: Ein Laib Brot kostete um 1930 in den Niederlanden 0,15 Gulden. Er suchte weiter und fand etwas bei einem Speditionsunternehmen im Hafen: »Die boten mir 60 Gulden, also das Dreifache.«

Er war dort Mädchen für alles, erledigte Besorgungen, schrieb Briefe, kümmerte sich um Archiv und Buchhaltung. Abends genoss er das Stadtleben, Rotterdam war damals noch eine typisch holländische Stadt mit Grachtenhäusern, Kopfsteinpflaster und Kanälen. Tanzen wurde zu seinem Lieblingshobby, *Ballroom Dancing*, betont er: »Ich habe alle Kurse mit Glanz bestanden – A, B und C.« Sein Lieblingstanz war der Englische Walzer. »Und der Tango, den mochte ich auch sehr gerne«, betont er, während ich mir vorzustellen versuche, was wohl geschehen wäre, wenn Gerrit auf dem Tanzboden auf Beatrice getroffen wäre, die Archäologin aus London, die ja auch perfekt im *Ballroom Dancing* gewesen sein muss …

Egal, ob beim Tanzen oder im Büro: Der gutaussehende dunkelhaarige junge Mann war wegen seines einnehmenden Wesens überall schnell beliebt, immer brachte er die Leute zum Lachen. »Das ist eines der wichtigsten Dinge im Leben, der Humor, er darf nie auf der Strecke bleiben.« Mit Humor, diese Erfahrung habe er immer wieder gemacht, lasse sich jede noch so brenzlige Situation entspannen. Natürlich hätten nicht alle Leute sofort einen Witz parat. »Aber schlechtgelaunte Menschen sind das Schlimmste, was einem passieren kann.« Deshalb sollte man sich immer zusammenreißen, egal wie schlecht man drauf ist. »Glaub mir, ich weiß, wovon ich spreche«, sagt er. »Ich war fast siebzig Jahre mit einer launenhaften Frau verheiratet.« Die habe es immer geschafft, irgendwo hereinzukommen und die Stimmung so zu dämpfen, dass die Leute verstummten oder ihnen das Lachen auf einmal schwererfiel. »Furchtbar ist das.« Ich kann ihm nur beipflichten, in meinem Bekanntenkreis gibt es auch eine Frau mit diesem Talent: Wie ein große Glocke weiß sie ihre schlechte Laune über alle anderen zu stülpen.

Er selbst hingegen sei fast immer guter Laune gewesen, erzählt Gerrit weiter. Eine echte Frohnatur. Das wirkt anziehend. Kein Wunder, dass die Frauen auf ihn standen. Er fand schnell eine feste Freundin und entdeckte die Liebe. Zumindest die körperliche, wie sich herausstellt. »Wir haben es in einem Hauseingang zum ersten Mal getan«, erzählt er. Nach dem Kino, auf dem Nachhauseweg: »Es war ziemlich unbequem, aber wenn man jung ist, ist das nicht so wichtig.« Damals habe ja alles in größter Heimlichkeit geschehen müssen. »Sex war

Erhalte dir deinen Humor und verschone deine Mitmenschen mit deinen Launen.

absolut tabu.« Offiziell habe es das gar nicht gegeben – Sex! »Heute ist das ja ganz anders, heute ist Sex nicht mehr sonderlich spannend, oder?«

Er ist nicht der erste Hundertjährige, der das feststellt. Ich denke an Annemarie aus München, die als junge Frau über dunkle Hotelflure huschte, um bei ihrem Liebsten zu sein. »Aber meine Freundin wohnte zum Glück nicht mehr bei ihren Eltern, sondern hatte im Stadtzentrum ein Zimmer gemietet«, erzählt Gerrit weiter. Nach der Premiere im dunklen Hauseingang ließ sich das Liebesspiel dadurch um einiges bequemer gestalten. »Ich musste bloß aufpassen, dass die Vermieterin mich nicht sah, wenn ich die Treppe hochschlich.« Zwei Jahre älter als er sei sie gewesen, seine erste feste Freundin. Jannetje hieß sie. »Ein bisschen verliebt war ich schon«, meint er und nimmt einen Schluck Kaffee. »Aber eigentlich ging es mir um den Sex.«

Aha. Ich sage erst mal gar nichts mehr. Wieder einmal kann ich nur staunen über die Direktheit, mit der uralte Menschen wie Gerrit zuweilen zur Sache kommen. Sie reden oft nicht lange um den heißen Brei herum, sondern bringen es blitzschnell und manchmal schonungslos auf den Punkt. Das habe ich jetzt schon mehrmals festgestellt. Franziskanerpriester Gola zum Beispiel, der frank und frei mit mir über Keuschheitsgelübde und Onanieren sprach. Und nun dieser Hundertjährige hier vor mir auf dem Sofa in seinem Rotterdamer Wolkenkratzer, der unverblümt zugibt, dass es ihm in seiner ersten Beziehung in der Hauptsache um den Sex ging. Aber worum sonst soll es jungen Männern um die zwanzig auch gehen? Wissenschaftlichen Untersuchungen zufolge denken sie ja alle paar Sekunden an Sex – nicht nur die Zwanzigjährigen.

War er denn gut, der Sex mit Jannetje? kann ich mir nicht verkneifen zu fragen. Irgendwie tut sie mir leid, sie kommt mir so benutzt vor. »Oh ja, wir hatten sehr guten Sex«, kommt sofort die

Antwort. »Aber nach zwei Jahren habe ich mit ihr Schluss gemacht, von einem Tag auf den anderen.«

Wieso denn das?

»Weil ich mich unsterblich in eine andere verliebt hatte. Und man soll ja immer erst das eine beenden, bevor man das andere anfängt.«

Das spricht für ihn, in dem Punkt bin ich ganz seiner Meinung. Und wie und in wen hat er sich damals unsterblich verliebt?

Gerrit lehnt sich in seinen Sessel zurück und guckt durch seine verglaste Wohnzimmerwand in den hohen holländischen Himmel. Im Dezember 1939 sei das gewesen, beginnt er zu erzählen, kurz vor Weihnachten. »Es war gegen elf Uhr vormittags, in der Speditionsfirma, in der ich damals arbeitete.« Er weiß es deshalb so genau, weil er sich gerade sein *11-Uhr-kopje-koffie* holen wollte. Da sah er sie im Gang sitzen, sie hatte sich als Sekretärin beworben und wartete vor dem Chefzimmer darauf, für das Bewerbungsgespräch hereingerufen zu werden. »Es war Liebe auf den ersten Blick!«, sagt er und muss in der Erinnerung daran kurz auflachen. Wunderschön sei sie gewesen, wunderwunderschön! Er sah ihr hellblondes gewelltes Haar, die großen blauen Augen, die verführerischen Lippen – »da war's um mich geschehen«. Amor musste seinen gesamten Köcher leer geschossen und jedes Mal ins Schwarze getroffen haben, so wie er noch heute schwärmt! Gerrit traute sich, die blonde Schönheit anzusprechen, obwohl er furchtbar aufgeregt war. Er erfuhr, dass sie Clara hieß, aber von allen Claartje genannt wurde. Die Niederländer haben ja einen Hang, fast alles zu verkleinern und zu verniedlichen. Nie zuvor hatte er eine so schöne Frau gesehen. Ein Engel auf Erden – mit dem Teufel im Leib, hoffte er angesichts ihrer Rundungen.

»Sie hat die Stelle dann tatsächlich bekommen und angefangen, ein Stockwerk über mir zu arbeiten«, erzählt er. Als er es erfuhr, jauchzte er regelrecht vor Freude und rannte sofort nach oben, um ihr zu gratulieren. Er konnte ja ganz leicht an ihr erstes Treffen anknüpfen. »Die letzten Meter bin ich ganz langsam gelaufen, damit ich nicht so außer Atem war.« Er versuchte, cool zu bleiben, und schlug ihr vor, in der Mittagspause zusammen einen Spaziergang zu machen. Als sie zusagte, musste er sich zusammenreißen, um keinen Freudenschrei auszustoßen. Stattdessen sagte er nur »Prima – dann bis nachher!« und lief langsam wieder aus dem Zimmer. »Auf dem Gang habe ich dann einen Luftsprung vor Freude gemacht!«, grinst er. »So hat es angefangen. Noch am selben Abend habe ich mit Jannetje Schluss gemacht.«

Lass dich nicht von zu viel Schönheit blenden – Amor kann sich irren!

The winner takes it all, heißt ein alter ABBA-Song. Armes Jannetje. Wie schrecklich muss es für sie gewesen sein, von einem Tag auf den anderen abserviert zu werden – und den Ex dann auch noch Arm in Arm mit der anderen zu sehen. Und Clara und Gerrit, die müssen ein wunderschönes Paar abgegeben haben: sie, die kühle Blonde mit den blauen Augen, er der dunkle Exot mit der bronzefarben getönten Haut und den pechschwarzen Haaren. Er war vierundzwanzig, sie neunzehn.

»Claartje wohnte noch zu Hause, sie hatte sieben Geschwister«, erzählt Gerrit. Kinderreiche Familien seien damals ganz normal gewesen. »Sie war in der Mitte, sie hatte drei jüngere Brüder und drei ältere. Und noch eine ältere Schwester, die ein Jahr vor ihr geboren wurde.« Gerrit verstand sich mit allen auf Anhieb gut, auch mit den Eltern. Vor allem mit Claras Vater kam er gut klar, ein Polizist, der zuvor jahrelang zur See gefahren war: »Schon mit vierzehn hat er sich bei der Marine gemeldet und ist mehrmals nach Batavia gefahren – nein, gesegelt, muss ich sagen, er hatte noch auf einem Segelschiff angeheuert.« Jedenfalls hatten die beiden Männer sofort etwas, das sie verband und worüber sie reden konnten.

Alles schien perfekt zu sein. Nur einen winzigen Schönheitsfehler habe es gegeben, schmunzelt Gerrit: »Claartje war katholisch!«

Ihretwegen sei er damals zum Katholizismus konvertiert. »Meine Schwiegermutter hat mir das nie vergessen. Und meine Oma nie verziehen.« Aber er hatte nur noch eines im Kopf: Er wollte Claartje zu seiner Ehefrau machen. Mit ihr wollte er Kinder bekommen, mit ihr wollte er den Rest seines Lebens verbringen. »Am liebsten hätte ich sie vom Fleck weg geheiratet.« Aber wie bei fast allen Hundertjährigen, die mir aus ihrem Leben erzählt haben, kam auch bei Gerrit und seiner Clara der Zweite Weltkrieg dazwischen – und die Kerbe, die er hinterließ, ist in diesem Fall besonders tief: Denn für die Niederländer kam dieser Krieg völlig unerwartet. Er war längst ausgebrochen, es waren die ersten Maitage 1940. Aber das kleine Handelsvolk hinter den Deichen im Rheindelta war zuversichtlich, das Land vertraute darauf, dass seine Neutralität es erneut schützen würde – so wie im Ersten Weltkrieg, der ja ohne die Niederländer stattgefunden hatte. Doch am 10. Mai geschah das, was sie für ausgeschlossen gehalten hatten: Die Nazis marschierten ein. Trotz des überraschenden Überfalls waren die niederländischen Truppen imstande, unerwartet viel Widerstand zu leisten. Damit wiederum hatte Hitler nicht gerechnet: Seine Antwort war vier Tage später die Bombardierung von Rotterdam: »Wer sie überlebte«, sagt Gerrit, »hat diesen Tag nie mehr vergessen.« Es war zehn Minuten nach halb zwei an diesem 14. Mai 1940, ein Dienstag. Gerrit war zu Hause, er lag wegen einer Magenverstimmung krank im Bett. Hals über Kopf flüchtete er mit seiner Schwester und der Mutter in den Keller, als sie über das Radio gewarnt wurden, dass Bomber vom Typ Heinkel He 111 in westliche Richtung flogen: »Wir hörten sie über das Haus fliegen, und wir hörten auch das Zischen der Bomben.«

Als er mit Mutter und Schwester wieder aus dem Keller kam, war Rotterdam eine Stadt ohne Herz geworden: 97 000 Kilogramm an Bomben hatten innerhalb von nur 15 Minuten die Altstadt nahezu vollständig ausradiert, nur noch der Turm der Laurenskirche ragte wie ein mahnender Stumpf aus den Trümmern. 25 000 Häuser waren ausgebrannt, 78 000 Menschen obdachlos geworden und fast 900 Rotterdamer ums Leben gekommen – darunter auch der Vater von Claartje: »Der Rest der Familie hat zum Glück überlebt.« Auch sein eigener Vater, der an diesem 14. Mai 1940 im Büro war, überlebte. Einen Tag später kapitulierten die Niederlande und wurden besetzt. Hitler ernannte den österreichischen Juristen Arthur Seyß-Inquart zum Reichskommissar in Den Haag – eine nationale Beleidigung. So wie der Überfall auf ein neutrales Land ein Schlag gegen das nationale Selbstbewusstsein gewesen war.

»Das Leben ging dennoch weiter«, seufzt Gerrit. Ein Teil der Trümmer wurde notdürftig zur Seite geräumt. »Wir passten uns an, wir versuchten zu überleben.« Er zog zu Claartje und ihrer Familie; seine Schwiegermutter in spe, die mit ihren beiden Töchtern und den drei jüngsten Söhnen nun ohne Mann weiterleben musste, hatte Angst, dass deutsche Soldaten bei ihnen einquartiert wurden. »Damit musste man damals rechnen, und sie hatten eine relativ große Wohnung mit vielen Zimmern.« Manche Familien seien von den Nazis sogar ganz rigoros vor die Tür gesetzt worden: »Befehl ist Befehl!«, sagt Gerrit mit herrischer Stimme auf Deutsch.

Die deutschen Soldaten interessieren mich in diesem Moment weniger: Heißt das, er wohnte mit seiner Traumfrau fortan unter einem Dach? Ich frage ganz direkt, er nimmt ja auch kein Blatt vor den Mund: Seid ihr euch da nicht ziemlich schnell ziemlich nahegekommen?

»Aber nein!«, antwortet er. »Wir haben uns in Zurückhaltung geübt, ich war ja gerade erst katholisch geworden, wir wollten alle Spielregeln einhalten.« Kein Sex vor der Ehe war eine davon. Es fiel ihm zwar auf, dass sich Claartje nur widerstrebend küssen und streicheln ließ, doch er führte es darauf zurück. Er hatte auch festgestellt, dass sie ein bisschen verwöhnt war und ihre Launen hatte; besonders die ältere Schwester litt darunter, sie musste viele Dinge für die Familie erledigen, während sich Claartje wie eine Prinzessin aufführte. Aber er sei viel zu verliebt gewesen, um kritisch zu sein. Keine einzige Alarmglocke habe zu läuten angefangen. »Ich habe die Katze im Sack gekauft!«

Erstaunt lasse ich den Kugelschreiben sinken. Wie darf ich denn das verstehen?

»Meine Frau mochte keinen Sex«, offenbart mir der alte Mann. »Jedenfalls nicht mit mir. Aber das merkte ich erst, als wir verheiratet waren. Als es zu spät war.« Man solle sich nie von zu viel Schönheit blenden lassen. »Ich habe es getan, das war mein Fehler.« Sie seien trügerisch, die Pfeile Amors: Manchmal treffen sie ins Schwarze – und trotzdem völlig daneben.

Einen Moment lang sitzen wir uns schweigend gegenüber. Dabei ist es doch so menschlich, denke ich, sich von Schönheit blenden zu lassen! Schöne Menschen, das wissen wir alle, sind privilegiert – sie verdienen mehr, bekommen die besseren Noten, bringen Polizisten dazu, Strafzettel zu zerreißen, und ziehen das andere Geschlecht an wie das Licht die Motten. Schönheit ist etwas Faszinierendes. Bei allem, was schön ist, wird der Mensch schwach. Warum eigentlich? Weil perfekte Schönheit – genauer gesagt, die Schönheitsideale des Zeitgeists, der gerade herrscht – so selten vorkommt? Jedenfalls finde ich es kein Wunder, dass Gerrit bei Clara schwach wurde. Wenn sie so aussah, wie er es beschrieben hat, war sie eine Art Marilyn Monroe. Wobei die etwas leidenschaftlicher gewesen sein dürfte.

Stimmt der Sex nicht, stimmt auch die Ehe nicht.

»Für mich war Clara die Wahre«, erzählt der alte Mann weiter. »Ich dachte, ich wäre es auch für sie.« Nachdenklich rührt er in seiner Kaffeetasse. Vielleicht habe sie ihn ja auch geliebt, sofern sie dazu fähig gewesen sei. Vielleicht habe sie einfach nicht anders gekonnt. Nicht alle Menschen sind gleichermaßen warmherzig oder imstande, Liebe auch zu geben, anstatt sie nur zu empfangen. Gerrit schnauft tief durch. »Von wegen Teufel im Leib! Sex muss für sie etwas Abstoßendes gewesen sein.« Er weiß nicht mehr, wie oft er sich von ihr zurückweisen lassen musste. »Dieses Gefummel liegt mir nicht!«, pflegte sie zu sagen. Irgendwann habe er dann auch keine Anstalten mehr gemacht, es zu versuchen. Mehr als recht sei ihr das gewesen, so hatte sie ihre Ruhe. Aber, betont Gerrit: »Wenn der Sex nicht stimmt, stimmt auch die Ehe nicht.« Er mochte Katholik geworden sein – aber doch kein Priester!

Doch das alles habe er nicht ahnen können und vielleicht auch nicht ahnen wollen, als sie sich 1942 das Jawort gaben. Eine sehr schlichte Hochzeit sei es gewesen, mitten im Krieg. »So schlicht wie später unser Sexleben«, versucht er zu witzeln. An die Hochzeitsnacht, also an das erste Mal, kann er sich nicht mehr erinnern. Das sage doch eigentlich schon genug. In den ersten Ehejahren sei das jedoch alles nicht so ins Gewicht gefallen. »Es war ja Krieg, ich hatte anderes im Kopf als Sex«, sagt er. Angst zum Beispiel. Angst um seinen Onkel und dessen Familie auf Java, denn mit der Herrschaft der Niederländer im indonesischen Archipel war es vorbei: Nach dem Angriff auf Pearl Harbour 1941 hatten die Japaner innerhalb von vier Monaten ganz Südostasien besetzt, auch *Nederlands-Indië*. Batavia wurde in Jakarta umbenannt. Wie so viele Niederländer dort landeten auch Gerrits Onkel, seine Frau und die Kinder in einem der berüchtigten Gefangenenlager der Japaner, in einem *Jappenkamp*.

Aber Gerrit musste damals nicht nur um deren Leben fürchten, sondern auch um sein eigenes: Er hatte Angst, als Zwangsarbeiter in Deutschland zu landen. Im Mai 1943 mussten sich alle niederländischen Männer ohne feste Arbeit zwischen 18 und 35 Jahren für den Arbeitseinsatz in Deutschland melden. Und Gerrit fiel nicht nur in diese Altersklasse, er war auch ohne festen Job. Denn die Spedition, in der er gearbeitet hatte, musste schließen. »Dann wäre ich in einer Waffenfabrik im Ruhrgebiet gelandet, und das wurde täglich von den Alliierten bombardiert«, erzählt er. »Nein danke – dazu hatte ich keine Lust!« Wie so viele niederländische Männer damals tauchte er deshalb unter und ging, wenn überhaupt, nur noch abends nach Einbruch der Dunkelheit nach draußen. »Zusammen mit meiner Schwiegermutter«, erzählt er. »Dann verkleidete ich mich als Frau mit einem Kopftuch und hakte mich bei ihr unter. Ich konnte auch mit einer ganz hohen Stimme reden, falls ich angesprochen wurde.« Er muss kurz auflachen, als er daran denkt: »Ich hatte Chancen bei den Männern! Es gab Soldaten, die mir nachpfiffen!«

Besonders schlimm seien die Nächte damals gewesen, denn dann führten die Nazis auf der Suche nach arbeitsfähigen Männern Razzien durch. »Um Punkt neun Uhr jeden Abend ging das Licht aus, dann hatten wir keinen Strom mehr, dann mussten wir mit Petroleumlampen und Kerzen lesen. Aber wehe, das Licht ging auf einmal irgendwo in einer Straße wieder an! Dann wussten wir, es war Gefahr im Verzug! Diese Häuser wurden durchsucht.« Eines Nachts, um zwei Uhr, sei es auch in seiner Straße so weit gewesen, plötzlich hatten sie wieder Licht. Gerrit hatte sich für diesen Fall vorbereitet: Es gab in der Wohnung seiner Schwiegermutter zwischen zwei Zimmern eine hohle Zwischenwand, die er entdeckt hatte. In einem der Zimmer stand ein Schrank davor. »Ich bin in diesen Schrank geklettert, habe ein Loch in die Schrankwand gemacht und dann auch in die Zimmerwand, sodass ich in den Zwischenraum gelangen konnte.« Dort hat er sich in dieser Nacht versteckt und stundenlang ausgeharrt. Bis die Soldaten endlich kamen und die Wohnung seiner Schwiegermutter an der Reihe war. Er hörte, wie sie mit ihren schweren Stiefeln die Treppe heraufkamen. Er hörte auch die Stimme seiner Schwiegermutter, er hatte Angst, dass sie ihn verriet. Sie war so unsicher und nervös, er merkte, wie sie ins Stammeln kam. Selbst brach ihm der Schweiß aus, nicht nur weil es in der Zwischenwand eng und stickig war: Was war, wenn er sich selbst verriet? Wenn er auf einmal niesen musste?

Aber alles sei glimpflich abgelaufen, am nächsten Morgen kletterte er aus dem Schrank, und der Spuk war vorbei. Kurz darauf fand er einen Job beim Finanzministerium und konnte beim Zoll in Rotterdam anfangen. »Da hatte ich dann einen Arbeitsnachweis und nichts mehr zu befürchten.« Auch nicht, als die Nazis in Rotterdam die beiden größten Razzien dieses Kriegs durchführten, am 10. und 11. November 1944. Die Fabriken in Deutschland waren leer, die Männer an der Front. Deshalb wurde die Altersgrenze für den Arbeitsdienst erweitert: Nun waren alle Niederländer ohne feste Arbeit zwischen 17 und 40 Jahren betroffen und nicht mehr sicher auf den Straßen, 70 000 waren es allein in Rotterdam. 52 000 von ihnen wurden an diesen beiden Novembertagen 1944 aufgegriffen und an verschiedenen Orten wie dem Feyenoord-Fußballstadion versammelt, um dann nach Deutschland überführt zu werden.

»Dabei hatten wir kurz zuvor noch gedacht, dass der Krieg endlich vorbei wäre!«, sagt Gerrit. Denn der Süden der Niederlande ist im November 1944 schon nicht mehr besetzt. Am 6. Juni waren die Alliierten an den Stränden der Normandie gelandet, am 25. August wurde Paris befreit, es folgen Brüssel und Antwerpen. Ich denke an Jeanne, die im August 1944 mit Mann und zwei kleinen Kindern vor dem Pariser Rathaus stand und die Rückkehr de Gaulles aus dem Exil feierte. Völlig logisch, dass damals auch die

Niederländer dachten, die Stunde der Befreiung habe geschlagen. Ministerpräsident Pieter Sjoerds Gerbrandy, der sich mit der niederländischen Regierung im Exil in London befand, ließ das am 4. September sogar über *Radio Oranje* verkünden, den offiziellen Radiosender der Exilregierung.

»Eine etwas vorschnelle Bekanntmachung«, seufzt Gerrit. Als *dolle dinsdag* ist dieser 4. September 1944 in die Geschichte eingegangen, als »verrückter Dienstag«. Während sämtliche Kollaborateure und niederländischen Nationalsozialisten nicht wussten, wie schnell sie nach Deutschland flüchten sollten, begab sich Gerrit so wie Hunderttausende seiner Landsleute, außer sich vor Freude, auf die Straßen, um die Befreier mit Flaggen und Blumen angemessen zu empfangen.

Doch die ließen auf sich warten, kein einziger Amerikaner, Kanadier oder Brite war in Sicht, die Befreiung fand zunächst nur im Süden des Landes statt. »Kennst du den Film über die Brücke von Arnheim?«, fragt mich Gerrit. Ich nicke, diesen Kriegsfilmklassiker von 1977 mit Stars wie Michel Caine, Sean Connery und Anthony Hopkins habe ich sicher zwei Mal gesehen: Nach der Landung in der Normandie wollten die siegessicheren Alliierten im September 1944 von Belgien aus über den Süden der Niederlande ins industrielle Herz von Deutschland vorstoßen, sprich: ins Ruhrgebiet, die Waffenschmiede Nummer eins des Dritten Reichs. Dazu jedoch mussten sie erst die drei großen Flüsse überqueren, von denen die Niederlande dort durchzogen werden: Maas, Waal und Rhein. Ein ehrgeiziger Plan, der als *Operation Market Garden* in die Geschichte eingegangen ist. Er scheiterte an ungünstigen Wetterbedingungen, schlechter Kommunikation, am heftigen deutschen Widerstand und am Ausbleiben von Verstärkung, die nicht rechtzeitig nachrücken konnte. Zwar gelang es den Alliierten, Maas und Waal zu überqueren und alle Gebiete südlich davon zu befreien. Aber am Rhein bei Arnheim stockt die Offensive:

Arnheim ist eine Brücke zu weit – *A bridge too far*, so auch der Originaltitel des Films.

»Deshalb mussten wir hier im Nordwesten bis Mai 1945 warten, erst dann wurden wir befreit«, erzählt Gerrit. »Und das Schlimmste, das stand uns noch bevor!« Er meint den *Hongerwinter* 1944/45, der rund 20 000 Menschen das Leben kostete. »Um uns herum sind die Leute vor Hunger gestorben, sie wurden immer dünner, immer schwächer, und dann waren sie tot.« Viele Niederländer überlebten diesen Winter nur deshalb, weil sie sich von Tulpenzwiebeln ernährten, *bollen*. »Auch bei uns standen sie regelmäßig auf dem Tisch«, sagt Gerrit und schüttelt sich ein kleines bisschen. »Meine Schwiegermutter gab ihr Bestes, um sie zumindest ein bisschen schmackhaft zuzubereiten.« Kurz angebraten zum Beispiel, mit ein bisschen Salz. »Aber es war fürchterlich. Die *bollen* kamen mir zu den Ohren heraus!« Aber wenn man Hunger habe, esse man eben alles. »Sie setzte uns auch Ersatztee vor oder Ersatzkaffee.« Nun schüttelt er sich wirklich: »Das schmeckte nach allem, bloß nicht nach Tee oder Kaffee.« *Niet te zuipen* sei das gewesen.

»Drum prüfe, wer sich ewig bindet – der Wahn ist kurz, die Reu' ist lang.«

Der Winter 1944/45 war außerdem extrem kalt und nass. Brennholz war längst zur Mangelware geworden. »Wir haben alles verheizt, was wir finden konnten, sogar ein paar Esszimmerstühle.« Geholfen habe es nicht viel, sie saßen trotzdem jeden Abend mit ihren dicken Winterjacken im Wohnzimmer vorm Ofen, im Schein von Petroleumlampen und Kerzen. »Strom hatten wir ja auch nicht.« Da half nur eines: sich möglichst schnell ins Bett zu verkriechen. Vielleicht lag es daran, dass Clara schwanger wurde, ausgerechnet in diesem Hungerwinter. »Wir waren ja alle schon total abgemagert. Ein Wunder, dass die Schwangerschaft so komplikationslos verlaufen ist.« Aber sie waren glücklich, sie wünschten sich ja alle beide Kinder. »Immerhin etwas, das wir gemeinsam hatten!« Und dadurch kam Clara auch nicht darum herum, mit ihrem Mann zu schlafen.

»Außerdem wird Tulpenzwiebeln ja eine aphrodisierende Wirkung nachgesagt«, beginnt Gerrit zu witzeln. Schließlich hätten die Niederlande nach Hungerwinter und Kriegsende eine nie gekannte Babywelle erlebt!

»Aber ist das nicht immer so, wenn ein Krieg aufhört? Das lag wohl eher an der Euphorie über die Befreiung als an den *bollen*!«, wende ich ein, komme aber nicht umhin, zusammen mit ihm in Lachen auszubrechen.

Gerrit winkt ab: »Egal – jedenfalls haben wir im September 1945 eine wunderschöne Tochter bekommen.« Und eines müsse man Claartje lassen: Sie sei eine gute, eine hingebungsvolle Mutter gewesen. In dieser Hinsicht könne er ihr nichts vorwerfen. Nur zur Ehefrau habe sie sich weniger geeignet.

Aber damals war er euphorisch und optimistisch, er hatte eine Tochter, der Krieg war vorbei, das Leben begann neu. Alles wurde auf Anfang gesetzt. Eine Zeitlang dachte er sogar darüber nach, diesen Neuanfang auf Java zu wagen, zu remigrieren, mit Frau und Tochter. Dorthin, wo er als Kind so glücklich gewesen war. Auch auf Java war der Krieg vorbei, sein Onkel und dessen Familie hatten die *Jappenkampen* schwer traumatisiert, aber lebend überstanden.

»Einmal bin ich noch auf Java gewesen«, erzählt er, »mit meinem Vater, wir wollten bei meinem Onkel nach dem Rechten schauen.« 1946 sei das gewesen. Und dieses Mal nahmen sie nicht das Schiff, sondern das Flugzeug, die KLM Royal Dutch Airlines hatte einen Liniendienst zwischen Amsterdam und Batavia. »Heute dauert das zwölf Stunden, damals waren es fünf oder sechs Tage«, erinnert er sich. »Wir legten vier Zwischenlandungen ein, unter anderem in Kairo und Bagdad.« Nicht nur, weil damals noch öfter getankt werden musste, auch weil das Grundpersonal bei Einbruch der Dunkelheit Dienstschluss hatte und nach Hause ging: »Nachts waren die Flughäfen alle komplett geschlossen. Das kann sich heute keiner mehr vorstellen, aber damals mussten wir warten, bis die Sonne wieder aufgegangen war, erst dann wurde weitergeflogen.«

Diese letzte Reise in die Alte Welt wurde zur großen Enttäuschung. Das Java, wie Gerrit es als Kind kannte, gab es nicht mehr. Die Japaner waren verschwunden, aber dafür hatten indonesische Freiheitskämpfer den Aufstand gegen die Kolonialherrschaft der Niederländer gewagt. Zwei Tage nach der japanischen Kapitulation am 15. August 1945 nutzten sie die Gelegenheit, um die Unabhängigkeit der freien Republik Indonesien auszurufen. Als Antwort schickte Den Haag eine 120 000 Mann starke Streitmacht nach Südostasien, um die Kolonie zurückzuerobern. *Politionele acties* nannten die Niederländer dies jahrzehntelang beschönigend, »Polizeiaktionen«. Als Gerrit damals mit seinem Vater auf Java landete, waren diese bereits in vollem Gange. »Im Nachhinein betrachtet, war es nichts anderes als ein ganz gewöhnlicher Krieg, in dem Kriegsverbrechen begangen wurden – auch von uns Niederländern!«, sagt er. Der Zweite Weltkrieg ging für die Niederländer sozusagen nahtlos in den Unabhängigkeitskrieg der Indonesier über. »Wir sind damals so schnell wie möglich mit unserem Onkel und seiner Familie nach Holland zurückgeflogen.« Knapp vier Jahre später, Ende 1949, erkannten die Niederländer die Souveränität der freien Republik Indonesien an. Jakarta sollte niemals mehr Batavia heißen, Gerrits Traum, auf Java mit Frau und Tochter ein neues Leben aufzubauen, zerplatzte wie eine Seifenblase.

»So sind wir in Rotterdam geblieben.« Er arbeitete weiterhin als Zollbeamter für das Finanzministerium und hatte viel Freude an seinem Töchterchen, das sich trotz der Schwangerschaft im Hungerwinter gut entwickelte und ebenfalls eine *Beauty* wurde: Sie hatte in ihrem Gen-Cocktail ja ebenfalls einen Schuss südostasiatische Exotik. Er hätte ihr gern ein Geschwisterchen geschenkt, doch für Clara war die Familie groß genug, ein Kind reichte, und dieses Kind war ihr Alles, um das kümmerte sie sich hingebungsvoll. Es sei denn, sie hatte ihre Launen. Dann brauchte sie nur abwehrend die Hand zu heben, und alle verstummten – auch die kleine Tochter. »Dann saßen wir schweigend am Tisch und stocherten im Essen herum, der Appetit war uns vergangen.« Mehr und mehr lebten die Eheleute nebeneinander her. »Wir hatten noch nicht einmal Krach oder Streit, im Gegenteil, es war immer sehr ruhig.« Auch im Bett. Monatelang lief gar nichts. Warum auch? Sie wollte ja kein Kind mehr. »Ich musste froh sein, wenn sie mich nach einem halben Jahr wieder einmal ranließ und ihre ehelichen Pflichten erfüllte.« Irgendwann habe es dann ganz aufgehört.

Gerrit sieht den Wolken nach, die vor seinem Wohnzimmerfenster vorbeiziehen. Er könne allen jungen Männern und Frauen nur ans Herz legen, sich vor dem Jawort trotz aller Verliebtheit kritisch zu begutachten und zu erproben. Wie hatte es Friedrich Schiller doch so schön auf den Punkt gebracht? »Drum prüfe, wer sich ewig bindet, / Ob sich das Herz zum Herzen findet. / Der Wahn ist kurz, die Reu' ist lang.«

Aber eigentlich sei er überflüssig, dieser Rat: »Inzwischen müssten die Leute doch wissen, woran sie sind«, findet Gerrit. Heutzutage hebe sich doch niemand mehr das erste Mal für die Hochzeitsnacht auf. »Heutzutage leben die Leute erst jahrelang zusammen, bevor sie heiraten – wenn sie es denn überhaupt noch tun.« Seltsam eigentlich, dass sie sich trotzdem so viel öfter scheiden lassen als früher, oder? Wo sie doch die Möglichkeit haben, sich vor dem Jawort durch und durch kennenzulernen … »Kannst du dir darauf einen Reim machen?«, fragt er mich.

Ich schüttle den Kopf. Nein, das weiß ich auch nicht. Ich frage ihn das, was ich ihn schon die ganze Zeit fragen wollte: Wieso hat *er* sich denn nicht scheiden lassen?

Jetzt ist er es, der den Kopf schüttelt. »Oh nein – das wäre nicht in Frage gekommen – niemals!« Erstens wegen der Tochter, zweitens wegen der Eltern und der Schwiegermutter: »Die hielt große Stücke auf mich, das konnte ich ihr nicht antun.« Drittens wegen des Geldes und viertens wegen des Glaubens: »Das gehörte sich nicht, das machte man nicht.« Dieser Punkt sei vor allem für Clara als gläubige Katholikin tabu gewesen. Noch einmal schüttelt er den Kopf: »Nein, eine Scheidung – *onvoorstelbar!*«

Es fällt mir schwer, das nachzuvollziehen: Hat er wirklich lieber den Anschein aufrechterhalten und ein ebenso lieb- wie sexloses Dasein in Kauf genommen? Im besten Mannesalter? Als – ich muss kurz nachrechnen – 35-Jähriger?

»Oh *nee!*«, antwortet er und muss kurz auflachen. Es klingt ein kleines bisschen bitter. Sexuell sei er trotzdem nicht zu kurz gekommen: »Ich hatte eine Affäre.« Nein, korrigiert er sich: Eigentlich seien es zwei gewesen, streng genommen sogar drei. Aber die ersten beiden Frauen, die hätten nach ein oder zwei Jahren die Scheidung gefordert, »die wollten selbst geheiratet werden«. Da habe er jedes Mal Schluss gemacht. Nur bei der dritten sei es nie so weit gekommen, die habe akzeptiert, dass sie ihn nicht ganz bekommen konnte: »Mit ihr war ich mehr als vierzig Jahre zusammen.«

Ich habe mit offenem Mund zugehört und vergessen mitzuschreiben. Dann greife ich zum Kugelschreiber und hole es ganz schnell nach. Nach einer Weile spüre ich, wie er mich beim Schreiben beobachtet. Ich halte inne: »Ist irgendetwas?«

»Du schreibst ja alles auf!«, stellt er fest.

»Ja, natürlich«, entgegne ich. »Deswegen bin ich schließlich hier.«

Er schweigt einen Moment. »Dann haben wir ein Problem«, sagt er.

Ich schaue ihn fragend an.

»Ich habe das noch niemandem erzählt«, sagt er.

Eine Zeitlang sagen wir beide nichts mehr.

»Niemand weiß das – auch meine Tochter nicht.« Und was, frage ich ihn dann, wenn wir nicht seinen richtigen Namen nennen? Wenn wir auf diese Weise dafür sorgen, dass seine Tochter es nie erfährt? Wäre er dann bereit, weiterzuerzählen? Das Bedürfnis ist da, ich spüre es. Kein Wunder, nach so langer Zeit. Sich nicht mitteilen zu dürfen, Erlebtes für sich behalten zu müssen und nicht teilen zu können gehört so ziemlich zu den schwierigsten und schlimmsten Dingen im Leben. Der Mensch ist nun mal kein schweigsames Wesen. Aber ein neugieriges. Das gilt auch für mich, und jetzt erst recht. Gespannt beobachte ich den alten Mann, wie er sich einmal mehr in seinen Sessel zurücklehnt und tief durchatmet. Er muss nachdenken. Ob er einwilligt?

»Also gut«, sagt er schließlich zu meiner Erleichterung. Auch er selbst klingt ein kleines bisschen erleichtert. Wahrscheinlich, weil er den Anschein nicht mehr aufrechterhalten muss. Weil er endlich von seinem zweiten Leben erzählen kann, das er jahrzehntelang hinter der Fassade seines Ehelebens geführt hat.

Ein Doppelleben, das schon Anfang der 1950er Jahre begann, so erfahre ich, an einem Samstagvormittag in der Stadt. Gerrit hatte gerade noch schnell ein paar Wochenendeinkäufe erledigt und lief zurück zu seinem Auto. Da stand sie auf einmal wieder vor ihm, und es war so, als hätte er sie erst gestern zum letzten Mal gesehen: Jannetje – seine erste Liebe, jene Frau, der er wegen Clara von einem Tag auf den anderen den Laufpass gegeben hatte. Sie hat es ihm nicht nachgetragen, im Gegenteil, sie war freundlich und neugierig und wollte wissen, wie es ihm geht. »Da haben wir eine Tasse Kaffee zusammen getrunken. So fing es an.«

Ich kann es nicht fassen, sie hat sich nach mehr als zehn Jahren wieder mit ihm eingelassen – obwohl er sie damals so abserviert hat! Oh, Jannetje! Sie muss wohl gehofft haben, dass seine Ehe ein einziger großer Irrtum war – und das ist sie ja auch tatsächlich gewesen. Das Problem war bloß, dass Gerrit darin keinen Grund sah, sich scheiden zu lassen. Zwei Jahre lang nahm sie es in Kauf und war seine Geliebte. Sie trafen sich zweimal in der Woche, einmal in der Mittagspause, das zweite Mal an seinem »Ausgangsabend«: »Ich hatte einen festen Abend in der Woche, das war der Mittwoch, an dem ich immer alleine ausging.« Dann traf er sich normalerweise mit Freunden in der Kneipe. Doch anstatt mit denen ein *biertje* zu trinken, lag er nun mit Jannetje im Bett. Manchmal blieb er über Nacht, dann täuschte er eine Dienstreise vor.

Ein geradezu klassischer Fall, denke ich mir. Hat er denn nie ein schlechtes Gewissen gehabt? »Nach dem ersten Mal schon«, gibt er zu. Aber daran gewöhne man sich, nach ein paar Wochen hätten ihn kaum noch Schuldgefühle geplagt. »Das wurde zur Routine.« Außerdem: Könne man ihm angesichts der Umstände wirklich vorwerfen, fremdzugehen und seiner Frau nicht treu zu sein? »Bin ich Claartje wirklich untreu geworden, wenn da sowieso nichts mehr war? Wir hatten ja nichts mehr miteinander!« Für ihn, muss er zugeben, sei die Situation eigentlich ziemlich bequem gewesen: Er kam sexuell wieder auf seine Kosten und konnte trotzdem den Anschein eines normalen Ehelebens aufrechterhalten. Er blieb der gute Schwiegersohn, der gute Ehemann, der gute Vater. Bis Jannetje die Scheidung forderte. »Irgendwann wollen Frauen immer geheiratet werden«, klagt Gerrit. Damals jedenfalls sei das noch so gewesen.

Ich lasse den Kugelschreiber sinken, dieses Mal um Tacheles mit ihm zu reden. Erstens ist und war das nicht immer so – man denke nur an Beatrice, die Archäologin. Zweitens finde ich Jannetjes Reaktion völlig verständlich: Heute heiraten die Leute zwar viel weniger, aber auch wenn sie ohne Trauschein zusammenleben, finden sie es nicht akzeptabel, wenn der Partner nebenher ein zweites Leben mit einer oder einem anderen führt und man selbst verleugnet wird. Jannetje dürfte es ganz einfach irgendwann sattgehabt haben, die zweite Geige zu spielen!

»Was heißt hier zweite?«, entgegnet Gerrit trocken. »Die erste wurde ja schon lange nicht mehr gespielt!« Wieder einmal komme ich nicht umhin, zusammen mit ihm in Lachen auszubrechen. Jedenfalls habe er damals mit Jannetje Schluss gemacht, fährt er dann abgeklärt fort. Zum zweiten Mal. Wieder ist sie an Clara gescheitert, dieses Mal nicht an den Pfeilen Amors, sondern an den gängigen Moralvorstellungen, die für Gerrit wichtiger waren als seine Beziehung zu ihr.

Kurz darauf fing er etwas mit einer Kollegin im Büro an, auch das dauerte fast zwei Jahre. Und diese Liaison scheiterte ebenfalls daran, dass er sich nicht scheiden lassen wollte und auch diese Frau keine Lust mehr hatte, ein Schattendasein zu führen. Sie wollte heiraten und selbst eine Familie gründen.

Nach dieser zweiten Affäre ging er zum Pfarrer, um erstmals seit Jahren wieder zu beichten: »Das hat mich sehr erleichtert.« Die Schuldgefühle plagten ihn ganz offensichtlich doch. Und wie hat der Pfarrer reagiert? Ich denke an Pater Gola, der sich immer in Nachsicht geübt haben will. »Er zeigte immerhin Verständnis«, antwortet Gerrit. »Aber er meinte, ich solle meiner Frau in Zukunft treu bleiben und alles versuchen, um meine Ehe zu retten.«

Das habe er sich damals auch fest vorgenommen. Erst recht, als ihm sein Arbeitgeber, das Finanzministerium, die Möglichkeit gab, mit der Familie drei Jahre nach Curaçao zu ziehen. Ich nicke, das ist noch heute üblich: Ein Freund von mir, ebenfalls Beamter im Finanzministerium, ist mit seiner Frau vor kurzem aus der Karibik zurückgekehrt, er hatte sich auch für drei Jahre nach Curaçao versetzen lassen. Die Karibikinsel gehört zu den Niederländischen Antillen, die ebenfalls eine niederländische Kolonie gewesen sind, aber im Gegensatz zu Indonesien immer noch zum Königreich der Niederlande gehören, seit 2010 als autonome Länder. »Ich habe sofort zugesagt«, erinnert sich Gerrit. Sein südostasiatischer Traum – ein Leben auf Java – mag nach dem Krieg wie eine Seifenblase geplatzt sein, aber nun hatte er die Möglichkeit, die karibische Variante zu erleben und sein Fernweh zu stillen: »Ich wollte doch so gerne ins Ausland«, sagt er. »Du weißt schon: der Duft der großen, weiten Welt!«

Ich weiß – und ich verstehe: Auf Curaçao wollte er versuchen, nochmals einen Neustart zu machen. »Wir haben das Schiff genommen, die Reise dauerte gut eine Woche.« Durch den Ärmelkanal und dann quer über den nordatlantischen Ozean hinweg Richtung Venezuela. Pudelwohl habe er sich auf der kleinen Karibikinsel gefühlt. Die kunterbunten Häuser von Willemstad, der Hauptstadt Curaçaos, die weißen Sandstrände, das blaue Wasser, die meterhohen Kakteen: »Es war paradiesisch schön.« Er lebte mit Clara und der Tochter in einem großen Bungalow mit Patio. Sie hatten ein Hausmädchen und eine Waschfrau. »Wegen der hohen Temperaturen mussten wir jeden Tag die Kleider wechseln.« Abends gingen sie oft tanzen, das Hausmädchen passte auf die Tochter auf. In einer traumhaften Bucht, direkt am Wasser, gab es ein Tanzlokal, wo man unter Sternenhimmel Cocktails trinken und nach Herzenslust swingen konnte. Heutzutage würde man wohl einfach von einer Disco sprechen, aber die gab es damals noch nicht. Foxtrott, Cha-Cha-Cha, Tango – Gerrit war in seinem Element. Er brachte Claartje das Tanzen bei. Sie lernten einen Geschäftsmann aus Amsterdam und seine Frau kennen, die er manchmal zum Tanzen aufforderte. Sie habe viel besser als Claartje tanzen können. Aber er hielt sich zurück und tanzte nicht zu oft mit der anderen. Claartje sei eifersüchtig gewesen. Eifersüchtig – warum eigentlich? Und auf wen? Weil es galt, auch in dieser Hinsicht den Anschein zu wahren, und es sich für einen verheirateten Mann

Einer verliert immer in einer Dreiecksbeziehung.

nicht gehörte, zu oft mit einer anderen zu tanzen? Vor allem nicht den Tango? »*Dat kon je niet maken*«, antwortet Gerrit. Was hätten denn die Leute denken sollen?«

Die drei Jahre auf Curaçao hätten zu den schönsten seines Lebens gehört. Seine Ehe allerdings konnte auch dieser Karibik-Aufenthalt nicht mehr retten. Aber wie sollte man eine Flamme wieder aufflackern lassen, die nie wirklich gebrannt hat?

Als er zurückkam nach Rotterdam, gab es im Büro eine neue Sekretärin. Sie hieß Jannie und war groß, schlank und brünett. Jannie erging es so, wie es ihm ergangen ist, als er Clara zum ersten Mal sah: Sie wurde zur Zielscheibe Amors, der seinen gesamten Köcher leer schießt und ins Schwarze trifft. Sie verliebte sich unsterblich in Gerrit. Von keinem Menschen auf dieser Welt habe er so viel Liebe bekommen wie von Jannie: »Ich war alles für sie. Es fehlte nicht viel, und sie hätte den Boden geküsst, auf dem ich gelaufen bin.« Gerrit war für sie der Mann der Lebens, »so wie ich glaubte, dass Clara für mich die Frau des Lebens war.«

Wieder begann er ein Verhältnis, aber dieses Mal hielt es mehr als vierzig Jahre – bis zu Jannies Tod 1997. Denn Jannie verlangte nicht, dass er sich zwischen ihr und der Ehefrau entscheiden musste. Sie akzeptierte, dass sie ihn nicht ganz und mit Trauschein haben konnte – »auch wenn sie manchmal Andeutungen machte«, sagt er. Im Grunde genommen habe er mit ihr eine Art zweite Ehe geführt, aber ohne dass die Liebe durch Alltagsprobleme gestört wurde wie schmutzige Unterhosen oder ein Klo, das geputzt werden muss. Sie sahen sich zweimal die Woche und regelmäßig an den Wochenenden, sie fuhren sogar zusammen in den Urlaub: »Ein paar Tage an die Mosel oder nach Luxemburg. Das war immer sehr schön.« Er wäre gerne länger weggeblieben und auch weiter fort gefahren. Um sein Fernweh zu stillen. »Aber das ging ja nicht, das wäre zu auffällig gewesen.«

Er erzählte nie jemandem von seinem Verhältnis, »aber ich glaube, ein paar Kollegen im Büro haben es geahnt«. Und seine Frau, die musste es eigentlich gewusst haben. Auch wenn sie nie ein Wort darüber verlor. »Ich kam abends mit dem Bus von der Arbeit nach Hause und bin sofort in die Garage, um mit dem Auto zu Jannie zu fahren.« Waren Clara und er gleichzeitig in der Wohnung, versuchten sie, so gut es ging, sich aus dem Weg zu gehen. Eine Zeitlang begegnete er bei sich zu Hause regelmäßig jenem Amsterdamer Geschäftsmann, den sie auf Curaçao kennengelernt hatten und der inzwischen geschieden war. »Der war eine Art Hausfreund, ich glaube, mit dem hatte Claartje was.« Er nahm es zur Kenntnis. So wie sie zur Kenntnis genommen haben musste, dass es Jannie in seinem Leben gab. Eine Scheidung kam für beide nach wie vor nicht in Frage. Nach außen hin blieben sie verheiratet, hinter der Fassade führte jeder sein eigenes Leben. »Wir hatten uns arrangiert«, sagt Gerrit.

Arrangiert! Das mag für Claartje und für ihn gegolten haben – und mit denen habe ich auch kein Mitleid. Aber was ist mit Jannie? Hat sie wirklich nie mehr gewollt, als die Geliebte zu sein? Ist sie glücklich gewesen?

»Natürlich nicht!«, antwortet der alte Mann sofort. Aber vermutlich wäre sie ohne ihn noch unglücklicher gewesen. »Einer verliert immer in einer Dreiecksbeziehung.« Er jedenfalls ist zu dieser Einsicht gelangt, da könne es kein Gleichgewicht geben. Und in diesem Fall sei Jannie die Verliererin gewesen. Darüber ist er sich schon im Klaren. Aber sein schlechtes Gewissen, das habe er immer verdrängt.

»Wir hatten es doch auch gut zusammen«, erzählt er, »wir haben viele romantische Momente erlebt.« Eines Abends, er erinnert sich noch genau, fuhren sie vom Strand zurück in die Stadt, im offenen Auto. Er hatte damals ein hellblaues Käfer-Cabrio. Es war eine laue Sommernacht, der Mond stand am Himmel. Da fing er an zu singen, das Loreley-Lied. »Ich war ja nicht nur ein guter Tänzer, ich hatte auch immer eine gute Stimme.«

Ganz offensichtlich will er mir das beweisen, denn auf einmal steht er auf und fängt mitten in seinem Wohnzimmer lauthals an zu singen, mit erstaunlich fester und kräftiger Stimme: »Ich weiß nicht, was soll es bedeuten, dass ich so trau-aurig bin. Ein Märchen aus a-alten Zeiten, das kommt mir nicht aus dem Sinn …«

Sein Deutsch klingt erstaunlich gut, stelle ich fest, bisher haben wir ja nur *Nederlands* miteinander gesprochen. »Ich war immer gut in Deutsch«, sagt er. Er habe nach dem Krieg auch recht schnell wieder Kontakt zu Deutschen gehabt – im Gegensatz zu vielen Landsleuten, die ihre Vorurteile pflegten, anstatt das Trauma der Besatzungszeit zu verarbeiten. »Mensch ist Mensch, und Lump ist Lump«, sagt Gerrit und gebraucht dieselben Worte wie Mariska, die kleine ungarische Künstlerin aus Amsterdam. Ganz egal, ob Deutsche oder Holländer, Christen oder Muslime, betont er: »Man darf nie alle über einen Kamm scheren!«

Er jedenfalls habe sich seine Vorliebe für deutsche Bücher, Filme und Musik durch den Krieg nicht nehmen lassen. Gerhard Wendland zum Beispiel, den mochte er ganz besonders. »Tanze mit mir in den Morgen, tanze mit mir in das Glück …«, fängt er an zu singen. »Das war ja auch noch ein Tango!« Aber auch Hans Albers, Lilian Harvey und Marlene Dietrich haben es ihm angetan. Und das alte Lied über die Loreley, jene Nixe und *femme fatale*, die auf dem gleichnamigen Felsen im Rhein ihre langen goldenen Haare kämmt und die Schiffer so in ihren Bann zieht, dass sie mit ihren Schiffen zerschellen. Wieder erhebt er die Stimme: »Ich glaube, die Wellen verschlingen am Ende Schiffer und Kahn, und das hat mit ihrem Singen die Loreley getan.«

~

Schere nie alle Menschen über einen Kamm!

~

Das gesamte Lied habe er Jannie in jener Sommernacht in seinem offenen Käfer vorgesungen, alle sechs Strophen. »Da fing sie auf einmal an zu schluchzen und war nicht mehr zu beruhigen«, erzählt er und setzt sich wieder. »Sie ist ein sehr sensibler und emotionaler Mensch gewesen.« Mit dem Alter sei das immer schlimmer geworden, erst recht nach dem Tod ihres geliebten Hundes, der fast zwanzig Jahre alt geworden sei. Kopfschüttelnd habe er zugesehen, wie sie sich ein Kummerkilo nach dem anderen anfutterte, ungeachtet ihres hohen Blutdrucks. In seinen Augen ließ sie sich vollkommen gehen. »Wenn du dich nicht zusammenreißt«, warnte er sie, »wird das noch böse enden!« Einundvierzig Jahre waren sie zu diesem Zeitpunkt bereits zusammen und beide längst pensioniert. Jannie habe daraufhin beschlossen, sich einen neuen Hund anzuschaffen und in der Zwischenzeit auf den Dackel der Nachbarn aufzupassen, die für ein paar Monate ins Ausland wollten. »Aber das hat alles nichts mehr geholfen.«

Zwei Tage später, auf dem Weg zu ihr, traf er unten auf der Straße einen ihrer Nachbarn und erfuhr, dass sie in der Nacht zuvor gestorben war. Sie hatte wohl nicht schlafen können, denn in aller Herrgottsfrühe, gegen fünf Uhr morgens, fand man sie unten vor ihrer Wohnung auf dem Straßenpflaster liegend, der Dackel stand neben ihr und bellte wie verrückt. Ein Schlaganfall. Sie musste beim Gassigehen zusammengebrochen sein. Kurz darauf starb sie im Krankenhaus. »Achtundsiebzig Jahre ist sie geworden«, erzählt Gerrit. Er selbst war zweiundachtzig, als sie starb. Und kam sich vor wie ein Witwer.

Das stelle ich mir schrecklich vor: Von einem Nachbarn hat er *en passant* zu hören bekommen, dass der Mensch, mit dem er mehr als vierzig Jahre zusammen war, gestorben ist – einsam und allein, im Morgengrauen, auf dem Straßenpflaster. Damals gab es noch keine Handys, damals hatte man noch nicht rund um die Uhr Kontakt, so wie man es heute mit einer Geliebten oder einem

Geliebten haben würde – aber trotzdem: Furchtbar finde ich das, ganz furchtbar. Für Jannie.

»Zwölf Jahre später bin ich dann wirklich Witwer geworden«, erzählt Gerrit weiter. Denn 2009 starb Clara an Alzheimer. Aufopfernd und bis ganz zum Schluss habe er sie versorgt. Schuldgefühle dürften dabei eine Rolle gespielt haben, denke ich mir. »Mein schlechtes Gewissen gegenüber meiner Frau war immer größer als das Jannie gegenüber«, bestätigt er meine Vermutung. Mit fortschreitender Krankheit habe Clara jegliche Zurückhaltung vergessen und ihm die schrecklichsten Schimpfwörter an den Kopf geworfen – angefangen bei »Kotzbrocken« bis hin zu »Hurenläufer«. »Erst dachte ich, jetzt bricht alles aus ihr heraus, jetzt sagt sie mir das, was sie mir schon vor Jahrzehnten sagen wollte.« Bis er hörte, dass Beschimpfungen dieser Art zum Krankheitsbild gehören. »Der Tod war für sie eine Erlösung.«

Ehrlichkeit verlangt Mut, der Scheinheiligkeit reichen Feigheit und Bequemlichkeit.

Mit einer weitausholenden Handbewegung richtet sich Gerrit in seinem Sessel auf: »Tja, und dann habe ich hier auf dem *Kop van Zuid* noch einmal einen Neuanfang gemacht.« Nachdenklich schaut er aus dem Fenster. »Es wird wohl der letzte Anfang meines Lebens sein.«

Dann wirft er einen Blick auf die Uhr an der Wand. Schon fünf nach eins. Zeit fürs Mittagessen. »Sollen wir?« Alles mit Maß und Ziel, alles mit Regelmaß. Das galt auch für seine letzte Affäre. »Ich bin Jannie all die Jahre treu geblieben«, sagt er, als wir auf dem Gang stehen und zum Lift laufen. »Ich habe sie geliebt – auch wenn sie mich mehr geliebt hat als ich sie.«

Der Lift ist lautlos und braucht lediglich ein paar Sekunden, um uns von hundert Meter Höhe nach unten zu bringen. Das Hotel New York mit seinen grünen Kupfertürmchen liegt nur einen Katzensprung entfernt. Umgeben von Touristen und Geschäftsleuten nähern wir uns dem nostalgischen Backsteinbau. Aus dem *World Port Center*, einem weiteren Wolkenkratzer auf dem *Kop van Zuid*, strömen Männer mit Aktenkoffer und Krawatte. Ich fange neben holländischen auch englische, spanische und deutsche Wortfetzen auf.

Als wir vor dem Hotel New York stehen, nimmt Gerrit nicht den Eingang zum Restaurant, sondern den zum Hotel. »Komm, ich zeig dir noch schnell, wo mein Vater einst gearbeitet hat.« Er ist unternehmungslustig wie ein junger Mann, dieser Hundertjährige! Erst ein paar Steinstufen hoch, dann durch eine altmodische Holzdrehtür – und schon stehen wir an der Rezeption, wo verschiedene Wanduhren die aktuellen Weltzeiten angeben und verschlissene Reisekoffer herumstehen – geradeso, als hätte ein Auswanderer sie vergessen. »*Goedemiddag*, Denise!«, ruft Gerrit dem blonden Mädchen hinter dem Schalter im Vorbeigehen zu. »Kennst du schon *mijn Duits vriendinnetje* – meine deutsche Freundin?« Alter Charmeur! Schmunzelnd folge ich ihm in den vollbesetzten Speisesaal, vorbei an der Austernbar. Es ist so schönes Wetter, wir beschließen, raus auf die Terrasse zu gehen, da ist noch Platz, da ist es ruhiger.

»Ich genieße das Leben noch immer«, sagt er, als wir uns gesetzt haben. Seit sechs Jahren ist er nun schon alleine. »Aber ich langweile mich nicht: Ich lese gerne, sehe fern oder höre Radio, am liebsten *Classic FM*.« Außerdem unternimmt er regelmäßig etwas mit den Freunden, die nur ein paar Türen weiter wohnen. Auch die Tochter und die Enkelkinder schauen oft vorbei. »Ich bin so froh, dass ich sie habe«, sagt er. Zwei Menschen seien wirklich wichtig in seinem Leben gewesen: Jannie – und die Tochter.

Wir beobachten, wie das vollbesetzte Wassertaxi vom anderen Maasufer laut tutend auf die Anlegestelle direkt vor uns zusteuert.

»Zum Glück hat sich alles wieder eingerenkt«, erzählt Gerrit. »Fast ein Jahr lang haben wir keinen Kontakt gehabt.«

Ich halte die Hand über die Augen, um das kleine schaukelnde Schiff besser sehen zu können, die Sonne blendet mich zu sehr. Wieso denn das? Was hatte die Tochter denn angestellt – oder er?

Die Antwort lässt auf sich warten. »Sie hatte eine Affäre. So wie ich«, höre ich ihn dann sagen. »Aber sie ließ sich scheiden. Nach elf Ehejahren. Mit zwei kleinen Kindern.« Ich lasse die Hand sinken und schaue ihn an. »Ich war entsetzlich böse auf sie«, sagt er und schweigt erneut. »Heute bin ich froh, dass sie so glücklich ist«, fügt er dann hinzu. »Sie hat mir sogar noch ein weiteres Enkelkind geschenkt.«

Mir wird sofort klar, weshalb er so böse auf sie gewesen ist. Weil sie im Gegensatz zu ihren Eltern beschlossen hatte, den Anschein nicht zu wahren. Weil sie das tat, wozu Gerrit und Clara sich nie hatten durchringen können.

Hat er es wirklich nie bereut, dass er seine unglückliche Ehe nicht ebenfalls beendete? In den 1960er und 1970er Jahren waren die Zeiten doch bereits viel freier – und Eltern und Schwiegermutter waren tot. Da hätten er und Clara doch Farbe bekennen, da hätte die Scheinheiligkeit ein Ende haben können. Erst recht nach der Scheidung der Tochter – ihr habe er in Sachen Unauflösbarkeit der Ehe zu diesem Zeitpunkt ja kein Vorbild mehr sein müssen.

Erneut lässt er sich mit der Antwort Zeit und beobachtet, wie die Passagiere das Wassertaxi verlassen und neue einsteigen. »Weißt du, der Mensch ist ein Gewohnheitstier«, versucht er dann zu erklären. Sein Doppelleben sei zu diesem Zeitpunkt bereits in geordneten Bahnen verlaufen, alle Beteiligten hätten sich ohne offene Konflikte damit abgefunden und akzeptiert, wie es war – auch Jannie. »Ich bin wahrscheinlich einfach zu bequem gewesen«, gibt er dann zu. Nachdenklich schiebt er die Speisekarte vor uns auf dem Tisch hin und her. »Und zu feige war ich wohl auch.«

Denn eines dürfe man nicht vergessen: »Es braucht Mut, um ehrlich zu sein und Farbe zu bekennen.« Aber im Gegensatz zu seiner Tochter habe er diesen Mut nicht aufgebracht.

Eine Zeitlang ist nur das Kreischen der Möwen zu hören und das Stimmengewirr der Gäste, die ein paar Tische weiter sitzen. In der Ferne tutet ein Schiff.

Wieder schüttelt er den Kopf. »Nein, wenn ich etwas bereue, dann nicht, dass ich mich nicht habe scheiden lassen, sondern dass ich damals, vor mehr als siebzig Jahren, die verkehrte Frau geheiratet habe. Das war der größte Fehler in meinem Leben. Das würde ich heute anders machen, wenn ich könnte.«

Aber ob er die Gelegenheit dazu bekommt? Gerrit muss kurz auflachen: »Ich glaube nicht, dass ich noch mal auf diese Erde zurückkomme«, sagt er. »Ich weiß auch nicht mehr, ob ich glauben soll, dass es nach dem Tod noch etwas gibt. Ich fürchte, dann ist einfach alles vorbei.« Von der Existenz eines Gottes hingegen ist er nach wie vor überzeugt. Eines Gottes, der über Leben und Tod entscheidet. »Deshalb bin ich eigentlich gegen Sterbehilfe.« Ein Freund von ihm, der habe sich vor kurzem von seinem Hausarzt helfen lassen. Aber der habe auch unerträglich gelitten. »Wer weiß, wie ich über Sterbehilfe denke, wenn ich selbst Schmerzen haben sollte.«

Bislang jedoch habe sein Gott es gut mit ihm gemeint. »Ich habe hundert gute und gesunde Jahre hinter mir«, sagt Gerrit und schaut dem trägen schwarzen Schlepper zu, der gerade an uns vorbei maasabwärts fährt. Am Heck weht eine Flagge, auf dem Bug steht ein Hund und streckt schwanzwedelnd die Nase in den Wind. Im Grunde genommen sei er ganz zufrieden mit seinem Leben, meint er. Auch wenn er gerne mehr Reisen unternommen hätte. »In ferne Länder.« Aber mit seiner Geliebten habe er solch lange Reisen nicht machen können und mit seiner Frau nicht machen wollen.

»Deshalb bin ich so froh, dass ich hier auf dem *Kop van Zuid* alt werden kann und hoffentlich auch sterben darf!«, sagt er mit einer weitausholenden Handbewegung, während über uns die Möwen kreischen. Hier, wo einst die Schiffe ausliefen in die Neue Welt oder nach Batavia. Hier, wo er nur vor die Tür zu gehen brauche, um sich ganz weit draußen zu fühlen: »Du weißt, was ich meine, oder?«

Ich weiß, was er meint: Hier kann man ihn riechen, hier liegt er in der Luft – der Duft der großen, weiten Welt.

~

Gerrit ist bei all seinem Humor, seiner Vitalität und seiner Warmherzigkeit für mich ein Beispiel dafür, wie man es im Leben nicht machen sollte: Er hat die verkehrte Frau geheiratet. So etwas kommt vor. Aber eine Trennung kam für beide nicht in Frage, weil sie nicht aus gesellschaftlichen Konventionen ausbrechen wollten. Er hatte sich von Schönheit blenden lassen – ein sehr menschlicher Fehler, den er hätte korrigieren können. Stattdessen hat er den schönen Schein gewahrt und ein Doppelleben geführt. Womit er allerdings, glaube ich, weder eine seltene Ausnahme ist noch ein Relikt aus vergangenen Zeiten verkörpert. Wie viele Paar gibt es heute noch, die sich aus ebendiesen Gründen nicht zu trennen wagen: wegen der Kinder, der Eltern, des Geldes und auch wegen des Glaubens. Pater Gola hat gesagt, dass der Glaube Paare zusammenhalten, zusammenschmieden kann. Aber so wie gesellschaftliche Moralvorstellungen kann der Glaube auch zu einem Gefängnis werden. Bei Clara und Gerrit ist das so gewesen, zumindest in den ersten Jahrzehnten. Kein Wunder, dass der alte Mann sich darüber wundert, dass die Scheidungsrate in den letzten fünfzig Jahren ständig gestiegen ist, obwohl wir mehr denn je die Möglichkeit haben, uns zu prüfen, bevor wir uns binden. Vielleicht sind wir einfach leichtsinnig geworden. Weil wir uns diesen Leichtsinn leisten können. Frei nach Schiller: Der Wahn ist kurz, die Reue auch – wir können uns ja viel leichter trennen als früher, es ist ja fast normal geworden und gesellschaftlich nicht mehr verpönt. Aber Mut braucht es dazu nach wie vor. Weswegen viele diesen Schritt erst wagen, wenn sie das eine warme Nest gegen das andere eintauschen und die einsame Zwischenphase auf dem harten Fußboden vermeiden können.

Gerrit behielt das erste Nest bei, obwohl es nie richtig warm geworden war. Weil seine letzte Geliebte das akzeptierte, konnte er auf relativ erträgliche Weise den Anschein wahren und sich das, was er zu Hause nicht bekam, woanders holen, ohne die Konsequenzen ziehen zu müssen. Er kam auf seine Kosten, ohne die negativen Folgen einer Scheidung zu spüren zu bekommen. Es dürfte sogar relativ komfortabel für ihn gewesen sein. Für Clara auch. Wie gesagt: Bequemlichkeit und Feigheit sind die wichtigsten Verbündeten der Scheinheiligkeit.

Den höchsten Preis in dieser ménage à trois *wird wohl Jannie bezahlt haben. Aber dürfen wir Gerrit deshalb verurteilen? Ich habe zunächst Mitleid mit Jannie gehabt, doch im Laufe des Gesprächs erkannt, dass sie kein Opfer ist. Zunächst dürfte auch sie, wie ihre beiden Vorgängerinnen, auf eine Scheidung gehofft haben. Aber in den letzten Jahrzehnten hat sie sich mit der Rolle der Geliebten zufriedengegeben – wohl wissend, welcher Preiszettel daran hing. Sie hat es in Kauf genommen.* It takes two to tango. *Zum Tangotanzen braucht es immer zwei. Nicht nur auf dem Tanzflur, auch beim Tango des Lebens.*

Ich habe Freundinnen, die darüber klagen, dass sie immer an den Falschen geraten – sprich: an verheiratete Männer. Frauen, die seit Jahren hoffen, dass er sich doch noch scheiden lässt. Die sich nicht zu schade dafür sind, sich hinhalten zu lassen. Sie glauben, dass sie Pech in der Liebe haben, und sehen sich als Opfer: »Was tut er mir nur an!«

Sie tun es sich selbst an. Das klingt hart, aber so ist es. Anstatt in den Spiegel zu sehen und dies zu erkennen, hoffen sie weiter und lassen alles, wie es ist. Während kostbare Jahre verstreichen. Was mich Gerrit und seine Frauen gelehrt haben, ist das: Es geht im Leben immer auch darum, wie viel man hinzunehmen bereit ist. Deshalb ist es so wichtig, seine persönlichen Grenzen zu setzen und dafür zu sorgen, dass andere sie nicht überschreiten.

»Hör auf deine innere Stimme!
Vertrau immer auf dich selbst – und nicht auf andere.«

~

Gretel

*30. Juli 1916 in Berlin

Todunglücklich saß sie am nächsten Morgen in der Straßenbahn. Am liebsten wollte sie sterben. Wie nur hatte sie es so weit kommen lassen können? Beim Gedanken daran stieg ihr das Blut ins Gesicht, hoffentlich merkten ihr die anderen Fahrgäste nichts an! Die Kollegen im Geschäft, an die durfte sie gar nicht erst denken – ihr Getuschel hätte sie nicht ertragen können. Ein Glück, dass die Eltern gestern Abend beim Heimkommen gerade ins Bett gingen und nicht zu sehr auf sie achteten. Sie hatte das Gefühl, dass es ihr in großen Lettern auf der Stirn geschrieben stand. Mutti hätte bestimmt sofort erraten, was passiert war.

Dabei hatte alles so schön angefangen. Wie immer hatte er sie mit seinem Motorrad vom Turnverein abgeholt, um sie nach Hause zu bringen – raus nach Zeuthen, wo sie seit kurzem wohnte, am südöstlichen Stadtrand von Berlin. Die letzten Kilometer ging es durchs Grüne. Es war ein herrlicher Sommerabend, und deshalb legte er einen Zwischenstopp ein. Auch das wie immer, je nach Wetterlage. Sie legten sich ins Gras. Es war so spannend, sie freute sich jedes Mal darauf. Aber dieses Mal beließ er es nicht beim Streicheln und Küssen. Dieses Mal ging er weiter. Sie kam nicht mehr dazu, ihn abzuwehren, sie war viel zu überrascht. Es tat ein bisschen weh, dann war es auch schon wieder vorbei. »Das ist völlig normal, wenn man verliebt ist!«, versicherte er ihr, als er wieder neben ihr im Gras lag. »Das ist in Ordnung.«

Aber ihr Gefühl sagte ihr nach wie vor, dass es nicht in Ordnung war. Noch immer schämte sie sich zutiefst und war völlig durcheinander. Niemand hatte sie aufgeklärt.

»Mein Leben wäre ohne diesen Abend bestimmt anders verlaufen«, sagt Gretel Schulze. Die Pflegerin hat ihr gerade in den Rollstuhl geholfen und zuvor das Tablett mit dem Frühstück auf den Tisch gestellt. Es ist bereits zehn Uhr vormittags, aber Frau Schulze geht spät schlafen, sie ist ein Nachtmensch, auch mit neunundneunzig noch. »Zum Glück höre und sehe ich noch gut«, sagt die mollige Berlinerin. Es kommt schon mal vor, dass sie vor dem laufenden Fernseher einschläft. Sie löst auch gerne Kreuzworträtsel oder spielt Sudoku. Noch lieber allerdings malt sie, das ist ihr Lieblingshobby. Zum Glück bietet das Pflegeheim bei München, in dem sie seit 2011 lebt, jede Woche einen Malkurs an. Den lässt sie sich nie entgehen. »Heute Nachmittag ist es wieder so weit«, freut sie sich und nimmt einen Schluck Kaffee.

Nach ihrem Lieblingsmotiv brauche ich sie gar nicht erst zu fragen, davon zeugen die Wände in ihrem Heimzimmer: Sie sind von oben bis unten vollgehängt mit bunten Blumenstillleben – Tulpen, Margeriten und Lilien, Mohnblumen, Chrysanthemen, Rosen, Sonnenblumen … ein Assortiment, auf das jede Floristin stolz wäre. »Ich liebe Blumen«, meint Gretel Schulze mit der Betonung auf »liebe«. Inmitten ihrer gemalten Bouquets erinnert sie selbst ein bisschen an eine üppig blühende Blume. Am liebsten würde ich sie mit einer Sonnenblume vergleichen. Wegen ihres runden Gesichts und weil sie so strahlt. Leider trägt sie eine Weste, die farblich überhaupt nicht passt: Sie ist leuchtend lila. Mein Blick fällt auf den Garderobenständer in der Ecke. Kein Zweifel – diese Frau kleidet sich so bunt, wie sie ihre Bilder malt. Denn da hängen Schals und Hüte in allen Farben, von Quietschrosa bis Grün. »Mir kann es nicht bunt genug sein«, bestätigt sie, als ich Notizblock und Kugelschreiber zücke und mich neben sie setze. »Das war schon als Kind so.«

Im Sommer 1916, mitten im Ersten Weltkrieg, hat sie das Licht der Welt erblickt – »als echte Berliner Göre«. Ihr Taufname ist Margarete, aber alle nennen sie Gretel. Sie war das Nesthäkchen, ein Nachzügler. Zusammen mit einer zehn Jahre älteren Schwester und einem fünf Jahre älteren Bruder wuchs sie in Kreuzberg auf, in der Graefestraße. Ganz oben im vierten Stock, unterm Dach. »Da war es am billigsten, weil man die meisten Treppenstufen hochsteigen musste.« Sie schlief mit ihrer Schwester bei den Eltern im Schlafzimmer auf einem Sofa, der Bruder auf einer Liege in der Küche. »Mehr Räume hatten wir nicht.« Auch kein Bad? »Ach, i wo!«, antwortet sie und beißt in die eine Hälfte ihres Marmeladenbrötchens. »Als ich fünf oder sechs war, sind wir umgezogen, ein paar Ecken weiter in die Urbanstraße. Da hatten wir dann ein Zimmer mehr. Aber auch da wohnten wir ganz oben, wo es am billigsten war.«

Gretel war ein fröhliches und lebendiges Kind, am liebsten spielte sie unten auf der Straße mit den Nachbarsmädchen. Entweder Murmeln – »jeder in Berlin hatte damals einen Beutel voller Murmeln!« – oder das Hüpfspiel *Himmel und Erde*. Dann machten sich die Mädchen aus Sicherheitsnadeln eine Kette. Die warfen sie in eines der Felder des Hüpfkastens, den sie mit Kreide auf die Straße gemalt hatten. »Dieses Feld musste man dann überspringen«, erklärt sie mir. Ich nicke, ich kenne das Spiel aus meiner eigenen Kindheit, und manchmal entdecke ich noch heute auf dem Trottoir vor meinem holländischen Zuhause aufgemalte Hüpfkästen. *Himmel und Erde*, so scheint es, wird in vielen Ländern und über Generationen hinweg gespielt.

»Irgendwann bekamen wir ein Radio«, berichtet sie. Furchtbar aufregend sei das gewesen. Am späten Nachmittag, nach dem Spielen auf der Straße, versammelte sie sich fortan mit ihren Freundinnen in der Küche, um gebannt der Kindersendung zu lauschen, die von fünf bis halb sechs zu hören war.

Bei schönem Wetter ging die Mutter mit ihnen oft in die Hasenheide. So heißt der Berliner Volkspark zwischen Kreuzberg und Neukölln, in dem Turnvater Jahn einst seine ersten öffentlichen Turnübungen veranstaltet hat. Gretel und ihre Familie wohnten nur einen Steinwurf entfernt, die Hasenheide dürfte für sie als Kind das gewesen sein, was für Jeanne Tournier in Paris der *Bois de Vincennes* war. »Meine Mutter hat sich dort oft mit anderen Müttern getroffen«, sagt sie. »Wir Kinder waren natürlich immer mit dabei, wir mussten ihr beim Tragen helfen.« Denn die Mütter stellten im Park Tische und Stühle auf, sie nahmen Körbe mit Kaffee und Kuchen mit. »Wir aßen da immer Streuselkuchen, Mutti konnte sehr gut backen, das war etwas ganz Besonderes.«

Gretels Mutter war auf einem großen Hof in Ostpreußen aufgewachsen. Der älteste ihrer drei Brüder hatte ihn geerbt. »Die restlichen Kinder mussten sich etwas anderes suchen.« So landete die Mutter in Berlin und fand Arbeit als Hausmädchen. »Bei einer französischen Familie«, weiß Gretel. »Die müssen unglaublich reich und elegant gewesen sein, so wie die Mutti immer von ihrer Herrschaft geschwärmt hat!« Ich denke unwillkürlich an den reichen Gutshof, auf dem Mathilde, die Schwarzwaldbäuerin, einst als Dienstmädchen landete. Das hier war sozusagen die städtische Ausgabe. Wobei der Mutter von Gretel wohl kein Sohn des Hauses nachstellte.

Nun ist es Gretel, die zu schwärmen anfängt: Eine wunderschöne Frau sei sie gewesen, die Mutti. »Die Kleider, die die Frauen damals trugen, die waren ja auch so wunderschön! Kaufen konnte die Mutti sie sich nicht, aber sie konnte gut nähen, sie hat sich alle selbst geschneidert.«

Eigentlich hätte es ihre Mutter im Leben besser haben können, davon ist Gretel überzeugt: »Sie hat unter ihrem Niveau geheiratet.« Ihr Vater sei letztlich nur ein einfacher Arbeiter gewesen, ein überzeugter Sozialdemokrat aus der Umgebung von Berlin. »Wo die Liebe hinfällt! Aber sie haben sich geliebt, da bin ich mir sicher.« Sie habe es nie bereut, die Mutti, auch wenn ihr Dasein als Hausfrau und Mutter ohne viel Geld noch so schwer gewesen sei: »Ich sehe sie noch in der Waschküche, wie sie mit hochrotem Gesicht und voller Schweiß am Waschbrett stand und rubbelte.«

Aber auch ihr Vater, das dürfe man nicht vergessen, habe es wie so viele Männer damals nicht leicht gehabt: erst der Krieg, den er als einfacher Soldat unversehrt überlebte, dann die Arbeitslosigkeit: »Nur wenige hatten damals die Chance, es zu etwas zu bringen.« Groß und schlank sei er gewesen, der Vati, aber gelacht habe er nicht viel. »Dazu war das Leben zu schwer. Ein Glück, dass meine Mutter so gut hauswirtschaften konnte.« Sonntags gab es manchmal ein Stück Fleisch, meistens mit Klößen. Die Brühe mit den Kloßresten hob sie auf. Die stellte sie am Montag als Suppe mit Zwiebeln und Speck auf den Mittagstisch. »Manchmal hat sie nicht aufgepasst, dann waren die Zwiebeln schwarz.«

Samstags gab es meistens Milchreis mit Zimt und Zucker. »Den hat die Mutti unter der Bettdecke gekocht.« Sie sieht mein erstauntes Gesicht. »Nein, das ist kein Witz.« Die Mutter habe den Reis morgens mit Milch, Salz und etwas abgeriebener Zitronenschale kurz aufgekocht, dann in eine Wolldecke gepackt und den Topf unter die Bettdecke gestellt. »Mittags konnten wir den fertigen Reis dann aus dem Bett holen, mit Zimt und Zucker bestreuen und aufessen. Lecker!« Und super energiesparend: »Anbrennen kann er so auch nicht, probieren Sie's mal aus!«

Was Gretel und ihrer Familie wie so vielen Großstädtern damals durch die Nachkriegsjahre und die Weltwirtschaftskrise half, waren die Schrebergärten oder Laubenkolonien, wie sie auch genannt werden. Als Armen- und Arbeitergärten sind sie bereits im 19. Jahrhundert in vielen deutschen Städten entstanden, um die Bevölkerung mit frischem Obst und Gemüse zu versorgen. Anders als die Menschen in ländlichen Gebieten, wie Pater Gola zum Beispiel oder die Familie von Fritz Tuche, hatten die Großstädter ja keine Gärten, die dafür sorgten, dass sie bestimmte Nahrungsmittel nicht zu kaufen brauchten. Und die Städte damals, das darf man ebenfalls nicht vergessen, boten bei weitem nicht so viel Lebensqualität wie heute – vor allem den Arbeitern nicht: Für die waren sie grau, schmutzig und trostlos. Die Industrialisierung im 19. Jahrhundert hatte große soziale Veränderungen mit sich gebracht, auch in Berlin wuchs die Bevölkerung viel zu schnell, um angemessen untergebracht werden zu können. Vollgepferchte Mietskasernen waren die Folge, dunkle Hinterhöfe, wenig Grün. Deshalb die Kleingärten, die als Schrebergärten in die Geschichte eingegangen sind – benannt nach dem Leipziger Arzt Moritz Schreber, einem pedantischen Volkserzieher, der die Institution Schrebergärten übrigens nicht selbst begründet, sondern nur als Namensgeber gedient hat.

Erinnerungen werden mit dem Alter immer wichtiger – sorg dafür, dass sie schön sind!

»Wir hatten auch so eine Sommerlaube«, erzählt Gretel, »in Treptow. Wir sind immer mit dem Rad und dem Leiterwagen rausgefahren, wir konnten dort sogar übernachten.« Auf dem großen Platz in der Mitte der Treptower Laubenkolonie feierte ihre Familie mit den anderen Kleingärtnern so manches Fest: »Es gab da viel zu feiern, im Sommer, im Frühling und im Herbst – fast zu jeder Jahreszeit.« Am Vortag begannen dann alle zusammen alles festlich zu schmücken mit Fähnchen und Krepp-Papier-

Streifen. Bis die gesamte Kolonie kunterbunt war. Aus dem restlichen Krepp-Papier bastelten sich die Mädchen Röckchen, die sie abends beim Fackelzug trugen. »Einmal liefen wir alle in knallrosa Papierröckchen herum, die waren wunderschön.« Es wurde auch ein Kasperletheater aufgebaut. Und für die Jungs eine hohe Stange aufgestellt, an der ein Kranz mit Würstchen befestigt war: Sie mussten die Stange hochklettern und sich die Würstchen holen. »Ach, was sind das doch alles für schöne Erinnerungen!«, sagt die alte Berlinerin mit einem versonnenen Lächeln auf dem Gesicht. »Wissen Sie, wenn man alt ist, werden die Erinnerungen immer wichtiger – deshalb kann man besser dafür sorgen, dass sie schön sind!«

Ich muss an einen Satz des deutschen Schriftstellers Jean Paul denken: »Erinnerungen sind das einzige Paradies, aus dem man nicht vertrieben werden kann«, soll er um 1800 gesagt haben. Er muss ganz automatisch von schönen ausgegangen sein, die schlechten versuchen wir ja zu verdrängen – die sind kein Paradies, die können zum Gefängnis werden.

Gretel sitzt immer noch in Gedanken versunken in ihrem Rollstuhl. »In der Sommerlaube waren wir bei schönem Wetter fast an jedem Wochenende.« Unglaublich frei habe sie sich dort immer gefühlt: »In der kleinen Wohnung unterm Dach war es im Sommer ja kaum auszuhalten.« Manchmal seien sie bis Montagmorgen geblieben. Dann setzte der Vater sie mit einem Kissen auf die Stange vorne aufs Rad und brachte sie zur Schule. Wie eine Prinzessin thronte sie vor ihm auf dem Fahrrad: »Herrlich war das, da war er mir ganz nahe, da hatte ich das Gefühl, ihn ganz für mich alleine zu haben.«

Wahrscheinlich hat er die kleine Gretel nicht ganz so oft in den Arm genommen oder an sich gedrückt, wie es die Väter heute tun. Damals sind die meisten Väter ja auf Abstand gegangen, werden sogar auf Abstand gehalten. Kinder sind reine Frauensache.

»Ich platzte dann auch immer vor Stolz, wenn er mich vor den Augen der anderen Kinder absetzte. Und wenn er weiterradelte, zur Arbeit, habe ich ihm noch lange nachgewinkt.« Manchmal habe er sich umgedreht und zurückgewinkt, aber meistens sei ihm dafür keine Zeit geblieben: »Er musste ja pünktlich zur Arbeit erscheinen und sich noch umziehen«, meint Gretel fast entschuldigend. Nach den ersten schweren Nachkriegsjahren habe er zum Glück eine gute Stellung gefunden: »Als Türsteher beim Warenhaus Hertzog in der Breiten Straße – stellen Sie sich nur vor!«

Ich kann mir nicht viel vorstellen, denn im Gegensatz zu Gretel sagt mir das überhaupt nichts. »Na, das war damals doch eine der besten Adressen von ganz Berlin!«, klärt sie mich auf, während ich Kugelschreiber und Notizblock weglege und meinen Laptop hochfahre. Das will ich gleich googeln. »Nirgendwo gab es feinere Teppiche und Möbel und so wunderschöne Stoffe!«, sagt Gretel. Tatsächlich, die alte Frau hat recht: Das Hertzog war legendär, »während der Kolonialzeit hatte es sogar eine Filiale in Deutsch-Südwestafrika, dem heutigen Namibia!«, lese ich ihr vor. Rudolf Hertzog Senior hatte das Kaufhaus 1839 gegründet und seine Waren darin als einer der Ersten zu Festpreisen angeboten – »eine ungeheure Neuerung«, lese ich weiter, »bis dahin hatte man in den Geschäften den Preis aushandeln müssen«. Darüber haben wir uns beide eigentlich noch nie Gedanken gemacht, stellen wir fest: dass es vor gut hundertfünfzig Jahren in den Läden noch keine Festpreise gegeben hat und man feilschen musste wie auf dem Markt. Was zu einer so feinen Adresse wie dem Hertzog natürlich so gar nicht gepasst hätte. »Und da hat mein Vater als Portier die Kundschaft empfangen!«, unterstreicht Gretel noch einmal voller Stolz, während ich unwillkürlich das Bild eines Mannes in schwarzer Hose mit kurzer roter goldknopfdekorierter Jacke vor Augen habe. Sie muss ihn regelrecht angebetet haben, ihren Vater!

»Er war auch sehr belesen, trotz seiner niedrigen Schulbildung«, bestätigt die alte Frau meinen Eindruck. »Manchmal ging er sogar in die Oper!« Denn ihre Eltern waren Mitglieder der Berliner Volksbühne, die auch den Arbeitern durch ermäßigte Preise den Theaterbesuch ermöglichte. »Manchmal konnten meine Eltern nicht, dann durfte ich mit einer Freundin und deren Mutter gehen.« So kam es, dass sie sich als junges Mädchen den *Fliegenden Holländer* und Puccinis *Madama Butterfly* angeschaut hat. »Da muss ich so um die zwölf gewesen sein. Und habe fürchterlich geheult, als sich die Geisha zum Schluss das Leben nimmt.« Ihr Taschentuch, das weiß sie noch, sei regelrecht durchtränkt von Tränen gewesen.

Nicht immer sind die Eltern so, wie du sie dir wünschst – finde dich damit ab und mache es selbst besser!

Oft saß Gretel auch mit ihren Eltern und Geschwistern am Küchentisch, und dann musste ihr Bruder aus einem Buch vorlesen – zum Beispiel aus *Wolfsblut*, jenem 1906 erschienenen Abenteuerroman, der als eines der besten Werke des amerikanischen Schriftstellers Jack London gilt und vom Schicksal eines Wolfs handelt, der in der rauen Natur Alaskas während des Goldrauschs einen Menschen als Freund gewinnen kann. »Gebannt haben wir gelauscht«, erzählt Gretel. Vati habe sich gut in der Literatur ausgekannt. »Eigentlich hätte er es zu mehr bringen können, mein Vater. Er war ein Mann mit Köpfchen!«

Ich kann ein Lächeln nicht unterdrücken, sie muss wirklich außerordentlich stolz auf ihn gewesen sein. »Oh ja«, nickt sie. Dann atmet sie tief durch, schiebt die Kaffeetasse samt Teller zur Seite und meint: »Aber leider war er nie stolz auf mich.« Auf einmal scheint sie nicht mehr ganz so aufrecht in ihrem Rollstuhl zu sitzen. Betroffen klappe ich den Laptop zu und schiebe meinen Stuhl dichter an sie heran. Wieso denn das? Normalerweise werden Nesthäkchen über alle Maßen verwöhnt!

»Er hat mich einfach abgelehnt«, beginnt sie zu erklären. »Von Anfang an.« Schon gleich 1918, als er aus dem Krieg heimkehrte und feststellte, dass der letzte Fronturlaub erneut für Nachwuchs gesorgt hatte. »Darüber war er nicht erbaut, zwei Kinder genügten ihm, das war teuer genug in diesen Zeiten.« Immer wieder habe er sein jüngstes Kind spüren lassen, dass es nicht willkommen war, oder versucht, es zu ignorieren. »Ich habe für ihn nicht existiert.« Sie war lästig, unnötig und unerwünscht. »Ach ja«, seufzt die alte Frau und zuckt mit den Schultern: »Nicht immer sind die Eltern so, wie du sie dir wünschst. Damit kann man sich besser abfinden – und versuchen, es selbst besser zu machen. Ich jedenfalls habe das versucht.«

Aber sie weiß, das ist leichter gesagt als getan. Auch sie hat sich lange Zeit gegrämt und nicht damit abfinden wollen. Manchmal kommt sogar noch heute, so viele Jahre später, alles wieder hoch. Weil es sie damals als Kind zutiefst verletzt hat, wenn sie für ihn Luft zu sein schien, wenn er sie benachteiligte und die beiden älteren Geschwister vorzog. »Für die war das Beste grade gut genug. Die durften sogar zum Geigenunterricht, obwohl wir an allen Ecken und Enden sparen mussten.« Für Gretel hingegen war dafür kein Geld mehr übrig und der Turnverein gut genug. »Das machte mir zwar auch Spaß, aber ich war auch sehr musikalisch, ich hätte auch gerne ein Musikinstrument gelernt.« Sie deutet auf den mit Zeitschriften und Zeitungen überladenen Schreibtisch: »Gucken Sie mal, was da liegt!« Ich entdecke eine kleine Zither. »Ja, da staunen Sie! Ich bin nach wie vor sehr musikalisch.«

Auch schulisch habe man sie in keinster Weise gefördert, niemand kontrollierte, ob sie die Schule schwänzte und die Hausaufgaben machte oder nicht. Einmal, das hat sie nie vergessen, da machte der Vater sich die Mühe, ihr beim Schreiben eines Aufsatzes zu helfen. Über die Bedeutung des 1. Mai. Aber das hat er vielleicht auch nur deshalb getan, weil der 1. Mai für ihn als überzeugten Sozialdemokraten von großer Bedeutung war. »Er half mir beim Formulieren des ersten Satzes.« Den Wortlaut weiß sie noch heute: »Als Arbeitsfeiertag ist es der 1. Mai wert, dass er von allen Arbeitern gefeiert wird«, beginnt sie zu zitieren. Es wurde einer ihrer besten Aufsätze, und der Lehrer kam aus dem Staunen nicht mehr heraus.

Nach ihrem Volksschulabschluss 1930 – sie war inzwischen 14 Jahre alt – wollte sie am liebsten Schneiderin werden wie ihre zehn Jahre ältere Schwester. Die hatte eine anerkannte Mode- und Schneiderschule besuchen dürfen. Davon träumte auch Gretel. Doch stattdessen landete sie bei einer alten schwerhörigen Meisterin, die bereits drei Lehrlinge hatte, sich für eine Firma schicke Damenkleider aus Paris besorgen ließ und die dann nachschneiderte. »Sie hat uns strengstens verboten, während der Arbeit zu reden, aber sie war so taub, dass wir trotzdem den ganzen Tag am Quatschen waren.« Eines der anderen Mädchen war Jüdin. Mit der verstand sie sich besonders gut. »Ihr bin ich später noch einmal auf der Straße begegnet, ich wollte sie herzlich begrüßen, aber sie machte einen Schritt zurück: ›Sei vorsichtig! Du darfst nicht mit mir reden!‹, hat sie gesagt.«

Allzu viel gekümmert habe sich die dicke alte Meisterin um ihre vier Schützlinge nicht, den größten Teil der Zeit überließ sie die Mädchen sich selbst. Das meiste, was Gretel in dieser Zeit lernte, brachte sie sich selbst bei. Dennoch schloss sie die Lehre mit Auszeichnung ab, sie hatte von ihrer Mutter ganz offensichtlich das Talent zum Nähen geerbt: Ihr Prüfungskleid war ein Traum in Nachtblau, vorne in aufwendiger Handarbeit von Bändchen durchzogen, die lauter kleine Sterne formen, »etwas ganz Feines«, sagt sie, und diesmal schwingt Stolz über sich selbst in ihrer Stimme mit. »Es war ein Abendkleid, das wir dann eingekürzt haben. Es existiert noch heute – ich habe es meiner ältesten Tochter vermacht.«

Ihre Mutter habe sie damals gelobt, aber der Mensch, von dem sie sich am sehnlichsten ein Lob gewünscht hätte, nahm die mit Glanz bestandene Prüfung, wenn überhaupt, beiläufig zur Kenntnis: Der Vater war sehr beschäftigt, er hatte für seine älteste Tochter, die inzwischen verheiratet war, gerade ein Haus gebaut – draußen in Zeuthen. Dort hatte er seinem Schwager zu einem guten Preis ein großes Stück Grund abkaufen können. Dieser Schwager, Gretels Onkel, hatte in Berlin zunächst ein zweifenstriges Kolonialwarenhaus geführt. »In dem gab es wirklich alles!« Damals wurde der Stellenwert eines Hauses noch an der Zahl der Fenster gemessen. »Dieses Warenhaus hat er dann verkauft, um nach Zeuthen zu ziehen«, berichtet Gretel weiter. »Dort gibt es ja diesen schönen See mit den vielen Ruderern, dort hat mein Onkel dann einen Gasthof geführt.« Die Terrasse mit den vielen Stühlen sei immer besetzt gewesen: »Die Geschäfte liefen auch hier ausgezeichnet, er war ein unheimlich guter Geschäftsmann.«

Das Stück Land, das der Vater dem Schwager abkaufen konnte, war zwar groß, aber sandig. »Eine Art Mini-Wüste«, sagt Gretel, »Sie hätten sehen müssen, was er daraus gemacht hat! Einmalig schön war das.« Erst habe der Vater dort nur ein Haus für ihre Schwester und deren frischgebackenen Ehemann gebaut. Dann aber gefiel es ihm so gut da draußen, dass er beschloss, mit seiner Familie ebenfalls raus nach Zeuthen zu ziehen: »Unser neues Haus hat er einfach wie eine Doppelhaushälfte an das Haus meiner Schwester drangebaut, das Grundstück war ja groß genug«, erklärt Gretel. »Und zum Schluss legte er drum herum noch einen riesigen Garten an. Der war wirklich ein Paradies.« In einem Teil blühten verschwenderisch Blumen in allen Farben, im anderen wuchsen Früchte und Gemüse: Spargel, Rhabarber, Erdbeeren. »Aber was für Erdbeeren! So große und so süße gab es nirgendwo sonst.« Die Hausfrauen aus der ganzen Umgebung seien gekommen, um sich beim Vati Rat zu holen. »Weil er einen grünen Daumen hatte. Er wusste genau, wie er den Sandboden düngen und bereichern musste.« Im Garten war auch noch Platz für eine kleine Hütte, in der Hühner gehalten wurden und Kaninchen: »Die hat er selbst geschlachtet und ihr Fell gegerbt. Daraus hat meine Mutter herrlich warme und weiche Jacken genäht.«

Gretel hält einen Moment inne und schwelgt in Erinnerungen. Er sei halt einfach ein Multitalent gewesen, der Vater. Die Bewunderung in ihrer Stimme verrät, wie sehr sie ihn noch heute verehrt – obwohl oder gerade weil er so unerreichbar für sie geblieben ist. Während er sie, diesen Eindruck jedenfalls habe ich bislang, am ausgestreckten Arm verhungern ließ.

Doch die alte Frau ist schon am Weitererzählen. »Durch den Garten waren wir dann nicht mehr auf die Laubenkolonie angewiesen. Und wir konnten die enge Wohnung unterm Dach verlassen.« Aber dafür musste sie nun jeden Morgen von Zeuthen nach Berlin reinfahren, zur Arbeit. »Ich habe schnell eine Stelle gefunden, aber da durfte ich nicht nähen, da musste ich zuschneiden für die anderen.« Beim Hermannplatz sei das gewesen, in der Nähe vom Karstadt. »Das gab es damals schon, aber das sah ganz anders aus als heute. Das war ganz toll und modern, dieses Karstadt.« Sie deutet auf meinen Laptop: »Da finden Sie bestimmt ein paar Bilder!« Kurz darauf staunen wir beide über das imposante helle Gebäude, das auf meinem Bildschirm erscheint und sich einst auf dem Hermannplatz breitgemacht hat: 72 Meter und neun Etagen hoch, mit zwei von Lichtsäulen gekrönten Türmen und einer weißen Muschelkalkfassade. Die Waffen-SS, lese ich uns wieder laut vor, hatte es Ende April 1945 gesprengt oder in Brand gesetzt, um zu verhindern, dass es der Roten Armee in die Hände fiel – vermutlich wegen der dort gelagerten Lebensmittel. Bei seiner Eröffnung 1929 galt es als modernstes Warenhaus Europas, bis zu dreitausend Menschen fanden dort Arbeit. »Ganz oben gab es einen wunderschönen Dachgarten«, weiß Gretel. »Da wurden

Kaffee und Kuchen serviert, und da spielten immer berühmte Musikkapellen.« Sehr beliebt sei dieser Dachgarten gewesen. Auch sie hat sich da oben oft verabredet. Mit ihren Freundinnen. Und mit einem gewissen Ernst, so erfahre ich.

»Das war ein Freund von meinem Bruder, der war zehn Jahre älter als ich«, informiert sie mich. »Ernst spielte in der Band, die mein Bruder gegründet hatte: Einer saß am Klavier, Ernst am Schlagzeug, und mein Bruder war der Geiger.« Im Gegensatz zu seiner kleinen Schwester habe er ja lernen dürfen, Geige zu spielen. »Aber kennengelernt habe ich den Ernst im Turnverein in Kreuzberg.« In den ging sie nach wie vor, auch wenn sie dafür nun jedes Mal von Zeuthen rein- und wieder rausfahren musste. »Mein Bruder und Ernst waren auch Mitglieder«, sagt sie und schiebt ihren Rollstuhl Richtung Bücherregal. »Ich muss noch irgendwo Fotos haben«, murmelt sie und beginnt zu suchen. »Da haben wir's ja!« Sie zieht ein Album aus dem Regal, und kurz darauf sehe ich Fotos von Turnern und Turnerinnen, wie sie damals, kurz vor der Machtübertragung an Hitler, ausgesehen haben: alles makellose junge Menschen – ganz vorne die Mädchen auf den Knien mit im Nacken verschränkten Armen, bauchfrei, in einem Bikiniähnlichen Oberteil und pludrigen kurzen Höschen; hinter ihnen die Jungs stramm in Reih und Glied, in steifen synchronen Posen mit entblößtem *Sixpack*, die Hände wie Pfeile schräg nach oben gerichtet, als wüssten sie, dass dies bald zum verpflichtenden Gruß werden würde. Auf einem weiteren Foto haben sich vier Turnerinnen zu einer Art Stern formiert: Die in der Mitte hat eine andere auf die Schultern genommen und zwei weitere Mädchen rechts und links am ausgestreckten Arm hängen, die sich mit einem Bein auf ihrem Oberschenkel abstützen. Was für gekünstelte Posen! Für Gretel und ihre Generation jedoch war das ganz normal. »Es hat mir immer gut gefallen, besonders der Barren und die Ringe«, sagt sie. »Zum Training hatten wir etwas anderes an, da trugen wir weiße Hemdchen und grüne kurze Hosen.« Sie blättert weiter und deutet auf ein anderes vergilbtes Schwarzweißfoto: »So wie hier«, sagt sie. »Sehen Sie, das bin ich!« Ich sehe ein schlankes Mädchen mit halblangen glatten braunen Haaren und perfekt geformten langen Beinen, das fröhlich in die Kamera lacht. So um die sechzehn muss sie damals gewesen sein.

»Später, in den ersten Ehejahren, habe ich mir die Haare dann ganz kurz schneiden lassen, das stand mir sehr gut«, sagt Gretel und betrachtet das alte Foto. »Man soll ja von sich selbst nicht sagen, dass man hübsch ist. Aber ich war schlank und groß, ich habe den Männern schon gefallen.«

Auch besagtem Ernst. »Mein Bruder hat mir irgendwann gesteckt, dass der an mir interessiert wäre.« Sie fühlte sich geschmeichelt, sie war ja erst sechzehn und der Ernst mit seinen 26 Jahren schon ein richtiger Mann. Außerdem fuhr er eine BMW 750. »Das hat mir imponiert. Ich hatte auch keine Angst, mich hintendrauf zu setzen.« Richtig verliebt sei sie eigentlich nicht gewesen, »es war kein Blitz oder so«. Es gab da noch einen anderen, einen ehemaligen Schulkameraden, »in den war ich ein bisschen verliebt, und er auch in mich«. Sie verabredeten sich, aber auf einmal meldete er sich nicht mehr. Sie konnte ihn nicht mehr erreichen. Jahre später hörte sie, dass Ernst mit ihm Kontakt aufgenommen habe, um ihm den Umgang mit ihr zu verbieten: »Das ist *mein* Mädchen.«

Aber das alles wusste sie damals noch nicht, und als der andere nichts mehr von sich hören ließ, ging sie auf die Avancen von Ernst ein. Und der schien es wirklich ernst zu meinen: »Einmal kam ich eineinhalb Stunden zu spät, ich weiß nicht mehr, warum, aber da stand er immer noch am Bahnhof, er hat die ganze Zeit gewartet. Das hat mich gerührt.« Von da an waren sie ein Paar, er durfte sie küssen und mit dem Motorrad nach dem Turnen nach Hause bringen. Ein paar Kilometer vor dem elterlichen Haus hielt er immer an, dann schmusten sie noch ein bisschen. So wie an jenem lauen Sommerabend, kurz vor ihrem siebzehnten. Geburtstag – »als das geschah, was nicht hätte geschehen dürfen!« Aber sie sei ja so naiv gewesen, niemand hatte sie aufgeklärt. Als sie zum ersten Mal ihre Tage bekam, meinte die Mutter nur: »Das kriegt ein Mädchen halt. Das ist in Ordnung.«

In Ordnung! Genau dieselben Worte benutzte Ernst in jener Sommernacht, als sie ihre Unschuld verlor. In Ordnung! Als erwachsener Mann hätte er doch wissen müssen, was er da mit einem unerfahrenen 16-jährigen Mädchen tat! »Ich habe ihm vertraut«, klagt Gretel mit so viel Empörung in der Stimme, als liege jene Sommernacht nicht schon fast 85 Jahre zurück, sondern gerade erst ein paar Stunden. »So wie ich meinem Bruder vertraut habe.« Mit dem habe sie sich gut verstanden, und den habe sie, weil der Vater für sie so unerreichbar war, auch oft um Rat gefragt. »Und mein Bruder hatte nichts gegen den Ernst einzuwenden, im Gegenteil, er hat uns ja regelrecht verkuppelt. Für mich war damit klar, dass ich auch dem Ernst vertrauen konnte.«

Und der schien nach jenem ersten erzwungenen Akt im Gras ja zunächst auch recht zu behalten: Niemand merkte ihr etwas an, nichts stand auf ihrer Stirn geschrieben. Sie hatte sich umsonst Sorgen gemacht und Selbstmordgedanken gehegt. Alles war in Ordnung. Das Leben ging weiter wie bisher. Nur dass es ein bisschen spannender wurde. Sehr viel spannender eigentlich. Ernst musste zwar ein kleines bisschen Überzeugungsarbeit leisten, aber dann lagen sie wieder im Gras, und wieder blieb es nicht beim Küssen und Schmusen. »Ich hab dir doch gesagt, dass das ganz normal ist«, flüsterte er ihr ins Ohr. »Und schön ist es auch, nicht wahr?«

Es dauerte nicht lange, und sie bekam tatsächlich großen Spaß am Sex. »Den hatte ich eigentlich immer«, gibt sie freimütig zu. »Meine Männer waren allesamt gute Liebhaber, in dieser Hinsicht habe ich Glück gehabt.«

Ich muss mir eingestehen, dass ich das nicht von allen behaupten kann. Aber ich hatte dafür das Glück, aufgeklärt zu sein. Und für meine Männer war Verhüten kein Fremdwort. Für Ernst hingegen schon. Und anders als der alte Fritz aus Jena hatte Ernst wohl auch keine Tante, die ihm einschärfte: »Merk dir eines: Für alles, was ein Mädchen bereit ist zu tun, trägst du die Verantwortung!«

Es ging ein paar Monate gut, erzählt Gretel weiter. Den Sommer, den Herbst, auch fast den ganzen Winter. Aber dann merkte sie auf einmal, dass in ihrem Körper irgendetwas nicht mehr stimmte, dass er sich veränderte. »Der Ernst wusste sofort, was los war.« Die Mutter wusste es erst, als die Tochter eines Abends heimkam und sich voller Heißhunger auf die Erbsensuppe stürzte, die sie gekocht hatte. »Ich liebte diese Suppe! Aber an diesem Abend habe ich sie gleich wieder rausgespuckt.« In Erinnerung daran muss sie kurz auflachen. »Da hat mich die Mutti nur angeguckt. Und ich hab ihr alles gebeichtet.«

Damals hoffte sie noch, dass alles vielleicht doch glimpflich ablaufen könnte. »Der Ernst hat gesagt, das kann man wegmachen lassen«, teilt sie der Mutter mit. »Kommt nicht in Frage«, antwortete die. Sie hatte gerade eine Freundin verloren, die nach einem Besuch bei einer Engelmacherin – so wurden Frauen, die illegale Schwangerschaftsabbrüche durchführten, genannt – verblutet war. »Stattdessen mussten Ernst und ich heiraten.«

Einen Moment lang schweigt die mollige alte Frau und wirft einen Blick aus dem Fenster, wo sich in der Ferne die Konturen eines typisch bayerischen Zwiebelkirchturms gegen den Himmel abzeichnen.

»Ich habe für alles lange Zeit meinen Bruder und natürlich auch den Ernst verantwortlich gemacht und ihnen die Schuld gegeben«, sagt sie dann. Jahre später, als sie längst verheiratet war, habe sie eine alte Freundin getroffen, und die habe ihr erzählt, dass damals im Turnverein alle über sie getuschelt hätten: »Es war ein offenes Geheimnis. Und alle waren wütend auf den Ernst, dass er als erwachsener Mann so was mit mir machte.«

Aber irgendwann habe sie erkannt, dass es keinen Sinn machte, anderen die Schuld zu geben für das, was einem selbst widerfahren ist, und zu versuchen, die Verantwortung auf sie abzuschieben. »Die Konsequenzen trägst du ja auch ganz alleine – mit dem, was man sich einbrockt, muss man auch selbst fertigwerden.« Es sei damals ja nicht so gewesen, dass alles ohne sie stattgefunden hätte: »Ich war immer mit dabei, verstehen Sie?« Ich weiß, was sie meint: *It takes two to tango* – zum Tangotanzen braucht es immer zwei. Eigentlich sei es ganz einfach, findet Gretel: »Ich hätte auf meine innere Stimme hören sollen, anstatt auf andere zu vertrauen.« Diese innere Stimme, die ihr damals sagte, dass es *nicht* in Ordnung war. »Dann wäre es bei der einen ersten Nacht geblieben.« Diese Lektion habe sie damals gelernt, das habe sie sich fest vorgenommen: »Hör nicht auf andere, vertrau auf dich selbst – das ist immer am besten im Leben.«

~

Hör auf deine innere Stimme!
Vertrau immer auf dich selbst –
und nicht auf andere.

~

Den Ernst hätte sie dann wahrscheinlich nie geheiratet. So aber wird sie kurz vor ihrem achtzehnten Geburtstag Hals über Kopf unter die Haube gebracht, im Frühsommer 1934, als der Bauch noch nicht allzu sichtbar ist. »Er wollte mich ja sowieso haben.« Den Vorwurf, dass Ernst sie sitzenlassen und sich aus der Verantwortung stehlen wollte, kann sie ihm nicht machen. Eher im Gegenteil, denke ich mir: Vielleicht hat er es ganz bewusst darauf ankommen lassen, um sie zu kriegen.

Die Hochzeit sei trotz allem ganz nett gewesen. In der Kirche von Zeuthen gaben sie sich das Jawort, seine und ihre Eltern waren anwesend sowie ein Freund von ihm und zwei Freundinnen von ihr. »Meine Schwester hat mir ein wunderschönes Brautkleid genäht, lang und weiß.« Auf die Aussteuer allerdings wartet Gretel vergeblich: Der Bruder hat die Laubenkolonie bekommen, die Schwester das Haus und eine solide Ausbildung, für die Jüngste ist nichts übrig geblieben: »Ich musste meine Ehe mit leeren Händen beginnen.«

Sie zog bei ihren Schwiegereltern ein. Im November 1934, ein paar Monate nach ihrem achtzehnten Geburtstag, wurde ihr erster Sohn geboren. »Es war eine schreckliche Zeit«, erinnert sie sich. Schon damals begann es in der Ehe zu kriseln, sie konnte immer weniger begreifen, dass Ernst ihr jemals imponiert hatte. Sie entdeckte, wie verwöhnt er war. Die Eltern ließen ihm alles durchgehen und trugen ihn auf Händen. Das Motorrad war ein Geschenk von ihnen. Sie hatten ihm auch eine Ausbildung als Kaufmann in einem Metallwarengeschäft ermöglicht, aber einen Job hatte er bislang nicht finden können, stattdessen spielte er Schlagzeug. Immerhin trug er zeitweise Zeitungen aus und verdiente zumindest ein bisschen Geld. Seine Eltern waren sehr gläubig und gingen jeden Abend zur Bibelstunde. »Jeden Abend!«, erinnert sich Gretel. »Aber sobald der Goebbels im Radio zu hören war, dann saßen sie gebannt davor. ›Jaja, recht hat er!‹, riefen sie dann.« Es dauerte nicht lange, und auch Ernst lauschte gebannt, wenn Propagandaminister Goebbels das Wort ergriff. Er habe ja auch nicht viel anderes zu tun gehabt. Um dann ebenfalls im Brustton der Überzeugung »Jaja, recht hat er!« zu rufen.

»Ernst war ein Nazi«, gibt Gretel unumwunden zu. »Ein verführter Nazi«, präzisiert sie dann. Sie selbst mochte sexuell nicht aufgeklärt gewesen sein, »aber politisch aufgeklärt war ich – ganz im Gegensatz zu meinem Mann«. Dafür immerhin habe ihr Vater als überzeugter Sozialdemokrat, der mit Hitler und der NSDAP nichts am Hut gehabt habe, gesorgt. »Auch ich ließ die nie zu nahe rankommen, ich war nie in irgendeinem Mädelbund oder so was.«

1938 bekam sie ihr zweites Kind, wieder einen Sohn. Sie zog zu den Eltern zurück, bei den Schwiegereltern hielt sie es nicht mehr aus. »Das fand der Ernst gar nicht gut.« Die Eltern waren auch nicht sonderlich erbaut. Doch zum Glück gelang es Gretel schnell, in der Thomasiusstraße, nicht weit von Spree und Schloss Bellevue entfernt, erstmals eine eigene Wohnung für sich und ihre Familie zu finden – in einem Hinterhaus im zweiten Stock: »Da mussten wir unten immer erst zwei Türen aufschließen und durch einen Hinterhof.«

Der Krieg war längst ausgebrochen, als auch der dritte Sohn das Licht der Welt erblickte, im August 1942. Frankreich, Norwegen und die Beneluxländer waren besetzt, der Russlandfeldzug ist in vollem Gange und der systematische Völkermord an den Juden beschlossene Sache. Nach dem Angriff der Japaner auf Pearl Harbor im Dezember 1941 hat Deutschland auch den Amerikanern den Krieg erklärt. »Aber in Berlin herrschte Ruhe, es war ganz seltsam«, erinnert sich Gretel, die sich in diesem Spätsommer 1942 mit dem Neugeborenen und den beiden älteren Söhnen oft nach draußen wagte. Das Leben schien sich zu normalisieren, die Menschen begannen sich wieder sicherer zu fühlen: Der letzte Bombenangriff auf Berlin hatte im November 1941 stattgefunden, er lag bereits gut ein Dreivierteljahr zurück.

Doch es war eine trügerische Ruhe. Sie dauerte noch den ganzen Herbst an, auch über Weihnachten und Neujahr. Bis zum 16. Januar 1943. Ein Samstag, auch das weiß Gretel noch ganz genau: »Wir waren an diesem Nachmittag bei Freunden von Ernst eingeladen.« Sie fuhren mit der Bahn hin, zusammen mit den beiden ältesten Buben, das knapp sechs Monate alte Baby ließen sie in der Obhut einer Freundin zurück. »Die wohnte bei uns im selben Mietshaus, ein Stockwerk höher.«

Doch dann auf dem Rückweg, um genau 19.33 Uhr an diesem 16. Januar 1943, heulten auf einmal wieder die Sirenen über der

Reichshauptstadt. Nach 434 Tagen war es mit der Ruhe vorbei: Rund hundertvierzig Bomber der Royal Air Force flogen die Stadt an und ließen 370 Tonnen Spreng- und Brandbomben fallen, mehr als bei jedem bisherigen Angriff. Die Folgen waren verheerend: 148 Menschen starben, mehr als 10 000 Berliner verloren ihr Dach über dem Kopf. »Wir konnten nicht mehr mit der Bahn zurück, wir mussten laufen«, erinnert sich Gretel. Mit zwei verängstigten, weinenden Kindern an der Hand versuchte sie nach Hause zu eilen: »Ich hatte so Angst um den Kleinen, ich wusste ja nicht, ob unser Haus noch steht!« Um sie herum flogen die Funken, die Welt schien unterzugehen, ein flammendes Inferno: »Irre war das! Wahnsinn!« Fünfstöckige Häuser stürzten vor ihren Augen wie Kartenhäuser ein oder brannten wie Streichhölzer ab, »bis zum Erdgeschoss«. Verzweifelt eilte sie ihrem Mann und dem achtjährigen Sohn hinterher, vorbei an einstürzenden Gebäuden rechts und links, es war mehr ein Stolpern, denn inzwischen hatte sie den zweitältesten Sohn auf den Arm genommen, er war ja erst vier. Als sie in die Thomasiusstraße einbog und sah, dass ihr eigenes Mietshaus noch stand, war ihre Erleichterung zunächst grenzenlos. Aber was, wenn es bloß die Fassade war? Was, wenn hinter dieser Fassade nichts mehr stand? Sie durfte es sich nicht ausmalen. Mit zitternder Hand machte sie die erste Tür auf und stellte fest, dass das Vorderhaus noch stand. Ihr Herz raste, wieder bekam sie es mit der Angst zu tun. Würde das Hinterhaus auch noch stehen? Was, wenn sie die zweite Tür aufmachte und dahinter nichts als Trümmer vorfand? Was, wenn alles weg war, das Haus, die Wohnung – und der Kleine?

»Aber alles stand noch. Ich konnte mein Glück kaum fassen.« Am liebsten wäre sie auf die Knie gefallen, um dem Herrgott zu danken. Stattdessen rannte sie, so schnell sie konnte, nach oben zur Freundin, um ihr Baby abzuholen. Beide waren wohlauf. Auch in der eigenen Wohnung war wie durch ein Wunder fast alles so, wie sie es verlassen hatten – bis auf ein Küchenfenster, das kaputtgegangen war. Und die Schüssel mit den Bratheringen, die sie vor dem Weggehen auf der Fensterbank zurückgelassen hatte, die war runtergefallen. »Die Fische lagen über den gesamten Küchenboden verstreut.«

Hitler ordnete nach diesem Luftangriff sofort den Bau eines neuen Luftschutzbunkers im Garten der Reichskanzlei an, mit einer Deckenstärke von 3,50 Metern – mehr als doppelt so dick wie der alte. In diesem neuen Bunker sollte er zweieinhalb Jahre später Selbstmord begehen. Goebbels hingegen übte sich nach diesem 16. Januar 1943 in Zynismus: Berlin habe viel zu lange in »einem falschen Friedenszustand gelebt«, meinte er: »Es muss der Reichshauptstadt wieder einmal klargemacht werden, dass Krieg ist!« Aber auch ihm schwante Böses: »Dieser Luftangriff könnte nur ein kleiner Vorgeschmack dessen sein, was uns noch bevorsteht.« Und Goebbels sollte recht behalten: Die drei schwersten Großangriffe auf Berlin fanden in den letzten Kriegsmonaten statt: am 3. und 26. Februar sowie am 18. März 1945.

Gretel und ihrer Familie blieben sie erspart. Als sie an jenem Samstagabend ihr Baby wieder sicher in den Armen halten konnte, begann sie in aller Eile, ein paar Koffer mit dem Notwendigsten zu packen. »Man sollte nie überstürzt packen«, meint sie in der Erinnerung daran und muss kurz auflachen. »Natürlich habe ich damals vor lauter Aufregung prompt die verkehrten Sachen gepackt!« Aber es galt, Berlin nach diesem verheerenden Luftangriff so schnell wie möglich zu verlassen: »Mein Mann hat uns da rausgeholt.« Denn Ernst pendelte zu diesem Zeitpunkt bereits zwischen Berlin und Bayern hin und her: »Er hatte sich in Regensburg dem NSKK angeschlossen«, erzählt sie.

Ich gucke sie verständnislos an, davon habe ich noch nie gehört. »Das Nationalsozialistische Kraftfahrzeugkorps«, klärt sie mich auf. Es sorgte für die Motorisierung der NSDAP, erfahre ich – angefangen bei der Beförderung von Rednern und Transporten jeglicher Art bis hin zu Überfallkommandos und Deportationen. Das NSKK übernahm auch die Verkehrserziehung, deshalb hatte es dieses Korps Ernst so angetan: »Er konnte da in Regensburg junge Männer ausbilden, die den Führerschein machen wollten, für Autos und für Lkw.«

Und so verließ sie mit ihren drei Kindern die Spree und landete an der Donau. Bald kochte sie nicht mehr nur typische Berliner Gerichte wie Saure Eier, sondern auch Semmelknödel oder Ausgezogene – auf dieses bayerische Traditionsgebäck, auch Schmalznudeln genannt, seien ihre Kinder ganz besonders versessen gewesen. Sie machte sich auch daran, die Junggesellenwohnung auf dem Korpsgelände, in der Ernst die ersten Monate alleine gelebt hatte, gemütlich einzurichten – das Schlafzimmer mit den Stockbetten, in dem sie zu fünft schliefen, die Küche, das kleine Wohnzimmer: »Da war es dann richtig behaglich.«

Aber bald merkte sie, dass Ernst eigentlich viel lieber alleine in Regensburg geblieben wäre: Er hatte nämlich eine Geliebte. »Eine Nachbarin, die auch aus Berlin kam, hat mir das gesteckt.« Sie hatte sowieso schon Verdacht geschöpft: Einmal hatte sich ihr Mann den Magen verdorben, da brachte sie ihm eine Suppe in den Raum, wo die Führerscheinprüfungen stattfanden: »Die Art und Weise, wie die jungen Männer mir nachguckten und zu flüstern anfingen, daran merkte ich, dass etwas nicht stimmte.« Sie machte die Probe aufs Exempel: Mit typisch weiblicher Raffinesse lockte sie Ernst in die Falle, indem sie behauptete, von der anderen Frau Post bekommen zu haben. Prompt fing Ernst an, wie verrückt zu suchen, und stellte die ganze Wohnung auf den Kopf. »Er konnte natürlich nichts finden, es gab ja nichts.« Aber nun wusste sie, dass es stimmte, was die Nachbarin gesagt hatte. »Zugegeben hat er es nie. Aber von da an war ich innerlich geschieden. Er durfte mich nicht mehr anrühren.« Was hätte sie sonst auch machen sollen?

Wohin hätte sie mit den Kindern denn gehen sollen – mitten im Krieg, allein und ohne Geld? »Einmal habe ich die andere sogar gesehen, beim Baden. Sie war noch nicht mal besonders hübsch, sie war keine Schönheit.«

Der Kalte Krieg zwischen den Ehepartnern dauerte nicht lange an, nach ein paar Monaten holte der wirkliche Krieg sie ein: Ernst musste nach Russland an die Front. Gretel weiß es noch genau, wie er eines Nachmittags nach Hause kam und seine Sachen packte. Es war das letzte Mal, dass sie ihn sah. Und sie wusste es, spürte es, konnte es sogar riechen: Er kam gerade von der anderen, mit ihr war er zum Abschied ein letztes Mal ins Bett gegangen. »Ich war froh, dass er mich in Ruhe ließ und verschwand«, murmelt sie. Immerhin habe er ihr zuvor noch eine Waffe gegeben: »Damit sollte ich mich und die Kinder erschießen, wenn die Russen kamen.« Sie versteckte die Waffe unter einer Treppenstufe, auch daran erinnert sie sich noch genau, dann sah sie ihrem Mann, der in den Krieg zog, ein letztes Mal hinterher.

Ein paar Briefe aus Russland bekam sie von ihm noch. Darin schrieb er, wie sehr er sich auf den nächsten Fronturlaub freue. Dass er dann als Erstes zu ihr kommen wolle, um sie zu umarmen. »Vielleicht ist er da an der Front zur Besinnung gekommen und hat die Affäre bereut«, meint sie schulterzuckend. »Er war ja so stolz auf seine drei Buben, die wollte er mit Sicherheit nicht verlieren.« Wer weiß, vielleicht hätte sie ihm sogar verziehen. Eben wegen der Kinder. Vielleicht hätte sich alles wieder eingerenkt. »Aber er ist nie zurückgekehrt. Er war verschollen«, erklärt sie. »Anfangs dachte ich noch: Der hat sich eine neue Identität zugelegt und mit der anderen Frau ein neues Leben angefangen. Aber das kann ja nicht sein.«

Nicht die Russen, sondern die Amerikaner kamen am 27. April 1945 und befreiten Regensburg vom Naziwahn. Als der Krieg ein Ende hatte, war Gretel noch keine 29 Jahre alt und stand mit drei kleinen Kindern im Alter von zehn, sieben und drei Jahren ganz alleine da. Mit Nähen hielt sie sich über Wasser, sie nähte Tag und Nacht. Für ihre eigenen drei Kinder, damit die etwas zum Anziehen hatten, und für andere. An sich selbst zu denken, dazu kam sie nicht. »Es waren chaotische Zeiten«, erzählt sie. Direkt vor ihrer Wohnung, auf einem Feld, befand sich ein Lager für osteuropäische Kriegsgefangene. Diese Männer waren nun alle frei, aber sie blieben trotzdem. »In der Nähe gab es einen Stall mit Schafen und Lämmern«, erinnert sich Gretel. »Die ehemaligen Gefangenen haben sie alle geschlachtet und große Feuer gemacht, um sie zu braten.« Manchmal bekamen sie und die Kinder auch etwas ab, dann stand ein Pole vor der Tür und brachte ihnen ein Stück gebratenes Fleisch. »Wir hatten ja nichts!« Freund oder Feind – den ehemaligen Kriegsgefangenen schien das nichts auszumachen, jedenfalls nicht solange es um Mütter und kleine Kinder ging.

Die Amerikaner sahen das etwas anders: »Die wüteten wie die Wilden in Nazi-Haushalten, da flogen sämtliche Möbel raus!« Auch bei ihr gegenüber hätten die Amerikaner alles, was nicht niet- und nagelfest war, aus den Fenstern geworfen, um sich dann selbst einzuquartieren: »Ich hatte solche Angst, ich war ja auch eine Nazi-Ehefrau!«

Eines Abends ging sie mit den Nachbarinnen in ein Café in Regensburg, wo eine Band Musik machte: ein Geiger, ein Klavierspieler und ein Bläser. Der Geiger kam aus Berlin, wurde ihr erzählt. »Da war sofort ein Band da.« Und der Klavierspieler suchte ein Zimmer: »Dem habe ich sofort mein Wohnzimmer vermietet, damit das Zimmer besetzt war«, erzählt sie. »Weil ich so viel Angst vor den Amerikanern hatte.«

Der Klavierspieler sah sich das Zimmer noch am selben Abend an. »Das nehme ich«, sagte er. Dann legte er eine wirkungsvolle Pause ein und meinte: »Der Werner hat sich übrigens unsterblich in Sie verliebt.« Der Werner war der Geiger aus Berlin und sechs

Jahre jünger als Gretel. Die nahm erstaunt zur Kenntnis, was sie da gehört hatte: »Mit Liebe hatte ich damals wirklich nichts am Hut, ich hatte drei kleine Kinder – ich dachte doch nicht an einen neuen Mann!«

Doch dieser neue Mann ließ nicht locker. Und sie ließ sich wieder erobern. »So richtig verliebt war ich auch dieses Mal nicht«, meint sie nachdenklich. »Ich fürchte, ich war nie im Leben richtig verliebt, so über beide Ohren, wissen Sie? Eigentlich schade, oder?« Der berühmte Blitz jedenfalls, der habe sie nie getroffen. »Es waren immer die Männer, die mich haben wollten, nicht andersherum.«

Aber auch wenn es wieder keine Liebe auf den ersten Blick war – dieses Mal hatte Gretel mehr Glück. Und dieses Mal hörte sie auch auf ihre innere Stimme: »Ich hatte da ein Gefühl, das mir sagte: Dem kannst du vertrauen.« Und dieses Gefühl stimmte: »Werner war ein feiner Mensch!« Einer, den sie lieben gelernt hat: »Man muss nicht immer erst unsterblich verliebt sein, um jemanden lieben zu können«, stellt sie klar.

Dass sie drei Kinder hatte, machte dem neuen Mann in ihrem Leben nichts aus: Er nahm das Gesamtpaket. 23 Jahre war er alt und hatte auf einmal eine fünfköpfige Familie. Es dauerte nicht lange, und aus den fünf wurden sechs: Im Sommer 1947 bekamen Gretels drei Buben ein Schwesterchen. Es wurde unehelich geboren, aber das sei in den Wirren der Nachkriegszeit nicht so ins Gewicht gefallen: »Wir konnten ja nicht heiraten, offiziell war ich immer noch mit Ernst verheiratet – und der galt als vermisst.« Das Jawort konnten sich Gretel und Werner erst 1950 geben, nachdem Ernst für tot erklärt worden war.

Man muss nicht immer erst unsterblich verliebt sein, um lieben zu können.

Finanziell ging es der Patchwork-Familie gut. Es war die Zeit der

Big Bands. Endlich konnten auch deutsche Musikliebhaber Jazz und Swing hören – von Benny Goodman oder Glenn Miller. Unter der Naziherrschaft galten sie als entartet und waren lange Jahre verboten. Werner, ein Musiklehrer mit abgeschlossenem Musikstudium, arbeitete zunächst in München bei Max Greger – jenem Dirigenten und Saxophonisten, der in den Nachkriegsjahren zu einem Pionier der deutschen Jazzszene aufstieg und bereits 1948 das Max-Greger-Sextett gegründet hatte. Auch meine Eltern besaßen ein paar Schallplatten von ihm, die habe ich mir als Kind oft angehört: *Aber dich gibt's nur einmal für mich* gehörte zu seinen großen Erfolgen. Oder Klassiker von Glenn Miller wie die *Serenade in Blue* und *In the Mood*.

Aber Greger war nicht der Einzige auf weiter Flur: 1952 bekam ein gewisser Kurt Edelhagen in Baden-Baden nach sieben Jahren Roadshow in amerikanischen und englischen Soldatenclubs als Tanzorchesterchef ein festes Engagement beim SWF, wie der SWR damals noch hieß. Edelhagens Big Band wurde in den 1950er Jahren die Nummer eins in Deutschland. Er prägte die deutschen Nachkriegsjahre mit Hits wie *Happy days are here again* oder *Begin the beguine*. »Der Edelhagen hat meinen Werner dann dem Greger abgeworben«, erzählt Gretel. »Da sind wir alle nach Baden-Baden umgezogen, und Werner hat bei Edelhagen Kontrabass gespielt.«

Sie weist auf ein großes Schwarzweißbild, das inmitten ihrer Blumenstillleben neben dem Kleiderständer an der Wand prangt: »Sehen Sie, dahinten am Kontrabass, das ist mein Werner. Vorne steht der Edelhagen und dirigiert – und vor ihm am Mikrofon, die junge Frau, das ist die Caterina Valente.«

Die kenne ich auch schon aus meiner Kindheit. Die konnte tanzen, singen und schauspielern, und von der war meine Mutter immer ganz hingerissen! Wie oft hat sie früher die größten Erfolge der Valente nachgeträllert … *Ganz Paris träumt von der Liebe, Tschau tschau Bambina*. Oder: *Steig in das Traumboot der Liebe*.

Unwillkürlich haben Gretel und ich zu summen angefangen: »Ganz Paris träumt von der Liebe, denn dort ist sie ja zu Haus. Ganz Paris träumt dieses Märchen, wenn es wahr wird. Ganz Paris grüßt dann das Pärchen, das ein Paar wird.« Lachend halten wir inne, denn nach ein paar Liedzeilen waren wir lauthals am Singen.

Ich bin aufgestanden, um mir das Bild genauer anzusehen. Oben links hinterm Kontrabass sehe ich einen großen gutaussehenden Mann, er ist der Größte von allen, das muss Werner sein. Vor dem Orchester steht, ein bisschen gedrungen und mit der für ihn so typischen dick gerandeten Hornbrille auf der Nase, Kurt Edelhagen. Er ist heftig am Dirigieren und wirft einen prüfenden Blick über seine linke Schulter auf die junge Dame, die voller Elan ins Mikrofon singt, in Pumps, Bluse und Rüschenrock. Zweifellos, eine ganz junge Caterina Valente! »Aber was hat die mit dem Edelhagen zu tun?«, frage ich Gretel.

»Na, der gilt doch als ihr Entdecker!«, klärt sie mich auf und schenkt sich noch eine Tasse Kaffee ein. »Durch ihn ist sie groß geworden, er hat sie gefördert!« Die alte Frau wirft einen versonnenen Blick auf das Bild und beginnt wieder zu summen, ganz leise. *Ganz Paris träumt von der Liebe …*

»In Baden-Baden habe ich die schönsten Jahre meines Lebens verbracht«, erzählt sie dann. »Wir bekamen noch ein Mädchen. Und wir bauten uns ein Haus am Waldrand, groß und wunderschön.« Unten wohnten auf 80 Quadratmetern die fünf Kinder, oben auf weiteren 80 Quadratmetern die Eltern. »Im Garten hatten wir ein acht mal vier Meter großes Schwimmbad. Und im Keller gab es einen Öltank für 120 Liter.« Ich muss an mein eigenes Elternhaus denken, wir haben auch noch so einen Öltank. »Aber das Schönste war der riesige Balkon, der lief um das ganze Haus herum«, erzählt Gretel begeistert weiter. »Da hingen immer Blumenkästen mit Geranien, Petunien und Begonien. Prachtvoll war das!« Sie hatte den grünen Daumen von ihrem Vater geerbt und dafür gesorgt, dass das Haus jeden Sommer regelrecht eingehüllt wurde von schwebenden bunten Blumenwolken. »Wir hatten auch einen Schäferhund«, erinnert sie sich. Und, nicht zu vergessen, Bubi: »Das war unser Kanarienvogel, der saß mir beim Bügeln immer auf der Schulter und schaukelte mit.«

Das Leben mit Werner sei gut gewesen, sagt sie. Ihr Mann spielte nicht nur bei Edelhagen, er war auch noch Hobbydirigent bei zwei weiteren Orchestern, er arrangierte und komponierte. Oft hatte Gretel die ganzen Vereine zu Gast, das Haus war dafür groß genug, dann konnte sie ihre Kochkünste unter Beweis stellen. »Mein Mann hat gut verdient«, sagt sie. »Wir konnten uns sogar eine Ferienwohnung in Spanien leisten.« Südlich von Malaga, direkt an der Küste. »Eine richtig hübsche kleine Wohnung mit Balkon und einem Schwimmbad auf dem Areal.« Erstmals in ihrem Leben musste sie nicht mehr jeden Pfennig umdrehen, endlich lebte sie nicht mehr in Armut. Das Leben lachte ihr zu.

Mein Blick fällt auf ein weiteres großes Schwarzweißbild, das inmitten der Blumenstillleben hängt, aber an der anderen Wand, neben dem Bett. Es zeigt Gretel und Werner mit den fünf Kindern: Die drei Buben sind bereits junge Männer, die beiden Mädchen vielleicht drei und zehn Jahre alt. Werner trägt seine Jüngste voller Stolz auf dem Arm. Es muss an Weihnachten gewesen sein, im Hintergrund ist eine brennende Kerze auf einem Tannenzweig zu sehen. Eine Bilderbuchfamilie, finde ich. Was muss Gretel dieses Leben genossen haben!

Der alten Frau entschlüpft ein kleiner Seufzer: »Werner war mit dem Edelhagen und dem Orchester oft auf Tournee – in Amerika oder Japan.« Monatelang seien die Musiker dann weggeblieben – und die Ehefrauen allein zu Hause. Gretel räuspert sich ein bisschen, nimmt sich zwei Löffel Zucker und rührt ziemlich lange in ihrer Kaffeetasse. »Ich habe gespürt, dass er mir nicht treu war«, offenbart sie mir dann. Manchmal, wenn die Frauen mit zu einem

Konzert gehen konnten, seien entsprechende Bemerkungen gefallen, »von Kollegen, die den Mund nicht halten konnten«.

Sie war zutiefst verletzt – auch wenn sie es in gewisser Weise nachvollziehen und sogar Verständnis dafür aufbringen konnte: Er sah ja so gut aus, ihr Werner, groß gewachsen und mit seinem charmanten Lächeln stand er hinter seinem Kontrabass und spielte mitreißende Tanzmusik. »Er war begehrt. Die Frauen haben ihn umschwärmt, sie haben sich ihm regelrecht angeboten.« Und er hatte eine Schwäche für schöne Frauen, das wusste sie. Wenn man so in Versuchung gebracht werde, während Frau und Kinder Tausende von Kilometern weit weg sind … Sie zuckt mit den Schultern und dreht mit einem vielsagenden Blick die Handflächen nach oben.

Selbst wenn in einer Beziehung alles andere stimmt – Liebe, Sex, Zärtlichkeit und Geld: Ist der andere nicht treu, hält man es nur aus.

Ich stelle fest, dass ich ein bisschen enttäuscht bin. Scheinbar kann man im Leben wirklich nie alles haben, immer gibt es irgendwo einen Schönheitsfehler. Nichts und niemand ist vollkommen. Hatte das nicht Mathilde, die alte Schwarzwaldbäuerin, bereits konstatiert?

»Ich habe damals beschlossen, es hinzunehmen«, erzählt Gretel weiter. Sie lebte nach dem Motto ›Was ich nicht weiß, macht mich nicht heiß‹. Nach seiner Rückkehr war ja immer alles gut! Sie kam nicht zu kurz, er verwöhnte sie, liebte und respektierte sie, hatte ihr zwei wunderbare Töchter und ein schönes Heim geschenkt, und es war auch nicht so, dass er fremdging, weil er zu Hause zu kurz kam: »Wir hatten guten Sex und viel Spaß zusammen im Bett.« Nein, das kann es nicht gewesen sein. »Ohne ein gutes Sexleben funktioniert eine Ehe sowieso nicht«, sagt Gretel. »Wenn im Bett etwas nicht stimmt, muss man sich nicht wundern, wenn sich der andere das, was er zu Hause nicht kriegt, woanders holt.«

Er sei einfach zu viel in Versuchung gebracht worden, während er weit weg von zu Hause war, das muss es gewesen sein. So wie der Udo Jürgens. An den habe ich auch bereits denken müssen: Der hatte in einem seiner letzten Fernsehinterviews auch gebeichtet, dass er der Versuchung einfach nicht habe widerstehen können, wenn sich ihm die schönsten Mädchen anboten. »Das Leben mit Werner war gut«, betont die alte Frau ein weiteres Mal. Hätte sie denn alles aufgeben sollen, nur weil er sich ab und zu, weit weg, einen One-Night-Stand leistete? Vielleicht hätte sie es ihm gleichtun sollen, sozusagen für die Beziehungsbalance. *Tit for tat* – wie du mir, so ich dir. »Aber ich wäre doch nie auf die Idee gekommen, fremdzugehen, nie im Leben! Und es ist ja nicht so, dass ich nicht auch anderen Männern gefallen hätte!«

Sie sagt eine Weile nichts mehr und rutscht ein bisschen in ihrem Rollstuhl hin und her. »Im Nachhinein kann ich nur sagen, dass Treue doch sehr wichtig ist«, hebt sie dann an. Selbst wenn alles andere stimme, wenn man genug Liebe bekomme, genug Zärtlichkeit, guten Sex, Respekt und ein schönes Zuhause: »Ohne Treue hält man es irgendwie nur aus.« Sie wollte es leichtweg hinnehmen, aber sie hat es schwer ausgehalten. Gelegenheit mache nicht nur Diebe, sondern auch One-Night-Stands. Deshalb sei es einfach unklug, den Partner monatelang alleine zu lassen: »Dann ist das Risiko, dass einer fremdgeht, einfach größer.«

Im Nachhinein denkt sie auch, dass sie sich vielleicht mehr um ihn hätte kümmern müssen. »Mein Mann war immer für mich da.« Aber ist sie auch immer für ihn da gewesen? Sie war die perfekte Hausfrau, das schon, und eine perfekte Mutter. Mit fünf Kindern hatte sie ja auch alle Hände voll zu tun, sie gingen ihr über alles, und sie wollte es besser machen als ihr Vater damals. Sie wollte sich allen fünf gleichermaßen widmen, für sie war keines ihrer Kinder Luft.

Aber ist sie auch eine gute Ehefrau gewesen? Natürlich hat sie ihn perfekt versorgt – angefangen beim Sex bis hin zum Kochen, Waschen und Bügeln. »Er freute sich immer auf meine Erbsensuppe, wenn er heimkam.« Aber vielleicht hätte sie ihm öfter mal sagen sollen, wie sehr sie ihn liebte und wie stolz sie immer auf ihn war, weil er so gut spielen, komponieren und arrangieren konnte? Wie sehr sie ihn deswegen bewundert hat? »Männer hören das ja gern.«

Ihre jüngste Tochter, die habe zwar keine Kinder, aber die führe eine sehr gute Ehe. »Wenn sie mich hier besuchte, rief sie ihren Mann immer an, um sich zu erkundigen, ob zu Hause alles in Ordnung ist und ob es ihm gutgeht.« Es sei wirklich rührend zu sehen, wie die beiden füreinander sorgen und füreinander da sind. »So hätte ich es auch machen sollen. Aber ich fürchte, ich habe mich immer mehr um meine Kinder gekümmert als um meine Männer.« Nachdenklich schaut sie aus dem Fenster. »Irgendwie habe ich immer erwartet, dass meine Männer sich in erster Linie um mich kümmern – und nicht ich mich um sie.« Könnte es sein, dass sie deshalb immer wollte, dass die Männer sich in erster Linie um sie kümmerten, weil sie auf diese Weise unbewusst ihren Vater zu strafen versuchte, der sich ja nie so um sie gekümmert hat, wie sie es sich wünschte? Der ihr auch nie gesagt hat, dass er sie liebt und wie stolz er auf sie ist? Gretel zuckt die Schultern, daran hat sie auch schon gedacht. Aber vielleicht betreiben wir da jetzt gerade Küchenpsychologie.

Sie wendet den Blick vom Fenster ab und guckt wieder auf das Familienporträt neben dem Bett, das sie mit Werner und den fünf Kindern zeigt. »Die letzten Jahre sind wir oft in Spanien gewesen«, erzählt sie. Dann flogen sie von Stuttgart nach Malaga und blieben monatelang in ihrer Ferienwohnung an der Costa del Sol. Nur zu zweit. Die Kinder waren längst aus dem Haus. »Das war auch eine wunderschöne Zeit.« Da hatten sie sich ganz für sich alleine. Sie ihn und er sie.

An der Costa del Sol wollten sie ihren Lebensabend verbringen. Aber wie so vielen Zentenaren, mit denen ich gesprochen habe, machte Fortuna, die wankelmütige Schicksalsgöttin, auch Werner und Gretel in dieser Hinsicht einen Strich durch die Rechnung. Wie lautet noch gleich der Spruch, den ich bei einem meiner Hundertjährigen über dem Sofa habe hängen sehen? »Für das Konzert des Lebens gibt es kein Programm.«

Die letzten Takte des Ehelebens von Werner und Gretel erklangen in Spanien. Es war ein strahlender Frühlingsmorgen, sie hatte sich gerade eine Tasse Kaffee in der Küche geholt und wollte auf den Balkon – da sah sie ihn auf dem Wohnzimmerboden liegen. »Erst dachte ich noch, der erlaubt sich einen Spaß«, erzählt sie. Aber dann merkte sie recht schnell, dass es kein böser Scherz war. »Er hatte ja ein schwaches Herz und bereits ein paar kleine Herzinfarkte hinter sich – auch wenn er erst einundsechzig war.« Sie versuchte noch, ihn wiederzubeleben, steckte ihm in ihrer Verzweiflung eine Tablette in den Mund. Dann rannte sie raus zum Fahrstuhl, um Hilfe zu holen. Bald war die Wohnung voller Leute, aber »die guckten alle nur, keiner tat was«. Als der Arzt kam, konnte er nur noch Werners Tod feststellen. »Das war am 1. Mai 1983«, erzählt sie. »Drei Tage zuvor hatte ich ihm noch die Haare geschnitten, ein bisschen anders als sonst. Das hat ihm gut gefallen. ›Das musst du in Zukunft immer so machen‹, sagte er zu mir.«

Kümmere dich um deinen Partner, und warte nicht darauf, dass er sich um dich kümmert!

Nie hätte sie gedacht, dass er zuerst sterben und sie allein zurückbleiben würde, »ich war ja sechs Jahre älter als er – und er erst einundsechzig!« So aber hatte er sie mit 67 Jahren zur Witwe gemacht. »Mehr als dreißig Jahre ist das jetzt schon her«, rechnet sie staunend nach. Ein Glück, dass sie immer sehr selbständig war, das habe ihr damals sehr geholfen: »Ich war es in meinem Leben gewohnt, allein zu sein.« Erst die Kriegs- und Nachkriegsjahre in Regensburg, dann die Zeit in Baden-Baden, als sie wegen der vielen Gastspiele von Werner ebenfalls oft mit den Kindern allein war.

Nach Werners Tod blieb sie zunächst in Baden-Baden und wohnte weiterhin in dem schönen Haus mit dem großen Balkon am Waldrand. »Ein Stockwerk habe ich vermietet.« Sie hatte gute Freundinnen, mit denen sie viel unternahm und regelmäßig Ausflüge machte. »Zum Beispiel hoch auf die Badener Höhe, da schwebten wir über den Wolken.« Doch dann, sie war schon über siebzig, stürzte sie im Haus und fiel die Treppe hinunter. Alles lief glimpflich ab, aber sie wollte es nicht noch einmal so weit kommen lassen und beschloss, dass es besser wäre, nicht länger allein zu wohnen – auch wenn sie fortan auf ihren Garten und die geliebten Blumen verzichten müsste. »Da bin ich umgezogen nach Bayern, wo meine Söhne wohnten. Mein Jüngster hat mir da eine schöne kleine Wohnung besorgt.« Auch eine Terrasse fehlte nicht, immerhin, die konnte sie jeden Frühling in ein Blumenmeer verwandeln. Bis sie 2011 ins Heim ziehen musste: »Weil es mit dem Laufen immer schlechter ging.« Da ist aus der Terrasse eine Fensterbank mit ein paar Zimmerpflanzen geworden. »Jetzt sitze ich im Rollstuhl«, sagt sie. »Alles wird nach und nach weniger. Bis es ganz aufhört.«

Ihr Werner hingegen, der habe einen schnellen Tod gehabt, der sei ganz plötzlich weg gewesen. »Für einen selbst ist das wohl am besten«, findet sie, »aber nicht für die Angehörigen.« Schlimm sei das damals gewesen, als er so unerwartet starb, wirklich schlimm. Aber nicht das Schlimmste in ihrem Leben. Auch die Zeit im Krieg sei das nicht gewesen oder ihre erste unglückliche Ehe: »Nein, das war der Tod meiner Kinder.« Ihr ältester und ihr jüngster Sohn leben nicht mehr. So wie Mariska, die kleine ungarische Künstlerin aus Amsterdam, weiß auch Gretel: »Wenn ein Kind vor dir stirbt – egal, wie alt es ist, und egal, wie alt du bist –, das ist das Schlimmste, was dir als Mutter im Leben widerfahren kann.« Zwei Jahre ist es jetzt her, dass ihr Ältester an Krebs gestorben ist – jenes Kind, das sie damals, 1934, eigentlich nicht hatte bekommen wollen und das den weiteren Verlauf ihres Lebens so maßgeblich mitbestimmt hatte.

Der Jüngste starb bereits fünf Jahre zuvor, 2008 – der Kleine, wie sie ihn immer nannte, den sie in jenem trügerisch ruhigen Kriegssommer in Berlin 1942 zwischen den Bombenangriffen geboren hatte: »Er starb an einem Schlaganfall. Wir fanden ihn auf dem Kellerboden.« Eigentlich hätte er an jenem Abend 2008 zum Essen kommen sollen. »Ich hatte Saure Eier zubereitet, die hat er immer so gerne gegessen.« Als er nicht eintraf, beschloss Gretel, mit einem ihrer beiden anderen Söhne bei ihm zu Hause nach dem Rechten zu schauen. Aber die Hilfe kam zu spät. Ein paar Tage später starb er im Krankenhaus: »Er wollte nicht reanimiert werden.«

Sie ist nicht besonders gläubig erzogen worden, aber dass es da eine höhere Macht gibt, einen Gott, davon ist sie überzeugt. »Auch wenn ich vieles nicht begreifen kann.« Wieso mussten zwei ihrer Kinder vor ihr sterben? Wieso hingegen wird sie selbst so furchtbar alt? Was hat das für einen Sinn? »Ich wäre gerne anstelle meiner Söhne gegangen, aber der Tod hat mich nicht gefragt.«

Es gebe so vieles, was keinen Sinn macht: »Aber wir wollen immer alles so gern verstehen.« Weil es einen Zweck gehabt haben muss, weil es, auch wenn es noch so furchtbar war, für etwas gut gewesen sein muss. Wahrscheinlich weil das tröstet. Weil es uns dann leichterfällt, es zu akzeptieren. »Aber es gibt Dinge im Leben, die für nichts gut sind«, stellt Gretel klar. »Die haben keinen

Sinn. Das ist einfach so.« Immerhin sei es ihr gelungen, ihre fünf Kinder alle zu guten Menschen zu erziehen: »Ich konnte immer stolz auf sie sein. Das war der Sinn meines Lebens.«

Manchmal stellt sie sich vor, sie wäre noch einmal jung. Wieder entschlüpft ihr ein kleiner Seufzer: »Dann würde ich doch manches anders machen«, gibt sie zu. Nachdenklich lasse ich den Kugelschreiber sinken. Fast alle meine Hundertjährigen würden alles im Leben wieder genauso machen. Nur Gretel und auch Gerrit aus Rotterdam nicht. Der hätte am liebsten seine Heirat mit der schönen Clara rückgängig gemacht. Was würde Gretel denn anders machen wollen? Gibt es im Leben dieser alten Berlinerin so vieles, was sie bereut?

»Na, dass ich damals mit siebzehn nicht auf meine innere Stimme gehört habe!«, entgegnet sie wie aus der Pistole geschossen. Nicht unbedingt in jener Sommernacht, als sie ihre Unschuld verlor, das kann sie sich selbst noch verzeihen. Dazu sei sie viel zu unerfahren gewesen, und das wäre ja auch glimpflich abgelaufen: »Aber anschließend hätte Schluss sein müssen, einmal ist keinmal. Da hätte ich auf meine innere Stimme hören müssen – und nicht auf Ernst.« Dann wäre sie nicht schwanger geworden, dann hätte sie nicht heiraten müssen, dann hätte ihr ganzes Leben anders ausgesehen. »Meine zweite Ehe war im Großen und Ganzen schön, wir haben uns geliebt«, fährt sie fort. »Aber auch da habe ich Fehler gemacht: Heute würde ich Werner öfter sagen, wie stolz ich auf ihn bin und dass ich ihn liebe.« Kochen, waschen, bügeln, selbst mit Sex inklusive: das allein reiche nicht. »Aber ob er mir dann treu geblieben wäre, steht natürlich auch in den Sternen«, räumt sie ein. Das lag wohl doch eher an den vielen Reisen.

Versuche nicht, alles zu verstehen und allem einen Sinn zu geben. Manches im Leben ergibt keinen Sinn und ist für nichts gut gewesen.

Die Glocken des Zwiebelkirchturms fangen an zu läuten, es muss zwölf Uhr sein. Wir hören sie deutlich, Gretel hat ihr Fenster gekippt. Nachdenklich lauscht die alte Frau den Glocken. »Ich habe im Leben immer alles so hingenommen, wie es kam«, meint sie dann. »Und eigentlich ist immer alles von außen gekommen.« Sie sucht nach Worten. »Ich habe nicht wirklich gelenkt, verstehen Sie? Ich hätte mehr lenken sollen.«

Neulich hat sie einen schönen Spruch gelesen, der hat ihr sehr zu denken gegeben: »Man sollte die Dinge so nehmen, wie sie kommen. Aber man sollte auch dafür sorgen …«, sie kommt ins Stocken.

»… dass die Dinge so kommen, wie man sie nehmen möchte«, helfe ich ihr das Zitat zu beenden. Ich kenne es, es stammt von Curt Goetz, jenem brillanten deutsch-schweizerischen Komödienautor, der mit Filmen und Bühnenstücken wie *Das Haus in Montevideo* berühmt geworden ist.

»Ja, das sind weise Worte«, findet Gretel. »In meinem Leben kam nicht alles so, wie ich es gerne genommen hätte. Ich habe viel aushalten müssen.« Wäre es weniger gewesen, wenn sie mehr gelenkt hätte?

Wer weiß, meine ich, vielleicht bekommen wir ja alle eine Chance, es ein nächstes Mal besser zu machen, vielleicht kehren wir alle noch einmal zurück. Einen Moment lang schauen wir uns lächelnd an – um dann zu konstatieren, dass wir beide nicht so recht an Reinkarnation glauben. Auch wenn der Gedanke ziemlich verführerisch ist: Ich stelle mir manchmal vor, dass es deshalb auf dieser Welt nur so wenige engagierte Ausnahmeerscheinungen gibt wie Nelson Mandela oder Mahatma Gandhi, weil wir alle so oft auf die Erde zurückkommen müssen, bis wir diesen hohen Perfektionsgrad erreicht haben – und das braucht nun einmal seine Zeit. »Oh, dann hätte ich noch viele Leben vor mir!«, meint Gretel trocken. Ich nicke lachend, mir erginge es nicht anders.

»Aber lassen Sie mich erst einmal dieses Leben hier anständig zu Ende bringen!«, ruft sie dann. Das sei schon schwer genug. Auch wenn sie nicht einsam ist, das nicht: Die drei Kinder, die ihr geblieben sind, kommen sie oft besuchen, auch die Enkel und Urenkel sorgen für Abwechslung. Denn mit dem Alter werde es nicht leichter. »Ich habe viel Schönheitssinn besessen«, seufzt sie. Immer habe sie ihre geliebten Blumen und auch sich selbst gut versorgt. Nie sei sie ohne Lippenstift aus dem Haus gegangen oder habe vergessen, vorher ihre Augenbrauen nachzuziehen, weil die »recht schwach ausgefallen waren«. Nun sitzt sie im Rollstuhl, kann sich weder angemessen um die paar Zimmerpflanzen kümmern, die ihr geblieben sind, noch so schön kleiden, wie sie will. »Früher war ich groß und schlank, jetzt schrumpfe ich und bin rund geworden«, stellt sie nüchtern fest. Dann muss sie auflachen: »Rund, aber gesund.« Das sei die Hauptsache. »Ich umgebe mich mit schönen Dingen und versuche, die schlechten zu vergessen.« Frei nach Hollywood-Schauspielerin Ingrid Bergman »Glück ist eine gute Gesundheit und ein schlechtes Gedächtnis«, hat die einmal gesagt.

Mit einer weitausholenden Handbewegung deutet Gretel auf die vielen bunten Blumenbilder, zwischen denen wir sitzen. »Heute Nachmittag gehe ich wieder runter zum Malkurs«, kündigt sie an. »Ein Glück, dass ich noch so gut hören und vor allem so gut sehen kann. Sonst wär auch das nicht mehr möglich.« Auf einmal strahlt sie wieder wie eine Sonnenblume. Sie freut sich schon drauf, das ist ihr anzusehen. »Ich habe zwar keine Blumen mehr, die ich versorgen kann«, meint sie mit einem fröhlichen Augenzwinkern. »Aber malen kann ich sie noch!«

~

Gretels Geschichte hat mich berührt – und wütend gemacht. Wütend auf ihren Vater, der sie emotional am ausgestreckten Arm verhungern ließ, und wütend auf ihren ersten Mann, weil der sich damals in jener lauen Sommernacht an einem halben Kind vergriffen hat: Gretel war noch nicht einmal siebzehn Jahre alt – und siebzehn anno 1933 ist nicht gleichzusetzen mit siebzehn anno 2015: Heute entspricht das eher dem Stand einer 13-Jährigen – und selbst die wissen heute mit Sicherheit mehr als Gretel damals mit ihren siebzehn Jahren.

Gleichzeitig habe ich drei Kreuze geschlagen, in einer so offenen Gesellschaft leben zu dürfen. Manchen Leuten mag sie zu tabulos geworden sein, aber das hat auch seine Vorteile: Es ist fast unmöglich geworden, nicht aufgeklärt zu sein, und wer dennoch ungewollt schwanger wird, ist nicht auf Engelmacherinnen angewiesen. Sind wir Frauen uns eigentlich darüber bewusst, wie viel Freiheit wir in den letzten hundert Jahren gewonnen haben?

Dank dieser offenen Gesellschaft hat es nicht mehr ganz so katastrophale Folgen, wenn Eltern es versäumen, ihre Kinder angemessen aufzuklären – und dass es diese Eltern gibt, darüber mache ich mir keine Illusionen.

Was Eltern allerdings nach wie vor unter keinen Umständen versäumen dürfen: ihren Kindern immer wieder und unermüdlich einzuschärfen, dass sie für sie die wichtigsten Menschen auf der ganzen Welt sind, einmalig und unersetzlich, und dass der Stolz der Eltern auf sie grenzenlos ist. Warum? Ganz einfach: weil es das erste und letzte Mal sein könnte, dass wir zu hören bekommen, für jemanden das Wichtigste im Leben zu sein. Und weil wir dadurch beim Antreten unserer Lebensreise ein Päckchen Proviant mitbekommen, von dem wir bis ganz zum Schluss zehren können.

Gretel ist für Ernst nicht umsonst eine so leichte Beute gewesen: Sie sehnte sich nach Anerkennung und Zuneigung, weil sie das von ihrem Vater nicht bekam. Und sie macht sich noch heute Vorwürfe, ihrem zweiten Mann Werner nicht oft genug gesagt zu haben, wie sehr sie ihn liebte und bewunderte und wie stolz sie auf ihn war – also genau die Dinge, die ihr als Kind selbst vorenthalten wurden. Zufall?

Mir selbst steht eine Frau sehr nahe, die gerade ihr erstes Kind bekommen hat und sich seit dreißig Jahren danach sehnt, dass ihr Vater ihr wenigstens ein Mal in ihrem Leben sagt, dass er stolz auf sie ist. Sie hat es längst akzeptiert, nicht das Wichtigste in seinem Leben zu sein – aber wieso hat er bislang in den entscheidenden Momenten ihres Lebens nicht einmal die Worte »Gut gemacht, Schatz!« über die Lippen gebracht? Es ist so wenig Aufwand, es kostet so wenig Zeit – hat aber einen gewaltigen Effekt. »Reißt euch am Riemen, lobt und bewundert!«, kann ich da nur sagen – und werde schon wieder wütend auf Männer wie Gretels Vater.

Gretels Geschichte hat mir auch gezeigt, wie wichtig für eine Beziehung ganz banal die geographische Nähe ist. Werner war ein guter Ehemann, aber nicht immer treu – weil er zu oft zu lange unterwegs war und in Versuchung gebracht wurde. Mache ich es ihm zu leicht? Okay, spiele ich in Gedanken mal den Advokaten des Teufels: Wie viele Menschen sind nur deshalb treu, weil sie nicht in Versuchung gebracht werden – halt, ich korrigiere mich: weil sie nicht oft genug in Versuchung gebracht werden? Wenn einem konstant die feinsten Offerten auf dem Silbertablett präsentiert werden, wird man dann nicht irgendwann schwach? Oder anders gefragt: Weshalb gehen Hollywood-Ehen so oft in die Brüche? Da wird das Feinste nicht nur auf dem Silbertablett serviert, man darf beim Spielen von Liebes- und Bettszenen sogar unverbindlich kosten! Auf lange Sicht hätten sich Brad Pitt und Jennifer Aniston vielleicht sowieso getrennt – aber nicht so schnell. Und nicht wegen Angelina Jolie.

Nein, die rosarote Brille, dass dir dein Partner zu hundert Prozent treu bleibt, auch wenn ihm eine Angelina oder ihr ein Brad fortwährend schöne Augen macht und mit dem Fingerchen lockt, während du selbst monatelang Tausende von Kilometern weit weg bist – diese Brille kannst du getrost absetzen.

Gretel machte sich auch Vorwürfe, ihr Leben nicht oft genug selbst gelenkt und eigenständige Entscheidungen getroffen zu haben. Auch in dieser Hinsicht, finde ich, ist sie viel zu hart mit sich selbst ins Gericht gegangen. Erstens lassen sich die weitaus meisten Menschen auf dem Fluss des Lebens einfach nur treiben, viele Leute werden auch ganz ohne ihr Zutun berühmt, einfach weil sie zufällig entdeckt werden.

Was natürlich keine Entschuldigung ist, sich auf dem Schiff seines Lebens nicht selbst hinters Steuerrad zu stellen – dieser Verantwortung dürfen wir uns nicht entziehen. Aber Gretel hätte so gut wie keine Chance gehabt, auf ihrem Schiff den Kapitän zu spielen. Sie hatte die Zeit gegen sich. Erstens den Krieg: In Kriegszeiten gibt es für junge Mütter mit kleinen Kindern nicht viel zu steuern, da geht es darum, nicht unterzugehen und zu überleben. Zweitens die Moral: Was dürfte Gretel gestaunt haben, als die Frauen in den 1970er Jahren forderten: »Mein Bauch gehört mir!« In ihrer Zeit war es nicht nur not done, *ein Kind abzutreiben, es war auch* not done, *es unehelich auf die Welt zu bringen – da blieb nur eines: heiraten. Womit das Leben vorgeschrieben war und Träume wie Seifenblasen zerplatzten.*

Uns mag das heute alles vorsintflutlich erscheinen – wobei wir nicht vergessen sollten, dass auch heute noch jährlich Zehntausende von Frauen auf der Welt an den Folgen verpfuschter Schwangerschaftsabbrüche sterben, weil sie in Ländern leben, wo sie auf Engelmacherinnen angewiesen sind. Und dass noch heute unzählige junge Mädchen gegen ihren Willen verheiratet werden – nicht nur jenseits unserer Grenzen.

Aber viele Frauen haben die Freiheit bekommen, selbst zu entscheiden, welches Leben sie führen wollen. Sie dürfen nicht nur an Deck, sie dürfen hinters Steuerrad. Und ganz egal, ob Mann oder Frau: Aus dieser Verantwortung dürfen wir uns nicht stehlen. Ohne ein beherztes Ich kein selbstbestimmtes Leben. Fasst es an, das Steuerrad des Lebens!

»Freunde sind mehr als Familie.«

~

Agnes

* 22. Mai 1913 in Altstätten (Schweiz)

War es ein Mädchen oder wieder ein Junge? Und – viel, viel wichtiger: Würde es diesmal gutgehen? Es musste einfach gutgehen! Wie viele Frauen vor ihr hatten schon Fehlgeburten erlitten und waren dann doch noch glücklich Mutter geworden! Optimistisch war sie und überglücklich, als sie feststellte, dass sie wieder schwanger war.

»Aber dann hat es doch wieder nicht geklappt«, erzählt Agnes Parodi, als wir über die berühmte *Croisette* schlendern, den Prachtboulevard von Cannes. Sie bleibt einen Moment stehen und lässt den Blick über die spiegelglatte Fläche des Mittelmeers gleiten, das an diesem ersten warmen Frühlingstag so tiefblau in der Sonne leuchtet, als müsse es aller Welt einmal mehr beweisen, dass es dem gesamten Küstenstreifen hier zu Recht den Namen *Côte d'Azur* verpasst hat.

Agnes holt die Sonnenbrille aus ihrer Handtasche. »Wir können noch vor bis zum *Palais des Festivals* laufen«, schlägt sie vor.

Kurz vor ihrem 102. Geburtstag habe ich sie kennengelernt. Die kleine Schweizerin mit dem spitzbübischen Lachen hat nicht nur ein filmreifes Leben hinter sich, das sie aus dem Rheintal über London und Dakar nach Cannes geführt hat. Agnes ist darüber hinaus mit Abstand mein resolutester und mein fittester Zentenar – auch wenn sie für diesen Bummel über die *Croisette* lieber einen Stock mitnimmt und sich mit dem anderen Arm bei mir unterhakt.

Cannes kennt sie wie ihre Westentasche: Hier lebt sie schon seit 1961, hier begegnete sie ihrem Mann 1937 auf der Durchreise nach Rapallo erstmals, und hier ist sie nach seinem Tod 1988 auch geblieben.

Justin hieß er, ein Franzose aus dem Senegal, jenem westafrikanischen Land, das bis 1960 französische Kolonie gewesen ist. Aber sie nannte ihn nur Tintin. Nach dem belgischen Comic-Helden, der in Deutschland als Tim mit seinem Hund Struppi berühmt geworden ist. »Sonntags nach dem Mittagessen flanierten wir bei schönem Wetter gerne über die *Croisette*«, erzählt sie, als wir uns dem Festival-Palast nähern, wo die weltberühmten Filmfestspiele stattfinden.

Auch Tintin hätte gerne Kinder gehabt. »Aber manchmal gibt einem das Leben nicht das, was man sich sehnlichst wünscht.« Agnes bleibt einen Moment stehen, ihr grüner Seidenschal hat sich gelöst. »Dann kann man verbittert werden, beschließen, für den Rest seines Lebens unglücklich zu sein – oder sich damit abfinden!«

Agnes hat Letzteres getan. Und ein Leben geführt, das zwar kinderlos verlief und damit anders, als sie es sich vorgestellt hatte – aber dennoch glücklich. »Mein Mann und ich hatten es gut zusammen«, betont sie und weist auf die breiten Treppenstufen des Festival-Palastes, auf denen sich während des Festivals die Stars den Platz streitig machen. Jeanne aus Paris und ihr Mann, der bei Gaumont Karriere machte, müssen hier ebenfalls oft gestanden haben, sie reisten ja regelmäßig zu den Filmfestspielen an. »Tintin und ich sind hier auch oft hochgegangen«, erzählt Agnes. Um sich einen Film anzuschauen oder ein Theaterstück. Manchmal im Sommer habe er abends um zehn ganz spontan den Fernseher ausgemacht und gesagt: »Komm, *mon trésor*, zieh dich um – wir gehn noch ins Casino!« Dort blieben sie dann bis nach Mitternacht, verspielten ein bisschen Geld, gewannen ein bisschen Geld und tanzten.

Finde dich damit ab, dass du vom Leben nicht alles bekommst, auch wenn du es dir noch so sehnlichst wünschst!

Auch zu Hause wurde viel getanzt – ganz spontan, um den runden Esszimmertisch herum: »Wenn im Radio ein Lied lief, das uns gefiel.« Zum Beispiel *La mer*, die berühmte Liebeserklärung von Charles Trenet an die See. Oder *J'attendrai* von Tino Rossi, der so sehnsüchtig auf die Rückkehr seiner Liebsten wartete. »Rossi stammte von Korsika«, weiß die alte Frau und guckt erneut raus aufs Meer: »An klaren Tagen kann man von hier aus bis dort rüberschauen!« Ihre Stimme klingt so unglaublich jung, schon am Telefon habe ich darüber gestaunt.

Eine Weile schauen wir zusammen auf die glitzernde Fläche des Mittelmeers. Ich muss an Beatrice aus London denken, deren Vater auf Korsika geboren wurde. Ob sie es wohl geschafft hat, dort ihren 101. Geburtstag zu feiern – und den *Maquis* zu riechen?

Auch die Wurzeln von Agnes liegen weit entfernt: Sie wurde in Altstätten geboren, einer Schweizer Kleinstadt im St. Galler Rheintal, als Schreinerstochter. Am anderen Ende des Bodensees, stellen wir fest, nur knapp hundert Kilometer von der Gegend entfernt, in der ich aufgewachsen bin. Dass uns ein halbes Jahrhundert trennt, wird auch durch die Geschwisterzahl deutlich: Ich habe nur zwei, Agnes hatte sieben.

»Ich war die Nummer drei«, erzählt sie und verbessert sich

sofort: »Eigentlich die Nummer vier, aber Nummer drei ist gestorben.« So wie das damals halt gewesen sei, als es noch keine Impfstoffe oder Antibiotika gab. An Diphterie oder einer ähnlichen Infektionskrankheit. »Jedenfalls war sie bei ihrem Tod ganz schwarz im Gesicht, meine Schwester.«

Die Familie bewohnte eine Mietswohnung in der Stadt. Das bisschen, was der Vater in der Sägerei verdiente, reichte an allen Ecken und Enden nicht, deshalb begann die Mutter in Heimarbeit für den Stickereibetrieb Jacob Rohner im vier Kilometer entfernten Rebstein zu arbeiten. Heimlich, um sich ein paar Rappen hinzuzuverdienen. Der Vater durfte es nicht wissen, es hätte ihn in seiner Ehre als Ernährer gekränkt. »Wenn er heimkam, hat die Mutter die Stickarbeiten immer ganz schnell hinter dem Kopfende des Bettes versteckt.« Agnes sieht sie noch genau vor sich, wie sie sich konzentriert über die Stickarbeit beugt, immer mit einem dicken Bauch, der im Weg ist: »Sie war ja dauernd schwanger.«

Und nicht nur die Kindersterblichkeit war damals hoch, auch die der Mütter: Agnes war zehn, als sie ihre Mutter verlor. Sie starb im Kindbett, nach der Geburt ihres achten Kindes.

Agnes wollte von diesem jüngsten Brüderchen zunächst nichts wissen, der Vater musste ihr befehlen, den Säugling zu streicheln. »Er war ganz grau und runzelig und schwach«, erinnert sie sich. »Aber er ist dann doch 83 Jahre alt geworden.« Die ersten beiden Jahre verbrachte der Bruder in einem Heim. Der Vater war außerstande, sich um einen Säugling zu kümmern. Die sechs anderen Kinder machten ihm Arbeit genug.

Er hätte sie verteilen können, denn selbst stammte er aus einer Familie mit siebzehn Geschwistern: »Alle diese Onkel und Tanten waren bereit, einen von uns aufzunehmen.« Aber das kam für den Vater nicht in Frage: »Die gehören alle mir«, sagte er, »die bleiben zusammen.«

Agnes steuert auf eine Parkbank unter hohen Palmbäumen zu,

um sich dort niederzulassen, in unserem Rücken liegen die Superyachten der oberen Zehntausend.

»Wir haben uns gegenseitig erzogen und geholfen.« Die drei Buben schliefen in einem Zimmer, die vier Mädchen im anderen. Die Betten hat ihnen der Vater selbst gezimmert, Doppelbetten, jeweils 120 Zentimeter breit. Um Punkt sieben mussten die Kinder ins Bett. »Dort fand so manche Kissenschlacht statt!« Bei schönem Wetter, nach der Schule und den Hausaufgaben, durfte Agnes mit ihren Geschwistern unten auf dem Straßenpflaster spielen, das war ungefährlich, es gab damals ja noch so gut wie keine Autos. »Er war ein guter Vater, aber ein sehr, sehr strenger, anders hätte er es wohl kaum geschafft, uns alle zu erziehen.«

Wie bei den anderen Hundertjährigen war Samstag auch hier Badetag, da stiegen alle sieben nacheinander in die Wanne, in dasselbe Wasser, einer nach dem anderen. »Der eine durfte erst ins Zimmer mit der Wanne, wenn der andere sich wieder angezogen hatte und rausgekommen war.« Agnes hat ihre Geschwister nie nackt gesehen, den Vater schon gar nicht: »Ich habe ihn noch nicht einmal in Unterhosen gesehen, damals war man sehr prüde.«

Gegessen wurde, was auf den Tisch kam. Bis der Teller leer war. Auch wenn es Blumenkohl gab. »Als Kind hasste ich Blumenkohl«, erzählt Agnes. »Ich dachte, ich muss spucken, wenn ich den runterschlucke.« Aber der Teller wurde ihr so lange vorgesetzt, auch am nächsten oder übernächsten Tag wieder, bis sie alles aufgegessen hatte: »Wie durch ein Wunder rutschte der Blumenkohl dann doch runter und blieb, wo er war.«

Heutzutage, findet Agnes, seien die Kinder viel zu verwöhnt: »Die werden doch andauernd gefragt, was sie wollen und was nicht!« Sie und ihre Geschwister wurden nur am Sonntagabend verwöhnt, und das auch nur während des Ersten Weltkriegs. Da gab es bei den Soldaten in der Kaserne warme *Schoggi*, Schokoladenmilch. Die Kinder durften sich sonntags eine Kanne abholen.

Es ist amüsant zu hören, wie die alte Frau beim Erzählen manchmal abrupt die Sprache wechselt und vom fließenden Französisch ins Schwyzerdütsch fällt.

Eines Sonntagabends war Agnes mit dem Abholen dran, doch auf dem Heimweg verschüttete sie die Schokoladenmilch. »Da traute ich mich nicht mehr heim, völlig verzweifelt setzte ich mich aufs Trottoir und weinte.« Bis ein Soldat kam, der Mitleid mit ihr hatte und neue Schokolade für sie holte. »Fünf Jahre war ich alt, ich weiß es noch so genau, als wäre es gestern geschehen!«

Das ist ihre einzige Erinnerung an den Ersten Weltkrieg, jenen Großen Krieg, den die Schweizer sozusagen als Zaungäste erlebten: So wie den Niederländern gelang es ihnen, während dieser europäischen Katastrophe ihre Neutralität zu wahren. Im August 1914 mobilisierten allerdings auch die Eidgenossen die Miliz, zur Grenzbesetzung und zur Verteidigung der Neutralität. Während des Kriegs brachen noch schwerere Zeiten an. Die Großfamilie hatte keine Landwirtschaft, noch nicht einmal einen Gemüsegarten. Für Brot und Eier war sie auf Lebensmittelkarten angewiesen. »Wir aßen oft Apfelbrot, das war so schwarz wie Landjäger.«

Der Vater war nicht nur sehr streng, sondern auch ein strenggläubiger Katholik. Nach und vor jeder Mahlzeit wurde gebetet, und jeden Morgen vor der Schule, in aller Herrgottsfrühe, mussten die Kinder zur Messe. Sie besuchten eine Klosterschule, die von einer ebenfalls sehr strengen Oberin geleitet wurde. Agnes war gut in Mathematik, aber schlecht im Schönschreiben. Die Oberin wollte ihr das austreiben und schickte sie zur Strafe immer wieder raus auf den Gang. Agnes merkte schnell, dass sie es ihr nicht recht machen konnte. Den Brief an den Vater, den ihr die Oberin eines Tages mit nach Hause gab, ließ sie voller Angst verschwin-

Lass deinen Glauben nicht zu einem Gefängnis werden!

den. Als die Oberin dahinterkam, bestellte sie den Vater ins Kloster. Agnes verbrachte bange Stunden bis zum Abendessen, erst dann erzählte der Vater ihr, was die Oberin gewollt hatte: In der Klosterschule gab es auch ein Internat, in das wollte sie das junge Mädchen aufnehmen. Um ihr die Flausen auszutreiben und aus ihr einen rechtschaffenen, gläubigen und schönschreibenden Menschen zu machen.

Für Agnes ging die Welt unter, zwei Wochen lang heulte sie, ließ das Essen stehen, weigerte sich, zur Schule zu gehen. Bis der Vater endlich begriff, dass er das seiner Tochter nicht antun konnte. »Die Oberin hatte es ohnehin schon auf mich abgesehen, die hätte mich getriezt und mir das Leben schwer gemacht – alles im Namen Gottes!«

Die alte Frau, die immer noch auf der Parkbank sitzt, schüttelt sich ein bisschen. »Furchtbar! Dass der Glaube so schnell zu einem Gefängnis werden kann!« Buchstäblich, wie es in ihrem Fall im Internat beinahe geschehen wäre, aber auch im übertragenen Sinne, zwischen den Ohren: »Denk doch nur an all die Glaubenskriege, die im Namen Gottes geführt werden!« Früher von Christen, jetzt von islamischen Fundamentalisten. »Schrecklich, ganz schrecklich! Nicht zum Aushalten!« Manchmal wolle sie die Zeitungen gar nicht mehr aufschlagen, den Fernseher nicht mehr anstellen. IS-Terror, Enthauptungen, Menschen, die vertrieben oder gesteinigt werden ... Die Zeiten seien nicht besser geworden. »Ich glaube immer noch an Gott«, stellt die alte Frau klar. »Aber mein Gott ist keiner, der mir Angst einjagt. Mein Gott lässt mir meine Freiheit!«

Das galt auch für den Vater, der schließlich nachgegeben hatte: Statt ins Klosterinternat schickte er seine Tochter, die inzwischen fünfzehn war, ein paar Monate auf eine Haushaltsschule. Dann meldete sich eine seiner zahlreichen Schwestern, die in Bad Ragaz eine Gartenwirtschaft führte und Hilfe gebrauchen konnte.

Agnes arbeitete ein paar Monate für sie, dann zog sie weiter nach Lugano, zu einem Onkel, der dort ein Hotel besaß. »Bei ihm bin ich ins Hotelfach eingestiegen und habe Italienisch gelernt.« Sie blieb zwei Jahre, das Hotel gefiel ihr, die Gäste waren nett, die Stimmung war gut. »Abends spielte immer eine Band, dann wurde getanzt.« Eines der Lieder ist ihr besonders in Erinnerung geblieben: *Eine Nacht in Monte Carlo*.

So manche hat sie dort inzwischen verbracht, bei Freunden. Das monegassische Mini-Fürstentum liegt ja nur ein paar Buchten weiter östlich von Cannes. »Da sind die Yachten noch ein paar Nummern größer als hier!«, lacht sie mit ihren charmant funkelnden Augen. »Aber mit siebzehn hätte ich nie im Leben gedacht, dass es mich jemals hier in diese Gegend verschlagen würde!«

Stattdessen landete sie in Zürich, zunächst in der Bahnhofstrasse, wo sie in einem Restaurant den Wagen mit der Pâtisserie durch den Speisesaal rollen durfte, dann weiter oben am Zürichsee, ebenfalls in einem Restaurant. 35 Franken pro Monat verdiente sie – und von diesen 35 Franken musste sie 20 heim an den Vater schicken, »der hatte ja immer noch ein paar hungrige Mäuler zu stopfen«.

In dieser Zeit lernte sie Hermann kennen, ihre erste große Liebe. Sie war ein hübsches Mädchen, mit ihren schönen dunklen Augen und ihrem einnehmenden, offenen Wesen hatte sie viele Verehrer unter den Stammgästen im Restaurant. Auch Hermann erschien dort regelmäßig zum Essen. Und der gefiel ihr. Vier Jahre älter als sie war er, Polizist und der erste Mann, mit dem sie ins Bett ging.

»Eigentlich wollten wir es erst tun, wenn wir verheiratet sind, aber wenn man verliebt ist, macht man blödes Zeug – das ist echt so!«, lacht sie. Im Gegensatz zu Gretel aus Berlin wusste sie, worauf sie sich einließ: »Wir haben aufgepasst«, erklärt sie. Mit anderen Worten: Das junge Paar übte sich im *Coitus interruptus*. »Die

Pille gab es ja noch nicht«, sagt sie und macht Anstalten, sich von der Parkbank zu erheben. Ich helfe ihr, dann laufen wir langsam über die *Croisette* wieder zurück Richtung Auto. Der Spaziergang war lang genug.

Auch Hermann war über beide Ohren verliebt und hatte ernste Absichten, die beiden wollten heiraten. Für Agnes war klar: Mit diesem Mann würde sie den Rest ihres Lebens verbringen. Doch nach zwei Jahren, von einem Tag auf den anderen, brach er den Kontakt ab. Die junge Frau war verzweifelt, sie hatten keinen Streit, keine Auseinandersetzung gehabt, nichts! Was in aller Welt war geschehen? Die Kollegen von Hermann und auch alle Freunde wichen ihr aus, ließen ihn entschuldigen: »Niemand wollte etwas sagen«, erinnert sie sich. »Eine schlimme Zeit war das. Ich dachte, ich werde verrückt, ich wusste ja nicht, was los war!«

Sei furchtlos! Lass das Alte los und umarme das Neue!

Aber eines Abends, als sie wieder einmal weinend auf ihrem Zimmer saß, mit verheulten Augen und einem nassen zerknüllten Taschentuch in der Hand, da rappelte sie sich auf und erinnerte sich an das, was sie sich als Backfisch einst geschworen hatte: »Wenn ich später mal verliebt bin und sitzengelassen werde, dann kann der andere zwar zurückkommen und erklären, dass es ihm leidtut – aber zurückhaben will ich ihn dann nicht mehr.«

Hermann war ab diesem Moment also keine Option mehr, selbst wenn er jemals wieder auftauchen würde. »Was fertig ist, ist fertig, das ist mein Charakter«, sagt sie und stützt sich einen Moment lang auf ihren Spazierstock. Deshalb hat sie den Mut aufgebracht, das Alte loszulassen und das Neue zu umarmen: »Andere werden verrückt oder bringen sich vor Liebeskummer um. Ich ging nach London.«

Auch mit Furchtlosigkeit scheint Agnes schon als junges Mädchen reichlich gesegnet gewesen zu sein, bei der Verteilung der Angst hat sie ganz offensichtlich durch Abwesenheit geglänzt. Draufgängerisch war sie, so wie Beatrice de Cardi eine regelrechte Abenteurerin.

Warum eigentlich ausgerechnet London?

»Ein Kollege im Restaurant hatte mir ein paar Tage zuvor geraten, anstatt Kreuzworträtsel zu lösen, besser Englisch zu lernen. Ich fand, dass er recht hatte.«

Und so putzte sie sich an jenem Abend die Nase, warf das Taschentuch weg und schrieb sich für einen Englischkurs ein. Als Nächstes sprach sie den englischen Konsul an, der immer bei ihr im Restaurant zu essen pflegte: »Kennen Sie jemanden in London, bei dem ich arbeiten könnte?« Der Konsul wollte am nächsten Tag in den Urlaub reisen, versprach aber, darüber nachzudenken und sich wieder zu melden.

»Er hat Wort gehalten«, erzählt Agnes vergnügt. »Nach ein paar Wochen witzelten die Kollegen: ›Dein englischer Freund ist wieder da!‹ Und tatsächlich! Da saß er! Mit gut zwanzig Adressen in London für mich. Aus denen hab ich mir dann die mit dem höchsten Gehalt herausgesucht.«

Das war im Sommer 1936, sie war gerade 23 Jahre alt geworden. Im Oktober reiste sie nach London ab, um das Hauspersonal eines 76 Jahre alten Lords zu verstärken, der mit seiner Gattin in der Oxford Street lebte: »Die Telefonnummer hab ich noch heute im Kopf«, lacht sie: *»Seven-six-o-one!«*

Der Lord besaß auch ein Schloss mit 82 Zimmern in Mittelengland und eine Ferienresidenz in Kent, wo Agnes fortan oft die Wochenenden verbrachte. Ich würde darauf wetten, dass ihm die Eltern von Beatrice de Cardi über den Weg gelaufen sind, die verkehrten ja auch in den besseren Londoner Kreisen. Was ist die Welt manchmal doch klein …

Agnes verstand sich gut mit ihren neuen Arbeitgebern, auch wenn sie anfangs einiges klarstellen musste. Der Lord mochte zwar auf die achtzig zugehen: Dennoch, er war ein Schürzenjäger. Von *noblesse oblige* schien er nicht viel gehört zu haben, stattdessen klagte er Agnes sein Leid, dass seine Frau, die Lady, ihn nicht mehr ranlasse. Zur Behebung seines sexuellen Notstands wollte er nun von Agnes rangelassen werden. Doch bei ihr war er an der falschen Adresse, das machte ihm die kleine, aber selbstbewusste Schweizerin unmissverständlich klar: »Ich gab ihm eine Watschen.«

Es brauchte noch eine zweite, bis er endgültig kapierte, dass er bei Agnes mit solchen Avancen nicht weit kam. »Doch dann war alles klar zwischen uns, dann wusste er, woran er mit mir war, und wir haben reibungslos zusammengearbeitet.«

Auch der Lady musste das neue resolute Dienstmädchen erst eine Lektion erteilen: Eines Abends hatte niemand Geringeres als der König geladen, die Lady wollte unbedingt einen bestimmten Rock anziehen. Ihre schwedische Kammerzofe konnte den Rock aber nicht finden. Daraufhin wurde Agnes herbeigerufen, um beim Suchen zu helfen: »Der Schrank war gut und gerne fünf Meter breit!« Aber auch Agnes durchforstete ihn erfolglos und reichte der Lady schließlich einen falschen Rock. Die wurde so wütend, dass sie ihn auf den Boden warf und auf ihm herumtrampelte. Agnes kochte vor Wut, aber im Gegensatz zur Lady wusste sie sich zu beherrschen: »*I did not come to England to be treated like a dog*«, teilt sie ihr mit, bevor sie hoheitsvoll aus dem Zimmer schreitet. Ich bin nicht nach England gekommen, um wie ein Hund behandelt zu werden. »*I came to learn English.*« Ich bin gekommen, um Englisch zu lernen. Nach diesem Vorfall

Egal, welcher sozialen Klasse du angehörst: Lass dich nie erniedrigen! Sei dir deines Wertes und deiner selbst bewusst – sei selbstbewusst!

ist auch zwischen der Lady und dem neuen Schweizer Dienstmädchen alles in Butter.

»Egal, aus welcher sozialen Klasse man kommt: Man darf sich nie erniedrigen lassen! Man muss sich seiner selbst und seines Wertes immer bewusst bleiben!«, sagt die alte Frau. Beim Lord und seiner Lady sei sie letzten Endes hoch angesehen gewesen.

Nachdenklich gehe ich neben ihr her, während sie sich auf meinen rechten Arm stützt. Das Selbstbewusstsein dieser kleinen Person, die gerade mal 156 Zentimeter misst, sucht seinesgleichen, Agnes liefert das ideale Beispiel dafür, wie man Respekt erzwingen kann. Davon konnten zweifelsohne nicht nur dieser englische Lord und seine Lady ein Lied singen ... Aber wie ist sie dann von London nach Cannes gekommen?

»Der Lord hat mich mit in die Sommerferien in den Süden genommen«, erklärt sie. Erst von London aus ins Ritz nach Paris, dann weiter an die Côte d'Azur, mit dem berühmten *Train Bleu*, einem Luxuszug, dem Agathe Christie schon 1928, noch vor ihrem *Mord im Orientexpress*, einen Krimi mit dem Titel *The Mystery of the Blue Train* widmete und den auch Georges Simenon gut zwanzig Jahre später zum Schauplatz eines Verbrechens machte.

So ziemlich genau zwischen diesen beiden literarischen Morden bringt der *Train Bleu* auch Agnes zum ersten Mal in ihrem Leben ans Mittelmeer, wo sie als Reisebegleiterin des Lords, für den das Beste gerade gut genug ist, im Carlton absteigt.

»Gleich laufen wir wieder dran vorbei«, sagt sie und deutet auf die andere Straßenseite: Dort taucht zwischen Palmenwipfeln die langgezogene schneeweiße Prachtfassade des legendären Luxustempels auf, in dem ein Zimmer zu Filmfestivalzeiten bis zu 800 Euro kostet, ohne *petit déjeuner* wohlgemerkt. Alfred Hitchcock hat zusammen mit Cary Grant und Grace Kelly das Hotel in seinem Film *Über den Dächern von Nizza* verewigt, denn gedreht wurde vorwiegend in Cannes und nicht in Nizza.

»Das hat mir schon gefallen, all dieser Luxus!«, meint Agnes, als wir uns dem Auto nähern, »normalerweise hätte ich ein solches Hotel ja nie von innen gesehen!«

Die junge Frau saugte die neuen Eindrücke in sich auf, genoss die Côte d'Azur in vollen Zügen. Abends hatte sie frei, der Lord besuchte dann Freunde. Und da Agnes kein Kind von Traurigkeit war, ging sie zum Tanzen. Ein Club war unter den jungen Leuten damals besonders beliebt, der hatte es auch ihr angetan, und da lernte sie eines Abends zwei junge Männer kennen, »beides schöne Burschen«. Der eine war bereits vergeben und mit seiner Freundin da, einer Engländerin. »Aber der andere, der war noch frei«, schmunzelt sie und macht sich daran, erstaunlich behände in meinen kleinen Mietwagen zu steigen, einen Fiat 500, schneeweiß und nagelneu.

Der schöne Bursche, der noch zu haben war, hieß Justin und war vier Jahre älter als sie – ein sportlicher junger Mann, Fußballer und Leichtathlet, mit sonnengebräunter Haut, schwarzen Locken und dunklen feurigen Augen. »Der hat mir gleich gefallen!«, erzählt Agnes und entpuppt sich als perfekte Beifahrerin. Sicher lotst sie mich durch das Straßengewirr der Altstadt von Cannes zu ihrer Wohnung, während ich versuche, mir Justin vorzustellen: die Augen von Johnny Depp oder Jean-Louis Trintignant? Ich erfahre, dass er ursprünglich aus Marseille stammte, aber mit seinen Eltern und seinem Bruder in Dakar wohnte, wo sein Vater eine Kfz-Werkstatt führte, und dass die Familie die Sommerferien regelmäßig an der Côte d'Azur verbrachte: »Seine Eltern hatten in Cannes noch ein Ferienhaus«, erzählt Agnes. »*Attention* – hier müssen wir links abbiegen!«

Die kleine Schweizerin und der *beau garçon* aus Dakar waren recht angetan voneinander, aber es blieb beim Tanzen und Reden. »Mehr nicht, auch kein Kuss.« Noch nicht einmal auf dem Bahnsteig, als sie Abschied nehmen mussten: Agnes reiste mit den siebenundzwanzig Gepäckstücken des Lords weiter nach Rapallo: »Verrückt, was reiche Leute damals alles mitnahmen: Leintücher, Wäsche – alles!« Seine Lordschaft selbst hingegen ließ sich von ihrem Chauffeur nach Rapallo bringen, denn der war rechtzeitig mit dem Auto aus London eingetroffen.

»Aber Tintin und ich haben uns nicht getrennt, ohne uns zu versprechen, dass wir uns schreiben«, erzählt Agnes weiter und kramt in ihrer Handtasche nach dem Schlüsselbund, denn wir haben inzwischen ihre Wohnung erreicht. »Auf diese Weise konnte ich meine Französischkenntnisse aufbessern. Er hatte eine wunderschöne Handschrift, die meine war nach wie vor fürchterlich!«

Heute können immer weniger Leute schön schreiben, aber heute brauchen sie es ja auch kaum noch: Wir schreiben nicht mehr, wir tippen – in unsere Smartphones, Tablets oder Laptops. Es gibt Forscher, die behaupten, dass die Menschheit in zwei oder drei Generationen das Von-Hand-Schreiben sowieso verlernt haben wird. So wie alle Fähigkeiten, in denen wir uns nicht mehr genug üben. Ich finde das ebenso schrecklich wie unvorstellbar. Gibt es heute an den Schulen eigentlich noch das Fach Schönschreiben? Ich habe es noch gehabt. Für Agnes und ihre Zeitgenossen war eine schöne, gut lesbare Handschrift zudem ein Karrierekriterium und geradezu überlebenswichtig – angefangen bei Bewerbungsschreiben bis hin zu Liebesbriefen. Die sollen ja angeblich auch vom Aussterben bedroht sein – die echten, von Hand geschriebenen jedenfalls …

Agnes und Justin schrieben sich mehr als ein Jahr lang. Immer wieder drängte er sie, zu kommen und ihn in Dakar zu besuchen. »Warum eigentlich nicht?«, dachte sich die junge Frau schließlich. Drei Jahre London waren genug. Englisch konnte sie inzwischen. Zeit, ihrem Französisch den letzten Schliff zu geben.

Aber sich einladen zu lassen kam für Agnes nicht in Frage. Stattdessen fing sie an zu sparen. Bis sie genug Geld hatte für ein

Mal Dakar und zurück. »Ich wollte in jedem Fall wieder zurückreisen können und nicht in die Situation kommen, dass mir dort in Afrika das Geld für die Heimreise ausgeht. Man weiß ja nie!« Vernünftige Mädchen achten darauf, ihre Unabhängigkeit zu wahren.

Deshalb vergaß sie auch nicht, den Lord um ein Zeugnis zu bitten, mit dem sie sich in der Schweiz erfolgreich eine neue Stelle besorgte. Antreten allerdings wollte sie die erst in drei Monaten, so lange dauerte die Auszeit, die sie sich vorgenommen hatte.

Dann endlich, an einem Novembermorgen 1938 – sie war 25 Jahre alt –, ging es los: Erneut reiste die junge Frau Richtung Mittelmeer ab, wieder mit dem Zug, aber weniger luxuriös als mit dem Lord und dieses Mal nicht nach Cannes, sondern nach Marseille. Dort nahm sie das Schiff nach Dakar. Eine gute Woche dauerte die Reise, erst durch die Straße von Gibraltar, dann vorbei an Rabat, Casablanca, Agadir und den Kanarischen Inseln.

»Ich bin diese Strecke in meinem Leben bestimmt zwanzigmal hin- und hergefahren!«, erzählt sie, als sie die Tür zu ihrer Zweizimmerwohnung aufschließt. Eine Eigentumswohnung im vierten Stock, in die sie 1967 eingezogen ist, zusammen mit Justin. Schlafzimmer, Küche, Bad, großes Ess- und Wohnzimmer und ein gemütlicher Balkon mit einer grandiosen Aussicht über die Dächer von Cannes. »Früher konnten wir von hier aus das Meer sehen, aber inzwischen sind die Palmen zu hoch gewachsen«, ruft sie mir von der Küche aus zu. Ich höre, wie die Kühlschranktür auf- und zugeht, dann kommt die alte Frau mit einem strahlenden Lächeln und einer angebrochenen Champagnerflasche aus der Küche zurück. »Ich hatte gestern Gäste, ich koche immer noch gerne«, sagt sie und schenkt uns zwei Gläser ein. Als wir anstoßen, erzählt sie lachend und mit blitzenden Augen, was ihre Freunde immer über sie sagen: »*Agnes est toujours avec un verre!*« – »Agnes hat immer ein Glas in der Hand!«

Warum auch nicht? »*Il faut vivre le moment!*« – Es gilt den Moment zu leben!

Sie stellt ihr Glas auf den Wohnzimmertisch und greift nach einer weißen Porzellandose mit Goldrand, die auf einem Stapel Zeitschriften auf dem Sofa thront. »Selbstgebackenes« steht darauf, ebenfalls in goldenen Lettern, ein Erbstück aus der Schweiz. Auch an den Wänden werden ihre Schweizer Wurzeln deutlich: Zwischen Mittelmeeransichten und afrikanischen Masken hängen Drucke von Zürich und St. Gallen. Wunderbar, wie der gesamte Lebenslauf von Menschen in ihren Wohnungen Spuren hinterlässt! In der Porzellandose befinden sich keine Kekse, sondern das Zeugnis, das der Lord ihr ausgestellt hat, es zeugt von großem Respekt. Er könne ihre geleisteten Dienste nicht hoch genug schätzen, steht da schwarz auf weiß unter dem Datum 18. November 1938. Sie verlasse seinen Haushalt aufgrund von »Verpflichtungen, die sie mit Freunden in Westafrika eingegangen« sei.

Nun ist es an der Zeit, dass sie erzählt, wie diese Verpflichtungen und diese Freunde, vor allem einer, im Genaueren aussahen! Hat sie keine Fotos von Tintin von damals?

Mais bien sûr! Die stehen auf dem proppenvollen Bücherregal. Agnes reicht mir ein Schwarzweißfoto von Justin, wie er sich in der Badehose an den Stamm einer Palme lehnt, sehr jung, sehr attraktiv und entfernt an Jean-Paul Belmondo erinnernd. Das nächste Foto zeigt sie selbst am Strand in Dakar: Im Seersucker-Badeanzug mit Schnur um die Taille, einem lässig geschlungenen Tuch um den Kopf und der Sonnenbrille in der Hand guckt sie in die Kamera – klein, kompakt und strotzend vor Selbstbewusstsein. Ich muss unwillkürlich an Billy Wilders Hollywood-Klassiker *Manche mögen's heiß* denken, worin sich ein alter Multimillionär in den als Frau verkleideten Jack Lemmon verliebt und ihn als »hübschen kleinen Sprengkörper« bezeichnet. Genau so wirkt Agnes auf diesem Foto auch: als wäre sie ein hübscher kleiner Sprengkörper.

Ich kann mir gut vorstellen, dass sie Justin die Sinne geraubt hat, und nicht nur ihm. Wie war das eigentlich, ihn nach so langer Zeit wiederzusehen? Und wie war das, in Dakar anzukommen? Da muss sie doch in eine vollkommen fremde Welt eingetaucht sein!

»Eins nach dem anderen!«, sagt Agnes und stellt die Fotos zurück ins Regal. Wir nehmen unsere Gläser und setzen uns nebeneinander auf die Couch. Wirklich schön hat sie Dakar nicht gefunden, zu viele Soldaten beherrschten das Straßenbild. Aber das bunte Treiben der Einheimischen faszinierte sie, auch lebten viele Händler aus Syrien in der Stadt, denn von 1920 bis 1946 befindet sich Syrien unter französischer Herrschaft.

Wie immer dauerte es nicht lange, bis die junge Europäerin mit ihrer offenen Art auch hier neue Freunde gewonnen hatte. Sie lag beinahe jeden Tag am Strand und war bald knackig braun, fast schon schwarz. »Die Negerin kommt!«, habe es geheißen, sobald sie irgendwo auftauchte. Damals hat man dieses Wort noch ganz unbeschwert gebraucht. Und auch die Angst vor Hautkrebs war noch nicht verbreitet.

Justin, der als Buchhalter arbeitete, hatte ihr ein Hotelzimmer besorgt und holte sie jeden Tag nach Büroschluss ab, dann führte er sie zum Abendessen ins Restaurant. »Um Punkt sieben Uhr wurde es schlagartig dunkel, dann kam die Nacht!« Dieses Mal blieb es nicht beim Tanzen und Reden. Anfangs, als sie sich erstmals wieder gegenüberstanden, hatten sie zwar ein bisschen gefremdelt. Aber es dauerte nicht lange, und Justin übernachtete bei ihr im Hotel. Sie wurden ein Liebespaar.

Agnes war im siebten Himmel, trotz der Angst davor, in andere Umstände zu geraten. Die drei Monate vergingen wie im Flug. Schweren Herzens trat sie die Heimreise an, schweren Herzens ließ Justin sie ziehen. Der neue Job wartete, sie hatten das Wort »Heirat« nicht in den Mund genommen, obwohl es in der Luft lag. Man würde sehen, man würde sich schreiben. Als Frau den ersten

Schritt zu machen, als Frau darum zu bitten, dass man ihr einen Antrag machte, das kam für Agnes nicht in Frage, da mochte sie noch so resolut sein, das gehörte sich nicht.

Doch kaum war sie an Bord, traf ein Telegramm ein: In Casablanca warte ein Brief auf sie, *poste restante,* postlagernd. Heute schickt man sich einfach eine SMS oder nutzt irgendeine Messenger-App, und man weiß sofort Bescheid. Die tagelange Spannung, unter der man damals stand, nur weil man auf eine wichtige Information warten musste, ist heute unvorstellbar. Agnes konnte es kaum erwarten, in Casablanca einzulaufen, um von Bord zu gehen und sich schnurstracks zum Postamt zu begeben. Und tatsächlich – der Brief war von Justin, kurz und knapp: »Meine Eltern sind einverstanden. Komm zurück – wir können heiraten!«

Heute würde man sich nicht nur eine Nachricht aufs Smartphone schicken, man käme auch nicht mehr auf die Idee, die Eltern vor dem Heiraten um Erlaubnis zu fragen.

Agnes brauchte keine Sekunde nachzudenken und nahm das nächste Schiff zurück nach Dakar. Um Justin das Jawort geben zu können, musste sie allerdings erst noch alle möglichen Papiere aus der Schweiz zusammenbringen, das dauerte Monate. Agnes brauchte auch eine Geburtsurkunde und bat den Vater, ihr die zu besorgen. Der reagierte postwendend: »Ich hoffe, diesmal ist es ein Katholik!«

Die junge Frau konnte ihren Augen kaum trauen, als sie diese Zeilen las, langsam, ganz langsam dämmerte es ihr – und als sie beim Vater nachfragte, wurde es zur Gewissheit: Er war es gewesen, der in Zürich dafür gesorgt hatte, dass ihre Jugendliebe Hermann jeglichen Kontakt mit ihr abbrach. Hermann hatte ihn um die Hand seiner Tochter gebeten, doch Hermann war nicht katholisch und kam für ihren Vater als Bräutigam nicht in Frage: »Das gibt es nicht, nie wird meine Tochter einen Protestanten heiraten!« Hermann akzeptierte das und zog sich komplett zurück.

»Ich denke, er glaubte, dass er mir auf diese Weise am wenigsten wehtun würde«, seufzt die alte Frau. Endlich hatte sie einen Anhaltspunkt, mit dem sie dieses große Rätsel lösen konnte. Sie weiß noch genau, wie fassungslos sie war, als die Briefe des Vaters in Dakar eintrafen: »Da sieht man mal wieder, was der Glaube alles anrichten kann, wenn er fanatisch wird!« Aber sie habe dem Vater im Nachhinein, nach so langer Zeit, noch nicht einmal mehr richtig böse sein können: »Ich hatte mein Leben ja weitergelebt, ich konnte es nicht einfach zurückspulen, dieses Kapitel war abgeschlossen – ich liebte ja längst einen anderen und war im Begriff, ihn zu heiraten!«

Man darf dem Schicksal nicht um jeden Preis abverlangen, was es nicht für einen vorgesehen hat.

Am 24. Juni 1939 gab sie Tintin in Dakar als strahlende Braut ihr Jawort. Doch das junge Glück war nicht ungetrübt, denn die Frischvermählten wohnten bei Justins Eltern. Und mit ihrer Schwiegermutter erging es Agnes so wie Jeanne aus Paris: Sie kam nicht mit ihr zurecht, sie war ebenfalls extrem eifersüchtig; Tintin war ihr Augapfel, den sie sich nun mit einer anderen Frau teilen musste. Nein, mehr als das: »Ich hatte ihn ihr gestohlen!«

Die Schwiegertochter aus der Schweiz konnte es ihr nicht recht machen, erstens war sie eine Ausländerin, zweitens alles, was sie sagte und tat, so falsch, dass es umgehend korrigiert werden musste: »Ekelhaft war sie zu mir, wirklich ekelhaft! Wenn ich am Saubermachen war, nahm sie alles nach mir nochmals in die Hand, wischte nochmals drüber, stellte es anders wieder ab.« Die Schwiegermutter lauschte sogar an der Schlafzimmertür, was die Frischvermählten dahinter trieben. »Einmal habe ich sie in flagranti mit dem Ohr an unserer Tür erwischt!«, erzählt Agnes. »Ab diesem Tag habe ich nicht mehr mit ihr geredet.«

Ihr Selbstbewusstsein und ihr Selbstwertgefühl halfen ihr zwar, diese Zeit zu überstehen. »Und ich hatte gute Freunde in Dakar!«

Aber was sie am meisten schmerzte und verletzte: Tintin war zu feige, zwischen seiner Frau und seiner Mutter Stellung zu beziehen. »Das ist Frauensache« – mit diesen Worten zog er sich aus der Affäre. »Der hat sich rausgehalten, dabei hätte er zu mir halten sollen! Das habe ich ihm übelgenommen. Da war ich böse auf ihn.«

Schwiegermütter, betont sie, seien imstande, Ehen zu zerstören. Weil die Söhne oft nicht stark genug sind, sich gegen die Mutter und zu ihrer Frau zu bekennen. »Zwischen ihr und mir ist es nie mehr gut geworden, obwohl sie Jahre später einlenken wollte. Da war es zu spät. Wenn bei mir einmal etwas kaputt ist, dann ist es kaputt!«

Agnes weiß nicht, ob ihre Ehe gehalten hätte, wenn es ihr nicht gelungen wäre, nach eineinhalb Jahren für sich und Tintin eigene vier Wände zu finden: Sie konnten die Wohnung von einem befreundeten Schweizer Pärchen übernehmen, das ebenfalls in Dakar lebte, aber eine größere Bleibe suchte, da sich Nachwuchs angemeldet hatte. »Da konnte ich die Schwiegermutter dann auf Abstand halten. Ich habe sie in den ersten Jahren auch nie eingeladen, die war bei mir nicht willkommen.«

Auch Agnes war zu diesem Zeitpunkt bereits einmal schwanger gewesen, kurz nach der Hochzeit, wie es sich gehörte. Sie und Justin waren überglücklich. Doch nach viereinhalb Monaten verlor sie das Kind. »Es wäre ein Junge geworden.« Die Fehlgeburt war für beide ein schwerer Schlag und Agnes zunächst untröstlich. Aber sie sei jung, so etwas widerfahre vielen Frauen, versicherte ihr der Arzt, das junge Paar müsse es einfach weiter versuchen.

Zwei Jahre mussten sie warten, dann war sie wieder schwanger. Und wieder überglücklich. »Doch dieses Mal ging es schon nach zweieinhalb Monaten schief«, sagt Agnes und schaut aus dem Wohnzimmerfenster, wo sich die Silhouette des Esterel-Gebirges, das sich zwischen Cannes und St. Raphael ins Mittelmeer schiebt, abzeichnet. »Was es dieses Mal geworden wäre, haben sie uns nie gesagt.« Das Ehepaar ließ sich daraufhin gründlich ärztlich untersuchen. Und hörte, dass eine Familie mit eigenen Kindern ein unerfüllter Traum bleiben würde. »Schlagen Sie sich Kinder aus dem Kopf!«, sagte der Arzt zu Agnes. »Sie können keine bekommen, jedenfalls nicht mit diesem Mann.«

Agnes guckt erneut aus dem Wohnzimmerfenster, auf einmal scheint sie weit weg zu sein. »Heutzutage ist die Wissenschaft weiter«, meint sie dann. Heute hätten sie und Tintin vielleicht Nachwuchs bekommen können, mit Hilfe der IVF-Technik. »Aber ich weiß nicht, ob ich so weit gegangen wäre.« Sie wendet den Blick vom Fenster ab und schaut mir direkt in die Augen: »Man muss aufpassen. Man darf dem Schicksal nicht um jeden Preis abverlangen, was es nicht für einen vorgesehen hat.«

Aber auch wenn Justin ihr keine Kinder schenken konnte: Sie wusste, sie wollte ein Leben mit diesem Mann: »Was geblieben ist, ist meine Ehe!« Eine Zeitlang dachten sie und Justin darüber nach, ein Kind zu adoptieren. »Aber dann hörten wir von den Problemen, die ein befreundetes Paar mit seinen Adoptivkindern hatte. Da haben wir diesen Plan aufgegeben.«

So sind sie kinderlos geblieben – kinderlos glücklich geblieben. Trotzdem. Oder vielleicht gerade deswegen: »Kinder können eine Beziehung ja auch ganz schön belasten.« Und wie oft werde ein Mann eifersüchtig oder tue sich schwer damit, zu akzeptieren, dass er die Liebe und die Aufmerksamkeit seiner Frau auf einmal nicht mehr für sich allein habe! Agnes und Justin hingegen konnten sich weiterhin voll und ganz aufeinander konzentrieren. »Mit Kindern wäre unsere Beziehung eine andere geworden.« So aber war sie immer für ihn da. »Ich habe ihn auch immer bekocht, ich koche gerne, und das macht bei den Männern ja auch viel aus.«

In diesem Punkt hatten es die Herren früher zuweilen zweifellos besser als heute, denke ich mir.

»Eigentlich habe ich ihn ganz schön verwöhnt«, bekennt Agnes. Das habe sie ihm auch immer vorgehalten: »Eine andere hätte dich längst vor die Tür gesetzt!«

Die Parodis waren beliebt, es war gemütlich bei ihnen zu Hause, Freunde waren immer willkommen und kamen oft spontan vorbei, dann wurde Bridge gespielt, Scrabble, Canasta oder ein anderes Kartenspiel, manchmal bis zwei Uhr nachts, »dann kochte ich um Mitternacht noch einen Topf Spaghetti«. Finanziell ging es dem Ehepaar gut, sie waren nicht reich, aber es genügte, »wir waren anständiger Mittelstand«, findet Agnes, womit sie meint: »Wir hatten keine Schulden. Wenn wir uns etwas leisten wollten, sparten wir erst dafür.« Auch für die Überfahrt nach Marseille, denn Ferien machten sie nur alle zwei Jahre, in Cannes.

Natürlich flogen auch bei Agnes und Tintin zuweilen die Fetzen, natürlich gab es auch bei ihnen Zoff. Wie bei so vielen Paaren drohte der eine dem anderen mit Scheidung, es wurden Koffer gepackt und vor die Tür gestellt. Und natürlich war sie tödlich beleidigt und hätte ihm am liebsten eine Kaffeetasse an den Kopf geworfen, wenn er sie bisweilen zu mollig fand und aufforderte, sich beim Essen in Zurückhaltung zu üben: »Dabei hat er selbst immer zu viel gegessen, er war *gourmand* – aber bei ihm hat es halt nicht angesetzt!«

Seid vernünftig, verständnisvoll und füreinander da – dann geht die Ehe gut!

Doch immer wieder rauften sie sich zusammen, versöhnten sich, fielen sich in die Arme. Unwillkürlich muss ich an Jacques Brel denken und an seine zu Herzen gehende Hymne an die *vieux amants*, an das alte Liebespaar, das sich nach Jahrzehnten voller ehelicher Höhen und Tiefen immer noch seine einzigartige süße, zärtliche, wunderbare Liebe bezeugt – *mon doux, mon tendre, mon merveilleux amour* … Denn ganz egal, wie hoch die Wellen schlagen: »Man muss immer vernünftig bleiben und versuchen, Verständnis zu zeigen«, sagt Agnes. Und vernünftig bleiben, das heißt für sie vor allem eines: immer wieder nachgeben, so schwer es einem auch fällt. »Ohne das funktioniert eine Ehe nicht.« Und man müsse füreinander da sein: »Man darf nie den Fehler machen, sich und den Partner zu vernachlässigen, weil man anderes für wichtiger hält: den Job, die Kinder, die Freunde.«

Schon allein damit der Partner nicht auf dumme Gedanken kommt, stellt sie ganz pragmatisch klar: »Männer haben ja manchmal Ideen!« Und Frauen zuweilen keine Skrupel, sich an einen verheirateten Mann heranzumachen. »Auch auf Tintin hatte es so manch eine abgesehen, er war ja ein so schöner Mann.«

»Pass auf!«, warnten ihre Freudinnen sie dann. »Die hat deinen Mann heute Abend zu lange angeguckt!«

Sind sie sich treu geblieben?

»Ich ihm schon. Er hat gesagt, dass er mir auch treu geblieben ist.« Agnes legt eine Pause ein. »Aber bei Männern weiß man ja nie!«, stellt sie dann klar. Ihre Hand könne sie nicht für ihn ins Feuer legen: »Wenn es eine Frau darauf anlegt, kann sie einen Mann ins Bett kriegen«, da ist sie sich ganz sicher. Deshalb könne sie auch bei ihrem eigenen Mann nicht hundertprozentig ausschließen, dass er nie schwach geworden ist. »Männer denken ja zuweilen ganz anders über Sex und Treue«, gibt sie zu bedenken – erst recht die französischen. Für die gilt ein Seitensprung nach wie vor eher als Kavaliersdelikt. Wobei Mann nicht früh und fachmännisch genug in die hohe Kunst von *faire l'amour* eingeweiht werden konnte: »Tintin wurde von seinem Vater ins Bordell gebracht, als er sechzehn war – das war damals so üblich.«

Aber andererseits: »Er war immer mehr verliebt in mich als ich in ihn.« Besonders ihre dunklen Augen hatten es ihm angetan. Und ihr Nacken, wenn sie ihr Haar hochgesteckt hatte.

Sie zeigt mir noch ein Foto, auf dem sie als verliebtes Pärchen am Tisch sitzen und er sich an sie schmiegt – ein bisschen besitzergreifend, ein bisschen triumphierend. Als wolle er sagen: »Seht her, was ich erbeutet habe!«

»Er war ziemlich eifersüchtig«, bestätigt Agnes meine Vermutung. »Ich habe in Dakar eine Zeitlang als Dolmetscherin für die großen Passagierschiffe gearbeitet, ich hatte ja so gute Fremdsprachenkenntnisse. Englisch, Französisch, Deutsch. Aber das hat ihm gar nicht gefallen, das hat er mir nach ein paar Monaten verboten.«

Und das hat sie sich einfach so gefallen lassen?

»Das meine ich mit Vernünftigsein und Nachgeben«, antwortet sie. Als Frau hatte man damals einfach noch weniger Rechte als heute. Aber ganz grundsätzlich tue man manchmal besser daran, es gar nicht erst auf einen Konflikt ankommen zu lassen. Es gab da in Dakar auch noch einen Kristall- und Silberwarenladen von Bekannten, in dem sie arbeiten konnte. Dieser Job war ihr viel wichtiger, und »das habe ich auch jahrelang getan, *fulltime*«, erzählt sie. Die Besitzerin vertraute ihr voll und ganz und gab ihr alle Schlüssel. Ein wunderschöner Laden sei das gewesen, mit feinem Silberbesteck von Christofle aus Paris und Kristallarbeiten und Schmuck von Lalique, dem berühmten Jugendstil-Goldschmied und -Glaskünstler. »Am Schluss kannte ich alle Lalique-Statuen mit Namen, angefangen bei der Susanna im Bade bis hin zu den Jahreszeiten«, erzählt sie. »Mir diesen Job ebenfalls zu verbieten, das traute sich Tintin nicht.«

Und es sei ja nicht so gewesen, dass er selbst nie nachgegeben hätte. »Agnes, du hast mal wieder recht gehabt«, hat er sich und ihr oft im Nachhinein eingestanden. »Du warst viel besser im Vorausschauen als ich.«

Das war auch so, als sie Dakar 1961 verließen und nach Cannes umzogen. Zunächst wohnten sie zur Miete, aber dann wünschten sie sich eigene vier Wände. »Tintin wollte unbedingt eine Villa mit

Garten, aber ich sagte ihm: Eine Eigentumswohnung mit Lift, das reicht, und das ist auch viel besser, jetzt, wo wir älter werden.« Sie hat ihn überzeugen können, »und so sind wir hier eingezogen, 1967 war das«, erzählt Agnes und schenkt uns noch den letzten Rest Champagner ein. »Hier hätten wir problemlos zusammen alt werden können.«

Hätten. Denn 1988, kurz vor ihrer Goldenen Hochzeit, überquerte Tintin im falschen Moment am falschen Ort die Straße. »Hier unten war es, vor der Auffahrt zu unserem Wohnblock, wir kamen gerade vom Einkaufen zurück.«

Er hatte etwas im Auto vergessen, sie sieht ihn noch vor sich, wie er mit offenem schwarzen Mantel – es war kühl an diesem Vormittag – zurück zum Auto ging. Dann lief er zurück, lachte ihr noch zu. In diesem Moment kam von unten ein Auto um die Ecke die Straße heraufgeschossen. Mit überhöhter Geschwindigkeit, viel zu schnell, um noch bremsen zu können. Vor ihren Augen wurde Tintin erfasst, flog mit seinem wehenden schwarzen Mantel durch die Luft, knallte erst auf die Motorhaube und dann auf die Straße. Dort blieb er regungslos liegen. Und erlag ein paar Stunden später im Krankenhaus seinen schweren Verletzungen.

In schweren Momenten kann dir nur einer helfen – und das bist du selbst!

»Am Steuer saß ein junger Kerl, der behauptete, nicht schneller als 35 Stundenkilometer gefahren zu sein«, erzählt Agnes, und auch wenn es inzwischen fast dreißig Jahre her ist, die Empörung und der Schmerz in ihrer Stimme sind unverhohlen. »Vor drei Jahren ist er gestorben, ich habe es in der Zeitung gelesen.« Der Unfallfahrer bekam keine Strafe, und er arbeitete zufälligerweise in derselben Gesellschaft, bei der Agnes versichert ist: »Die haben mir erst nur 10 000 französische Franc geboten. ›Ist euch das ein Menschenleben wert?‹, habe ich gefragt.«

Letztendlich hat sie mehr bekommen und das Geld angelegt. Jeden Monat lässt sie sich davon einen kleinen Betrag auszahlen. »Sonst könnte ich nicht überleben, ich bekomme ja nur eine Rente von 280 Euro, damit allein käme ich nicht rund, auch wenn die Wohnung abbezahlt ist.«

Lange Zeit hat sie nachts im Schlaf mit der Hand auf die andere Seite gefasst, in der Erwartung, dort seinen warmen Körper zu spüren, seinem Atmen lauschen zu können. So wie sie es fünfzig Jahre lang getan hatte. Manchmal hat sie sich auch ganz auf die andere Seite gerollt, auf das kalte, leere, unbenutzte Bett. So als könnte sie ihm dann ein bisschen näher sein. Inzwischen hat sie die Betten auseinandergeschoben, ein Nachttisch steht dazwischen. Aber manchmal, wenn sie nachts wach wird, guckt sie im Dunkeln immer noch rüber und ertappt sich dabei, wie sie denkt, dass er da noch liegt.

»Aber natürlich liegt er nicht mehr da«, seufzt sie. So ist das Leben, *c'est la vie*. Das seine endete vor achtundzwanzig Jahren, das ihre ist weitergegangen.

Der Unfalltod ihres Mannes, der Verlust ihrer beiden noch nicht geborenen Kinder, Hermann, der urplötzlich aus ihrem Leben verschwand – das waren die schlimmsten Momente in den bislang hundertzwei Jahren ihres Lebens. Aber, stellt sie klar: »Klagen und Weinen hilft gar nichts. Es gibt nur einen, der dir in schweren Situationen helfen kann, und das bist du selbst!«

Ich muss an den Hit von Billy Ocean von 1986 denken: *When the going gets tough, the tough get going.* Profan, aber wahr: Die Taffen leben weiter, wenn das Weiterleben taff wird.

Wie man das hinkriegt? Ganz einfach, sagt Agnes: »Lass dich nicht gehen! Reiß dich zusammen! Alles, was es dazu braucht, steht dir zur Verfügung, du musst dich nur ein bisschen anstrengen.« Und deshalb hat sie sich in den schweren Momenten ihres Lebens nie zu lange zurückgezogen und verkrochen in ihrem

Schmerz. Sondern Kontakte genutzt, um ihrem Leben eine neue Richtung zu geben – so wie damals in Zürich, als der englische Konsul ihr half, in London einen Job zu finden. Deshalb hat sie auch in Momenten größter Trauer Freunde zugelassen, die ihr beistanden und halfen – so wie 1988 nach Tintins Tod.

An Verehrern mangelte es anschließend nicht. Doch Agnes blieb bewusst allein, »mein Leben war mein Mann«. Freunde wollten sie überreden, in die Schweiz zurückzukehren, aber auch das kam für sie nicht in Frage: »Ich wollte da bleiben, wo ich mit Tintin glücklich war.«, Da, wo alles vertraut ist und man sie kennt. Wo der Bäcker unten um die Ecke sie neuen Kunden voller Stolz als *»notre centenaire«*, unsere Hundertjährige, vorstellt. Wo der Hausmeister einmal pro Tag bei ihr vorbeischaut, um nachzuprüfen, ob es ihr gutgeht, und die Blumen gießt, wenn sie auf Reisen geht.

Denn auch das tut sie nach wie vor, zum Treffen der in Frankreich lebenden Schweizer zum Beispiel – mit ihren 102 Jahren ist sie ältestes Mitglied. Zur Hochzeit des Sohnes eines Freundes in Versailles. Mit dem Zug. »Es geht noch ganz gut, das Gepäck gebe ich auf.« Nur wenn es regnet, wird es etwas mühsam, dann muss sie außer mit dem Stock auch noch mit dem Regenschirm jonglieren.

Ihre Eigentumswohnung im vierten Stock steht nach wie vor offen für alle Freunde, die regelmäßig spontan vorbeischauen. So wie der Mann, der ihr vor drei Tagen einen Sack Apfelsinen vorbeigebracht hat, die sie inzwischen zu Orangenmarmelade verarbeitet hat. »Erinnern Sie mich daran, dass ich nicht vergesse, Ihnen zum Abschied ein Glas mitzugeben!« Mit den Freunden, die zu weit weg wohnen, um vorbeizukommen, hält sie per Post oder Telefon Kontakt. »Heute Morgen noch habe ich lange mit einer Freundin gesprochen, die ich noch aus Londoner Zeiten kenne.«

Trouver un ami, c'est trouver un trésor, steht unter dem Foto, das anlässlich ihres 100. Geburtstags gemacht wurde und neben dem Sofa an der Wand hängt: »Wer einen Freund findet, hat einen Schatz gefunden.«

Von ihren Geschwistern lebt nur noch eine sieben Jahre jüngere Schwester, in einem Altersheim in der Schweiz. Aber die ist schwerhörig, selbst wenn sie wollten, könnten sie sich nicht viel sagen. Was ihr an Familie bleibt, sind unzählige Großneffen und -nichten mit ihren Familien. Aber, betont die alte Frau beim Abschiednehmen, als wir in der Diele stehen: »Freunde sind mehr als Familie.« Diese Erfahrung hat sie immer wieder in ihrem Leben gemacht. Freunde kann man sich aussuchen, Familie nicht. Freunde sind füreinander da, die Familie nicht unbedingt, auch wenn sie das sein sollte: »Dass ich seit dem Tod von Tintin nicht einsam geworden bin, liegt an meinen Freunden, nicht an meiner Familie. Alleine ja, aber nicht einsam.«

Freunde sind mehr als Familie.

Bald wird sie ihrem Mann folgen, er ist ihr nur vorausgegangen. »Das Leben ist ein Weg. Ich habe nur noch wenige Meter vor mir.« Über den Tod denkt sie nicht weiter nach, »das hat doch keinen Zweck«, meint sie mit ihrer pragmatischen Art, »irgendwann kommt er halt.« Stattdessen freut sie sich jeden Morgen beim Aufwachen: »Noch ein Tag, den ich leben darf.«

Sie schämt sich für nichts, und sie bereut auch nichts. *Non, je ne regrette rien!* Jeder Mensch müsse seinen Weg gehen, und sie ist zufrieden mit dem ihren. »Ich habe alle Chancen ergriffen, die sich mir boten.« Und wenn sie an Kreuzungen kam, hat sie selbst entschieden, welchen Weg sie nehmen wollte. Manchmal hat das Leben sie in Richtungen geschubst, die sie eigentlich nicht hatte einschlagen wollen, den Weg der Kinderlosigkeit zum Beispiel. Aber dann hat sie sich doch bewusst dafür entschieden, sich nicht umzudrehen, sondern auf diesem Weg zu bleiben – auf dem Weg mit Tintin: »Wir haben versucht, das Beste daraus zu machen.«

Ich weiß inzwischen, welch hoher Anspruch sich hinter diesen oft so leichtfertig dahingesagten Worten verbirgt.

»Ach, jetzt hätten wir doch beinahe glatt die Marmelade vergessen!«, sagt sie lachend und verschwindet in der Küche, um mit einem Glas zurückzukommen und es mir in die Hand zu drücken.

»*Merci beaucoup!*«, sage ich und will eigentlich ein »*Au revoir*« hinzufügen, schlucke die beiden Worte jedoch im letzten Moment herunter. Ich muss einen etwas hilflosen Eindruck machen, wie ich da mit dem Marmeladenglas vor der Brust vor ihr stehe. Wie immer nach meinen Begegnungen mit den Hundertjährigen suche ich nach angemesseneren Worten als diesen, um Abschied zu nehmen. Sich von jemandem, der in Kürze seinen 102. Geburtstag feiert und nicht um die Ecke wohnt, sondern gut 1400 Kilometer weiter südlich, mit »Auf Wiedersehen« zu verabschieden, erscheint mir nicht wirklich angebracht.

Agnes lächelt, sie scheint meine Gedanken erraten zu haben, denn sie sagt: »Wenn wir uns wiedersehen wollen, müssen wir uns beeilen.«

Wenn man jung ist, nimmt man sich vor, etwas in fünf oder zehn Jahren zu tun. Dann wird man älter und denkt von Jahr zu Jahr, von Monat zu Monat oder schließlich – so wie Agnes – von Tag zu Tag.

Einen Moment lang sehen wir uns schweigend an, dann umfasst sie meine Hände, die immer noch das Marmeladenglas umfassen. »Wir könnten uns in der Mitte treffen«, schlägt sie vor. Nicht übermorgen und auch nicht im nächsten Jahr, sondern in ein paar Monaten. »Das schaffe ich. Am besten gleich, wenn Sie aufgeschrieben haben, was ich Ihnen alles erzählt habe, und das Buch erscheint. Dann können Sie mir auch gleich eins mitbringen!«

Eine wundervolle Idee. So wundervoll wie die Begegnung mit ihr.

Wir fallen uns in die Arme und verabschieden uns herzlich voneinander, dann stehe ich auf dem Gang und sehe zu, wie die Tür zu ihrer Wohnung wieder ins Schloss fällt. *Madame & Monsieur Justin Parodi* steht draußen auf dem Namensschild, ich sehe es erst jetzt.

Den Lift lasse ich rechts liegen und laufe stattdessen die steinernen Treppenstufen hinab ins Erdgeschoss, das Marmeladenglas an mich gedrückt wie einen Schatz. Als ich unten ankomme, erklingt ihre so unglaublich junge Stimme nochmals über die Sprechanlage.

Au revoir, Kerstin!

Auf Wiedersehen, Agnes. Auf Wiedersehen!

~

Die unglaublich große Lebenslust hat mich an Agnes besonders beeindruckt. Die Neugier ist bei ihr immer größer gewesen als die Angst. Wie schwer hingegen tue ich mich selbst immer wieder damit, das Alte loszulassen und das Neue zu umarmen! Agnes hat damit nie Probleme gehabt und mit der Vergangenheit immer rigoros abschließen können, um befreit nach vorne zu gucken. Wie alle Menschen hat sie schwere Momente in ihrem Leben gekannt: Als sie von ihrer ersten großen Liebe auf unerklärliche Weise im Stich gelassen wurde. Als sie hören musste, dass der Mann ihres Lebens ihr nie ein Kind würde schenken können. Als der Mann ihres Lebens vor ihren Augen einen gewaltsamen Tod starb.

Wie alle hat sie daraufhin Phasen von Trauer und Schmerz durchgemacht, sich dann aber – anders als viele andere – davor gehütet, die nächste Phase, die des Selbstmitleids, zu lange andauern zu lassen. Stattdessen rollte sie die Ärmel hoch und hielt nach neuen Herausforderungen Ausschau. Motto: Okay, dieser Weg ist eine Sackgasse? Dann muss ich eben einen neuen einschlagen.

Dabei hat die kleine resolute Schweizerin nie gezaudert, die Menschen, die ihr auf diesen Wegen begegnet sind, um Hilfe zu bitten. Bestes Beispiel: der Konsul, der ihr den Job in London besorgte. Ganz zu schweigen von den zahlreichen Freunden, die in ihrem Leben wichtiger waren als die Familie. Vielleicht sollten auch wir uns öfter trauen, unsere Freunde und Bekannten um Hilfe zu bitten? Vielleicht wären wir dann überrascht darüber, wie gerne sie diese Hilfe leisten?

Munter, unternehmungslustig und sprühend vor Energie, wie sie es auch im hohen Alter noch ist, dürfte es Agnes nie schwergefallen sein, Freundschaften zu schließen. Doch sie hat sie auch gepflegt und nicht vernachlässigt. Während ich mich oft dabei ertappe, dass ich mal wieder ein schlechtes Gewissen habe, weil ich, wie ich es nenne, »soziale Schulden« aufbaue: vergessen habe, eine Freundin zurückzurufen, mir noch nicht einmal Zeit nehme, eine SMS zu schicken … Dabei können Freundschaften, auch das zeigt das Beispiel von Agnes, mitunter die einzige Konstante im Leben sein. Das, was vom Leben letztendlich übrig bleibt: Freundschaft.

Ihresgleichen sucht auch Agnes' Selbstwertgefühl: Sie hat es nicht zugelassen, dass man sie in ihrer Würde angriff oder erniedrigte: Deshalb hat sie den Lord geohrfeigt und die Lady zurechtgewiesen. Auch darin war sie vorbildlich: Lass dir nicht zu viel gefallen! Stell dich auf die Hinterfüße! Respekt lässt sich erzwingen!

Dafür muss man natürlich stark sein. Nicht alle sind so selbstbewusst wie Agnes, so tatkräftig und resolut. Aber etwas Mühe geben können wir uns trotzdem, uns ein bisschen anstrengen. Von nichts kommt nichts. Wie sagte Agnes so schön: Reiß dich zusammen! Lass dich nicht gehen!

Befolgten wir das konsequent, könnten wir werden, was auch Agnes geworden ist: des eigenen guten Lebens Schmied. Agnes befand sich nicht immer auf der Sonnenseite des Lebens. Aber sie hat es fertiggekriegt, auch im Schatten immer wieder dafür zu sorgen, dass die Wolkendecke aufbricht und die Sonne zum Vorschein kommt.

Epilog

Was braucht es für ein gutes Leben? Welche Werte zählen wirklich? Lasse ich das Leben der zehn Zentenare, die ich für dieses Buch kennenlernen durfte, Revue passieren, dann kristallisieren sich sechs Kernwerte heraus, die es für ein gutes Leben braucht. Wohlgemerkt: ein gutes Leben. Das Wort »glücklich« vermeide ich inzwischen bewusst: Zu den vielen Einsichten, die ich im Laufe der Gespräche mit »meinen« Hundertjährigen gewonnen habe, gehört die, dass Glück kein Dauerzustand ist und wir vom Leben allerhöchstens einzelne Momente echten Glücks erwarten dürfen. Es gibt kein Recht auf Glück, das hat mir die Schwarzwaldbäuerin Mathilde deutlich gemacht. Und wir sind auch nicht auf diese Welt gekommen, um dem Glück nachzujagen, so stellte Beatrice de Cardi, die Archäologin, klar. Sondern um Erfüllung zu finden. Und ein erfülltes Leben ist ein gutes Leben.

Was es dazu braucht, sind zum einen Freiheit, Freundschaft und Unvoreingenommenheit. Weil Menschen, die der Welt unvoreingenommen, sprich: offen und neugierig gegenübertreten, viel bessere Aussichten auf ein erfülltes Leben haben als diejenigen, die misstrauisch sind, vorschnelle Schlüsse ziehen und die Arme vor dem Leben verschränken. Des Weiteren braucht es Lebensmut, Liebe und Leidenschaft. Wobei es hier nicht um die sexuelle Leidenschaft geht, sondern um jene kleine Flamme, die in uns allen brennt und die uns ein Leben lang treu sein kann. Eine Flamme, die wir im besten Fall zum Lodern bringen können, so wie es Beatrice mit ihrer Archäologie gelungen ist oder Mariska, der Ungarin aus Amsterdam, mit ihrer Malerei. Eine Flamme, die wir niemals ausgehen lassen sollten.

Leidenschaft

Denn wenn wir vom Leben nichts mehr wollen, wie es Mariska formulierte, wenn wir, wie es Beatrice nannte, kein spezielles Interesse mehr haben, das wir hegen und pflegen, dem wir uns widmen können – dann sind wir eigentlich schon tot, dann leben wir nicht mehr richtig. Diese kleine Flamme kann der Beruf sein, der zur Berufung wird. Aber auch die Familie, die für Jeanne aus Paris alles im Leben gewesen ist, oder Freunde und der Partner, wie bei Agnes, der kleinen Schweizerin aus Cannes. Für sie dürfte übrigens auch die pure Lust am Leben und Lernen immer eine Leidenschaft gewesen sein, die sie angetrieben hat.

Sexuelle Leidenschaft hingegen ist zweifellos nicht unwichtig – aber sie wird überbewertet. Zumal das Ausmaß der Liebe, wie Jeanne erkannte, nicht vom Ausmaß der Leidenschaft abhängig ist. Sie und die anderen Zentenare kannten in ihrem Leben noch viele sexuelle Tabus und Zwänge, von denen wir zum Glück längst befreit sind. Und sie halten uns einen Spiegel vor: Mit unserer stark sexualisierten Gesellschaft, in der das Ausleben von zügelloser Lust und Leidenschaft – also einem Trieb wie Essen und Trinken – zum Nonplusultra erhoben worden ist, sind wir von einem Extrem ins andere gefallen. Und haben Sex zu einem billigen Massenkonsumartikel gemacht, der in aller Munde ist und der eigentlich totgeredet wird, denn – wie sagte Annemarie aus München so entwaffnend schön: »Wer seine Sache gut macht, braucht darüber doch nicht so viele Worte zu verlieren?«

Was es dazu ebenfalls nicht braucht, sind möglichst viele verschiedene Partner. Wir leben in einer Zeit, in der sexuelle Eroberungen als Trophäen gelten – je mehr, desto besser. Dabei gibt es auch anno 2015 Menschen, die höchstens mit zwei oder drei verschiedenen Partnern ins Bett gegangen sind, es gibt sogar Paare, die ihre erste sexuelle Erfahrung mit ihrem Lebenspartner gemacht haben, dem sie treu geblieben sind – die also nur mit einem einzigen Menschen ins Bett gegangen und trotzdem glücklich sind. Aber die hört man seltener, die werden eigentlich eher belächelt, denn damit lässt sich nicht prunken. Dabei beweisen auch die Hundertjährigen in diesem Buch: Man kann mit ein und demselben Partner ein erfülltes Sexleben haben – vom Anfang bis zum Ende seines Lebens. Wobei der Sex dann etwas sehr Exklusives bleibt. Wie ein Glas Champagner, das man sich zu besonderen Anlässen gönnt, kein Cheeseburger, den man überall schnell und billig bekommt und der sich schnell zwischendurch, so ganz nebenbei, konsumieren lässt.

Liebe

Eigentlich haben wir den Sex in den letzten hundert Jahren, indem wir ihn immer wichtiger genommen haben, banalisiert. Die Liebe zu einem Mann oder einer Frau hingegen haben wir nach dem

Hollywood-Ideal hoffnungslos romantisiert und damit unerreichbar gemacht. Kein einziger der Hundertjährigen, mit denen ich gesprochen habe, konnte damit etwas anfangen. Alle fanden es höchst realitätsfremd, was wir heutzutage alles von einer Partnerschaft erwarten – und von unserem Partner: Der hat der einzige Mensch auf dieser großen, weiten Welt zu sein, der zu uns passt – die fehlende Hälfte, die perfekte Projektionsfläche. Auf die erheben wir den Alleinanspruch. Weil wir erst dann komplett sind, weil wir erst dann, so will es das Hollywood-Ideal, richtig zu leben anfangen.

Eine enorme Vergeudung von Potenzial, konnte der alte Fritz aus Jena da nur ganz nüchtern konstatieren. Er weiß: Es gibt viele Deckel – und die passen mal mehr und mal weniger gut. Damit bestätigt er, was Soziologen und Paarforscher längst wissen: Wer den gleichen sozialen Hintergrund hat, tut sich leichter, sich zusammenzuraufen. Auch sollte man vorher prüfen, ob man dieselben Ziele im Leben verfolgt, das dürfe bei aller Verliebtheit nicht vergessen werden, warnte Jeanne aus Paris. Denn am selben Strang zu ziehen ist sehr viel leichter als an zwei verschiedenen. Deshalb sollte man sich in der Verliebtheitsphase auch nicht allzu sehr blenden lassen – erst recht nicht von zu viel Schönheit, davon kann Gerrit aus Rotterdam ein Lied singen. Noch leichter wird es, wenn man darüber hinaus dieselben Vorlieben und Abneigungen teilt und sich bei den Charaktereigenschaften ergänzt, dann ist es nicht mehr ganz so mühsam, sich zusammenzuraufen, dann passt der Deckel noch besser.

Aber Mühe kostet es immer – egal, wie gut wir zusammenpassen oder uns ergänzen. An einer guten Beziehung – und im Grunde genommen wissen wir das alle – müssen wir ständig arbeiten. Es ist wie mit einem Garten. Der Vergleich ist nicht neu, aber kaum ein anderer so treffend: In voller Blüte steht alles erst dann, wenn man sich angemessen darum kümmert. Was für eine

Beziehung heißt, dass man sich immer wieder im Nachgeben üben muss, auch wenn einem etwas noch so gegen den Strich geht. Dass man sich vieles vom Partner wünschen kann, aber es nicht erwarten sollte – ein kleiner, aber ungeheuer wichtiger Unterschied, so hat mir Beatrice klargemacht. Dass man dem Partner Freiraum lässt, ihn nicht einengt, sondern ihm Flügel verleiht, damit er sich entfalten kann und Erfüllung findet, wie Mariska immer betonte. Weil die Liebe ein Kind der Freiheit ist. Und dass man nicht vergisst, seinen Partner zum Lachen zu bringen, anstatt ihn mit seinen Launen zu behelligen, ihn zu loben und ihm zu sagen, dass man ihn liebt – etwas, was Gretel aus Berlin sich bis heute vorwirft nicht ausreichend getan zu haben.

Leicht ist das alles nicht, manchmal ist es sogar die reinste Plackerei. Aber zur Gartenarbeit der Beziehungen gehört es dazu. Umso seltsamer, dass wir davon nur so selten etwas hören. Stattdessen ertönen immer wieder die *famous last words*: »Und sie lebten glücklich miteinander bis ans Ende ihrer Tage.« *The end.* Schnitt. Unser Hollywood-Ideal hört dann auf, wenn es erst so richtig losgeht. Wenn aus der Verliebtheit Liebe werden soll. Im besten Fall jedenfalls. Wobei Liebe auch ohne Verliebtheit entstehen kann, wie mir Gretel versichert hat. Übrigens haben den wenigsten Hundertjährigen übermäßig viele Schmetterlinge im Bauch zu schaffen gemacht. Das fanden sie alle übertrieben. Eigentlich hatte nur einer viele Schmetterlinge im Bauch: Gerrit. Und dessen Ehe lässt sich eher nicht als gelungen bezeichnen.

Denn mit der Verliebtheit ist das so eine Sache: Viele Paare trennen sich, weil sie Verliebtheit mit Liebe verwechseln. Manche sind sich noch nicht einmal dessen bewusst, dass sie eigentlich nicht in einen anderen Menschen verliebt sind oder waren, sondern in das Gefühl des Verliebtseins. Weil es so toll ist, wenn es jemanden gibt, der dich so toll findet. »Ich liebe ihn/sie nicht mehr«, lautet eine oft gehörte und vielleicht etwas scheinheilige Begründung, weshalb Beziehungen scheitern. Da sollte man etwas besser differenzieren. Ist es nicht vielmehr so, dass wir das Interesse am anderen verloren haben? Oder – und das ist für jede Beziehung ein wirklicher Todesstoß und ein triftiger Trennungsgrund – die Achtung und den Respekt?

Eine Beziehung, das zeigen die Lebensgeschichten der zehn Zentenare in diesem Buch, kann viel aushalten – Kinderlosigkeit, sogar einen Seitensprung. Aber sind Achtung und Respekt auf der Strecke geblieben, ist es vorbei. Das hat mir Annemarie, die alte Dame aus München, klargemacht. Durch die Gespräche mit ihr entdeckte ich, dass Treue kein absoluter Wert ist – jedenfalls nicht die sexuelle: Was nützt mir ein Partner, der mir sexuell treu ist, wenn wir uns nichts mehr zu sagen haben, uns nicht mehr achten und respektieren? Absolut ist Treue als Wert nur dann, wenn es um Loyalität geht, um Solidarität und Aufrichtigkeit. Und um die Treue zu sich selbst: Tief drinnen wissen wir nur allzu gut, wann wir guten Gewissens in den Spiegel schauen können und wann nicht. Wenn wir uns selbst verleugnen, schämen wir uns – und solche Momente kennen wir alle im Leben, auch das zeigen uns die insgesamt tausend Jahre Lebensklugheit der Menschen in diesem Buch.

Ehrlichkeit ist ebenfalls ein relativer Wert: Mit der Wahrheit haben wir verantwortungsvoll umzugehen, denn sie lässt sich auch als Waffe einsetzen, mit der wir unsere Mitmenschen verletzen können. Deshalb ist Vorsicht angebracht: Gegebenenfalls muss Ehrlichkeit dosiert eingesetzt werden – erst recht, wenn es um die Menschen geht, die wir lieben. Denn was man liebt, das schont und hütet man – wie alles, was kostbar ist. Wobei Liebe nicht nur den Partner umfasst, es ist auch die Liebe zu den Kindern, zu unseren Eltern, zu den Freunden. Ohne Liebe, das haben mir die Hundertjährigen einmal mehr ganz klar vor Augen geführt, geht nichts im Leben. Ohne Liebe kann man kein gutes Leben führen. Und wer Liebe geben kann, bekommt fast immer auch Liebe zurück.

Freundschaft

Unter Liebe fällt streng genommen auch die Freundschaft: Echte Freundschaft ist eine Form der Liebe. Auch hier gilt das Gartenprinzip: Wer sät, der erntet, Freundschaft blüht erst dann, wenn man sich um sie kümmert und sie gut versorgt. Und fast alle Werte, die wir von unseren Partnern erwarten, erwarten wir auch von unseren Freunden: Loyalität, Aufrichtigkeit, Solidarität. Ich sehe die Freundschaft dennoch als eigenen Kernwert, weil mir die zehn Hundertjährigen deutlich gemacht haben, wie außergewöhnlich bedeutsam Freunde im Leben sind. Sie sind kein Ersatz für Familie oder den Partner, aber mindestens genauso wichtig. Manchmal, so zeigt nicht nur das Beispiel von Agnes, werden sie sogar wichtiger als die Familie. Mit dem Alter zum Beispiel, wenn man den Partner verloren hat und die Kinder ihr eigenes Leben führen. Oder wenn man mit seiner Familie gebrochen hat. Überhaupt in den schwierigen Momenten des Lebens – wo wären wir dann ohne unsere Freunde? Deshalb sollte man nie den Fehler machen, sie über dem Partner und der Familie zu vernachlässigen oder gar für unnötig zu halten: Freunde braucht es für ein gutes Leben. Freunde sind für einen da, wenn es drauf ankommt, Freunde kann man sich aussuchen, die Familie hat man. Freundschaft kann sogar das Einzige sein, was von einem langen Leben übrig bleibt. Erst recht in heutigen Zeiten, wo Beziehungen immer schneller in die Brüche gehen: Freundschaften können zur Konstante im Leben werden, halten sie doch oft länger als so manche Ehe.

Vielleicht sind Freunde sogar die neue Familie? Anno 2015 sind so viele Formen des Zusammenlebens möglich! Nicht nur die klassische Großfamilie hat zum Leidwesen vom alten Fritz ausgedient, auch die Mini-Ausgabe – Mutter, Vater, ein oder zwei Kinder – ist nur noch eine von vielen Möglichkeiten, wie sich ein Haushalt heute zusammensetzt.

Freiheit

Das bringt mich zum nächsten Wert, einem der wichtigsten überhaupt: Freiheit. Die letzten hundert Jahre sind für uns in Europa ein Jahrhundert der Befreiung gewesen – von Krankheiten, Kriegen, Zwängen, Autoritäten, verkrusteten Moralvorstellungen. Wir können selbst entscheiden, mit wem wir wo in welcher Form zusammenleben. Wir dürfen als Frau eine Frau lieben und als Mann einen Mann. Wir dürfen anders denken, und wir dürfen anders oder auch gar nicht glauben. Wir können selbst bestimmen, ob und wie viel wir lernen wollen, wie wir unser Geld verdienen und welchen Beruf wir ergreifen. In manchen Ländern haben wir sogar die Freiheit, bestimmen zu können, wann wir sterben. Wir dürfen mitentscheiden, wer an die Macht kommt, denn wir haben das Recht, zu wählen. Kirche, Eltern und Lehrer sind keine furchteinflößenden Autoritäten mehr. Wir können an Brüssel und der EU aussetzen, so viel wir wollen, aber zumindest wir hier in Europa sind dank unseres vereinten Europas vom Krieg befreit. Und dank der modernen Medizin von vielen Krankheiten. Überhaupt ist Gesundheit nicht mehr nur den Reichen vorbehalten. Andere Ungerechtigkeiten, die die Klassengesellschaft mit sich brachte, gehören ebenfalls der Vergangenheit an. Auch vom Hunger haben wir uns befreit und zumindest teilweise von der Gewalt: Vergewaltigung oder häusliche Gewalt gelten nicht mehr als Kavaliersdelikt. Insbesondere wir Frauen haben Freiheiten bekommen, von denen Mathilde, die Schwarzwaldbäuerin, aber auch Gretel aus Berlin nur träumen konnten. Wir bestimmen selbst, ob und wie viele Kinder wir bekommen, und wenn wir ungewollt kinderlos zu bleiben drohen, hilft die moderne Medizin nach.

Kurzum – wir schwimmen in einem unvorstellbaren Meer an Freiheiten. Jedenfalls wir Menschen hier in der westlichen Welt, das darf nicht vergessen werden. Eigentlich formen wir eine Insel der Glückseligen, denn um uns herum hören viele dieser Freiheiten ganz schnell wieder auf.

Aber auch unter uns, mitten auf dieser Insel, gibt es diese Unfreiheiten teilweise noch oder wieder. Ich denke an Imams oder Rechtsradikale, die Homosexuellen den Tod wünschen, junge Frauen, die keine Ausbildung machen dürfen und zwangsverheiratet werden, Kinder, die weder zum Sportunterricht erscheinen noch schwimmen lernen dürfen, weil sie noch nie in ihrem Leben einen anderen Menschen nackt gesehen haben. Erst neulich habe ich mit Freunden aus Köln über die Konflikte gesprochen, die an der Schule ihrer Kinder entstanden sind, weil muslimische Mitschüler durch ihre religiösen Gebote in der Teilnahme am regulären Unterricht manchmal stark eingeschränkt sind. Mit großem Erstaunen habe ich im Laufe dieses Gesprächs festgestellt, wie bekannt mir fast alles, was sie zu berichten hatten, in den Ohren klang – durch die Erzählungen meiner Hundertjährigen! Sie sind genauso – aus unserer heutigen Sicht – prüde erzogen worden, hatten genauso autoritäre Eltern, mussten sich teils gegen ihren Willen verheiraten lassen, und auch ihre Entfaltung im Alltag wurde damals noch durch strenge Glaubens- und Moralvorschriften gedeckelt. Man denke nur an Gerrit aus Rotterdam, der eine Katholikin heiratete und sich zum Katholizismus bekehrte in einer Zeit, als sich Katholiken und Calvinisten ähnlich voneinander abschotteten wie heute noch Teile der islamischen Bevölkerung von Christen. Mit anderen Worten: Auch in unserer christlich geprägten westlichen Welt ist das alles noch gar nicht so lange her! Unsere Freiheiten sind so unglaublich jung!

Deshalb sollten wir nicht geringschätzig auf die Konventionen weniger aufgeklärter und unfreierer Länder oder Religionsgemeinschaften herabblicken. Aber gleichzeitig unsere bisweilen hart errungenen Freiheiten schützen und dafür sorgen, dass sie starke Wurzeln bekommen. Denn mit der Freiheit ist es wie mit der Gesundheit: Erst wenn man sie verloren hat, entdeckt man, wie kostbar sie ist. Der alte Fritz aus Jena weiß dies wie kein anderer, er hat den größten Teil seines Lebens in Unfreiheit verbracht. Seinen Enkeln und Urenkeln hingegen ist die Freiheit wie ein ungefragtes Geschenk in den Schoß geworfen worden und scheint ihnen deshalb selbstverständlich. Ein riesengroßer Irrtum. Ihn aus der Welt zu schaffen ist unsere Pflicht – wenn Fritz und die anderen Hundertjährigen mir etwas nachdrücklich deutlich gemacht haben, dann das. Weil Freiheit keine Selbstverständlichkeit ist, sondern ein Privileg. Und wir entsprechend verantwortungsbewusst mit ihr umgehen müssen.

Meine Freiheit hört da auf, wo ich andere in ihrer Freiheit einschränke. Zur Freiheit gehören deshalb paradoxerweise Mäßigung und Disziplin. Zwei Eigenschaften, die es übrigens auch braucht, wenn man sich nicht selbst in seiner Freiheit beschneiden und sich vor Sucht und Krankheit schützen will. So unangenehm es auch klingen mag: Ohne Disziplin und Mäßigung geht es nicht, auch das haben mir die Hundertjährigen unmissverständlich klargemacht – angefangen bei Gerrit mit seiner Morgengymnastik über Fritz und seine wöchentliche Zigarrenration bis hin zu Annemarie, die ebenfalls viel Wert auf einen festen Tagesrhythmus legt und sich immer ein bisschen mehr abverlangt, als nötig ist.

Lebensmut

Es gibt noch etwas, womit meine zehn Zentenare reichlich gesegnet sind: Lebensmut. Auch das ist ein Wert, den wir für ein gutes Leben brauchen. Lebensmut ist das Talent, immer rechtzeitig und möglichst oft die Straßenseite zu wechseln, sobald es schattig wird, um auf der Sonnenseite zu bleiben. Lebensmut ist die Fähigkeit, auch in schwierigsten Situationen dem hohen Anspruch gerecht zu werden, immer das Beste aus dem Leben machen zu wollen. Ist es Zufall, dass alle zehn Zentenare, die ich kennenlernen durfte, das Verbum »klagen« rigoros aus ihrem Wortschatz gestrichen haben? In der Opferrolle gefallen sie sich nicht. »Du musst dir schon selbst helfen, sonst hilft dir niemand«, hat Agnes erkannt und sich zeit ihres Lebens daran gehalten. Auch wenn sie manchmal hart gegen sich selbst sein musste, auch wenn es ihr noch so schwerfiel, einen Schlussstrich zu ziehen, loszulassen und nach vorne zu schauen. Es gibt ein schönes altes Wort, das an dieser Stelle auch passen würde: Tapferkeit. Manchmal im Leben muss man eben tapfer sein, denn manchmal wird das Leben schwer, und dann muss man es aushalten.

Lebensmut aber ist mehr als nur Tapferkeit. Lebensmut schützt uns auch davor, zynisch zu werden, was so ziemlich das Schlimmste ist, was einem im Leben passieren kann. Lebensmut sorgt dafür, dass wir zuversichtlich und optimistisch bleiben. Und dass wir nie vergessen, dass wir fähig sind, uns auf das Gute einzulassen – jene wunderbare Lebensweisheit der Franziskanermönche, auf die ich durch Pater Hubert aufmerksam geworden bin.

Unvoreingenommenheit

Bleibt der letzte und sechste Kernwert, den ich aus meinen Gesprächen mit den Hundertjährigen herausfiltern konnte: die Unvoreingenommenheit.

Wie oft ärgere ich mich über Menschen, die arrogant, eitel und überheblich sind, die sich für etwas Besseres halten, voller Vorurteile stecken und zu vorschnellen Schlüssen neigen. Unvoreingenommene Menschen sind und tun das alles nicht. Unvoreingenommenheit hat starke Verbündete: Toleranz, Offenheit und Neugierde. Wer unvoreingenommen ist, steckt seine Mitmenschen nicht aufgrund von Herkunft, Hautfarbe, Einkommen oder Beruf in Schubladen. Der denkt beim Anblick von Piloten, Ärzten oder Architekten nicht sofort an deren Jahreseinkommen und macht sich, wenn er in der Tram neben einem Asylbewerber sitzt, nicht umgehend Sorgen um sein Portemonnaie. Unvoreingenommene Menschen lassen sich nicht vom Schein blenden, sondern sind fähig, bis zum Sein vorzudringen – zum Kern also, zum Wesentlichen. Unvoreingenommene Menschen suchen das Authentische und sind in der Regel auch selbst ziemlich authentisch.

Deshalb bretterte Beatrice in ihrem Jeep mit einem ungebildeten kleinen Pakistaner durchs Gelände, scherte sich um Ränge, Stände und Konventionen einen Teufel und machte ihre schönsten Ausgrabungen. Deshalb schenkt Mariska noch heute einem Müllmann das gleiche bezaubernde Lächeln wie einem Professor. Lump ist Lump, und Mensch ist Mensch. Deshalb sah Gerrit im Gegensatz zu den meisten seiner Landsleute nach dem Zweiten Weltkrieg nicht in jedem Deutschen einen Nazi, sondern zuerst einen Menschen. Schere niemals alle über einen Kamm – anno 2015, angesichts der Spannungen in unserer durch so viele ethnische Gruppen geprägten Gesellschaft, hat dieser Vorsatz nichts an Wichtigkeit eingebüßt.

Aber auch in unserem ureigensten Interesse sollten wir uns darin üben. Ganz einfach – und dafür sind Beatrice, Agnes und die anderen der lebende Beweis – weil unvoreingenommene Menschen viel mehr Überraschungen erleben, mehr Impulse und Einsichten bekommen, neue Freunde gewinnen und neue Lieben und Leidenschaften entdecken können. Klingt nach einem guten Leben, oder?

Kurzum: Wer das Leben mit offenen Armen empfängt, hat viel

mehr davon als verschlossene Menschen, die sich auf Vorurteile und Ängste konzentrieren. Er kann die Chancen ergreifen, die sich ihm bieten, und herausholen, was drin ist. Für ihn bleibt das Leben trotz aller Schicksalsschläge eine Wundertüte.

Für die kommenden Generationen wird diese Wundertüte noch größer, noch voller werden: Bislang sind Menschen wie Annemarie oder Mariska die Ausnahme. Aber glaubt man der Wissenschaft, sind hundert Jahre bald kein biblisches Alter mehr, sondern Normalität. Schon jetzt soll jedes Kind, das geboren wird, sehr gute Chancen haben, die hundert Jahre zu erreichen.

Angesichts dieser Aussichten dürften sich viele trotz fortgeschrittenen Alters auf einmal wieder ziemlich jung fühlen. Vorerst werden hundert Jahre für die meisten Menschen zwar noch unerreichbar bleiben. Aber egal, wie viele Jahre oder Jahrzehnte uns bleiben – Hauptsache, wir leben sie gut.

Wollen wir das Beste daraus machen?